부를위한
마음훈련

부를 위한 마음 훈련

1판 1쇄 인쇄 2023. 11. 8.
1판 1쇄 발행 2023. 11. 22.

지은이 조이스 마터
옮긴이 정지인

발행인 고세규
편집 태호 디자인 유상현 마케팅 윤준원 홍보 최정은
발행처 김영사
등록 1979년 5월 17일(제406-2003-036호)
주소 경기도 파주시 문발로 197(문발동) 우편번호 10881
전화 마케팅부 031)955-3100, 편집부 031)955-3200 | 팩스 031)955-3111

값은 뒤표지에 있습니다.
ISBN 978-89-349-5148-3 93190

홈페이지 www.gimmyoung.com   블로그 blog.naver.com/gybook
인스타그램 instagram.com/gimmyoung   이메일 bestbook@gimmyoung.com

좋은 독자가 좋은 책을 만듭니다.
김영사는 독자 여러분의 의견에 항상 귀 기울이고 있습니다.

부를 위한
마음 훈련

조이스 마터 지음 — 정지인 옮김

풍요와 번영을 부르는
12가지 사고방식

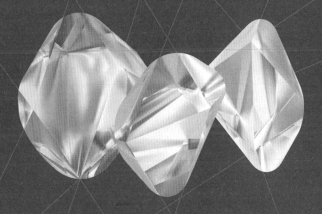

The
Financial
Mindset
Fix

다연

돈과 우리의 관계, 그리고 우리가 자신과 맺고 있는 관계에 관한 책이다. 저자는 연구 문헌과 임상에서 얻은 지혜, 개인적 서사, 실생활의 예시 등을 자연스럽게 엮어내며, 우리가 머리로 아는 것을 실천으로 옮길 강력한 도구를 주었다. 이 실용적이고도 현명한 책을 읽는 것은 실로 가치 있는 투자다.

알렉산드라 솔로몬 _ 노스웨스턴대학 교수, 《Loving Bravely》 저자

저자의 목소리는 차분하고 확신과 힘을 실어주며, 금전적으로 고통받는 내담자를 숱하게 안내해온 그의 오랜 경험이 모든 페이지마다 빛을 발한다. 이 책이 재정적 성공을 위해 쓰였다는 데는 의심의 여지가 없다. 하지만 이 책은 그보다 훨씬 더 커다랗다. 충만하고 풍요로운 삶을 사는 일에 관한 이야기다.

존 더피 _ 《Parenting the New Teen in the Age of Anxiety》 저자

이 책은 돈에 관한 사고방식을 개선할 유용한 도구를 제공한다. 당신이 경제적인 성공으로 가는 길 위에 오르게 도와줄 것이다.

샬린 월터스 _《Launch Your Inner Entrepreneur》 저자

이 책은 진지하게 재정적 상황을 개선하고자 하는 사람, 열심히 살아가고자 하는 사람에게 정말 큰 도움이 될 것이다. 더욱 큰 번영으로 나아가는 데 필요한 모든 도구를 선사한다.

릭 재로우 _《Creating the Work You Love》 저자

우리 문화에서 금기시해온 돈과 정신건강이라는 주제를 활짝 열어젖혔다. 개인적 번영을 가로막고 있던 장애물을 발견하고 해결하는 과정으로 온화하고 진솔하고 지혜롭게 안내해줄 것이다.

셰리 올 _《The Neuroscience of Memory》 저자

우리가 개선하고 싶은 많은 것이 그러하듯, 마법의 알약 하나로 해결되는 것은 아니다. 이 책은 임상 경험으로 효과가 증명되고 우리를 더 풍요로운 삶으로 이끌어줄 정신 피트니스 프로그램과 도구들을 제공한다. 저자가 제시하는 실행 단계들에서 영감을 받고 나면, 마치 아주 신뢰하는 심리치료사나 재정자문가와 더없이 알찬 시간을 보내고 난 듯한 느낌을 주며, 이를 통해 우리는 더 수월하게 자신의 성공을 그려볼 수 있다.

에이미 보일 _《O, The Oprah Magazine》 홍보대사

저자가 임상에서 얻은 지혜와 기업가로서 갖춘 통찰을 솔직담백하면서도 영감을 주는 방식으로 우리에게 나눠준다. 우리는 정신건강과 재정 건강, 그리고 전반적인 안녕 모두를 향상시키는 데 활용할 실용적인 도구를 얻을 수 있다.

스티브 골드 _ '리프레시 멘탈 헬스' 최고경영자

성공의 여정을 즐기며 걸어가고 싶다면, 사고방식부터 손봐야 한다. 이 책은 당신의 사고방식을 바로잡아 재정적 성공의 여정을 즐기기 위해 필요한 통찰과 도구를 제공한다.

팀 케니 _ 공인회계사, '이윤 우선 전문가 조직' 공인 회원

이 책은 돈을 바라보는 방식을 바꿔놓을 뿐 아니라, 내가 왜 나 자신을 방해하는 행동을 해왔는지, 그리고 내 생각과 행동을 어떻게 바꿔야 하는지도 설명해준다. 이전까지는 단 한 번도 내 정신건강과 부를 같은 선상에 놓고 생각해본 적이 없었다. 이제는 늘 그렇게 한다. 이 책은 내 삶을 바꿔놓았다.

코린 카사노바 _ '데일리 하우스 퍼블리싱' 대표

자비로운 사람들이 세계의 어려움을 해결하는 것을 가로막는 가장 큰 장애물이 바로 돈과 관련된 문제다. 수치심이든 죄책감이든 분노이든, 탁월한 아이디어와 훌륭한 의도를 지닌 너무나 많은 사람이 경제적인 문제를 끝내 넘어서지 못하고 자신의 사명을 완수하는 데 실패한다. 나 역시 그런 사람 중 하나다. 조이스 마터가 행

동에 초점을 맞추면서도 통합적인 접근법으로 이 문제를 해결하려 나선 것이 진심으로 기쁘다.

많은 이가 경제적 문제를 순전히 행동에만 초점을 맞춰 해결하려 애쓴다. 그런데 내가 아메리칸 익스프레스에 있으면서 깨달은바, 돈 문제는 감정과 동기 부여, 둘 모두와 관련되어 있다. 숱한 사람이 돈 문제와 관련해 막막함이나 절망, 무력함을 느끼는 이유는 희망을 갖기 위해 필요한 도구가 없기 때문이다. 이 도구에는 긍정적 감정과 동기를 부여하는 영감이 모두 포함된다. 저자는 이 둘을 결합한 접근법으로 어디서도 보지 못한 특별한 일을 해냈다. 이것이 선한 마음을 지닌 이들에게 영향을 미쳐 성공을 가져다줄 것이라고 나는 확신한다. 적합한 사람들의 손에 부가 놓이면 우리 지구가 직면한 다수의 거대한 난관을 해결할 수 있는 막강한 도구가 된다. 자신의 개인적 난관을 해결하지 못하고서는 지구에 닥친 난관들도 해결할 수 없다.

캐스린 괴츠키 _ iFred 창립자, 《The Biggest Little Book about Hope》 저자

풍요로운 삶은 우리가 자신의 핵심 가치를 확립하는 일에 전념할 때 가능하다. 그 핵심 가치란 무엇인가? 그것은 우리가 정신이 건강한 사람이 되기 위해 노력함으로써 알아낼 수 있다. 이 책은 우리가 가장 원하는 삶을 살아가게 해줄 방법을 안내한다.

네이딘 켈리 _ 의학박사, 공인요가지도자, 'Yogi MD' 창립자

삶과 돈의 균형을 잡는 일에서 수시로 어려움을 겪는 우리를 위해 조이스가 책을 썼다는 걸 알고서는 너무나 기뻤다. 내적으로도 외적으로도 더 많은 풍요와 마음의 평화를 이끌어낼 완벽한 책이다.

낸시 보글 _《Chicken Soup for the Single Parent's Soul》 저자

마음, 몸, 돈을 위한 깨달음과 시간을 내어 읽은 보람을 안겨주는 책이다. 일과 삶의 균형을 되찾고, 풍요의 흐름 속에서 살며, 다시 큰 꿈을 꾸게 해줄 강력한 정신 피트니스 프로그램을 제시한다.

카라 브래들리 _ 멘탈 피트니스 코치, 《On the Verge》 저자

우리가 아주 쉽게 공감할 수 있는 유머러스한 이야기들로써 정신 건강상의 어려운 문제들을 정상적인 일로 바라보게 해준다. 또한 전반적인 안녕과 건강, 풍요를 창조하기 위한 실용적인 지혜를 나누어준다. 이 책은 당신의 재정 건강뿐 아니라 감정과 인간관계의 건강까지 개선하는 방법을 알려주는 참고서다. 나는 대인관계 코치로서, 인간관계와 경제적 형편 모두에서 더 큰 풍요를 누리기 바라는 내 모든 내담자에게 이 책을 추천할 것이다.

벨라 간디 _ '스마트 데이팅 아카데미' 창립자

돈은 한 편의 이야기이며, 이 이야기는 자주 우리에게 불리하게 전개된다. 당신이 확고한 목표를 갖고 뛰어들 준비가 되어 있다면, 그 이야기를 다시 쓰도록 이 책이 도와줄 것이다.

세스 고딘 _《더 프랙티스》 저자

개인적으로도 직업적으로도 더 행복해지려고 노력하는 사람이라면 꼭 읽어야 할 책이다. 정신건강과 부를 연결하는 저자의 지혜는 실로 혁신적이다. 나는 이 책을 읽으며 나 자신에 관한 몇 가지 사실과 돈에 관해 유독 여자들만 느끼는 몇 가지 감정에 대해 배웠다. 이를 통해 나는 몇 가지 변화를 이뤄낼 수 있었다. 그 변화는 즉각적인 결과를 만들어냈다. 이제 나는 자신감과 자기 가치 의식이 경제적 성공과 얼마나 긴밀히 연결되어 있는지 잘 안다.

캐스린 재니체크 _ 에미상 3회 수상자, 미디어 및 강연 트레이너

이 책은 독자의 손을 잡고 정신건강 개선과 더 풍요로운 삶을 향한 길로 이끈다. 저자가 뽑은 12가지 마인드셋은 당신과 돈의 관계에 혁명을 불러올 것이고, 자신을 보는 관점을 크게 개선시킬 것이다. 통찰이 가득한 가치 있는 책이다.

스티븐 R. M. 코비 _《신뢰의 속도》 저자

여태껏 이렇게 강력하고 연민이 넘치며 독자를 행동하게 하는 책은 진심 한 번도 읽어본 적이 없다. 이 책에 나온 심리치료를 위한 활동, 정신건강과 재정 건강을 위한 활동, 이론의 적용이 정말 마음에 든다. 다음번에 실습생과 인턴을 가르칠 때 이 책이 꼭 필요할 것 같다. 그냥 한마디로 경이로울 만큼 탁월한 책이다.

샌드라 케이커섹 _ 애들러대학 임상정신보건상담프로그램 부교수

아주 맛있는 책이다. 나는 경제적 풍요에 관한 책을 수십 권 읽었지만, 이렇게 철저한 연구를 거쳐 쓴 책은 한 번도 만나보지 못했다. 그리고 이토록 세심하게 독자를 지지해주는 책도 처음이다. 자신을 들여다보는 이 모든 작업이 우리의 돈과 무슨 관련이 있을까? 저자는 우리 자신, 그리고 더 좋은 삶을 살 수 있는 우리의 능력이 사고방식과 긴밀하게 연결되어 있다고 말한다. 이 책의 가장 좋은 점은, 우리가 누려 마땅한 풍요로운 삶을 일구는 데 방해하는 문제들을 해결하는 방법을 책 전체에 걸쳐 알려준다는 것이다.

마리아 니메스_《The Energy of Money》 저자

이 책은 상담가의 접근법으로 재정 안정성과 관련하여 늘 있을 수밖에 없는 스트레스를 완화하려 한다. 전문 상담사들이 사용하는, 경험적으로 뒷받침되는 도구들과 기법들을 적용하여, 재정에 관해 사람들이 품고 있는 믿음들을 바꿔가는 과정으로 안내한다. 그 목표는 재정 건강과 정신건강 양쪽의 성공으로 이끄는 것이다. 자기가 하는 일을 사랑하고 세상에서 선을 행할 때, 우리도 번영을 누릴 수 있다는 것이다.

이 책은 기업가로서뿐 아니라, 30년 넘게 수천 명의 고객이 목표를 이루도록 도와온 경력 상담사로서도 내게 큰 공감을 일으켰다. 저자는 이 책으로 상담사라는 직업이 얼마나 중요한지 몸소 보여주었다. 영감으로 가득한 책이다.

수 프레스먼_공인전문상담사, 전미상담가협회 회장

정신의 건강함이 재정 가치를 몇 배로 불려준다. 바꿔 말하면, 정신건강이 없다면 재정적 부는 신기루라는 것이다. 정신건강을 좋게 하기 위해 쓸 수 있는 쉬운 도구들, 이해하기 쉬운 교훈들이 담겼다. 정신건강이 개인적 삶·직업적 경력·재정 상황을 개선시킨 수많은 사례가 여기 담겨 있다. 재정적 위기를 겪어 힘들어하다가 매우 성공적인 기업가로 변신한 저자 자신의 솔직한 경험까지 포함해서.

마이크 아디카리 _ 경영학 석사, 기업합병 자문가

재정과 관련되어 우리가 어떤 방식으로 행동하고 살아가는지, 그 진정한 원인을 밝혀준다. 회복탄력성에 대한 장은 특히 탁월하다. 피할 수 없이 맞닥뜨리게 되는 재정적 위기에 어떻게 접근하고 극복해야 하는지 잘 보여준다.

스펜서 셔먼 _《The Cure for Money Madness》저자

이 책을 읽기 전, 나는 계속 늦게까지 야근을 했고, 그 일은 내 정신건강을 좀먹고 있었다. 이 책을 읽은 뒤 나는 정신건강을 돌보는 것이 내 재정적 꿈을 실현할 열쇠라는 것을 알게 되었다. 이 책의 정신건강 피트니스 프로그램을 따라 실행하면서, 나는 나 자신을 위한 더 풍요로운 삶을 그려보고 창조하기 시작했다. 곧 나는 독서와 글쓰기에 대한 나의 열정을, 저자들이 책 쓰는 일을 돕는 새로운 사업으로 녹여냈다. 오늘 나는 넘치는 에너지, 강한 회복탄력성, 나의 재정적 꿈을 실현할 수 있다는 자신감을 느낀다.

사이먼 골든 _ 편집자, 북코치, 연구자

너무 많은 꿈이 한없이 유예된다. 자신은 그 꿈을 현실로 바꿀 돈이 없다거나 자신은 재정적 풍요를 이룰 수 없다고 믿고 있기 때문이다. 이 책은 그런 믿음이 실은 우리 머릿속 쓰레기일 뿐임을 가르쳐주고, 그 쓰레기를 내다 버리는 데 필요한 도구를 제공한다. 당신을 막고 있던 길을 열어줄 이 책을 읽고, 당신의 꿈을 마침내 현실로 만들기를.

찰리 길키_《빅 워크》저자

평생 심리학과 영성을 공부하며 보낸

나의 어머니 매들린 태프 브링크먼,

그리고 유능한 경영자이자 현명한 투자자였던

나의 아버지 로버트 제임스 브링크먼을

사랑으로 기억하며,

두 분의 모든 사랑과 응원에 감사드립니다.

사실 이 책은 제가 두 분께 배운 모든 걸 모아놓은 거랍니다.

나는 재무설계사이지 정신과 의사는 아니다.
다만 자기 것이 될 수 있는 것을 편히 받아들일 수 있을 만큼
자기 가치에 대한 의식이 높아져야만
순자산도 그에 따라 상승한다는 것만은 분명히 알고 있다.

_ 수지 오먼, 《뉴욕 타임스》 선정 베스트셀러 저자

더 위대한 삶을 살고 싶다면
깨어나라

지금 당신이 찾고 있는 것이 당신을 찾고 있다.

———**루미**(13세기 페르시아의 수피즘 시인, 신학자)

노스웨스턴대학교 대학원에 막 다니기 시작했던 무렵, 나는 교수님들이 내가 불안해하는 걸 눈치챌까 봐 전전긍긍했다. 내 꿈은 심리치료사였다. 심리치료사가 되기에 걸맞지 않은 인간이라는 말을 들으면 어쩌나 싶었다. 이후 정신건강, 중독, 관계 문제에 관한 교재를 읽고 강의를 들으면서, 나는 나와 우리 가족의 몇몇 특징을 깨닫게 되었고 그 뒤로 수치심에 휩싸여 침묵만 지키고 있었다. '교수님들은 내가 이런 사람인지도 모르고 정신적으로 단단하고 온전한 사람으로 여기겠지.' 다행히도 그분들은 불안이 모든 인간 조건의 한 부분이며 누구에게나 정신건강 문제가 있음을 잘 알고 계셨고, 학생들에게 개인 상담을 받아보라고 격려해주었다. 의사나

간호사라고 신체가 완벽하게 건강할 거라고 기대하지 않는 것처럼, 우리 심리치료사도 완벽한 정신건강을 누리지 않는다. 그래도 우리는 자신의 정신건강을 최대한 잘 보살핌으로써 다른 사람들에게 건강한 모범이자 안내자 역할을 할 것이라는 기대는 받는다.

심리치료를 받고 임상 교육을 받으며, 나는 새롭게 눈을 떴다. 그 둘은 내게 나 자신, 나의 인간관계, 삶 그리고 나를 둘러싼 세상을 이해할 언어와 렌즈를 마련해주었다. 경직된 마음을 풀어내는 법을 배운 뒤로는 내가 느끼는 불안이 나에게 주어진 본성과 양육에 대한 정상적 반응임을 이해했고 자기자비*를 실천할 수 있었다. 내가 될 수 있는 최고의 나로 피어날 수 있도록 스트레스와 불안을 더 잘 관리했고 나의 안전지대를 넓히는 방법도 배웠다. 물론 세상에 완벽한 사람은 아무도 없으므로, 나는 여전히 완성을 향해 나아가는 중이지만, 그래도 현재 나는 과거에는 상상도 못해봤을 만큼 풍요로운 삶을 살고 있다. 진심으로 여러분도 그렇게 되기를 바란다.

---

* Compassion은 상대의 고통을 함께 느끼고 아파하며 그 아픔을 덜어주기를 원하는 마음이다. 심리치료나 명상 분야에서는 self-compassion을 주로 '자기자비'라는 용어로 번역하는데, 이는 불교 용어인 자비를 영어로 번역하는 과정에서 compassion이란 단어를 선택한 데서 연유했을 것이다. 자비慈悲란 상대의 아픔을 슬퍼하고 아파하며 그 아픔을 없애주려는 큰 사랑이니 compassion의 의미에 잘 부합한다. 일반적으로 compassion을 연민이나 동정으로 번역하기도 하지만, '연민/동정', 특히 '자기연민'이라는 단어는 다만 가여워하는 데서 그치는 수동적인 감정의 뉘앙스가 있어서 고통을 덜기 위한 적극적 노력의 의미를 다 담아내지 못하는 것 같다. 이 책에서는 self-compassion은 자기자비로, compassion은 문맥에 따라 자비 또는 연민으로 옮겼다.—옮긴이.

내면의 평화와 지원, 경제적 성공으로 가득한 번영의 삶을 원하는가? 혹시 당신이 누릴 자격이 있는 그런 인생을 막고 있는 게 있다면 그건 무엇일까? 우리는 누구나 자신에게 익숙한 것을 무의식적으로 반복하면서 살아간다. 그 사실을 깨달았더라도 더 나은 것을 선택하지 않는 한, 언제까지나 거기서 벗어나지 못한다. 나는 자신을 한계에 가두던 습관에서 벗어나기로 선택하기까지 오랜 세월 허우적거렸다.

여러분이 내가 겪은 그 고통의 시간을 겪지 않도록 20여 년 동안 내가 배운 것을 여러분과 나누려 한다. 그 세월 동안 나는 내담자들과 상담하고, 사업체를 창업했다가 매각했으며, 인간적인 면에서도 경제적인 면에서도 더욱 번영하기 위해 변신에 가까운 변화를 이뤄내고자 끊임없이 나 자신을 손보고 고쳐나갔다.

깜짝 보너스

수년간 다양한 환경에서 여러 부류의 내담자와 작업하는 동안, 나는 그들이 심리치료에 노력을 쏟은 뒤로 예상치 못한 보너스를 받고 있었음을 알아차렸다. 심리치료가 진전됨에 따라 급여 인상, 승진, 창업과 성공, 경제적 상황 개선이 이루어졌다.

왜 이런 일이 일어나는 것일까?

우리는 심리치료에서 해결하고자 하는 문제가 무엇이든 언제나 바탕에 깔린 본인의 가치에 대한 감정, 그러니까 스스로 매기는 자신의 가치 평가도 동시에 치료했다. 자신의 가치에 대한 내담자들의 의식이 개선됨에 따라 그들의 경제적 상황도 향상되었다. 자신감과 권한에 대한 의식이 높아지고, 자신 있게 자기 뜻을 주장할 수 있게 되며, 자신을 더욱 잘 돌보게 된 결과였다.

저명한 저자 수지 오먼Suze Orman 역시 재정자문가로 일하는 동안 방금 내가 말한 똑같은 상관관계를 알아차리고 이렇게 말했다. "자신의 가치에 대해 건강하고 강력한 의식을 가질 때라야만 순자산이 지속적으로 쌓인다."[1] 그런데 오먼은 그 순서가 거꾸로 되는 일은 없다고 힘주어 말한다. 즉 순자산의 가치가 높다고 해서 자기 가치를 높이 의식하게 될 가능성이 커지지는 않는다는 말이다. 연구 문헌을 보면, 과학자들도 비슷한 패턴을 알아본 것 같다. 정신건강은 유의미하게 미래의 부를 예측하는 요인이지만, 부가 미래의 정신건강에 영향을 주는 건 아니라고 한다.[2]

나 역시 심리치료사로 일하면서 똑같은 흐름을 알아차렸고, 경영 코칭, 사업 컨설팅, 기업 연수, 강연 등을 통해 이 사실을 알리기 시작했다. 재정자문가는 사람들의 돈 관리를 돕지만, 심리치료사인 나는 전문 직업인들이 심리적 기술을 활용해 자신의 가치 의식과 감정 지능을 높여 일과 삶의 균형을 잡고 경제적 성공을 이루도록 돕는다.

의외로 돈 관리의 기본은 복잡한 첨단과학이 아니다. 예산을 짜고, 버는 돈보다 적게 쓰고, 저축을 하고, 빚을 갚고, 투자를 하고, 미래를 위한 계획을 세우는 일이다. 그보다 우리의 경제적 삶을 어렵게 만드는 건 바로 우리의 마음이다. 인기 있는 라디오 진행자이자 저술가인 데이브 램지Dave Ramsey는, 경제적 성공이란 20퍼센트의 경제 지식과 80퍼센트의 행동으로 이루어진다고 믿는다.[3] 경제적 성공에서는 오직 거울 속에서 우리가 마주 보는 바로 그 사람을 통제하는 능력이 모든 걸 좌우한다고 그는 단언한다. 이 책에서 소개하는 프로그램을 진행하다 보면 여러분도 생각과 감정, 태도, 자기돌봄, 목표, 동기, 지원이 자신의 경제적 상황에 직접적으로 영향을 미친다는 사실을 알게 될 것이다. 자기애는 경제적 성공에서 아주 큰 부분을 차지하는 요인이다.

아직 경력 초기였던 내가 '어번 밸런스Urban Balance'라는 심리 상담 사업을 시작했을 때, 내게는 투자금이 겨우 5백 달러뿐이었고, 갚아야 할 학자금 대출이 5만 달러나 남아 있었으며, 갓 두 살 난 딸이 있었다. 상담 업무가 성장함에 따라 사업적으로 어려운 시기도 같이 찾아왔다. 나는 집에 담보를 설정했고, 곧 파산 신청을 하게 될 것이 선명히 예상됐다.

차차 책에서 이야기하겠지만, 여러 실수를 저지르며, 나는 에고의 해로운 측면, 도움받을 수 있다는 것의 중요성 등 고통스럽지만 소중한 가르침을 얻었다. 내 개인의 문제, 돈과 나의 관계 문제 등을 해결하기 위한 여러 노력, 그리고 재능 있는 많은 이의 도움으로 상황을 뒤바꿀 수 있었다. 창업하고 13년이 지난 후, 나는 어번 밸런스를 수백만 달러에 성공적으로 매각할 수 있었다. 또한 그 모기업인 '리프레시 멘탈 헬스Refresh Mental Health'에 투자하여 지속적인 수익 성장을 이뤄낼 수 있었다.

어번 밸런스는 새로운 소유주의 주도 아래 내가 꿈에도 상상하지 못했던 수준으로 계속 번창하고 있다. 회사는 미국의 여러 주에서 수백 명에게 일자리를 제공하고, 해마다 수만 명에게 정신건강 서비스를 제공한다. 수많은 심리치료사 지망생들에게 인턴십의 기회를 주고, 어려운 사람들에게는 상담료를 낮춰주거나 무료로 상담 서비스를 제공하기도 한다.

포괄적 성공의 관점으로 재정 마인드셋을 개선하자

내 경험뿐 아니라 내담자들의 경험을 통해서도 정신건강과 돈의 심리학을 배울 수 있었던 것은 나에게 크나큰 축복이었다. 이 과정에서 나는 보편적 진실을 깨달을 수 있었다. 실행에 옮기기만 하면 정신건강과 인간관계, 경제적 번영을 모두 개선할 수 있는 열두 가지 마인드셋을 찾아냈다.

지난 10년간 전국으로 강연을 다니며 그렇게 얻은 통찰을 사람들과 나눠왔다. 반응은 압도적으로 긍정적이었다. 강연을 들은 이들은 강연 내용에서 영감을 얻고 자신의 권한을 키울 힘을 갖게 되었다고, 심지어는 인생이 바뀌었다고 했다. 정말로 풍요로운 삶을 살기 위해서는 긍정적인 정신건강과 재정 건강이 둘 다 필수적이라는 것을 알게 되었다고 했다. 이제 여러분도 이렇게 마음과 재정을 포괄적으로 보는 사고방식으로 안녕과 풍요의 삶을 창조할 수 있다. 자신의 집이라는 편안한 환경에서, 이 책에 담긴 프로그램을 실행하는 것만으로 말이다.

우리는 정신건강의 위기가 유행병처럼 번지는 시대를 살고 있다. 꽤 오래전부터 그랬다. 1990년대 후반, 미국에서는 오피오이드 (마약성 진통제) 중독으로 인한 약물 남용과 정신건강 문제가 심각하게 대두되었다. 2007년 말에는 대침체로 인한 엄청난 재정적 스트레스를 겪기 시작하며 정신건강 유행병이 더욱 심각해졌다. 이 중 요한 역사적 스트레스 요인들에 더해 많은 사람이 너무 바빠 살아 가는 병에도 시달리고 있다. 테크놀로지는 우리에게 끊임없는 뉴 스와 업무의 흐름이라는 플러그를 항상 꽂아두고 있다.

그런데 정작 자신과의 연결, 타인과의 연결은 끊어져 있다. 성 취를 지향하고 소비를 중심에 두는 우리 문화는 돈이 곧 행복이라 고 가르친다. 이는 많은 사람을 자기중심적이고 경쟁적으로 만들 며, 가정에서나 일에서나 깊은 인간적 연결과 협력을 키우는 우리 의 능력에 부정적인 영향을 입혔다.

그 결과 정신질환과 중독이 심히 놀랍고도 우려스러운 수준으 로 증가했고, 이는 개인과 공동체, 그리고 전 세계적 차원에서도 큰 비용을 물리고 있다.

- 미국인의 73퍼센트가 스트레스로 인한 심리적 증상들을 경험 했으며, 48퍼센트는 지난 5년 사이 스트레스가 더욱 증가했다 고 느낀다.[4]
- 2018년에 알코올 장애가 있는 이가 1,480만여 명, 불법 약물 장 애가 있는 이는 810만여 명으로, 알코올이나 약물 등의 복용 장 애로 시달리는 미국인은 약 2,300만 명에 달했다.[5]
- 전미정신질환연맹NAMI에 따르면, 어느 해를 특정하여 보든 미 국인 5명 중 1명(거의 4,400만 명)은 정신질환을 경험하며, 46.4퍼 센트는 살아가는 동안 한 번은 정신질환을 경험한다고 한다.[6]
- 자살률이 30년 만에 가장 높은 고점에 이르렀다. 세계적으로는

매년 80만 건의 자살이 보고되지만, 보고되지 않은 수까지 치면 훨씬 많다.[7] 자살은 미국에서 10번째 주요 사망 원인이다.[8]

- 2018년, 정신질환이 있는 미국 성인 중 치료를 받은 이는 절반 이하이며, 정신질환 증상의 발병부터 치료 개시까지 지연되는 기간은 평균 11년이다.[9]

그러다 2020년, 팬데믹이 찾아왔다. 이미 정신건강의 유행병을 겪고 있던 우리 사회에서 코로나 팬데믹은 순식간에 세계적인 정신 및 재정 건강의 위기에 불을 붙였다. 경제가 추락하고 실업이 속출하며 장기적인 재정적 스트레스와 공황과 공포가 잠식해왔다. 강제 봉쇄와 사회적 거리두기 의무는 사람들에게 고립감을 안겼고, 친구 및 가족과의 대면 연결 같은 중요한 사회적 지원을 앗아갔다. 학교와 일터, 종교적 예배 장소, 헬스클럽에 다니고, 쇼핑하고 친구를 만나는 것처럼 정상적인 일과가 모두 한순간에 사라졌다. 많은 이가 정신건강의 위기를 '팬데믹 속의 유행병'이라고 표현하기 시작했다.

이 글을 쓰고 있는 시점의 상황은 다음과 같다. 단, 이 수치들은 계속 변화할 가능성이 매우 크다는 점을 염두에 두길 바란다.

- 연구 결과에 따르면, 팬데믹으로 인해 미국에서 '절망사'—알코올, 마약 또는 자살로 인한 죽음—가 154,037건으로 증가할 가능성이 있다고 한다.[10] 2020년 6월 시점, 18세부터 24세 사이 미국인 4명 중 1명이 자살을 진지하게 고려해보았다.[11]

- 불안증과 우울증이 팬데믹 동안 급증했다. 예를 들어, 튀르키예에서는 23.6퍼센트의 사람이 우울증을, 45.1퍼센트는 불안증을 겪었다.[12]
- 세계 각지 중 팬데믹이 특히 심각한 곳에서 외상후스트레스장애가 급증했다. 예컨대 튀니지의 한 지역에서는 전체 인구의 33퍼센트가 외상후스트레스장애를 겪었다. 팬데믹에 관한 뉴스를 보며 보내는 시간이나, 누군가가 코로나19 때문에 고통받거나 사망하거나 매장되었다는 등의 상세한 이야기를 보고 듣는 시간이 외상후스트레스장애의 양과 상관관계가 있는 것으로 드러났다.[13]
- 강박장애의 비율도 팬데믹 동안 증가했다. 예를 들어, 이탈리아의 한 인구집단에서는 봉쇄 후 첫 6주 동안 강박장애 증상의 중증도가 현저히 증가했다.[14]
- 팬데믹 동안 실직, 경제적 불안, 물리적 재택 격리 때문에 세계적으로 연인이나 배우자 사이의 폭력이 급증했다. 유엔인구기금은 봉쇄가 지속되는 동안 약 석 달마다 세계적으로 1,500만 건의 젠더 기반 폭력이 추가로 발생할 것이라 추정한다.[15]

우리는 팬데믹에서 중요한 교훈 하나를 배웠다. 바로 정신건강과 재정 건강은 원래 서로 연결되어 있다는 것이다. 정신건강을 돌보지 않으면 그 대가로 인간관계나 직장을, 심지어 목숨을 잃을 수도 있다. 미국에서는 경제적 곤경이 자살 이유의 16퍼센트 정도를 차지한다. 나머지는 삶에 대한 낮은 만족도, 높은 스트레스, 불안 및

우울이 자살과 상관관계가 있다.[16]

성공의 정의에는 단순히 재정적 성취를 넘어 긍정적인 정신과 신체 건강, 인간관계, 일과 삶의 균형도 포함시켜야 한다. 이제부터 세계에서 일어나는 일과 개인적 삶의 경험이 우리의 감정과 재정 면에서 어떻게 영향을 미치는지 살펴볼 것이다. 지금부터 소개할 이 프로그램이 힘겨운 도전의 시기를 용기와 회복탄력성으로 끝까지 이겨내고 지속가능한 성공을 창출할 도구로써 힘을 줄 것이다.

중요한 건 돈이 아니라 재정적 건강과 안녕이다

이 책에서 나는 여러분이 재정적으로 건강해지도록 안내할 것이다. 이는 여러분 자신을 위한 일일 뿐만 아니라 다른 사람들에게도 이로운 일이다. 탐욕이나 과도한 물질적 소유, 쓰레기 또는 돈에 대한 사랑을 부추기려는 것이 아니다. 우리가 연민의 마음으로 (아무에게도 해를 끼치지 않음으로써) 돈을 얻고 관리한다면, 관대함과 이타심, 더 큰 선을 위한 긍정적 변화가 가능해진다. 우리는 경제적 번영을 활용해 우리 자신을, 서로를, 우리를 둘러싼 세상을 보살피는 일에 관해 이야기할 것이다. 삶에서 유통되는 진짜 통화는 사랑이다.

삶에 적극적으로 참여하고 자신의 특유한 재능을 세상의 필요에 맞추어 조화시키는 일이 우리의 재정 마인드셋을 개선할 수 있다. 자기를 온전히 표현함으로써 세상에 기여하려는 노력을 최대치로 기울일 때, 우리는 재정적 폭풍우도 잘 이겨낼 수 있고 엄청난 금전적 보상도 얻을 수 있다.

재정 마인드셋 개선 프로그램에 관하여

'재정 마인드셋 개선'이란, 돈에 관한 사고방식을 개선하고 사고와 감정, 행동 방식을 변화시킴으로써, 내가 나 자신을 방해하던 습관을 버리고 마땅히 누려야 할 성공을 이루는 것이다. 이어질 각 장에서는 제대로 적용만 한다면 정신건강과 재정 건강을 개선할 한 가지 마인드셋에 초점을 맞추어 뒷받침할 경험적 근거도 제시할 것이다. 이 프로그램에는 여러분을 성공에 적합한 상태로 설정해 줄 활동과 실질적 도구들이 포함된다. 이제 각 장에서 다루는 마인드셋이 무엇이며, 그 삶의 방식을 포용하는 것이 정신건강과 재정 건강 모두를 어떻게 증진하는지 간단히 살펴보자.

1장. 풍요

돈에 관한 자신의 심리를 탐구하고, 자신의 가치를 포용하며, 사고를 확장하여 삶 속으로 풍요를 반가이 맞아들인다. 시야를 결핍에서 풍요로 옮긴다. 그럼으로써 당신은 더욱 확장되고 지원받으며 번영하는 인생으로 들어가게 해줄 문을 발견하고, 잠겨 있는 그 문을 열 수 있게 될 것이다.

2장. 인식

방어기제와 부인이라는 눈가리개를 벗어버리고, 자신의 정신건강이 재정 건강에 어떻게 영향을 주고 있는지 깨닫는다. 자신이 익숙한 것을 무의식적으로 반복하고 있었음을 알아차리고 번영에 더 어울리는 길을 선택한다.

3장. 책임

자신을 속박하던 감정과 행복에 대한 깨달음을 얻었으니, 책임과 용서로써 원망과 분노에서 자신을 해방한다. 자신에게 권한을 부여함으로써 자기 인생 이야기의 저자가 된다. 자신의 재정적 미래를 통제한다.

4장. 현재 의식

당신 자신에게 온전한 현재를 선물함으로써 깨달음을 더욱 키워간다. 바로 지금 여기에서만 쓸 수 있는 풍요를 경험한다. 재정적 삶에 마음챙김을 적용함으로써, 평화와 차분하고 굳건한 뿌리내림, 명징함의 자리에서 결정을 내린다.

5장. 본질

현재에 깨어 있음으로써 자기 내면의 빛과 자신의 가장 높은 자아와 연결한다. 자신의 에고가 만족과 번영을 어떻게 가로막고 있었는지 인지한다. 또한 건강한 자존감이란 나와 타인의 경계선을 모두 존중하는 것임을 이해한다. 자기 삶과 일을 자신의 핵심 가치관과 조화시켜, 개인적 성공과 직업적 성공이라는 높디높은 고지로 자신을 올려보낸다.

6장. 자기애

이제 자신의 본질과 연결되었으니, 자신이 선천적으로 선한 존재이며 번영을 누려 마땅하다는 것을 알고 있다. 자신을 방해하는 일을 그만두고, 자기 자신의 좋은 부모, 훌륭한 코치, 사랑 가득한 옹호자가 된다. 열렬한 사랑과 재정적 자기돌봄을 통해 자신에게 투자함으로써, 자신과 타인에게 더 많은 걸 줄 수 있는 사람이 된다.

7장. 비전

당신의 외적인 삶은 자기애의 직접적인 반영물이다. 자신의 사명과 조화되는 개인적 선언문을 만든다. 마법의 지팡이가 있다면 무엇을 할지 비전을 그려봄으로써 새롭고 놀라운 방식으로 인생을 재창조한다. 지속가능한 성공을 위해, 일과 삶의 균형을 맞추고 우주적인 상생을 추구한다.

8장. 지원

자신의 비전을 현실로 만들기 위해 지원 네트워크를 꾸리고 활용한다. 당신을 가로막고 있던 죄책감, 수치심, 두려움 같은 장애물을 타파하고, 마음을 열어 지원을 받아들인다. 해로운 관계는 뿌리 뽑고 당신의 가치를 더 높여줄 사람들을 맞아들여, 세상에서 더 많은 선행을 할 수 있는 사람이 된다.

9장. 연민

감정이입과 염려, 친절을 표현하는 선량한 성품을 갖추어 지원과 신의, 진정한 번영을 더욱 강화한다. 마음을 열어 다른 사람들에게 용기를 북돋아주고, 자신이 받은 것을 또 다른 사람들에게 관대하게 나누는 일이 어떻게 더욱 큰 보상으로 돌아오는지 이해한다.

10장. 분리

극적인 상황이나 감정, 부정성에서 자신을 분리함으로써 소중한 것으로 눈길을 돌리고 긍정적인 기운을 유지한다. 두려움, 불확실함, 의심에서는 플러그를 뽑아둠으로써 지나가는 폭풍우를 잘 이겨내는 사람이 되고, 개인적 비전과 재정적 비전으로 가는 경로에 굳건히 머문다.

11장. 긍정성

이제 당신의 마음이 올바른 곳에 자리 잡았으니, 활기찬 열성과 더할 나위 없는 낙천성으로 세상에 자신을 내어놓는다. 감사를 실천함으로써 더욱 큰 번영의 통로에 자신을 둔다. 창의성과 주도적인 행동을 활용해 더 나은 삶을 일궈낸다.

12장. 회복탄력성

전진은 일직선으로 이루어지지 않으며, 기회는 역경에서 태어난다는 걸 깨닫는다. 회복탄력성을 길러 난관을 헤쳐나갈 능력을 키운다. 난관을 벗어나면 더 강하고 더 탄력적이며 더 잘 적응하는 사람이 되어 있을 것이다. 이 프로그램에서 배운 모든 것을 모아, 번영을 끝내 이뤄내는 방법을 배운다.

최종 점검

지금까지 배운, 완전한 번영을 위한 모든 기술을 모아서 안녕과 재정 건강을 향상시킨다.

이 프로그램은 어떤 사람에게 유익할까?

재정 마인드셋 개선 프로그램은 다음과 같은 사람들을 위한 것이다.

- 매번 번 돈을 고스란히 지출하는 사람, 번영을 더 키우고 싶은 사람, 재정적으로 더 나은 삶을 원하는 사람.
- 자신의 정신건강과 행복을 증진하고 싶은 사람.
- 감성지능과 인간관계 기술 및 리더십 역량을 키우고 싶은 사업가, 전문 직업인.
- 일과 삶의 균형을 더 잘 잡고 수익을 높이고 싶은 기업가, 자영업자, 프리랜서.
- 고객의 성공을 돕고 싶은 기업 컨설턴트 및 자문가.
- 의사소통과 협력을 개선하여 매출을 높이고 싶은 사업팀.
- 직원들에게 복지와 전인적 건강과 안녕 프로그램을 제공하여 직장 내 스트레스, 무단결근, 의료 비용을 줄이는 동시에 직원 생산성과 근속률을 높이고자 하는 기업.
- 전문적 기량과 성공을 향상하고 싶은 운동선수 및 창조적인 일을 하는 사람.
- 번아웃 예방과 더 큰 재정적 번영을 원하는 간병인 및 돌봄 업무 종사자.
- 이 프로그램의 자료를 활용하여 자신과 내담자들을 위해 프로그램을 실행하고자 하는 심리치료사와 심리 코치.
- 이 자료를 활용하여 학생들을 위한 삶의 기술 및 심리 프로그램을 만들고자 하는 학교 사회복지사, 학교 상담사, 교육자.

살아가는 동안 누구나 심리치료나 상담이 필요한 때가 있다. 심리치료를 받아본 적 없거나 현재 상담을 받는 중이 아니라면, 이 프로그램을 실행해보는 것이 도움이 될 수 있다. 심리치료를 받는 중이라면, 이 프로그램이 그 치료를 탄탄히 보완해줄 것이다. 그러나 현재 심리치료에 관심이 없는 사람에게도 이 프로그램은 정신건강의 면역계를 강화해줄 비타민과 같은 역할을 할 수 있다. 물론 이 책은 전문적인 정신건강 치료를 대체하기 위한 책은 아니다. '재정 마인드셋 개선'은 정신건강 피트니스 프로그램이면서 동시에 재정적 이익까지 이끌어낼 수 있는 프로그램이다.

각 장에 관해 알아두면 좋은 이야기

각 장에서는 열두 가지 마인드셋 중 하나에 초점을 맞춘다. 그 마인드셋을 적용하면 정신건강과 재정 건강이 어떻게 좋아지는지 설명할 것이다. 해당 마인드셋이 내가 어려운 상황에서 헤쳐 나오는 걸 어떻게 도와주었는지에 관한 개인적이고도 진솔한 이야기로 말문을 열 것이다. 여러분이 이 마인드셋으로 어떻게 도움받을지 떠올리는 데 내 이야기가 도움이 되면 좋겠다. 그에 더해, 나의 내담자들이 경험한 풍부한 이야기들도 영감을 줄 것이다. 기밀 유지를 위해 이 책에 실린 일화들은 모두 여러 내담자가 동일한 요소에 변화를 주었을 때 일어난 일들을 조합하여 재구성하였다. 이 이야기들을 통해 여러분은 자신이 현재 처해 있는 어려운 상황도 혼자만의 일이 아니며, 재정 마인드셋을 유익하게 개선하려는 것 역시 혼자만의 노력이 아니라는 걸 알게 될 것이다.

각 원칙을 최대한 수월하게 적용할 수 있도록, 장마다 간단한 연습을 곳곳에 배치해두었으니 그 연습을 통해 자신의 삶과 일에 적용해볼 수 있을 것이다. 이 연습 중 여러 가지는 이미 심리치료사들이 임상에서 널리 사용하고 있는 방법으로, 인지행동치료, 자기심리학, 이야기치료 등 경험적으로 효과가 입증된 여러 치료 접근법에서 가져온 것이다. 여러 연습 중 내가 특히 좋아하는 것은 '치료 세션'인데, 여러분이 실제로 심리치료나 사업 코칭을 받으러 내 상담실에 온 것처럼 상상하면서 진행하는 부분이다. 여기서 나는 여러분에게 자기성찰과 통찰을 높이기 위한 구체적인 질문을 던질 것이다. 물론 실제로 만나서 하는 심리치료는 아니지만, 이를 통해 여러분은 자신에 관해, 그리고 정신건강과 재정 건강을 개선하기 위해 자신이 어떻게 달라져야 할지에 관해 의미 있는 통찰을 얻을 수 있을 것이다. 각각의 연습은 여유를 갖고 천천히 하는 것이 좋다. 서두를 필요가 전혀 없다.

아주 독창적인 휠차트 연습은 각 장에 담긴 마인드셋을 검토하여, 현재 자신이 위치한 지점을 파악하고 측정함으로써, 번영의 길로 향해 걸어가는 여러분에게 추진력을 더해줄 것이다. 내가 직접 만나 이야기를 나누는 세션이나 워크숍에서는 처음에 이 휠차트 연습에 저항감을 드러내는 반응을 이따금 접했다. 하지만 몇 분이 지나 참가자가 작성법의 요령을 익히고 나면, 믿을 수 없을 만큼 놀라운 통찰을 얻고 너무나 열성적으로 실행한다. 실제로 사람들은 나와 한 세션을 평가할 때 이 휠차트 연습을 가장 좋았던 부분으로 꼽았다. 내가 이 연습을 프로그램의 핵심 요소로 고른 것도 그 때문이다. 이 책에는 모두 15개의 휠차트 연습이 담겨 있다. 서문에 실린 휠차트도 그중 하나인데 곧 함께 연습해볼 것이다.

심리치료사들은 내가 이 책에서 말하는 개념을 대부분 잘 알고 있다고 여겼다. 그러다가 직접 휠차트 연습을 실행해보고는 자신 안에 미처 인지하지 못하고 있던 부분이 너무나 많이 있어서 놀랐다고 했다. 그러한 사실에 나 역시 크게 놀랐다. 마치 우연히 저울을 밟았다가 그 결과에 깜짝 놀라는 것과 비슷하다고나 할까. 우리는 정신건강과 재정 건강을 솔직하게 측정해볼 경험이 많지 않다. 정신건강과 재정 건강이 그렇게 쉽게 방치되는 이유도 어쩌면 그 때문일지 모른다. 이 프로그램과 휠차트 연습이 그런 상황을 바꿔놓을 것이다. 심리치료는 솔직하게 임하는 것이 필수적이듯이, 이 연습에서도 자기 자신에게 정직한 것이 무엇보다 중요하다. 자신의 부족한 부분을 인정하기란 그리 쉬운 일이 아니다. 심지어 고통스러울 수도 있다. 하지만 더 정직하게 임할수록 이 프로그램에서 얻는 혜택도 더 클 것이다. 그리고 특정 마인드셋을 바꾸기까지 꽤 많은 노력이 필요할 거라는 걱정이 들 수도 있지만, 그리 긴장하지 않아도 된다. 전체적인 신체 건강을 개선하기 위해 몸의 여러 부위를 운동하는 것처럼, 마인드셋 역시 계속 연습하면 바로잡을 수 있다. 이 재정 마인드셋 개선 프로그램을 실행하는 것이 강력한 삶의 변화를 만들어줄 것이다.

내가 이 프로그램으로 워크숍을 하면서 알게 된 점은, 각자 완성한 휠차트 및 기타 연습 프로그램을 가지고 파트너나 소그룹 멤버들과 함께 토론하면 더 큰 통찰을 얻을 수 있다는 것이었다. 관련된 의미도 더 깨달았다. 그러니 여러분도 친구나 파트너, 동료 혹은 독서 모임과 함께 이 프로그램을 해보는 것을 고려해보면 좋겠다. 휠차트는 여러분의 인생을 앞으로 이끌고 나가줄 것이다. 열두 가지 마인드셋은 여러분이 가야 할 경로에서 벗어나지 않도록 다 잡아준다. 이렇게 뒤에서 받쳐주는 뭔가가 있으면 더 큰 추진력이 생긴다.

이 책 전체에 걸쳐서 '연습'이라고 표현하는 것은 노트에 직접 적어보는 일을 뜻한다. 노트에 쓰는 방식은 여러 방법으로 할 수 있다. 여러분의 편의를 위해 이 책에 담긴 모든 연습은 김영사 홈페이지에서 워크북을 다운로드하여 사용할 수 있다. 디지털로 작성한 연습은 '재정 마인드셋 개선 프로그램' 폴더를 만들어 따로 저장해두기를 권한다. 종이와 펜으로 하는 것이 더 좋다면 연습 서식을 출력하여 노트에 붙여서 쓰면 된다. 작성한 날짜를 적어두면 나중에 다시 살펴보고 얼마나 발전했는지 추적할 수 있어서 좋다.

워크북 다운로드

휠차트 연습 방법 안내

휠차트 연습은 주어진 영역에서 자신의 강점과 약점이 무엇인지 깨닫도록 도와주는 자기평가 도구다. 점수에 대해서는 걱정할 필요 없다. 우리는 항상 더 나아지는 과정에 있다. 재정 마인드셋 개선 프로그램을 하는 내내 휠차트 연습을 할 것이다. 방법에 대한 안내가 필요할 때면 언제든 다시 지금 이 페이지로 돌아와 참고하길 바란다. 휠차트 연습은 매우 쉽다. 한 번만 끝까지 해보면 전문가가 될 것이다. 휠차트 연습을 하고 나서 혹시 앞으로 개선해야 할 부분이 많아 까마득하게 느껴지고 의욕이 꺾인다면, 우리는 완벽함이 아닌 발전을 추구한다는 것을 늘 되새겨주기 바란다.

각 휠차트 연습은 몇 가지 질문으로 시작한다. 질문을 읽은 후 다음 기준에 맞춰 자신에게 해당하는 점수를 매기는 것이다. 결핍(1~3), 무난(4~5), 적당(6~7), 충만(8~10).

각 휠차트 그림에는 자전거 바퀴와 비슷한 바큇살이 여럿 있다. 각 질문에 답한 다음, 그 답을 휠차트에 기입한다. 먼저 질문에 해당하는 바큇살을 찾는다. 그런 다음 자신의 답에 해당하는 숫자에 맞춰 바큇살에 점을 찍는다. 예를 들어, 자신의 점수를 3으로 매겼다면 바큇살의 3에 해당하는 칸에 점을 찍는 것이다.

모든 바큇살에 점수 표시를 한 다음에는 그 점들을 이어 원을 만든다. 숫자가 높을수록 휠차트의 바깥쪽에 더 가깝고 숫자가 낮을수록 중심 쪽에 더 가깝다. 다음 그림을 보면 어떻게 모양이 만들어지는지 감이 잡힐 것이다.

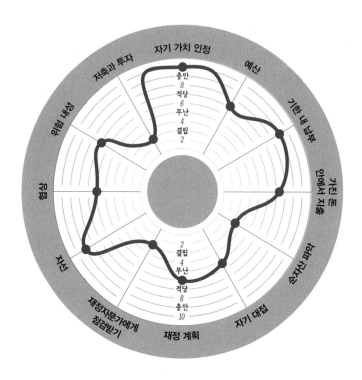

재정 건강의 휠차트 예시

휠차트에서 움푹 들어간 부분은 이 사람의 점수가 낮은 영역을 나타낸다. 이 휠차트는 저축과 투자를 많이 하지 않은 사람이 작성한 것이어서 그 분야의 점수가 낮지만, 자선에서는 높은 점수가 나왔다. 이 프로그램은 움푹 들어간 부분, 그러니까 부족한 영역의 개선에 오늘 당장 착수할 기회를 제공한다.

현재 재정을 어떻게 관리하고 있는지 기본적으로 파악하기 위해 재정 건강의 휠차트부터 작성해볼 것이다. 이 프로그램을 진행하는 내내 당신은 재정 건강의 여러 측면을 차례차례 파고들게 될 것이다. 그런 다음 책의 끝부분에서, 이 재정 건강의 휠차트를 다시 작성해보며 그동안 얼마나 진전했는지 확인하게 될 것이다. 연습을 뛰어넘고 싶은 마음이 들 수도 있겠지만, 부디 순서대로 하고 넘어가기를 바란다. 중요한 건 여러분 자신과 스스로의 재정 건강이므로 반드시 해야 하는 중요한 일이다.

재정 건강의 휠차트
(20분)

날짜: _____

각 질문에 대한 답을 다음 기준에 따라 숫자로 점수를 매긴다.

결핍(1~3) 무난(4~5) 적당(6~7) 충만(8~10)

	결핍		무난		적당		충만		
1	2	3	4	5	6	7	8	9	10

자기 가치 인정 당신은 현재 재정적 번영을 얼마나 누리고 있다고

생각하는가? (풍요) _____

예산 자신의 수익과 지출에 관해 얼마나 인식하고 있는가? 적어도 한 달에 한 번은 예산과 현금 흐름을 점검하고, 예산 내에서 생활하는가? 재정 문제를 외면하고 부인하는 상태에 빠지지 않으려 노력하는가? (인식) _____

기한 내 납부 납부할 돈을 제때 내지 않으면 과태료를 내야 하고 자신의 신용에 해가 된다. 당신은 기한에 맞춰 납부할 계획을 세우고 납부하는 일을 얼마나 잘하고 있는가? (책임) _____

가진 돈 안에서 지출 자신이 어떻게 돈을 쓰고 있는지, 부채가 발생하지 않도록 한도 내에서 지출하는 일을 얼마나 잘하고 있는가? (현재 의식) _____

순자산 파악 순자산은 전체 자산(모든 은행 계좌의 잔고, 가치 투자, 부동산)에서 부채(신용카드 미납분, 대출, 담보대출 잔고)를 뺀 값이다. 어느 시점에서든 자신의 대략적 순가치를 얼마나 잘 파악하고 있는가? (본질) _____

자기 대접 자신을 대접하는 것이 마땅할 때 적정한 한도 내에서 자신을 대우해주는 일에 얼마나 익숙한가? (자기애) _____

재정 계획 학자금 대출이나 신용카드 부채를 갚는 일, 주택 구입이나 자녀의 학자금, 혹은 은퇴자금을 위해 저축하는 일 등 당신의 재정 계획에 어떤 점수를 주겠는가? (비전) _____

재정자문가에게 점검받기 재정 상태를 점검하기 위해 1년에 한두 번 재정자문가를 만나는 일을 얼마나 잘하고 있는가? (지원) _____

자선 자신에게 의미 있는 대의를 현실적으로 실행 가능한 방식으로 지원하는 일을 얼마나 잘하고 있는가? (자비) _____

협상 협상에는 더 높은 급여나 혜택을 요구하는 일, 규모가 큰 구매나 계약의 가격을 논의하는 일, 거래를 성사시키기 위해 서비스를 흥정하는 일이 포함된다. 당신은 협상에 얼마나 능한가? (긍정성) _____

위험 내성 적절한 보험이 있을 때는 결과에 연연하지 않기가 더 쉬워진다. 당신의 건강, 자동차, 집, 사업, 심지어 생명을 위해 적절한 정도의 보험을 드는 일에서 당신에게 얼마나 점수를 주겠는가? (분리) _____

저축과 투자 최소한 3~6개월 동안 쓸 수 있는 돈을 저축해두고, 개인퇴직연금 등의 방식으로 미래를 위해 투자하는 것은 훌륭한 대비책이다. 어려운 시절을 대비한 저축과 투자 면에서 당신에게 얼

마나 점수를 주겠는가? (회복탄력성) _____

당신의 점수를 재정 건강의 휠차트에 표시한다. 휠차트의 제일 윗
부분부터 시작한다. 각각의 바큇살에 맞춰 당신에게 해당하는 점
수가 무엇인지 스스로 질문하고, 답에 맞는 숫자가 있는 바큇살에
점을 찍는다. 이제 휠차트를 차례로 돌면서 각 바큇살에 점수를 표
시한 다음, 찍어둔 점들을 연결하여 원을 만든다. 답을 할 때는 솔
직해야 한다는 걸 꼭 기억하자.

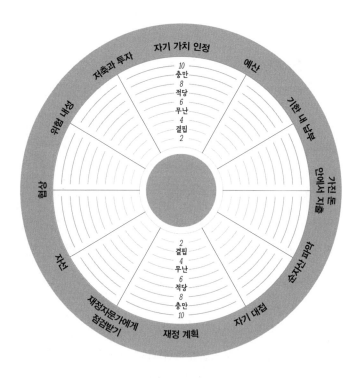

재정 건강의 휠차트

전체 프로그램이 끝난 시점에 당신의 재정 건강을 재평가할 수 있도록 작성을 완료한 날짜를 휠차트에 적어두자. 진심으로 축하한다! 이제 우리는 이 프로그램의 첫 연습 과제를 마쳤다. 이 연습을 통해 이제 당신은 현재 자신의 재정 건강 상태를 잘 파악했을 것이다. 재정 분야에서 자신에게 꽤 괜찮은 점수를 주었다고 해도, 더 좋은 삶과 재정 건강을 위해 거기서 더 확장하고 향상시킬 방법을 배우게 될 것이다. 이 책의 모든 장에는 실질적인 조언과 혁신적 도구와 영감이 가득 담겨 있다.

—— + ——

시간은 얼마나 걸릴까?

각 장에 담긴 연습 과제들은 세 시간이면 충분히 완료할 수 있다. 여러분의 편의를 위해 각 과제를 완수하는 데 대략 얼마나 걸리는지 시간을 표시해두었다. 해보고 싶은 활동을 골라서 자신에게 가장 잘 맞는 방식으로 작성해보자.

일정이 허락한다면, 12주 기간을 잡고 해볼 것을 추천한다. 대부분 자신의 문제를 해결하는 일에 12주는 충분히 투자할 수 있을 것이다. 그 정도 기간이 추진력과 일관성을 유지하는 데 가장 적합하다. 만약 그것이 무리라고 여겨진다면 한 달에 한 장씩 처리할 수도 있다. 여러분 자신에게 가장 적합한 시간 범위로 프로그램을 실행하면 된다. 중요한 것은 끝까지 해내는 것, 자신의 더욱 멋진 삶을 반갑게 맞아들이기 위해 필요한 일에 계속 전념하는 것이다.

신체 운동이 눈에 띄는 체형 변화를 이끌어내는 것처럼, 재정 마인드셋 연습 과제도 여러분의 정신건강과 재정 건강을 개선해줄 수 있다. 자신에게 울림을 일으키지 않는 활동들은 건너뛰어도 괜찮지만, 나는 각 장의 휠차트 과제들을 차례로 모두 완료할 것을 권하고 싶다.

재정 마인드셋 개선을 삶의 한 방식으로

우리는 모두 미완의 존재이며 항상 진화하고 있다. 그래서 나는 재정 마인드셋 개선 프로그램이 삶의 한 방식이 될 수 있게끔 만들고자 했다. 이 프로그램은 속성 해법이 아니다. 규칙적으로 하던 체력 강화 훈련을 갑자기 그만두면 그 운동에서 얻던 혜택이 곧 줄어들기 시작하는 것처럼, 재정 마인드셋 개선 훈련도 마찬가지다. 계속 연습하며 이 마인드셋들을 발전시켜 개인적 성공과 직업적 성공을 키워가기를 바란다. 더 많이 연습할수록 이 마인드셋들은 더 쉽게 당신의 것이 된다.

재정 마인드셋 픽스 프로그램에는 영원히 활용할 수 있는 도구들이 들어 있다. 삶이 당신에게 특정한 난관이나 좌절을 안길 때면 필요한 장을 다시 찾아볼 수 있다. 현재 당신이 여정의 어느 지점에 있든, 필자를 더 번창하는 삶으로 가는 길의 안내인으로 삼아주기 바란다. 당신이 한 걸음 내디딜 때마다 내가 계속 곁에서 함께하며 끝까지 당신을 응원할 것이다. 자신의 가치와 재정적 삶을 위해 이렇게 노력을 투자하기로 결정한 일을 축하한다. 올해는 당신의 재정과 마음의 건강이 가장 많이 향상되는 해가 될 것이다.

1장

풍요

✶

자신의 가치를 발견하고
황금 의자에 앉아 있음을
인식하라

THE
FINANCIAL
MINDSET
FIX

✴

자기 내면에 금광이 들어 있는데
왜 당신은 이 세계에 매혹되어 있는가?

———루미

"자네가 심리치료 분야를 선택한 게 돈 때문은 아니잖나." 측은하
다는 표정으로 교수님께서 말씀하셨다. 때는 1994년, 노스웨스턴
대학원 상담심리 석사 과정의 첫날이었다. 심리치료사가 되어 사
람들을 돕고 싶은 나의 바람은 너무 잘 알고 있었다. 그래도 교수
님의 그 말을 들으니 배 속에서 뭔가 쪼그라드는 느낌이 들었다.
방금 대학원 학비를 내기 위해 학자금 대출로 5만 달러의 약속어
음에 서명하고 온 참이었다. 어떻게 그 돈을 갚고 또 어떻게 생계
를 유지할 수 있을까?

2년 뒤 내가 대학원을 졸업했을 때, 초보 상담사의 연봉은 평
균 1만 8천 달러 정도였다. 동기 한 명이 첫해 연봉으로 2만 5천 달

러를 받았다는 이야기를 듣고 나도 그 액수를 목표로 정했다. 나는
시카고 도심의 한 메타돈 유지 치료(마약중독을 치료하기 위한 합성진
통제인 메타돈을 마약중독자에게 정기적으로 공급하는 치료) 클리닉에서
HIV 양성 정맥주사 약물 복용자들을 주로 상담하며 한 해에 정확
히 2만 5천 달러를 벌었다. 그곳에서 나는 가난과 폭력, 인종차별,
범죄 속에서 깊어지는 트라우마에 관해 알게 됐다. 더불어, 인간 정
신의 본질적 선함과 회복탄력성에 관해서도 배웠다.

메타돈 유지 치료 클리닉에서 2년을 일한 후, 나는 결혼을 했
고 생계를 유지하기도 빠듯한 생활에 허덕였다. 더 편안히 생활하
려면 한 해에 최소한 3만 5천 달러는 필요하다는 판단이 섰다. 다
행히 나는 직원 보조 프로그램 상담사 일자리를 구할 수 있었고,
그 직책은 정확히 연봉 3만 5천 달러를 가져다주었다. 나는 노동조
합부터 병원, 법률 회사, 금융 회사 등 다양한 직종에서 일하는 직원
들에게 행동 건강 서비스를 제공했다. 그리고 경력을 쌓고 재정 상
황을 더 나아지게 하고자 파트타임으로 집단상담팀에서도 일했다.

2002년, 이전까지 해오던 일자리 두 개를 접고 전업으로 개인
상담실을 열었다. 내 신념을 믿고 과감히 뛰어들었다. 누군가에게
지원을 구하고 싶던 차에 나는 스티븐 내키셔라는 친구와 커피 약
속을 잡았다. 그도 역시 얼마 전에 개인 사업을 시작했던 터였다.
스티븐이 내게 1년에 어느 정도 벌고 싶은지 물었다. 나는 첫째 딸
을 임신한 상태였고 내야 할 고지서들이 쌓이고 있었다. 한 해에
수입을 6만 달러까지 올릴 수 있다면 정말 좋겠다고 말했다. 스티
븐이 이맛살을 찌푸리며 말했다.

"겨우 6만 달러? 나는 연봉 10만 달러 이상 벌고 싶어."

나는 놀라서 되물었다.

"그게 가능하다고 생각해?"

스티븐은 자신 있게 대답했다.

"물론이지."

그해에 나는 6만 달러를 벌었고, 스티븐은 10만 달러를 훨씬 넘게 벌었다.

스티븐은 이어서 몇 개의 사업을 성공적으로 창업했다. 게다가 〈샤크 탱크〉라는 사업 오디션 프로그램에 출연해 우승도 했다. 그의 제품 중 하나는 오프라 윈프리가 제일 좋아하는 상품 리스트에도 올랐다. 스티븐의 사고방식은 그를 크나큰 성공으로 이끌었던 반면, 나의 소박한 포부는 내가 스스로 만든 유리천장이 된 것 같았다. 이러한 원인과 결과를 알아차린 뒤, 나는 훌륭한 치료사라면 누구나 할 만한 일을 했다. 바로 나의 치료사와 약속을 잡은 것이다.

상담 세션에서 알린 잉글랜더는 내게 이렇게 물었다. "'돈'이라는 단어를 들을 때 어떤 생각이 들어요?" 나는 말했다. "돈 하면 스트레스가 떠올라요. 돈은 스트레스를 주니까요." 알린이 말했다. "뭐, 그렇다면 당연히 그 스트레스를 없애야겠네요!"

알린과 나는 함께 내 유년기부터 돈에 관한 신념이 어떻게 뿌리를 내려왔는지 파헤치기 시작했다. 나의 아버지는 대공황기에 오하이오주 클리블랜드 도심에서 태어났다. 아버지는 자신의 부모, 즉 나의 조부모가 공장 노동으로 녹초가 되어 살아가는 모습을 보며 성장했다. 아버지는 대학 시절 내내 풀타임으로 일하면서 공부를 병행했고, 하버드대학 경영학 석사 과정 학비를 마련하기 위해 공군에서 중위로 복무했다. 개스킷을 만드는 큰 회사에서 부서장으로 성공을 거두었지만, 1980년대 자동차 산업 불황으로 아버지를 지탱하던 기반이 사라졌다.

여덟 살 무렵이었다. 거실에서 놀다가 아버지가 평소와 달리 낮에도 집에 있으니 참 좋다고 말했던 일이 기억난다. 그때 아버지를 바라보니, 눈물을 흘리고 있었다. 아버지는 직장에서 해고된 거라고 설명해주었다. '해고'가 무슨 뜻인지 정확히 이해하지 못했지만, 아버지는 집에 있는 것이 나처럼 행복하지 않다는 것만은 알 수 있었다. 아버지는 슬프고 창피하고 두려워하는 것처럼 보였다. 많은 남자가 그렇듯, 아버지는 자기 가치의 상당 부분을 직업과 수입에 두고 있었다.[1]

우리 가족은 이후 3년 사이 디트로이트에서 토론토로, 다시 털리도로 두 번이나 이사했다. 여러 차례 이어진 해고와 실직이 아버지에게 엄청난 경제적 불안과 우울증을 촉발했다. 우리 가족은 번듯한 교외 지역의 큰 집에서 살고 있었고 근사한 컨트리클럽에도 속해 있었지만, 돈에 관한 말다툼이 잦았다. 나는 우리 가족의 진짜 경제적 현실이 어떤지 확신이 서지 않았다. 사람들에게 겉으로 보이는 정도로 부유한 편인지, 아니면 집 안에서 내가 느끼는 무섭고 수치스러운 현실이 맞는지. 결국 아버지는 주식 투자로 매우 높은 수익을 올렸다. 아버지는 여러 면에서 재정적 성취와 회복탄력성의 훌륭한 본보기였다. 하지만 나는 성장기 동안 재정과 감정의 롤

러코스터를 타는 듯 느꼈고, 심리치료로 해결해야 할 문제가 몇 가지 남아 있었다.

나는 심리치료를 받으며, 사람을 돕는 심리치료사라는 직업으로는 큰돈을 벌 수 없다는 인식을 쓰레기통에 버리기로 했다. 그것은 대학원 첫날부터 주입받았던, 그리고 심리치료 일을 하는 동안 최소한 수백 번은 더 들었던 메시지였다. 내 성이 비록 '마터Marter' 이긴 하지만, 재정적 순교자martyr가 되는 것은 거부하기로 했다. 나는 다른 사람들의 삶을 바꿀 뿐 아니라 내 삶도 바꿀 상담 사업을 시작하겠다는 목표를 세웠다. 내 인생의 변신은 돈에 관한 나의 믿음을 수정하고 나 자신의 가치를 포용하려는 노력과 함께 시작되었다. 풍요로 가는 길에는 수많은 굴곡과 돌부리가 기다리고 있었다.

전문직 종사자들을 대상으로 상담 업무를 하고 내 사업체인 어번 밸런스를 키워가는 동안, 돈의 심리학에 대한 나의 관심은 점점 더 깊어졌다. 돈에 대한 내담자들의 생각과 믿음이 그들의 최종 자산에 긍정적인 방향이든 부정적인 방향이든 어떻게 영향을 미치는지도 알아차리기 시작했다. 그들의 치료사로서 내가 할 일은, 무엇이 그들에게 돈의 흐름과 사랑과 지원 같은 여러 자원을 가로막고 있는지 알아내고, 그럼으로써 내담자들이 풍요의 흐름 속으로 뛰어들도록 돕는 것이다. 이제 나는 여러분과 함께 그 일을 하고자 한다.

치료 세션 1
(20분)

첫 치료 세션을 위해 당신과 내가 내 상담실에서 처음 만났다고 상상해보자. 이제 우리는 당신이 살아오면서 겪은 돈과 관련된 경험이, 지금 당신과 돈의 관계를 어떻게 형성하고 그 형태를 결정했는지 알아볼 것이다. 다음 질문에 대한 답을 노트에 적어보자.

- 돈에 관해 어떠한 문화적·종교적·가족적 믿음 체계를 가르침 받았는가?
- 돈이 아주 많은 사람에 대한 자신의 태도와 믿음은 어떠한가? 돈이 아주 적은 사람들에 대해서는 또 어떠한가?
- 남성과 여성, 젊은이와 노인, 직업의 종류에 따라, 혹은 민족이나 인종에 따라 돈에 거는 기대가 다르다는 것을 자라면서 알아차렸는가?
- 그 기대의 차이가 오늘날 재정적 삶에 어떤 영향을 미쳤는가?
- '돈'이라는 단어를 들으면 어떤 생각이 드는가? 내 경우에는 스트레스가 떠올랐으며, 그것은 부정적인 생각이었다. '돈'이라는 단어를 들을 때 당신에게 떠오르는 생각은 긍정적인가, 부정적인가?
- 자신의 수입에 상한선을 설정해두었는가? 만약 그렇다면, 그

상한선은 어느 정도였으며, 당신이 그 천장을 뚫고 올라가는 것을 막고 있는 건 무엇인가?

• 자신이 금전적 풍요 및 기타 자원을 누릴 능력과 자격이 정말로 있다고 느끼는가? 그렇지 않다면 이유는 무엇인가?

자, 이제 당신이 쓴 답변을 나와 함께 검토한다고 상상해보자. 당신이 풍요로운 삶을 살아가는 것을 막는다고 여겨지는 세 가지 주요 사고방식에 형광펜을 칠한다. 만약 부자는 나쁜 사람이라거나, 남자가 여자보다 돈을 더 많이 벌어야 한다고 가르침을 받았다면, 당신이 그 신념들을 어떻게 재설정해야 풍요를 받아들이고 자신과 가족과 주변 세상을 더 잘 보살필 수 있을지 생각해보고, 그 생각을 글로도 써보자. 이는 재정 마인드셋 개선을 위해 꼭 해야 할 작업이다.

———— ✦ ————

이제 당신과 돈의 관계 속으로 좀 더 깊이 들어가보자.

재정과의 관계는 어떤 모습일까?

내 30대의 재정적 삶을 사람이라고 해보자. 그렇다면 그의 이름은 '페니Penny(푼돈)'였을 것이다. 나는 일이 잘못되는 원인을 대부분 페니 탓으로 돌렸고 짜증과 분노로 페니를 대했다. 지독하게 방치했으며 밥을 먹이거나 어떻게 지내는지 들여다보는 것도 잊어버렸다. 겨우 페니를 찾아가 들여다봤을 때는 페니의 초라한 몰골에 죄책감과 두려움과 공포를 느꼈다. 너무 창피하고 부끄러워 누구에게도 페니를 소개하지 못했고, 차마 페니의 눈을 똑바로 바라보지도 못했다.

내 개인 부채와 사업 부채 액수가 최고로 높이 치솟았던 30대 말에, 나는 재정적 불안 때문에 아무것도 하지 못할 정도로 심각한 상태였다. 페니는 탈진해 쓰러져 있었다. 남들을 보살피고 기쁘게 만들려는 천성 때문에, 나는 직원들과 내담자들, 어린 두 딸을 포함한 내 가족을 보살피기 위해 엄청난 빚을 끌어다 썼다. 나는 직원들의 요구를 모두 들어주려 노력했고, 내 딸들이 절대 부족함이 없게 하려고 애썼다. 그것이 내가 버는 돈의 수준을 뛰어넘는 일이라 해도 말이다. 그러니 페니가 탈진한 것도 당연한 일이었다. 우리 사업은 보험과 긴밀히 연계되어 있는데, 보험회사가 비용 청구를 처리하는 속도는 느렸다. 그 때문에 우리는 늘 현금 부족의 수렁에 빠져 있었다. 매달 마지막 주면 나는, 다음 달 첫날 나갈 급여와 임대료를 지불할 수 있을지 걱정하느라 잠을 잘 수 없었다. 동업자와 나는 개인 신용카드 현금서비스를 받아 간신히 메워나갔다. 신용카드 회사들은 우리에게 더는 돈을 빌려줄 수 없노라 통보했다. 그렇게 우리는 심리치료사들에게 지급해야 할 급여를 융통할 수 없게 됐다. 신용 한도를 초과한 우리는 재정적 공포 속에서 살아갔다.

재정적으로 가장 힘들었던 시점에, 나와 7년간 함께해온 동업자이자 절친한 친구는 나와 전체 직원에게 메일을 보내 자신은 회사를 그만두며, 절대 다시 돌아오지 않겠다고 선언했다. 20대에 아버지가, 30대에 어머니가 돌아가신 가슴 아픈 두 번의 이별을 빼면 이 일은 내가 경험한 가장 참담한 상실이었다. 동업자와 나는 늘 서로 '영혼의 자매'라 부르던 사이였다. 할머니가 되어서도 여전히 친구 사이일 거라 굳게 확신했다. 이 상실은 내게 배우자가 밤새 아무런 통보 없이 집을 나가버린 것과 같은 느낌이었다. 친구는 작별 인사조차 하지 않고 떠났다. 나는 친구가 남기고 간 개인 소지품들을 택배로 부쳤다. 가슴에 커다란 구멍이 난 것 같았다.

동업자 친구가 떠난 뒤 직원들은 우리 사업이 침몰 중인 배 같다고 느꼈다. 35명의 치료사 중 3분의 1이 그만두면서 자신이 담당하던 내담자들을 함께 데리고 갔다. 외롭고 진이 빠진 느낌이었다. 그런데 나는 패배를 인정할 생각은 없었다. 아직 내게 의지하는 직원들과 내담자들이 있었다. 그러나 설상가상으로 파트너십을 깨버린 나의 전 동업자는 상담소가 있던 공간을 차지했고, 자기 집과 가까운 직원들을 데려갔다. 한편 나는 10만 달러가 넘는 우리의 사업 부채와 다른 네 건의 장기 사무실 임대료의 책임을 떠안았다. 마치 선장처럼, 나는 그 여정을 책임지고 헌신해야 한다고 느꼈다. 다만 배를 버리는 것은 끝내 거부했다.

과거와 달리 나는 직원들에게 모두 다 괜찮을 거라고 말하는 대신, 제대로 된 경영 및 재정 컨설팅을 받지 않은 것에 대해 사과했다. 솔직히 말하면, 누군가 내게 우리의 사업 모델이 시장성이 없다고 할까 봐, 이 사업은 접어야 한다고 말할까 봐 두려웠다. 모든 걸 내가 알아서 해결해야 한다고 느끼는 대신, 나는 겸허함을 끌어내 도움을 요청했다. 남아 있던 직원들은 회사를 사랑했고 돕고 싶어 했다. 나는 아무 말 없이 혼자 고통스러워하는 대신, 내 상황에 관해 솔직하게 터놓고 말하기 시작했다. 친구와 가족들은 응원과 도움이 되는 충고를 해주었다.

내 이웃 중에 경영학 석사이자 회계사인 분이 있었다. 그분이 내게 기업 가치 평가를 받아봤느냐고 물었다. 공인회계사인 친구에게 내 회계장부 검토를 맡겨서 내 사업의 가치에 관해 들어보고 가능하면 도움도 받아보라고 제안했다.

나는 피부로 느껴지는 공포를 직시하면서 공인회계사 팀 케니와 만날 약속을 잡았다. 너무나 두려운 마음에 눈물이 그렁그렁한 채로, 나는 그에게 회계 파일을 넘겼다. 팀은 차분히 몇 가지 질문을 던졌다. 며칠 뒤 그가 전화를 걸어 나의 사업 모델은 충분히 가치가 있다고 말해주었다. 문제는 현금 흐름이라며, 내가 급여와 임대료를 지불할 수 있도록 제대로 된 은행 대출을 받게끔 도와주겠다고 했다.

또한 팀은 내게 현실감각도 챙겨주었다. "조이스, 당신은 치료사들을 고용해주기 위해 자선사업을 하는 게 아니에요. 이건 사업이고, 당신은 이윤을 얻는 게 마땅해요." 나는 내가 가진 자원을 모두 내어주다가 결국 더 이상 줄 게 남지 않은 상태에 봉착해 있었다. 이제는 페니를 우선시해 돌보고 건강한 재정적 한계선을 설정할 필요가 있었다. 내가 그렇게 하자 모두에게 이롭게 상황이 개선되었다.

은행 대출과 약간의 사업 모델 수정으로써 재정적 출혈이 멈쳤다. 그렇지만 이는 빠르고 고통 없는 해결책은 아니었다. 페니는 여전히 생명 유지 장치를 단 상태였다. 사내 회계사인 셸리는 매일 나에게 용기를 북돋아주는 천사가 되었다. 한 번에 하나씩, 우리는 차근차근 문제를 해결했고, 경영팀과 직원들의 도움으로 배를 안전한 방향으로 돌릴 수 있었다.

팀과 셸리, 그리고 나의 재무설계사인 빌 래플은 모두 페니를 속속들이 알게 되었고, 내가 페니를 더 잘 돌볼 수 있도록 엄청난 도움을 주었다. 나는 페니와 더 솔직하게 터놓고 대화를 나누기 시작했고, 거의 매일 페니와 만나기 시작했다. 페니의 건강도 급격히 개선되기 시작했다.

지금 나는 나의 재정적 삶의 이름을 '프로스퍼리티Prosperity(번영)'이라고 부른다. 프로스퍼리티는 튼튼하고 활력이 넘치며 강하다. 우리는 서로를 지원하고 뒷배가 되어준다. 나는 프로스퍼리티를 소중히 여기고 자랑스러워하며 잘 보살피고 있다.

페니와 프로스퍼리티는, 내 삶의 다른 두 시점에 내가 갖고 있던 자신의 가치에 대한 의식을 반영한다. 풍요를 맞아들이기 위해서는 나 자신의 가치를 높이 평가해야 했다. 당신도 할 수 있다. 현재 당신의 재정적 건강이 얼마나 나쁜 상태이든, 당신은 번영을 가질 수 있고 누려야 마땅하다.

재정적 자아 들여다보기

(20분)

다음 질문에 대한 답을 노트에 적어보자.

- 당신의 재정이 사람이라면 어떤 이름을 붙여주겠는가?
- 그의 모습과 느낌은 어떠한가?
- 당신과 그의 관계는 어떤 성격을 띠고 있는가?
- 거울에 비친 당신 모습과 당신의 재정적 자기 가치 의식은 어떻게 연결되는가?

———— ✦ ————

거울 속 당신의 재정적 자아를 들여다보았으니, 이제 당신 삶의 모든 측면으로 더 큰 풍요를 반가이 맞아들일 때다.

당신의 가치 인정하기

나는 이대로 충분한가? 그렇다. 나는 충분하다.[2]

—— **미셸 오바마**(변호사, 저술가, 전 미국 영부인)

우리의 부모도 모두 완벽할 수 없는, 인간이란 존재일 뿐이다. 우리 모두에게는 채워지지 않는 욕구가 있다. 그것이 우리에게 자신이 무가치하다는 감정을 안긴다. 나는 수년간 내담자들을 지켜보면서 자기 가치를 높게 보는 의식이 순자산의 증가로 이어지는 것을 목격했다. 하지만 반대로 순자산의 증가가 높은 자기 가치 의식으로 이어지지는 않았다. 연구 결과에 따르면, 높은 자존감과 직무 수행은 양의 상관관계가 있다.[3] 당신의 재정 건강을 개선하기 위해서는 자신의 가치를 포용해야 한다.

나의 내담자 니아가 임금도 적고 열악한 환경의 직장에 대해 분통을 터뜨리며 "나는 이보다 더 가치 있는 존재예요. 나 자신을 위해 더 나은 걸 누리길 원해요"라고 말했을 때, 내 가슴은 니아에 대한 뿌듯함으로 차올랐다. 대부분의 사람들이 살아가는 동안 여러 시기에 필요 때문에 어쩔 수 없이 낮은 임금을 감수하며 일하는데, 그런 일은 우리가 성장하고 발전하는 과정에서 거쳐가는 디딤돌로 삼아야 한다. 나는 니아의 인생에서 새로운 장이 시작되고 있음을 알았다. 이제 자신도 누릴 자격이 있음을 깨달았으므로, 그 새로운 장은 니아에게 더 큰 풍요를 가져다줄 터였다.

나 역시 내 여정에서 나 자신의 가치를 포용하기 위해 노력했다. 나는 2012년에 처음으로 다른 주에서 기조 강연을 해달라는 초대를 받았다. 흔히 말하는 것처럼 "지불한 가치만큼 받게 되는" 법이므로, 나는 성공적인 치료사이자 저자로 자주 강연과 프레젠테이션을 하는 나의 친구 로스에게 프레젠테이션에 대한 강연료를 정하는 일에 관해 조언을 구했다.

나는 로스에게 다른 주에서 강연할 때 강연료로 얼마를 요구하느냐고 물었다. 너그럽게도 그는 자신이 제시하는 가격을 나에게 알려주었다. 그 금액은 내가 요구해본 그 어떤 액수보다 높았지만, 나는 로스의 자존감을 빌려와 나를 고용하려는 사람들에게 그와 같은 액수를 요구했다. 그들은 "좋습니다. 그렇게 해드릴게요"라고 대답했다. 정말 신나고 흥분됐다.

나는 로스에게 전화해서 "겨우 45분 강연하는 데 그렇게 많은 돈을 받게 된다니 믿기지가 않아!"라고 말했다. 그러자 로스가 말했다. "45분이라고? 나는 하루치 요금을 말한 거였어."

　당신이 얻는 대부분은 당신이 요구한 것이다. 우리는 자신의 가치를 높이 사고, 불필요한 죄책감을 걷어내야 한다. 그리고 우리가 가진 게 더 많을수록 세상에서 줄 수 있는 것과 해줄 수 있는 일도 더 많아진다는 것을 기억하자.

$

자기 가치 점검하기

(10분, 평생 실천할 일)

다음 질문에 대한 답을 노트에 적어보자.

- 당신을 믿는 누군가(친한 친구나 동료, 부모님)가 당신만의 고유한 재능과 강점을 묘사해보라는 요청을 받았다고 상상해보자. 그들은 뭐라고 말할까?
- 당신이 어떤 일을 성취해내고, 자신이 그 일을 할 수 있다는 사실에 스스로 놀라며 기뻐했던 때를 떠올려보자. 그때 기분이 어땠는가? 그 경험에서 배운 것은 무엇인가?
- 어떤 때, 어떤 관계에서 당신이 가장 가치 있는 존재라고 느끼는가? 이유는 무엇인가?

- 당신이 잘 해낸 일에 대해 적절한 보상을 받았다고 느낀 때에 관해 떠올려보자. 그 일은 어떻게 일어났는가? 그 기회가 그냥 당신에게 떨어졌는가, 아니면 당신이 어떤 식으로 그 기회를 끌어왔는가? 그 경험에서 당신이 배운 것은 무엇인가?

자기 가치를 어떻게 인식하느냐에 따라, 삶 속으로 기꺼이 풍요를 불러들일 수 있는지가 결정된다.

———— + ————

풍요 대 결핍

> 매일 매시간 매분 풍요의 사고방식에 대한
> 전념을 새롭게 다지는 이들에게
> 또렷하고 오래 지속되는 성공이 찾아온다.[4]
> ———— **브라이언트 맥길**(미국의 저술가)

나는 풍요의 이론을 믿는다. 이 세상에는 돈과 기회, 선함, 사랑, 기타 자원이 우리 모두에게 충분한 이상으로 존재한다고 생각한다. 그러므로 우리가 더 많이 갖는 것이 다른 누군가가 덜 갖는 것을 의미하지는 않는다. 풍요의 사고는 당신을 위한 새로운 수입의 흐름과 수익 증가를 창출할 뿐만 아니라 일자리나 인턴십, 요금 할인이나 무료 봉사, 자선 등으로 다른 이들을 위해서도 더 많은 것을 제공할 수 있게 해준다. 풍요는 이기적인 것이 아니다. 당신이 더

많이 가지면 더 많이 도울 수 있다.[5]

어떤 사람들은 결핍 모형에 따라 살아간다. 어쩌면 그들에겐 충분히 갖지 못했던 경험이 있을지도 모른다. 그 때문에 자신이 가진 것을 붙잡고 놓지 말아야 하고, 자신의 자원을 지켜야만 한다는 믿음을 자연스레 갖고 있다. 또 어떤 이들은 '각자도생'식의 정서를 교육받으며 자라는데, 이런 사고방식은 탐욕과 시기, 경쟁을 부추길 수 있다. 결핍의 사고방식을 풍요의 사고방식으로 바꾸면, 가능성과 협력, 타인의 성공을 축하하는 마음과 더 큰 번영으로 가는 문이 열린다.

심리치료사로 일하면서 나는 재정적 트라우마가 재정적 손실에 대한 강박적 사고, 우울, 불안, 외상후스트레스장애로 이어지는 것을 발견했다.[6] 나의 내담자 레이철은 시카고의 저소득층 주택단지에서 비참할 정도의 가난 속에서 성장했다. 굶는 때도 많았고 기본적인 세면도구조차 없이 지내는 일도 흔했다. 레이철은 아주 지적이고 근면한 여성으로, 스스로 일해서 번 돈으로 대학을 나왔다. 임금을 많이 받게 된 후에도 과거의 트라우마는 레이철에게 궁핍에 대한 공포를 안겼다. 그로 인해 병적인 비만 상태가 되었고, 위우회술을 받은 뒤 나를 찾아왔다. 더 이상 과식을 할 수 없게 된 레이철은 먹고자 하는 충동을 소비로 대체했다. 레이철은 세면도구와 옷, 기타 가정용품을 사서 쟁여두기 시작했고, 그러는 동안 빚은 쌓여만 갔다. 결핍 사고는 사람들이 부족하다고 인식하는 대상들을 계속 사서 모아두게 만든다.[7]

우리는 레이철의 기저에 깔린 트라우마와 그에 따른 강박 행동, 그리고 방치된 경험에서 나오는 자신이 무가치하다는 느낌을 풀어내기 시작했다. 감정과 행동은 생각의 결과라는 믿음을 기반으로 하는, 경험적으로 뒷받침된 치료법인 인지행동치료를 통해 레이철은 차츰 풍요의 사고로 옮겨갔다. 자신의 미래가 안전하고 안정되었다고 느낄 수 있도록 재정적인 부분은 재무설계사에게 맡겼다. 자신이 가치 있는 존재이며 스스로 생계를 해결할 능력이 있음을 인정하면서, 레이철은 서서히 마음의 긴장을 풀기 시작했다. 그 결과 연애도 잘 풀렸다. 이제 낮은 자존감과 절박함이 아닌, 가치와 안정감의 위치에서 사람들을 만나고 있었기 때문이다.

사람들이 결핍이라는 렌즈로 재정적 삶을 바라볼 때는 소비가 무시무시한 일이 될 수 있다. 돈은 재정적 에너지이며, 호흡이나 사랑 같은 다른 형태의 생명 에너지들과 마찬가지로, 돈 역시 균형이 잡혀 있을 때 흐름이 좋아진다. 건강한 소비가 삶의 풍요로운 흐름을 키운다는 것을 이해하고 믿음과 용기를 갖고 적극적으로 행동할 때, 우리는 재정적 평온이 함께하는 더 큰 풍요의 흐름으로 들어갈 수 있다.

인생은 경쟁이 아니다

나의 한 여성 내담자는 자신의 친구들이 서로를 알게 되면 자기들끼리 더 친한 사이가 되어 자신은 뒷전이 될까 두려워 친구들을 서로 소개해주는 걸 좋아하지 않았다. 친구들이 결국 만나게 되더라도 그들의 상호작용을 통제하려 들었다. 탐욕과 결핍에 대한 공포 때문에, 그는 이기적이고 독점적으로 친구들을 사귀었다. 시간이 지나면서 친구들은 통제하려는 그의 행동에 화를 내며 그에게 거리를 두었다. 그렇게 되자 그의 공포가 실현되며 자기충족적 예언의 힘을 증명한 셈이 되었다.

사업에서는 이런 식의 탐욕이 단기적 이득은 낼 수 있을지언정, 결국 직원도 고객도 잃고 스스로 자기 발등을 찍는 결과를 낳는다. 연구 결과를 보면, 탐욕은 잘못이나 불법적인 일을 저지르게 하거나 해고를 자초하게 만든다.[8]

사업의 자원을 비밀스럽게 보호하는 것보다는 건강한 협업의 정신이 실제로 수익을 더 높일 수 있다. 나는 다른 치료사들이 자신의 개인 사업을 구축하는 일을 돕는 워크숍과 코칭도 하고 있다. 사람들은 오랫동안 내게 바보 같은 짓을 하고 있다고 말했다. 나서서 경쟁자들을 더 만들고 있다는 말이었다. 하지만 풍요의 렌즈를 끼고 있는 나의 생각은 달랐다. 다른 치료사들이 성공하도록 도움으로써 나는 모든 사람이 정신 의료에 더 쉽게 접근할 수 있게 만들겠다는 나의 사명에 충실할 수 있었고, 그것은 더 큰 선에 기여하는 일이다. 코칭과 트레이닝을 통해 추가적인 수입 흐름을 창출한 결과 내 수익은 더 증가했다. 게다가 내게 코칭이나 트레이닝을 받았던 치료사들은 자주 내게 내담자들을 의뢰하거나, 나를 강연자로 추천하거나, 나와 일하기 적합한 구직자들을 내게 보내주었다.

풍요의 사고방식은 그에 걸맞은 행동이 따르기만 한다면 효과를 발휘한다. 내가 속한 협회의 동료들은 보험사들을 찾아가 수수료 인상을 요구했다. 또 어느 해에는 일리노이주의 모든 정신보건

종사자들의 급여를 17퍼센트 인상하는 쾌거를 이뤄냈다. 나의 '경쟁자들'과 협력함으로써 내 사업체의 수익이 한 달에 1만 달러나 증가한 것이다. 이는 내가 사업을 하며 이뤄낸 가장 큰 규모의 향상이었고, 경쟁자들과 협력하지 않았다면 결코 일어나지 않았을 일이다.

내가 사업체를 소유하고 있던 마지막 5년 동안, 나는 대규모 심리치료 사업체를 경영하는 10명 정도의 모임에 속해 있었다. 우리는 분기마다 한 번씩 만나 사업상의 어려움에 대해 의논하고 아이디어와 응원을 주고받았다. 나는 관대함의 정신과 자원을 공유하는 솔직함에 늘 깊은 인상을 받았다. 서로 단절된 채 비밀을 유지하며 활동하는 대신, 우리는 모두가 성장하고 번창하는 데 도움이 될 정보를 공유했고, 그럼으로써 더 많은 내담자를 도울 수 있었다. 그뿐 아니라 우리는 직원을 관리하는 일이나 새 분점을 여는 일의 어려움에 관해 서로 솔직히 이야기를 나눌 수 있어서 너무나도 절실히 필요한 정서적 지원도 얻을 수 있었다. 또한 동료 간의 협력 관계를 친밀하게 유지하고 서로의 성공을 축하해주었다. 그러는 한편, 우리는 서비스 영역, 직원, 의뢰받는 기관 등 서로의 직업적 경계선은 존중했다. 사업을 성장시키는 일에 관심있다면 이런 식의 회합을 추천한다.

성공을 위한 시너지

(10분, 평생 실천할 일)

다음 질문에 대한 답을 노트에 적어보자.

- 당신은 누구에게 경쟁심을 느끼는가? 경쟁심을 느끼는 게 당신에게 어떻게 해로울 수 있을까?
- 당신의 경쟁자들은 당신에게 어떤 영감을 주는가? 당신은 그들에게서 무엇을 배울 수 있는가? 그들에게서 얻는 축복이 무엇인지 찾아보자.
- 어떻게 하면 당신의 인생에 더 많은 협력을 끌어들일 수 있을까?
- 경쟁에서 협력으로 옮겨가는 일은, 당신이 더 큰 풍요를 불러들이는 데 어떻게 도움이 될까?

———— ✦ ————

스스로 상한선을 긋지 말자

사람은 자기 생각의 산물이다. 그는 자기가 생각하는 존재가 된다.[9]

——— **모한다스 간디**(인도의 법률가, 반식민운동 민족주의자, 정치윤리학자)

무언가가 가능하다는 믿음을 받아들일 때, 그 일은 실제로 가능한 것이 된다. '나는 가난해' 혹은 '나는 부유해' 같은 말이나 믿음은 우리의 재정적 현실을 결정할 수 있으니, 생각과 말의 힘에 유념해야 한다.

당신이 처해 있는 삶의 단계도 풍요에 대한 당신의 관점에 영향을 줄 수 있다. 예를 들어, 당신이 젊고 이제 자기 인생을 시작하는 단계라면, 당신은 자신을 '빈털터리 대학생'으로 볼 수도 있을 것이다. 이런 믿음은 당신에게 어떤 한계를 설정할까? 아니면 당신은 이제 은퇴기에 접어들어 '내가 재정적 상황을 개선하기엔 너무 늦었어'라고 생각할지도 모른다. 이렇게 자기를 제한하는 믿음을 멈추고, 자신에게 투자하는 일은 너무 이르거나 너무 늦을 수 없음을 인식하자.

당신의 언어를 이렇게 바꿔보자.

- "나는 …이 없다"에서 "나는 …이 있다"로. (예: "나는 번영을 누릴 자격이 없다"에서 "나는 번영을 누릴 자격이 있다"로.)
- "나는 … 안 될 거야"에서 "나는 … 될 거야"로. (예: "나는 취직이 안 될 거야"에서 "나는 취직이 될 거야"로.)
- "나는 … 할 수 없어"에서 "나는 … 할 수 있어"로. (예: "나는 내 사업을 시작할 수 없어"에서 "나는 내 사업을 시작할 수 있어"로.)
- "나는 … 하지 않아"에서 "나는 … 해"로. ("나는 내 일에 그리 능숙하지 않아"에서 "나는 내 일에 능숙해"로.)

나는 부정적인 믿음이 사람의 잠재력을 얼마나 제한하고 풍요의 흐름을 가로막는지 보아왔다. "그건 안 될 거예요" "그렇게 해도 도움이 안 돼요" "난 그렇게 할 수 없어요" 같은 말을 반복하는 내담자들은 보통 앞으로 나아가지 못하고 한자리에 정체되어 있는 경향이 있었다. 열린 마음을 지닌 사람은 무한한 풍요의 문도 열어젖힌다. 그들은 장애물에 부딪혔을 때 멈춰 서지 않고, 새로운 전략이나 접근법, 해결책을 열린 마음으로 받아들였다. 또 온라인 강좌나 커뮤니티 워크숍, 네트워킹 같은 새로운 기회가 오면 긍정적으로 기회를 잡았다. 나는 포용적으로 풍요의 사고로 전환한 내담자들이 부업을 시작해 성공하는 것부터 환경 지도자가 되는 모습까지 온갖 일을 이뤄내는 것을 보았다.

풍요의 사고로 옮길 수 있게 도와줄 몇 가지 활동을 해보자.

$

생각 재배치하기

(15분, 평생 실천할 일)

인지행동치료는 자신의 부정적인 사고 패턴을 인지하고 변화시키도록 돕는다. 더 단순하게 말하면, 고약한 사고를 멈추도록 돕는다. 인지행동치료는 생각 기록이나 생각 일기를 도구로 써서 부정적 사고 패턴을 찾아내고 생각을 더 중립적이거나 긍정적으로 만든다.

노트에 다음과 같은 생각 기록표를 만들어보자. 지난 몇 주 사이 당신이 무언가에 대해, 특히 재정 문제 때문에 감정이 상했을 때를 생각해보고 그 일을 표에 기록해보자. 시작하는 데 도움이 되도록 예시를 한 줄 적어보았다.

상황	생각	감정	행동	대안적 생각
내가 아니라 동료가 승진했다.	나는 형편없다.	분노, 슬픔, 수치.	부루퉁하고 수동적인 공격성을 보임.	앞으로 나에게 더 좋은 기회가 있을 거야.

부정적인 생각을 긍정적인 생각으로 바꿈으로써 당신이 느끼는 감정은 자기 권한에 대한 의식, 평화, 신뢰, 희망 등이 될 수 있다. 이런 감정들이 다른 사람의 성공을 더욱 축하해주는 행동으로 이어진다. 생각 기록은 부정적인 생각을 긍정적인 생각으로 바꿔주는 도구다. 단순한 말처럼 들린다는 건 알지만, 긍정적으로 생각하도록 뇌를 훈련하는 것은 무척 중요하다.

나만의 황금 의자

세상은 당신의 굴이다.
진주를 찾는 일은 당신에게 달려 있다.[10]

──**크리스 가드너**(노숙자에서 억만장자로 도약한 미국인 사업가.
그의 회고록을 바탕으로 만든 영화 〈행복을 찾아서〉로 잘 알려짐)

공인회계사 팀을 처음 만날 때, 팀이 내게 파산 신청을 권유할 거라고 생각했다. 그러니 그가 우리 회사의 가치가 일곱자릿수 (1,000,000~9,999,999달러 사이—옮긴이)의 건강한 상태라고 말했을 때, 내가 얼마나 놀랐던지 상상할 수 있겠는가. 그 시기는 마침 내 전 동업자가 회사를 떠난 직후였다. 그 친구가 떠난 것은 그가 우리의 전체적인 그림이 아니라 부채와 부족만을 보았기 때문이었다.

당신이 부정적인 렌즈를 끼고 있어서 보지 못하는 재능, 자원, 자산은 무엇이 있을까? 그러니까 당신이 앉아 있는 황금 의자는 무엇일까? 사람들이 장신구를 들고 나왔다가 때때로 큰 가치가 나가는 보물임을 발견하는 〈골동품 로드쇼〉라는 방송 프로그램을 생각해보자. 그러니 당신의 강점과 자원, 아이디어, 재능의 보물창고를 더욱 꼼꼼히 살펴보자. 놓치고 보지 못했던 보물들을 찾아내자. 나는 내담자들 중에서 책 한 권을 거의 완성해놓고도 아무에게도 보여주지 않은 이들, 아직 추진하지 않은 사업 아이디어를 갖고 있는 이들, 다른 사람들에게 홍보하지 않은 독특한 재주를 지닌 이들, 아직 세상에 내보이지 않은 굉장한 재능을 지닌 이들을 수없이 봐왔다. 그들은 삶에서 더 많은 것을 원하면서도, 두려움으로 풍요의 흐름을 가로막고 있었다.

내가 치료사로 일해서 제일 좋다고 여기는 점은, 사람들의 강점과 경이롭고 특별하고 아름다운 점들을 거울처럼 비추어 본인들에게 보여줄 수 있다는 점이다. 그건 모두 풍요의 씨앗들이다. 그 씨앗들은 누군가가 보아주고 가치를 인정해주고 보살펴줄 필요가 있다. 재정 마인드셋 개선 프로그램을 실행함으로써 당신은 가지를 뻗고 꽃을 피워 자신을 가장 완전하고 감동적으로 표현할 수 있도록 자신의 씨앗에 물을 주고 빛을 불러들이고 있는 셈이다. 풍요를 일궈내면 더 많은 번영의 씨앗을 퍼뜨리게 되고, 그 씨앗들은 앞으로 올 세대들에게도 풍요를 나눠줄 드넓은 과수원으로 자랄 것이다.

이제 풍요를 당신의 일상에 적용할 차례다. 풍요의 휠차트는 이 장에서 배운 모든 기술을 한데 모아 당신에게는 어디에서 풍요가 가장 많이 솟아나는지를 측정하는 도구다. 완성하면 어떤 모습이 되는지 예를 하나 살펴보자.

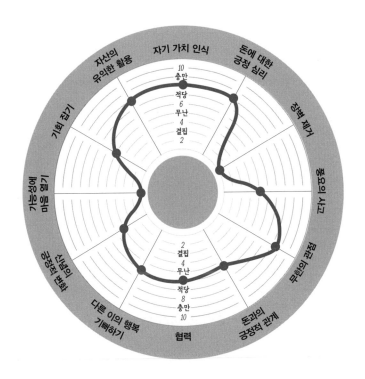

풍요의 휠차트 예시

이 휠차트는 자신의 가능성에 별로 마음을 열고 있지 않던 사람이 작성한 것이어서 그 부분에서 점수가 낮지만, 남의 행복을 함께 기뻐하는 마음에서는 높은 점수가 나왔다. 휠차트에서 깊이 들어간 부분이 점수가 낮은 영역이다. 이 프로그램은 그렇게 들어간 부분, 그러니까 현재의 부족한 영역들을 바로잡을 기회를 제공한다. 심각하게 결핍된 영역들이 있는 사람의 휠차트는 동그라미보다는

'별자리'처럼 보일 것인데, 그래도 괜찮다. 우리 프로그램을 실행하는 내내 이 휠차트 연습을 계속 다시 해보자.

현재의 상태가 출발점이다. 이 책의 장들은 서로 연결되어 있으므로 프로그램이 진행됨에 따라 풍요의 영역에서도 계속 진전이 이뤄질 것이다.

다음 풍요의 휠차트를 완성하여 현재 당신의 인생에서 풍요가 드러나는 영역이 어디인지 그 기준선을 알아보자.

풍요의 휠차트
(20분)

날짜: _____

각 질문에 대한 답을 다음 기준에 따라 숫자로 점수를 매긴다.

결핍(1~3) 무난(4~5) 적당(6~7) 충만(8~10)

	결핍			무난			적당		충만	
1	2	3	4	5	6	7	8	9	10		

자기 가치 인식 자기 고유의 가치를 포용하고, 자신이 마땅히 번영과

좋은 모든 것을 누려야 한다고 자연스레 느끼는 능력이 어느 정도라고 평가하는가? _____

돈에 대한 긍정적 심리 돈의 의미에 관한 당신의 신념은 얼마나 긍정적인가? _____

장벽 제거 더 많이 원하는 것에 대한 죄책감을 떨쳐내는 일과 자기 제한적 신념을 버리고 돈의 흐름을 맞아들이는 긍정적인 말을 얼마나 잘 쓰고 있는가? _____

풍요의 사고 결핍의 사고가 아닌 풍요의 사고를 하고, 자원의 풍요로운 흐름을 믿는 일을 얼마나 잘하고 있는가? _____

무한의 관점 자신의 삶과 재정적 미래를 생각할 때, (윤리적 한계를 제외한) 어떤 한계에도 속박되지 않고 크게 생각하는 일을 얼마나 잘하고 있는가? _____

돈과의 긍정적 관계 돈과의 관계에 주의를 기울이고 보살피는 일을 얼마나 잘하고 있는가? _____

협력 경쟁 대신 협력하는 일을 얼마나 잘하고 있는가? _____

다른 이의 행복 기뻐하기 다른 사람의 기쁨과 성공을 축하할 때, 그들

이 행복한 게 당신의 행복이 줄어든다는 의미가 아니라는 것을 어느 정도나 확신하는가? _____

신념의 긍정적 변화 지금 삶이 힘들거나 재정 상태가 나쁘다고 해도 상황이 나아질 수 있다고 얼마나 믿는가? _____

가능성에 마음 열기 장애물을 보는 것이 아니라, 일과 재정과 삶이 성장하고 번창하게 할 새로운 방식을 찾아보려는 의지가 얼마나 강한가? _____

기회 잡기 자신에게 와닿은 초대, 행사 참석, 강의, 온라인 세미나, 온라인 강의 등의 기회를 얼마나 잘 받아들이는가? _____

자산의 유익한 활용 자신의 재능과 소질과 자원을 활용하는 일을 얼마나 잘하고 있는가? _____

답을 풍요의 휠차트에 표시한다. 제일 위에서부터 시작하자. 당신은 자기 가치 인식은 결핍되었는가 충만한가 아니면 그 사이 어느 지점인가? 답과 일치하는 숫자 옆의 바큇살에 점을 표시한다. 이제 휠차트를 계속 돌면서 모든 바큇살에 점수를 표시한 뒤 점들을 연결한다. 점수는 신경 쓰지 말자. 그냥 솔직하게 답하면 된다.

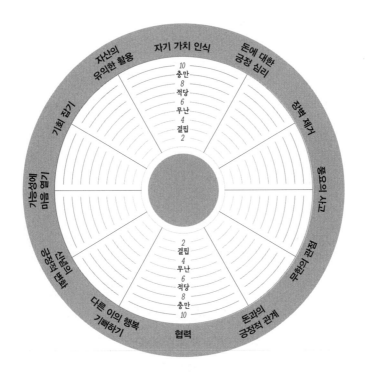

풍요의 휠차트

풍요와 관련하여 현재 자신이 어느 지점에 있는지 알아보기 위해, 다음 질문들에 대한 답을 노트에 적어보자.

- 자신의 휠차트에서 가장 깊이 들어간 지점 세 곳은 어디인가?
- 이 세 영역에서 점수를 받지 못하게 방해하는 가장 큰 장애물은 무엇이라 생각하는가?

• 그 한계들을 넘어설 방법은 무엇인가?

당신의 휠차트 결과에 관해 친구나 신뢰하는 사람과 토론해보는 것도 좋다. 하지만 잊지 말자. 이것은 내면 깊은 곳을 들여다보는 작업이며, 점수가 고르지 않은 것이 정상이라는 것을. 나중에 시간이 흐르면서 진전된 정도를 점검할 수 있도록 휠차트에 날짜를 적어두는 것도 잊지 말자.

———— + ————

우리는 모두 황금 의자에 앉아 있다. 우주는 사랑과 지원, 재정적 번영을 포함하여 우리가 사용할 수 있는 풍요로운 자원으로 흘러넘친다. 우리가 누려 마땅한 자격이 있음을 깨닫고 받는 일에 생각과 마음을 열 때, 막혀 있던 풍요의 흐름이 삶 속으로 흘러들 수 있다.

모든 장은 서로 연결되어 있으므로, 프로그램을 진행하는 동안 풍요의 영역에서 당신은 계속 진전을 이룰 것이다. 인식에 관한 다음 장에서는 당신이 그 모든 자원을 쓸 수 없도록 방해하는 것이 무엇인지 함께 생각해보자.

2장

인식

✳

무의식이 어떻게 당신에게서
부를 앗아가는지 알아차려라

THE
FINANCIAL
MINDSET
FIX

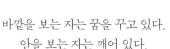

바깥을 보는 자는 꿈을 꾸고 있다.
안을 보는 자는 깨어 있다.

──**카를 융**(정신의학자이자 정신분석가, 분석심리학의 창시자)

알코올중독자 가족에 관한 강의를 듣고 있을 때, 문득 이런 생각이 들었다. '왜 이게 우리 가족 얘기처럼 들리는 거지?' 부모님은 술을 마시지 않았지만, 우리 가족의 감정 및 관계의 역동은 알코올중독자 가족과 왠지 비슷했다. 말다툼, 언제 상황이 급변할지 모르는 불안정성, 수치심과 분노, 뒤이은 불안과 낮은 자존감, '가족만의 비밀'까지.

임상 교육을 받던 첫해에, 나는 꼭 탐정이 된 느낌이었다. 그해는 내가 심리치료를 받은 첫해이기도 했다. 나는 더 의식적인 사람이 되고 더욱 유능하게 일할 수 있도록 나 자신을 더욱 깊이 인식하고 이해하기 위해 노력하고 있었다. 자기 인식은 부인의 상태에서 빠져나오는 일, (정신건강 문제를 포함한) 자신의 여러 문제를 인식하는 일, 그리고 우리에게 기본으로 주어진 관계 역할과 패턴 및 그것들이 우리의 안녕과 재정에 어떻게 영향을 미치는지를 이해하는 일이다. 자기 인식은 의식적으로 살아가고 모든 면에서 온전한 성공을 이루기 위한 필수 전제조건이다.

내가 태어나기 오래전에 세상을 떠나신 외할아버지가 알코올 중독자였다는 사실을 유년기 즈음에 알게 되었다. 알코올중독자 가족에 관한 강의를 들은 후, 나는 어머니에게 할아버지의 알코올 중독과 어머니 본인의 과거에 관해 좀 더 질문했다. 너무나 놀랍게도, 어머니는 내 세 언니와 오빠가 모두 여섯 살이 되기 전, 그러니까 당신이 30대 때 익명의 알코올중독자 모임에 나갔다고 털어놓았다. 돌이켜 생각해보건대, 어머니는 자신의 음주가 산후우울증과 해결되지 않은 유년기 트라우마에서 오는 고통스러운 감정을 스스로 치유해보고자 한 시도였던 것 같다고 했다.

어머니는 심리적으로나 영적으로나 엄청난 깊이와 지혜, 재치 있는 유머 감각을 지닌, 대단히 지적인 여인이었다. 하지만 몇몇 부정적인 방식으로도 나에게 어마어마한 영향을 미친 아주 복잡한 사람이기도 했다. 나의 성장기에 어머니는 극도로 비판적이고 통제적이며 엄격했다. 내가 슬픔이나 분노 같은 정상적인 감정을 느낄 때도 내 마음을 들여다봐주는 것이 아니라, 그런 감정을 느끼는 것은 잘못이거나 내가 나쁜 아이이기 때문이라는 느낌이 들게 했다. 이런 대우를 받는 것은 알코올중독자 자녀들에게 흔한 일이었다. 내가 성장하던 시기에는 어머니가 술을 마시지 않았음에도 그런 대우는 알게 모르게 나에게까지 내려왔다.

나와 어머니의 관계, 거기다 돈 문제 등을 두고 늘 벌어지는 부모님의 말다툼은 나를 불안으로 가득 채웠고 필사적으로 인정과 가정의 평화를 갈망하게 만들었다. 나는 부모님 결혼생활의 중재자 역할과 가족 중 누구든 힘들어하는 이를 위한 구조원 역할을 떠맡았다. (내가 심리치료사가 된 건 전혀 놀라운 일이 아니다!)

임상 훈련을 받으며 더욱 깊이 성찰한 결과, 나는 이러한 가족 역동의 결과가 나 자신의 공의존codependency이라는 것을 인식하게 되었다. 공의존이란, 자신의 안녕을 희생하면서까지 다른 사람들을 보살피고 만족시키려는 해로운 상태를 말한다. 성인이 된 후에도 이러한 무의식적 패턴이 나의 관계와 일, 재정에 영향을 미쳤다.

공인회계사 팀은 내가 자신을 희생해가면서까지 다른 사람들을 돌보고 있었음을 직시하게 했다. 그때, 나는 사업이 재정적 밑바닥을 친 큰 이유 중 하나가 나의 공의존이라는 것을 깨달았다. 재정적인 문제를 더욱 자각적으로 의식하기 위해서는 나의 불운을 스스로 창조하는 데 내가 어떤 역할을 했는지 제대로 눈을 뜨고 직시해야 했다. 엄청난 압박의 시기였다. 나는 자기돌봄을 우선시하고 관계에 건강한 한계를 설정하는 것이 이기적인 일이 아니라 필수적인 일임을 배워야 했다.

공의존을 스스로 해결하기 위한 관련 독서, 글쓰기와 마음챙김 같은 내적 성찰을 위한 실천, 거기에 심리치료까지 받으며 나의 문제를 풀어가는 동안, 내가 왜 지금과 같은 사람이 되었는지, 내가 어떤 행동들을 하는 근본에 있는 이유가 무엇인지 자기 인식이 더욱 깊어졌다. 이 작업은 개인적인 면에서도 재정적인 면에서도 나를 더욱 자각적인 현실에 뿌리내리게 했다. 나의 공의존 성향을 이해함으로써 나 자신을 더 잘 보살피고, 관계와 재정 면에서 건강한 한계를 설정하는 법을 배울 수 있었고, 이는 나의 불안과 자존감, 재정적 상태 모두의 개선으로 이어졌다.

여러분도 자신에게 해로운 행동을 멈추고 자신을 더 잘 보살피며 더 큰 성공을 누릴 수 있도록 더 깊은 인식과 의식을 갖추게 되기를 바란다.

치료 세션 2
(20분)

이제 두 번째 세션을 위해 다시 나의 상담실에 왔다고 상상해보자. 여기서 우리는 함께 당신의 인식을 높이는 작업을 할 것이다. 내가 다음 질문을 던지면 노트에 답변을 적어보자.

- 나의 이야기가 당신에게 어떤 생각을 떠올리게 했는가?
- 당신의 가족은 당신의 정신건강에 어떻게 영향을 미쳤는가? 당신의 재정적 건강에는 어떠한가?

- 인생에서 자기 인식이 당신의 안녕과 재정 모두를 개선하는 데 도움이 되었던 때를 떠올릴 수 있는가? 그 일에 관해 생각하고 적어보자.

———— ✦ ————

자기 인식에 대한 작업을 시작했으니, 당신은 방금 내가 했던 것처럼 자신을 더 세밀히 들여다볼 필요가 있다. 당신이 발견한 것에 당신이 놀라게 될지도 모른다.

우리는 무의식적으로 가족을 재현하고 있을 수 있다

나는 패턴을 면밀히 관찰하는 사람이다.
마음 깊은 곳에서 나는 물리학자다.
나는 내 삶의 모든 것을 살펴보며 단 하나의 방정식을,
모든 것을 아우르는 이론을 찾아내려 노력한다.[1]

———**윌 스미스**(미국 배우, 래퍼)

우리는 모두, 살아오면서 한 경험에서 배운 역할과 관계 패턴을 무의식적으로 반복한다. 그 사실을 인식하고 더 나은 선택을 하기 전까지는 그렇다. 인간이란 저항력이 가장 낮은 경로로 끌린다. 그것이 편안하고 익숙하기 때문이다.

나의 내담자 로즈는 증권중개인인 남편의 코카인 중독과 스트리퍼들을 좋아하는 취향을 해결하기 위해 치료실의 문을 두드렸

다. 당시 로즈는 30세의 전업주부로 어린 자녀가 둘 있었다. 치료 세션에서 로즈는 자신이 (슬플 때) 희생자와 (화가 났을 때) 박해자, (남편을 구하려고 할 때) 구조원의 세 역할을 맡은 '드라마 삼각형'을 맴돌고 있음을 깨달았다.[2] 여러 차례 부부 치료를 시도했고, 실패했지만 세 번의 중재 치료가 있었다. 그리고 다른 이의 음주로 인해 자기 삶에 영향을 받은 이들을 위한 12단계 지지 그룹인 익명의 알코올중독자 모임에도 참석해 엄청난 노력을 기울였다. 결국 로즈는 용감하게 남편과 이혼하기로 결정했다.

재에서 솟아오르는 불사조처럼 자신의 힘을 되찾고, 법률사무보조원으로 다시 경제활동을 시작했으며, 자신의 재정적 삶을 책임지고, 그 어느 때보다 자녀 부양과 자기돌봄을 잘 해내며 멋지게 성공을 이뤄냈다. 이는 로즈에게 엄청난 힘과 권위를 실어준 일이기도 했지만, 결국에는 반드시 필요한 일이었던 것으로 드러났다. 남편이 중독 때문에 직장을 잃고 자녀 양육비 지불을 끊어버렸기 때문이다. 우리가 성공적으로 치료를 종료하고 몇 달이 지난 후 로즈가 내게 전화를 걸어 말했다. "조이스, 나 조율이 필요해요. … 데이트를 시작했는데, 내가 만나는 이 남자가 전남편과 똑같아요. 호주 억양을 쓰는 점만 빼고요."

익숙한 역할과 관계 패턴을 반복하는 인간의 자연스러운 성향이 당신의 관계와 경력, 재정적 삶에 자신도 인식하지 못하는 방식으로 영향을 미치고 있을 수 있다. 우리는 원가족(자랄 때 함께 산 가족)에서 우리가 맡았던 것과 같은 역할을 할 수 있는 관계와 직업에 무의식적으로 끌린다.

가족 체계 이론에 따르면, 각 가족 구성원은 가족 체계에서 균형을 만들고 유지하는 일에서 각자 나름의 역할을 맡고 있다.[3] 일터도 관계 체계이기 때문에 우리는 일터에서도 우리의 역할을 반복하는 경우가 많다. 연구 결과에 따르면, 원가족 안에서 한 개인이 맡았던 역할이 그들 경력의 성공에서 중요한 역할을 한다고 한다.[4] 우리가 그룹이나 단체에서 곧잘 맡는 역할들의 장점과 단점을 더 잘 의식하게 되면, 우리의 관계 성향이 경력과 재정에 어떻게 영향을 미치는지도 알 수 있다.

이제부터 말할 내용은, 가족 내에서 나타나는 몇 가지 흔한 역할들의 예, 그리고 그 역할들이 결국 한 사람의 경력과 재정적 삶에 어떤 영향을 미치게 되는지 정리한 것이다.

영웅 또는 사랑받는 아이 이 사람은 높은 성취를 이루며 가족의 자랑이다. 목적 지향적이며 자기 규율이 잘 잡힌 훌륭한 지도자인 경우가 많지만, 긴장을 잘 풀지 못하거나 다른 사람이 옳다는 걸 인정하는 일이나 남에게 주도권을 허용하는 일을 못 할 수도 있다. 영웅은 사업주가 되거나 경영자가 되는 경향이 있지만, 우두머리 노릇을 하려 들고 남을 지배하려는 성향 때문에 개인적 관계에서는 어려움을 겪을 수도 있다.

희생양 또는 골칫덩어리 가족 구성원들은 이 사람이 정신건강 문제나 중독 문제, 사회적 혹은 재정적 문제가 있다고 느낀다. 희생양은 가족의 저변에 깔린 문제를 드러내는 신호나 증상을 보일 수도 있다. 이들의 강점으로는 유머 감각, 취약성, 진정성 등을 꼽을 수 있다. 이들은 성인기로 넘어가는 것을 어려워하며, 경력과 재정에서 그리 큰 성공을 이루지 못한다.

착한 아이 이 사람은 문젯거리가 되는 일을 피하는 수동적이고 복종적인 아이다. 이들은 유연하고 느긋한 편이지만, 방향성이 없고 결정을 내리는 일을 두려워하며, 무턱대고 남들의 뜻을 따른다. 결국 관계에서 당연한 존재로 취급받게 되거나 대체로 낮은 임금을 받으며 보조하는 역할로 일한다.

마스코트 또는 광대 이 사람은 갈등을 유머로 풀며, 진정한 자기 자신을 표현해도 된다고 느끼지 못할 수 있다. 내면의 깊이를 성숙시키기를 어려워하며 감정적으로 미성숙한 관계를 맺는 경향이 있으며, 영업이나 연예계에서 일하게 될 수도 있는데, 일부는 이런 일로 큰돈을 벌 수도 있겠으나 다수에게는 매우 어려운 일이다.

중재자 이 사람은 가족 체계에서 평화를 유지하는 역할을 하며 구조원 역할까지 맡고 있을 수도 있다. 가족 간 커뮤니케이션의 완충 역할을 하는데, 이는 그들의 노력이 얼마나 잘 받아들여지는지 혹은 효과가 있는지에 따라 본인에게 건강한 일일 수도 그렇지 않을 수도 있다. 중재자들은 변호사, 부동산 중개인, 중간 관리자 등으로 일할 수 있다.

돌보미 이 사람은 균형 잡히고 건강한 방식으로 정서적 지원과 안정을 제공한다. 중재자 역할도 할 수 있으며 어린이를 상대하는 일이나 교육 일을 할 수 있다.

구조원 이 사람은 다른 가족 구성원들의 문제를 수습하는데, 그 이유가 대개 자신의 불안을 덜기 위한 것인 경우가 많다. 이들은 죄책감을 느끼는 경향이 있고, 공의존 상태에 빠지거나 스스로 희생하면서까지 해로운 돌봄의 역할을 맡기 쉽다. 이들은 치료사나 간호사, 긴급의료원 등 도움을 주는 직업을 가질 수 있다. 전반적으로 볼 때 도움을 주는 직업을 갖고 있는 이들은 자신의 진정한 소득 잠재력을 실현하지 못하는데, 그 이유는 이들이 자신의 재정을 자기 통제권 밖의 일로 보는 경향이 있고 자신이 많은 돈을 벌지 못할 거라는 생각을 받아들이기 때문이다.[5]

응원단장 이 사람은 다른 사람들을 격려하고 응원하는 동시에 자신의 필요도 보살피고 타인들에게 긍정적인 영향을 미친다. 이들은 마케팅 일을 하거나, 고객이나 직원에게 동기를 불어넣는 지도자 역할로 일할 수 있다.

사상가 이 사람은 객관적이고 논리적이고 합리적이지만 다른 사람들과 감정적으로 연결되는 일은 어려워할 수 있다. 과학이나 의학, 수학 등에 끌릴 수 있고, 네트워킹과 사업 개발에 필요한 대인관계 기술에 어려움을 느끼기도 한다.

진실을 말하는 사람　이 사람은 있는 그대로 말해버리는 경향이 있다. 필요한 정보를 전달하지만, 다른 사람들이 그 조언의 가치를 알아주는 일은 별로 없는 편이다. 이 역할은 양육자나 응원단장의 특징들과 함께 조화를 이룬다면 정말 큰 강점이 될 수 있다. 이들은 자연스레 언론계나 법조계 일을 선택한다.

당신은 이 가운데 원가족에서 한두 가지 이상의 역할을 맡았을 수도 있다. 자기 역할의 좋은 부분들은 유지하되, 더 이상 자신에게 도움이 되지 않는 부분은 걷어내버리자. 그러기 위해서는 주의를 기울여 살펴보고, 상담이나 코칭을 통해 더 새롭고 적응적인 행동을 배워야 한다. 그리고 물론 재정 마인드셋 개선 프로그램을 실행하는 것도 도움이 된다.

기본 역할 알아내기
(20분)

다음 질문에 대한 답을 노트에 적어보자.

- 원가족 안에서 당신이 맡았던 역할에 대해 생각해보고, 가족 체계 이론에서 말하는 역할 중 자신에게 가장 부합하는 두세 가지 역할을 적어보자. 왜 그렇게 생각하는지도 설명해보자.

- 이 역할들은 각각 당신의 개인적 인간관계나 일에 어떻게 영향을 미치고 있을까?
- 이 역할들은 각각 당신의 재정에 어떤 영향을 미치고 있을까?
- 각 역할이 지닌 강점과 어려움을 두 가지씩 찾아보자.
- 각 역할에 대해, 당신의 관계를 향상시키기 위해 이루고 싶은 변화 한 가지와, 경력이나 재정을 끌어올리기 위해 이루고 싶은 변화 한 가지를 써보자.

——— ✦ ———

무의식적 계약이 당신에게 해를 입힌다

부인을 하면 치유될 수 없다.[6]

———브레넌 매닝(미국의 저술가, 연사)

부인否認, denial을 비롯한 방어기제는 불쾌한 생각, 감정, 행동을 포함하여 삶의 고통스러운 측면이나 트라우마가 우리에게 가하는 충격을 완화해줄 수 있다. 일시적으로 도움이 될지는 몰라도 방어적인 태도는 더 깊은 인식을 방해하며, 우리가 현실에 대처하지 못하게 막을 수도 있다. 우리가 개인적·직업적·재정적 삶에서 의식적으로 전진할 수 있으려면 삶의 현실들을 인식해야 한다.

무의식적 계약 역시 우리가 알지 못하는 사이에 우리의 경로를 조종하고 있을 수 있다. '무의식적 계약'이란, 우리가 가족 구성원들과 부지불식간에 체결한 무언의 동의들을 말한다. 예를 들어, 당신은 당신을 기르느라 희생한 부모의 꿈대로 살아야 할 책임이 있다고 느낄 수도 있다. 저변의 의도는 좋다고도 할 수 있지만 자신이 진정으로 원하는 게 아닌 경로를 맹목적으로 선택하면 필연적으로 심리적 괴로움이 초래될 수밖에 없다. 가족 체계 안의 다른 누군가와 맞서지 않으려고 입을 틀어막고 소리를 죽인 버전의 자신으로 살아가는 것도 무의식적 계약의 또 다른 형태다. 이런 일은 당신이 살아남은 자의 죄책감을 느끼고 있거나, 학대의 희생자이거나, 나르시시스트인 가족이 있는 경우 일어날 수 있다. 마지막으로, 양육될 때 주입받은 문화나 종교, 가족의 신념에 당신이 진심으로 공감하지 않더라도, 그 신념은 당신이 최고의 잠재력을 실현하고 더 좋은 삶을 사는 것을 방해할 수도 있다. 그러한 신념을 받아들이거나 침묵으로 동조하는 것도 하나의 선택임을 인식하는 것이 중요하다.

당신은 지금 다른 누군가를 위한 삶을 살고 있는가?

나는 내담자들이 자신의 진정한 자아와 조화를 이룬 방식으로 살아갈 수 있도록 돕는 일을 한다. 그들의 인생 이야기를 들으며 나는 퍼즐 조각들을 모은다. 경험이 쌓여서 이제는 빠진 퍼즐 조각이 있거나 무의식적 계약이나 방어기제 때문에 끼워 맞춰지지 않는 조각들이 있으면 바로 알아차릴 수 있다. 우리는 함께 그 방어벽을 뚫어내고 긍정적인 삶의 변화를 만들어낸다.

몇 년 전, 동료가 한 내담자와 1년 넘게 작업하고도 별 진전이 없자 그 내담자를 내게 보냈다. 콜린이라는 이 내담자는 중증의 만성 우울증이 있었다. 많은 이의 눈에 아주 좋아 보일 만한 인생을 살고 있는데도 콜린은 불행했다.

콜린은 흔히들 말하는 '착한 여자'로 살아온 긴 역사를 들려주었다. 그는 부모와 선생님, 사회가 기대하는 바대로 해냈을 때 가장 사랑받고 인정받는다고 느꼈다. 법학을 공부한 것은 아버지가 그렇게 하라고 해서였고, 남자친구와 결혼한 것은 그때가 결혼해야 한다고 여겨지는 인생의 시기였기 때문이었으며, 아이들을 낳은 것도 자기에게 기대되는 일이었기 때문이었다. 콜린은 엄마로 사는 게 즐겁지 않으며 자기 일을 증오한다고 털어놓으면서, 그런 마음을 갖고 있는 자신을 수치스러워했다. 딸들이 다 자라고 난 이제야 콜린은 자기가 자신조차 제대로 모른다는 것, 자기가 진짜 무엇을 좋아하는지 무엇을 느끼고 무엇을 원하는지도 모른다는 걸 깨달았다고 했다.

결혼생활에 관해 물으니 괜찮다고 말하긴 했지만, 콜린은 단절감을 느끼고 있었다. 남편에 관해 묻자 남편이 동료와 마음으로 바람이 난 적이 있었다고 대답했다. 그 관계가 어떻게 끝났는지는 잘 몰랐지만 어쨌든 끝난 건 확실하다고 단호히 말했다. 내가 물었다. "어째서 그 관계가 성적인 관계는 아니라고 생각하는 거죠?" 콜린은 방어적으로 부인하는 표정으로 멍하니 나를 쳐다보았다. 나는 다른 이의 이야기, 즉 마음으로만 바람이 난 거라고 말하는 남편에게, 그 관계가 성적인 것임을 알고 있다고 말해 결국 실토를 받아낸 이야기를 들려주었다. 콜린은 그렇게 말하는 나에게 짜증이 난 것 같았다. 콜린은 그렇게 상담실을 나섰다. 그녀를 앞으로 다시 보게 될지 확신이 서지 않았다.

그다음 주에 콜린은 다시 찾아왔다. 남편에게 이른바 그 '마음'의 바람 건에 대해 몇 가지 질문을 예리하게 던지자, 몇 년 동안 그 동료와 연애뿐 아니라 정사도 나눈 관계임을 털어놓더라는 것이었다. 남편은 그 동료를 사랑했고 결혼도 원했다고 한다. 콜린에게 전형적인 삶이라는 껍데기를 유지해주던 '아내'라는 구조물이 무너져내렸다. 콜린이 자신의 가짜 자아를 벗어던지고 진정한 자아를 찾기 위해서는 그 진실을 직시할 필요가 있었다.

이후 2년여에 걸친 힘겨운 작업을 거치며 우울증은 완화되었고, 콜린의 삶은 진정한 자아를 반영하는 모습으로 탈바꿈했다. 그 변신은 이혼 후 새롭게 찾은 독립성과 함께, 콜린이 남들을 만족시키려는 것이 아니라 자신을 위한 결정을 내리게 되면서 시작되었다. 아이들이 독립한 뒤 콜린은 교외를 떠나 시내에 현대적인 아파트를 샀다. 어린 시절의 미술과 음악에 대한 열정을 되살렸고, 세계 여행을 시작해 다양하고 재미있는 친구들을 사귀었다. 뜨겁고 낭만적인 연애도 즐겼다. 예전에는 자기 직업을 '황금 수갑'처럼 느꼈다면, 이제는 용감한 신념의 도약을 단행해 회사에서 독립하여 자신이 더 관심을 느끼는 법률 분야에 집중했다. 시간이 흐르자 자기 마음과 영혼을 고스란히 투입한 독립적인 법률 업무로 벌어들이는 돈도 두 배로 늘었다.

콜린이 그랬듯, 우리는 모두 감정적 괴로움으로부터 자신을 보호해주는 부인 같은 무의식적 방어기제를 갖고 있다. 극심한 트라우마에 대처하고 살아남는 데 필요한 억압이나 해리처럼, 때로는 방어기제가 유용하고 적응에 도움이 될 때도 있다. 하지만 다수의 방어기제는 우리 자신과 삶을 더 솔직하게 바라보는 것을 막는 벽이 될 수 있다.

자기기만은 이제 그만

트라우마 및 섹스 중독 치료사로 유명한 리사 래키는 내 친구다. 지적이고 따뜻하며 연민 가득한 리사는 포르노와 섹스 중독을 해결하려는 경영자급 인사들과 전문적으로 작업한다. 그들의 방어기제를 조금씩 무너뜨리기 위해 리사는 내담자가 본인이나 리사를 속이려고 할 때마다, "헛소리!"라며 소리 치는 커다란 빨간 버튼을 누른다. 당신은 자신의 거짓말을 스스로 폭로하고 바로잡을 준비가 되었는가?

당신은 다음의 방어기제 중 여럿을 익히 들어보았을 수도 있다.[7] 그런데 당신이 언제 그 방어기제를 사용하는지는 알고 있는가? 그것들이 당신의 관계와 일, 재정 건강을 어떻게 해치고 있는지는? 이제 하나씩 살펴보면서 당신의 바퀴가 잘 굴러가도록 시동을 걸어보자.

부인

부인은 어떤 일이 일어났다는 것 혹은 일어나고 있음을 인정하지 않으려 하는 것, 또는 문제의 심각성을 인지하지 못하는 것이다. 중독, 섭식장애, 우울증, 학대, 트라우마, 그 밖의 여러 정신건강 문제들을 겪는 사람들에게서 흔히 나타난다. 부인은 자신이나 타인의 특정 측면을 돌보는 일을 방치하게 만들 수 있고, 관계의 현실을 공유한다는 감각을 훼손할 수 있다.

자신의 지출, 부채, 이자율, 수수료를 잘 인지하지 못하는 사람은 재정적 부인의 상태일지도 모른다. 부인은 재산 범위를 넘어서고 자신의 재정적 현실을 무시한 채 살아가게 만든다. 이런 사람은 동업자의 은밀한 착복, 지출, 부채 같은 재정적 부정을 인지하지 못할 수도 있다. 마지막으로 재정적 부인에는 재정에 대한 무지(자신의 재정을 이해하지도 관리하지도 못하는 것)도 포함될 수 있고, 자신의 결혼생활이나 동업 관계의 재정적 상태에 대한 낮은 인식도 포함될 수 있는데, 이런 낮은 인식은 그 관계에서 자신이 무력하다고 느끼는 결과다.

치환

치환은 실제로 분노를 느끼는 사람이 아니라 그보다 덜 위협적인 사람에게로 분노를 돌리는 행위다. 예를 들어, 실제로는 상사에게 화가 나 있는데 동료에게 성질을 부릴 수도 있고, 사실은 자신에게 화가 났으면서 아이들에게 고함을 칠 수도 있다. 우리는 가장 사랑하는 사람들에게 분노를 쏟아내는 경향이 있으므로 치환은 가장 중요한 관계에 해를 입히기 쉽다. 또한 치환은 재정적 의식도 훼손한다. 예컨대 자신의 재정 상태가 나쁠 때 자신의 지나친 지출에 대해 책임을 지기보다 경제를 탓하는 식이다.

승화

승화는 좀 더 수용되기 쉬운 행동으로 표현함으로써 수용될 수 없는 충동을 행동으로 표출하는 습관이다. 예를 들어, 화가 나서 상사에게 주먹을 날리고 싶은 사람은 좌절감을 다른 데로 돌릴 방법으로 권투를 선택할 수 있다. 도박 충동이 있는 사람이 사업이나 부동산, 주식시장에 도박하듯 투자할 때 재정 측면에서는 승화가 일어날 수 있다. 기저에 깔린 충동을 알아차리는 것이 중요하다.

투사

투사는 자신의 바람직하지 못한 특징이나 감정을 다른 사람의 것으로 돌려버리는 것이다. 예를 들어, 당신이 누군가에게 화가 나 있고 그에게 나쁜 행동을 하고 있으면서, 그 사람이 화가 나 있고 나쁜 행동을 하고 있다고 비난하는 것이다. 재정적으로는 동업자가 인색하다거나 돈을 낭비하고 있다고 비난하지만, 사실은 그것이 자신의 문제일 때 투사가 일어난 것이다.

주지화

이는 감정의 관점이 아닌 사고의 관점에서만 상황을 봄으로써 그 상황의 감정적 현실에 거리를 두는 행동이다. 주지화는 실직이나 재정적 손실에 대해 슬픔이나 분노나 두려움을 표현하지 않고 분석적 관점에서 평계를 댈 때 일어난다.

합리화

용납할 수 없는 감정이나 행위를 논리적인 방식으로 설명하고, 그 행동의 진짜 이유는 인정하지 못하는 것이다. 예를 들어, 자기가 감당할 수 있는 가격보다 훨씬 비싼 자동차를 구매해놓고는, 자신이 속한 업계에서는 고급차를 타는 것이 당연히 기대된다고 자신에게 말하는 것이다.

퇴행

퇴행은 속수무책이 된다든지 분노를 갑자기 터뜨린다든지 하며 어렸을 때의 과거 행동 패턴으로 돌아가는 것이다. 예를 들어, 재정 상황을 개선하기 위한 노력을 하지 않는 데 대한 변명으로 자기는 재무를 이해하지 못한다고 자신에게 말하는 것이다. 갑자기 흥분해서 화를 내며 자신의 재정적 현실을 수습하는 일을 거부할 수도 있다.

반동형성

이는 진짜 감정, 충동, 행동이 아니라 그와 반대되는 감정, 충동, 행동을 표출하는 것이다. 예를 들어, 싫어하는 사람에게 과하게 상냥하게 대하는 식이다. 재정 면에서는 누군가 돈에 대해 심하게 걱정하고 있을 때, 그에 대한 일종의 과다 보상으로 친구들에게 고급 식사를 대접하며 많은 돈을 써버릴 때 일어난다.

이러한 예들에서 당신 자신의 모습이 보이는가? 그렇다면 이제 당신이 늘어놓고 있는 거짓말을 꺼내놓고 직시할 때다. 배우자나 친한 친구처럼 당신의 방어기제를 솔직히 짚어줄 수 있을 만한 사람에게 의견을 묻고 감사하는 마음으로 귀담아들어 보는 것도 좋다. 방어기제를 떨쳐내고 더 의식적으로 살아갈 수 있도록, 단도직입적으로 잘못을 지적하고 바로잡아줄 수 있는 전문 치료사나 코치, 상담사, 멘토나 조언자에게 도움을 구하는 것도 고려해볼 수 있다.

$

방어기제 떨쳐내기

(20분, 평생 실천할 일)

앞서 설명한 방어기제들을 당신이 사용했던 때에 관해 써보자. 사례가 잘 떠오르지 않는다면 친한 친구나 가족, 파트너, 동료 등 신뢰할 수 있는 사람에게 도움을 구해본다. 그런 다음 아래 질문들에 답해보자.

- 자신의 행동이나 결정을 합리화하기 위해 어떤 방어기제를 사용했는가?
- 그 행동이나 결정은 당신의 정신건강이나 인간관계에 어떤 식으로 해가 되었는가?
- 그 행동이나 결정은 당신의 재정 건강에 어떤 식으로 해가 되었는가?
- 방어기제를 떨쳐냈다면 상황이 어떻게 달라졌을까?

재정적 삶을 구하기 위한 정신건강 인식 개선

자기 인식을 위해서는 모든 물질 남용(카페인, 설탕, 알코올, 기분 전환용 약물, 처방약, 기타 약물의 남용)이나 중독을 포함하여 당신의 정신건강 문제를 인식해야 한다. 누구에게나 신체 건강의 문제가 있듯이, 정신건강 문제도 누구에게나 있다. 때때로 우리는 스트레스와 자존감 문제, 불쑥 치솟는 불안이나 우울, 상실과 애도의 슬픔, 직장 문제와 인간관계 문제를 겪는다. 그런 어려움들을 인지하면 그 문제들이 더 심각해지는 것은 막을 수 있다.

자신의 정신건강 문제를 인지하지 못하고 돌보고 있지 않다면, 그 문제가 재정을 포함하여 인생의 여러 측면에 해를 입히고 있을 가능성이 있다. 일단 본인의 정신건강 문제를 인식하게 되면, 그 문제를 자신의 능력이 닿는 한 수습하고 관리하여 전반적인 안녕과 성공을 개선할 수 있다.

아래 문제들을 포함하여 정신건강의 핵심 양상들을 인지하자.

유전적 소인이 스트레스 상황에 대해 불안증, 우울증, 기타 정신적 증상들로 반응하는 원인 중 하나일 수 있다. 예를 들면, 중독에 빠질 위험성 중 유전으로 인한 것은 40~60퍼센트 사이에 해당한다.[8]

수치심과 비밀 유지, 낙인 때문에 우리는 자기 가족의 정신건강과 중독 병력도 잘 모르고 있을 수 있다. 우리가 신경생물학적으로 스트레스에 어떤 반응을 보일 소인을 갖고 있는지 더 잘 의식하려면, 그 수치심과 비밀의 장벽을 허물고 사랑하는 가족들과 솔직하고 정직한 대화를 나누어야만 한다.

스트레스는 불안증, 우울증, 섭식장애 같은 정신건강 문제들을 촉발하거나 악화할 수 있다. 스트레스는 요구받는 일이 너무 많은 상황이나, 일과 삶의 불균형, 병, 부양가족 돌봄, 가정과 직장에서 맡은 책임, 삶의 변화, 상실, 이동, 예기치 못한 사건들의 결과일 수 있다. 자신의 스트레스 수준을 적절히 인식하고 있다면 스트레스를 줄이는 방향으로 삶의 여러 선택을 건강하게 내릴 수 있다. 스트레스를 성공적으로 관리하면 안녕과 재정적 건전성도 개선할 수 있다.

　일례로 나의 내담자 중 한 사람은 주말을 포함해 때로는 밤늦게까지 시도 때도 없이 일해야 하는 탓에 심한 스트레스를 초래하는 케이터링 일이 자신의 정신건강에 부정적 영향을 미치고 있음을 깨달았다. 그런 근무 일정 때문에 수면이나 운동, 사회적 활동 면에서 규칙적인 일정을 정하는 것이 불가능했고, 이런 점이 그에게 큰 괴로움을 안기고 있었다. 근무 시간이 불규칙한 데다 추가 수당도 전혀 없었기 때문에 그때그때 번 돈은 바로 다 나가버렸고 치료비와 항우울제 약값을 지불하기 위해 모아둔 돈을 헐어 써야 했다. 이제 정신건강을 먼저 보살피기로 마음먹은 그는 케이터링 일을 그만두고 정규 근무 시간에 일하는 행정직으로 일터를 옮겨 즐겁게 일할 수 있게 되었고, 생활의 구조와 규칙적 일과도 확보할 수 있었다. 게다가 정기적으로 급여와 건강보험도 제공되어 예산도 세울 수 있고, 적으나마 저축도 할 수 있게 되었다. 시간이 지나 그는 경영지원직으로 승진했고, 더 많은 돈을 벌면서 일과 삶의 균형도 건강하게 유지하고 긍정적인 안녕도 누릴 수 있었다.

신체 건강 문제도 정신건강에 영향을 미칠 수 있다. 이를테면 뇌 건강과 장 건강은 서로 연결되어 있어서 먹는 음식과 기분 사이에도 깊은 관계가 있다. 식사와 수면의 질이 나쁘고 운동을 잘 하지 않으면 정신건강 문제를 촉발하거나 악화할 수 있고, 건강한 생활방식은 정신건강을 개선할 수 있다.[9] 호르몬 변화와 갑상선 기능 역시 정신건강에 큰 영향을 미친다. 여러 약물이 정신건강에 부작용을 일으킬 수 있다는 점도 중요하니 지적하고 넘어가는 게 좋겠다.

기분 문제도 일과 가정에서 당신의 역할 수행에 손상을 입힐 수 있고, 재정에도 영향을 미칠 수 있다. 심리치료사로 일하는 동안 나는 우울증이 생산성 저하로 인한 임금 손실로 이어지고 직장까지 잃게 하는 경우를 보아왔다. 또한 양극성 장애에 대한 제대로 된 진단과 치료를 받기 전, 조증 삽화 시기에 부채를 잔뜩 쌓아놓은 이들도 보았다. 한 여성은 어느 주말에 말 한 마리와 자동차 한 대, 보트 한 대를 샀는데, 그중 어느 것도 자기 형편으로 살 수 없는 것들이었다. 이 사람은 남편에게 매우 화가 나 있었는데, 구입한 모든 것이 운송수단이라는 점이 흥미롭다. 어쩐지 남편에게서 떠나가려고 한 것이라는 생각이 들지 않는가?

　내담자와 처음 상담할 때 우울증 치료를 받아본 일이 있느냐고 물어본다. 대개는 없다고 대답한다. 그런데 쉽게 흥분하고 짜증이 나는 상태, 즐겁게 하던 활동에 흥미를 잃은 것, 수면이나 식욕 장애, 통증, 낮은 자존감 등의 증상에 대해서는 어떠냐고 물어보면 그런 치료는 받은 적이 있다고 한다. 그 증상들이 모두 우울증 증상이라는 것은 알지 못하는 것이다. 많은 이가 우울증을 앓는다는 건 늘 울고 있고 자살하고 싶은 기분이 드는 것이라고 생각하는 것 같다. 우울증이 사람마다 다양한 모습으로 나타날 수 있음을 모르기 때문이다. 이는 기분 장애와 같은 정신건강 문제에 관한 정보가 더 잘 알려져야 하는 중요한 이유다.

트라우마는 모든 사람에게 영향을 미친다. 트라우마란, 우리의 몸과 마음이 평범한 삶의 사건들에 비해 처리하기 힘들어하는 충격적이고 혼란스러운 사건들로, 플래시백(과거의 트라우마와 관련한 어떤 것을 접했을 때, 그 기억에 강렬하게 몰입되어 당시의 감각이나 심리 상태 등이 그대로 재현되는 증상), 악몽, 우울증, 불안증 등의 증상을 일으킬 수 있다. 참전 병사나 강간 혹은 폭행 생존자 같은 사람만이 트라우마 생존자로 분류된다고 생각하는 경우가 많다. 그런 예는 대문자 T로 표현할 만큼 엄청난 트라우마지만, 실직이나 이별, 사고, 부상 같은 작은 트라우마들은 누구나 경험하며 살아간다. 게다가 불행히도 학대, 방임, 폭력, 인종차별, 병, 자연재해 등 또 다른 종류의 커다란 트라우마를 겪는 사람도 많다.

트라우마는 그물처럼 서로 연결되어 있기 때문에, 우리는 트라우마를 제대로 존중하고 이해하여 대처할 필요가 있다. 새로운 트라우마는 '근원' 트라우마, 그러니까 이전의 트라우마에서 해결되지 않고 남아 있던 생각과 감정을 촉발한다. 일례로 건널목을 건너다가 차에 부딪힌 후 심리치료를 받으러 온 내담자가 있었다. 신체적으로는 별문제가 없었지만, 그 사고는 마음 한구석에 밀쳐두었던 어린 시절의 신체 학대에 대한 기억을 건드려 깊은 감정의 샘을 솟구치게 했다. 사고 이후 그는 만성 불면증과 덮쳐오는 불안증에 압도되어 일을 전혀 할 수 없는 상태가 되었다. 그는 간헐적으로 휴가를 얻어 직장을 잃지 않으면서도 상태가 안 좋을 때는 일시적으로 일을 쉴 수 있었다. 그리고 심리치료를 받으면서 6주 만에 다시 삶과 일로 복귀할 수 있었다.

성격, 예를 들면 자기가 다 통제해야 한다거나 관심의 중심이 되어야 한다는 욕구 같은 것은 일에서나 가정에서나 문제를 초래할 수 있다. 인간인 이상 우리는 누구나 성격상의 강점과 약점이 있게 마련인데, 성격은 타인과의 관계와 우리의 재정적 성공에도 영향을 미친다. 심리치료나 기타 성찰의 방법을 실천함으로써 자신의 성격 문제에 대한 자기 인식을 높여, 장점은 최대한 키우고 취약한 부분은 보강할 수 있다.

애착 유형이란 인간관계를 시작하고 유지하고 끝내는 방식을 가리킨다. 애착 유형은 주 양육자와의 최초 애착 관계에서 학습된다. 주요한 세 가지 애착 유형은 회피형(연결과 친밀함을 회피함), 불안형(타인과의 연결에 대한 불안감과 양가감정), 안정형(강한 자기 감각, 타인과의 안정되고도 신뢰적인 연결)이 있다. 자신의 유형을 더 잘 파악하고 자신을 그런 유형으로 움직이게 만드는 문제들을 해결하려 노력한다면 더 안정적인 애착과 관계를 구축하는 데 도움이 된다.

각 정신과적 장애마다 나타나는 증상들은 서로 다르다. 다음은 정신건강에 문제가 있음을 나타내는 전반적인 경고 신호로 볼 수 있다.[10]

- 과도한 걱정, 두려움, 압도감.
- 학습과 집중, 가만히 있기가 어려움.
- 장기적이거나 강력한 흥분 혹은 분노.
- 친구를 포함해서 다른 사람과의 사교적 활동을 회피함.
- 다른 사람들을 이해하거나 공감하기가 어려움.
- 자신의 감정, 행동, 성격에 나타난 변화를 감지하지 못함.
- 알코올이나 약물 등 물질의 과한 사용 또는 남용.
- 명백한 원인이 없는 여러 신체적 질환.
- 자해 혹은 자살 생각.
- 일상적 활동을 수행할 수 없음.
- 체중 증가에 대한 강렬한 두려움 혹은 외모에 대한 걱정.
- 자신이나 타인에게 해를 입힐 수 있는 심각한 위험 감수 행동.
- 기분, 행동, 성격, 성적 충동, 섭식, 수면의 급격한 변화.

정신건강 문제를 겪고 있는 사람 중 20퍼센트 가까이가 물질 남용자들이기도 하다.[11]

정신건강 문제나 중독 증상이 있다면 정신건강 전문가와 진찰 약속을 잡아야 한다. 정신건강이나 물질 남용과 관련된 응급 상황이라면 안전신고센터(119)에 연락해 가까운 응급실로 가거나 자살예방상담전화(1393)에 연락해 도움을 받아보길 강력히 권유한다. 미루지 말고 지금 당장 해보자. 당신에게는 도움이 필요하고 당신은 마땅히 도움을 받을 자격이 있다.

내게 마술지팡이가 있다면
모든 사람이 상담을 받을 수 있게 할 것이다

미국에서는 정신과적 장애나 물질 남용 장애를 겪는 사람들의 거의 절반이 치료를 받지 않고 있다. 치료를 막는 장벽으로 인식 부족, 낙인, 비용, 접근성 등이 있다.

완벽한 세상이라면 모든 학교가 정신건강을 알아보는 법을 가르치고, 모든 직장이 직원 지원 제도를 두며 정신건강 응급 처치 같은 프로그램을 통해 인식을 높이는 교육을 할 것이다. 우리는 누구라도 낙인을 타파하고, 서로 정신건강에 관해 터놓고 대화를 나누며, 상담이 정신 의료의 일상적이고 예방적인 형태임을 인지하고, 모든 이를 위해 정신건강 의료의 접근성을 높임으로써 정신건강의 옹호자가 될 수 있다.

심리치료사인 나는 심리치료의 강력한 옹호자다. 심리치료는 자신의 감정, 인간관계, 경력을 위한 개인 트레이너를 두는 일과 비슷해서, 강건한 정신과 삶의 성과를 탄탄히 뒷받침해준다. 나의 내담자 테드는 더할 나위 없이 행복하고 성공적인 삶을 살고 있다. 그는 경영진의 일원으로 번창하고 있고, 아내 그리고 세 자녀와 행복한 관계를 맺고 있으며, 규칙적으로 운동하고, 충만한 사교 생활과 튼튼한 재정 상태를 누리고 있다. 사람들이 어떻게 그 모든 걸 해내냐고 물어볼 때마다 그는 겸손하게 대답한다. "나한테 정말 훌륭한 심리치료사가 있으니까요."

테드는 겸손하지만 나는 아니다. 지난 10년 동안 테드는 50명이 넘는 친구와 동료 들을 내게 보내주었다. 심리치료가 어떻게 그의 개인적 삶과 직업 양쪽에서 계속 최고의 자신을 실현하도록 도와주었는지를 사람들에게 솔직히 들려준 결과로 이러한 추천이 계속 이어진 것이다.

심리치료는 치과에 가는 일처럼 예방 의료의 일환이 될 수 있다. 양치질이나 치실 사용이나 치과 방문을 전혀 하지 않는다면, 치아가 어떻게 보이고 어떤 느낌이 들지 상상이 되는가? 정신건강도 신체 건강과 똑같이 보살펴야 한다. 심리치료사를 만나면 정신건강 문제가 악화하기 전에 싹의 단계에서 제거할 수 있고, 어쩌면 완벽히 예방할 수도 있다. 마치 정신의 치실처럼!

심리치료를 받을 방법이 없거나 관심이 없다면, 자신의 인식을 개선하고 정신건강을 보살필 수 있는 몇 가지 다른 방법이 있다.

- 기분 및 운동, 수면, 영양, 사교 등 여러 변수를 추적하는 데일리오Daylio 같은 앱을 찾아본다. 이를 통해 자신의 기분과 월경주기 및 영양 등의 상관관계를 추적하고 인식하여 문제를 해결하는 데 도움을 받을 수 있다.[12]
- 사이콜로지 투데이Psychology Today, 사이크 센트럴Psych Central 같은 사이트에서 접할 수 있는 무료 평가도구를 활용한다.[13] 자존감부터 주의력결핍장애나 우울증이 있는지까지 모든 걸 평가해볼 수 있다.
- 일기 쓰기나 예술 활동을 감정 표현의 카타르시스 및 자기성찰과 통찰을 얻는 도구로 활용한다.
- 자신을 힘들게 하는 문제를 적극적으로 찾아낸다. 미국에서는 지원을 얻을 수 있는 12단계 프로그램에 참여하는 것도 고려해보자. 익명의 공의존자들Co-Dependents Anonymous, 익명의 알코올중독자들Al-Anon, 익명의 채무자들Debtors Anonymous, 익명의 섹스와 사랑 중독자들Sex and Love Addicts Anonymous 등 약 40가지 종류의 12단계 그룹이나 모임이 존재한다. 모임은 무료이며 온라인으로도 참여할 수 있다.
- 친구들과 가족들에게 당신의 정신건강을 어떻게 보고 있는지 물어본다. 내게 걱정스러운 점이 있다면 솔직하게 대화를 나눠보자고 청하자.

- 초기 진료 의사나 전문가와 당신이 염려하는 정신건강 문제에 관해 이야기를 나눠본다. 갑상선이나 호르몬, 비타민 부족 문제 등 의학적 요인을 살펴봄으로써 정신건강 문제를 개선할 수도 있다.

$

정신건강 점검하기
(20분, 평생 실천할 일)

다음 질문에 대한 답을 노트에 적어보자.

- 정신건강 문제나 물질 남용, 중독과 관련한 당신 가족의 병력은 어떠한가? 당신에게는 이런 문제들과 관련된 유전적 소인이 있는가?
- 자신에게서 감지한 정신건강의 경고 신호는 무엇인가? 이 문제에 관해 누군가가 당신에게 염려를 표현한 적이 있는가?
- 당신의 물질 남용이나 중독적 행동에 관해 당신 또는 다른 누군가가 염려한 적이 있는가?
- 당신의 일이나 재정이 정신건강 문제나 물질 남용, 중독 문제 때문에 부정적 영향을 받은 적이 있는가? 그렇다면 그것은 어떤 식의 영향이었는가?

당신의 정신건강을 점검했으니, 이제 재정 부분을 다시 살펴볼 차례다. 재정적 곤란은 삶의 모든 측면을 무겁게 짓누르기 때문이다. 예산을 세우는 것이 아주 좋은 출발점이다. 내가 해마다 신체검사 때 저울에 올라서기를 두려워하는 것처럼, 당신도 어쩌면 예산 세우기를 두려워할 수 있다. 하지만 재정을 잘 인식하려면 필수적인 일이다. 최대한 고통스럽지 않게 할 수 있도록 내가 도울 것이다.

재정 건강 증진법

여섯 단계 예산으로
재정 인식 높이기

재정에 대한 의식은 당신이 자신의 재정적 현실을 인식하고 이해할 때 생긴다. 재정적 현실을 기꺼이 직시하기를 거부할 때, 재정에 대한 부인이 발생한다. 청구서나 신용카드 이용 내역을 열어보지 않는 것, 남은 대출금 액수, 이자율, 자신의 신용 점수를 모르고 있는 것은 모두 재정적 부인의 증상이다.

재정적 부인을 극복하기에 아주 좋은 방법 하나는 예산을 세우고 주간이나 월간 단위로 자신이 어떻게 해나가고 있는지 점검하는 것이다. 나의 재무설계사 빌은 자기 고객 중 가장 행복해하는 이들은 자신의 능력 범위 안에서 살아가는 이들이라며, 단순하게 예산을 세우는 여섯 단계 방법을 공유해주었다. 거기에는 자신의 재무제표를 모으고, 모든 수입 원천을 집계하고, 월간 지출 항목을 목록으로 작성하고, 고정비용과 가변비용을 인지하며, 총수입에서 월간 지출을 제하며, 그런 다음 정기적으로 예산을 검토하는 일이 포함된다. 여러분이 쉽게 시작하도록 체크리스트를 만들어보았다.

$

자기 현실 점검하기

(재정이 조직된 상황에 따라 소요 시간은 달라짐,
평생 실천할 일)

다음 체크리스트에는 단순한 예산을 짜기 위해 해야 할 여섯 단계가 포함된다.[14] 한 단계씩 처리해나가면서 완수한 과제에는 옆 상자에 완료 표시를 한다. 쉽게 추적하고 필요한 조정을 반영할 수 있도록 컴퓨터에 스프레드시트로 만들어둘 것을 제안한다.

사람에 따라 각 단계에 포함된 항목이 전부 다 적용되지 않을 수 있다. 예를 들어, 남은 학자금 대출액이 없다면 그냥 그 상자는 비워두면 된다.

1단계 | 재무제표 수집

3단계에서 월간 지출을 계산할 때 도움이 된다.

- ☐ 은행 잔고 내역서
- ☐ 신용카드 명세서
- ☐ 기타 대출 내역서
- ☐ 투자 계정
- ☐ 공과금 청구서
- ☐ 월평균 수익과 지출을 밝힐 수 있는 다른 모든 정보

2단계 | 월간 수입 원천 집계

- ☐ 급여(세금을 제한 실수령액)
- ☐ 부업 수입
- ☐ 이자 수입
- ☐ 보너스
- ☐ 기타

3단계 | 예상 월간 지출 리스트 작성

1단계에서 정리한 재무제표를 바탕으로 계산한다.

- ☐ 임대료 또는 대출 상환금
- ☐ 자동차 할부금 및 보험금

- [ ] 콘텐츠 구독료
- [ ] 헬스클럽 회비나 피트니스 수업료
- [ ] 은퇴자금이나 학자금 저축
- [ ] 직업 관련 회원비(합산하여 12로 나눔)
- [ ] 자선 기부금(합산하여 12로 나눔)
- [ ] 휴가, 연휴, 생일선물(합산하여 12로 나눔)
- [ ] 기타

4단계 | 고정비용과 가변비용 구분

고정비용은 필수적으로 나가며 액수가 매달 거의 비슷한 지출이다.

- [ ] 대출 상환금 또는 임대료
- [ ] 자동차 할부금 및 보험금
- [ ] 인터넷 서비스
- [ ] 기타

가변비용은 달마다 변하는 지출이다.

- [ ] 식비
- [ ] 신용카드 납부금
- [ ] 의류 쇼핑
- [ ] 가정용품 쇼핑
- [ ] 기타

스프레드시트에 범주별 합계를 기입한다.

5단계 | 월간 총수입-월간 총지출

제한 액수가 플러스라면 양호한 상태다. 남은 금액으로 예산을 세워 신용카드 사용액, 학자금 대출, 주택담보대출을 갚거나 주택 구입 자금이나 은퇴자금을 위한 저축을 더 할 수 있다는 뜻이기 때문이다. 제한 액수가 마이너스라면 일을 더 많이 하거나 보수가 더 높은 일을 찾을 수 있을 것이다. 외식을 줄이거나 스파, 술집 등에서 지출하는 초과 비용을 줄여 가변비용을 낮춰야 한다.

6단계 | 매주 혹은 매달 예산 검토·평가

자신의 재정 능력 안에서 생활하며 주기적으로 예산을 검토·평가한다. 재정 건강성을 꾸준히 추적·확인하기 위함이다. 매주 일요일 오후 같은 식으로 규칙적 일정을 정해두고, 예산과 실제로 지출한 금액을 비교하는 시간을 갖는다. 검토 과정을 통해 잘한 부분과 개선이 필요한 부분이 드러날 것이다. 대략 수입의 50퍼센트는 고정비용으로, 30퍼센트는 가변비용으로 지출하고, 최소한 20퍼센트는 저축하는 것이 좋다.[15]

이렇게 예산의 체크리스트를 완료했으면 이제 당신은 출발점에 선 것이다. 예산을 세우는 동안 혹시 당신을 놀라게 한 뭔가가 있었는가? 사람에 따라 수치와 공포, 불안 혹은 예산을 세우는 것에 대해 저항감을 느끼기도 한다. 또 인종, 성별, 이민자 신분에 따른 차별 때문에 자기가 마땅히 벌어야 할 만큼 못 벌고 있어서 화나 분노를 느끼는 사람도 있다. 이는 정상적인 감정이다. 나는 여러분이 충분히 납득할 수 있는 이런 자신의 감정들을 존중해주고, 다른 사람들에게 지원을 요청하고, 용감하게 헤쳐나갈 것을 권한다. 나도 예산 세우는 일을 아주 싫어하며, 그 일은 나를 너무나도 불안하게 만들고 수치심을 부추겼다. 하지만 나 자신과 나의 재정 건강을 염려하기 때문에 재정을 제대로 의식하기 위해 과감히 그 감정을 밀어제치고 행동해야만 했다. 여러분도 그러기를 간곡히 권한다. 예산을 지키기란 쉬운 일이 아니지만, 자신의 재정에서 어떤 일이 일어나고 있는지 인식해야만 시간이 지나면서 재정적 이득을 거둘 힘을 스스로 갖출 수 있다.

——— ✦ ———

당신은 자신의 일상에서 무슨 일이 일어나고 있는지를 얼마나 잘 의식하고 있는가? 앞에서 한 예산 세우기 연습은 당신의 재정에 대한 인식을 키워주었을 가능성이 크다. 인식의 휠차트는 이 장에서 배운 모든 기술을 한데 모아 당신 삶의 어느 부분에 대한 인식이 가장 높은지 측정한다.

인식의 휠차트

(20분)

날짜: _____

각 질문에 대한 답을 다음 기준에 따라 숫자로 점수를 매긴다.

결핍(1~3)   무난(4~5)   적당(6~7)   충만(8~10)

	결핍			무난		적당		충만	
1	2	3	4	5	6	7	8	9	10

자기 인식   자신의 성격과 강점 그리고 성장이 필요한 부분이 무엇이며, 자신이 타인들에게 어떤 영향을 주고 있는지를 얼마나 잘 인식하고 있는가? _____

관계 역할   자신이 가족과 일터를 포함하여 집단 내에서 자주 맡는 역할과 패턴, 그리고 그것이 자신의 재정적 성공에 영향을 주는 방식을 얼마나 잘 인식하고 있는가? _____

무의식적 계약   당신의 정신건강, 일, 재정에 영향을 미치는 잠재적인 무언의 합의를 얼마나 잘 인식하고 있는가? _____

방어기제 부인, 합리화, 투사 등의 방어기제가 튀어나와 당신의 안녕과 번영을 훼손할 때 당신은 그것을 얼마나 잘 인식하고 있는가? _____

물질 사용 자신의 물질 복용과 그것이 당신의 정신, 신체, 재정 건강에 어떤 영향을 미치는지 얼마나 잘 인식하고 있는가? (물질 복용이 반드시 당신이 물질 남용자라거나 물질 사용 장애가 있다는 의미는 아니라는 점을 꼭 짚고 넘어가자. 물질 사용 장애란 물질 사용으로 인해 나타나는 폭넓고 다양한 문제를 아우르는 말이다.) _____

중독 해로운 결과에도 불구하고 물질을 사용하거나 강박적인 행동을 하는 것을 말한다. 중독은 치료가 가능한 만성 질병으로, 뇌·유전·환경·삶의 경험 사이 상호작용의 결과로 일어난다.[16] 당신은 재정에 부정적 영향을 미치고 있는 약물이나 알코올, 쇼핑, 게임, 섹스에 대한 중독을 얼마나 잘 인식하고 있는가? _____

트라우마 재정적 트라우마를 포함한 자기 트라우마의 역사와, 그 트라우마가 정신건강과 재정 건강에 어떤 영향을 미치고 있는지를 얼마나 잘 인식하고 있는가? _____

애착 유형 자신의 애착 유형과, 그것이 당신의 관계와 재정에 어떤 영향을 미치는지를 얼마나 잘 인식하고 있는가? _____

스트레스 요인 관계 문제, 재정적 난관, 손실, 마감기한, 프로젝트, 명절 등은 모두 당신의 스트레스 수준을 높일 수 있고 정신건강과 업무 수행에 부정적 영향을 줄 수 있다. 자신에게 심한 스트레스를 주는 요인을 얼마나 잘 인식하고 있는가? _____

신체 건강 자신의 신체 건강 상태와, 그것이 정신건강과 재정 건강을 포함한 당신 삶의 다른 여러 측면에 어떤 영향을 주는지 얼마나 잘 인식하고 있는가? _____

정신건강 자신의 스트레스 수준, 정서적 건강, 우울증이나 불안증 등 기타 정신건강 문제가 미치는 영향을 얼마나 잘 인식하고 있는가? _____

재정 의식 자신의 재정적 현실을 인식하고 이해하는 일을 얼마나 잘하고 있는가? 예산을 세우고 지킴으로써 재정적 부인을 타파하려 노력하고 있는가? _____

당신의 답을 인식의 휠차트에 표시해보자. 제일 위에서부터 시작하자. 당신은 자기 인식은 결핍되었는가, 충만한가, 아니면 그 사이 어느 지점인가? 답과 일치하는 숫자 옆의 바큇살에 점을 표시한다. 이제 휠차트를 돌면서 모든 바큇살에 점수를 표시한 뒤 점들을 연결하여 원을 만든다.

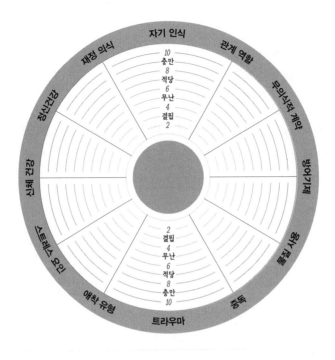

인식의 휠차트

항상 그렇듯 점수에 연연하지 말고 그냥 솔직히 답하면 된다. 신체 건강을 향상하기 위해 운동을 하듯이, 이 마인드셋을 계속 연습하자. 다음 질문에 대한 대답을 노트에 적어보자.

- 유난히 깊이 들어간 영역들은 어디인가? 그 영역들에서 지금 바로 개선할 수 있는 일은 무엇인가?
- 당신의 정신 및 재정적 삶 가운데 당신이 가장 인식하지 못했던

세 영역은 무엇인가?

- 인식을 높이기 위해 심리치료나 코칭, 멘토링, 상담, 트레이닝 등을 받는 것을 고려해보자.

당신의 진전을 추적할 수 있도록 잊지 말고 휠차트에 날짜를 기입하고 해당 파일에 잘 저장해두자. 더욱 의식적으로 생활할 수 있도록 매달 혹은 한 분기마다 이 휠차트 연습을 해보는 것도 좋다.

—— ✦ ——

자신을 깊이 들여다보기 위해 그에 필요한 용기를 기꺼이 끌어냈다는 것, 그것만으로도 축하받을 만하다. 자기의 맹점을 솔직히 인정하고 성장이 필요한 부분을 인지함으로써 당신은 더욱 자각적인 상태로 살아갈 삶의 출발선에 서게 된다.

인식을 키움으로써 우리는 자기 자신과 서로를, 그리고 우리를 둘러싼 세상까지 도울 수 있다. 우리는 인식을 통해 자신을 속박하고 있던 과거의 껍질을 벗어던지고, 최대치의 자신을 표현하는 상태로 나아간다. 우리 각자가 인식을 높인다면 우리의 집단적 의식도 향상되고 우리 사회 전체도 더욱 발전할 것이다.

3장

책임

✖

비난 게임을 멈추고
삶의 고삐를 잡아라

THE
FINANCIAL
MINDSET
FIX

✷

당신이 하는 모든 일은, 당신이 내린 선택에서 비롯됐다.
부모, 예전에 맺었던 관계, 직업, 경제, 날씨, 논쟁, 나이 탓을
할 일이 아니다. 당신이 하는 모든 결정,
모든 선택의 책임은 당신, 오직 당신만의 것이다.

—— **웨인 다이어**(《의도의 힘The Power of Intention》 저자)

나는 성취 지향적이고, 타인을 만족시키고자 하는 천성이라 책임
을 회피하는 사람은 아니었다. 아니, 이건 내가 자신을 더 깊이 들
여다보기 전까지 갖고 있던 생각이다.

　직장 경력 초기에, 나는 주어지는 과제를 거의 다 떠맡았다. 내
가 도움이 될 것 같을 때는 스스로 나서서 도왔다. 이는 팀을 관리
하거나 여러 프로그램을 담당하는 더 큰 책임이 따르는 승진으로
이어졌고, 여기에는 급여 인상과 보너스 같은 재정적 보상도 따라
왔다. 전업 자영업자가 되면서는 경력의 성공과 재정적 미래에 대
해 온전한 책임을 떠안았다. 그리고 어번 밸런스를 창업했을 때는
치료사 직원들에게 상담실 공간과 내담자를 마련해주고, 행정과

납부 업무까지 더 많은 책임을 맡았다.

어번 밸런스 창업 초기에 경력 상담을 받던 한 내담자가 기억난다. 대기업에 다니고 있던 그는 자신의 일을 무척 싫어하면서도, 그리 멋있다고 할 수는 없는 개인 사업자의 일들을 오만하게 무시하는 사람이었다. 그는 사업체를 운영하는 데 따르는 일들을 떠올리며 이렇게 말했다. "그러니까 내가 정말 사무실 비품들을 손수 주문하고, 바닥에 주저앉아 사무실 가구를 조립하고, 새 일감을 따내려고 비굴하게 전화를 돌려대야 하느냔 거죠." 그 모든 게 정확히 그날 내가 했던 일이었다. 상담실에서 필요한 티슈를 대량으로 구입했고, 눈을 가리고도 전등 스탠드와 책꽂이, 작은 탁자를 조립할 수 있을 정도가 되었다. 우리 둘 중 누가 바보인지 알 수 없었다. 더 많이 책임질수록 재정적 소득 또한 높아지지만, 그걸 위해 치러야 할 대가는 얼마일까?

이렇게 따져보면서 나는 몇 가지 심각한 실수를 했음을 깨달았다. 건강한 선택을 내려야 한다는 걸 어느새 간과하고 만 것이다. 나는 치료사이자 사업주, 아내, 엄마라는 내 여러 역할에서 건강하게 해낼 수 있는 것보다 더 많은 책임을, 나 자신의 건강과 안녕을 희생하면서까지 떠안고 있었다. 그 결과 탈진, 고갈, 일에 대한 부정적 태도, 업무 능률 저하를 특징으로 하는 의학적 진단명인 심각한 번아웃 증후군이 찾아왔다.[1]

20대 때 내가 받던 상담 대부분에서 주인공은 나의 어머니였다. 상처를 주는 어머니의 비판 때문이었다. 돌아보면 나는 희생자 모드에 갇혀 있었다. 용서함으로써 나 자신을 자유롭게 만들지 못하고 있었다. 내가 두 번째로 심리치료를 받은 것은 30대 초였다. 지금은 전남편이 된 당시의 남편에 관한 이야기에, 내가 더 많은 짐을 짊어지고 있다는 불평에 상담 시간의 대부분을 썼다. 당시 나는 나 자신의 건강과 책임에서 내가 맡은 역할을 제대로 바라보거나 그에 대해 온전히 스스로 책임지고 있지 않았다.

동업자가 떠나고 내 세계가 와르르 무너졌을 때, 나는 개인적 목표를 포함해 내 인생의 모든 측면을 온전히 내가 책임지기로 택했다. 여기에는, 가정과 직장에서 내가 맡은 책무에 그치지 않고, 나를 둘러싼 관계 속 나의 역할에 대해서도 온전히 주인으로서 행동하는 것까지 포함되었다. 일, 경력, 가족의 균형을 잡는 일도 물론이었다. 나 스스로 온전히 책임을 지고 타인을 비난하지 않으면서, 내 삶과 사업의 변화와 번창도 시작되었다. 자신과 자신의 안녕을 책임지는 일은 우리에게 엄청나게 큰 힘을 실어준다. 게다가 이런 태도는 자신에 대한 책임(자기존중)과 타인들에 대한 책임(성실성)에 모두 반영되기 때문에 인간관계도 더욱 좋아졌다.

치료 세션 3
(20분)

내 상담실에 다시 온 것을 환영한다. 이번에는 당신 인생에 대해

책임지는 일에 관해 작업할 것이다. 다음 질문에 대한 답을 노트에
적어보자.

- 당신은 어떤 식으로 재정적 성공을 이뤄가는 일을 책임지고 있
  는가?
- 당신은 책임을 회피하는 실수를 하는 쪽인가, 너무 많은 책임을
  떠안는 실수를 하는 쪽인가? 그런 경향이 불러온 결과는 무엇
  인가?
- 과거에 당신은 불행하거나 어려운 일에 닥치거나 좌절했을 때
  누구를 비난했는가?
- 당신이 자신과 자신의 환경, 재정에 대해 지금보다 더욱 큰 책
  임을 진다면 어떤 기분이 들겠는가? 그렇게 책임지는 일에서
  어려운 부분은 무엇인가? 그 일의 긍정적 잠재력은 무엇일까?

당신이 쓴 답을 다시 살펴보자. 자신의 인생을 책임지는 대신 당신
은 타인을 비난하거나 변명을 늘어놓고 있는가? 만약 그렇다면, 이
제는 솔직하게 자신을 앞으로 불러내 스스로 책임을 지고 앞으로
나아갈 때다.

———— ✦ ————

인생은 고난과 축복이 섞여 있는 패를 나눠준다
그 패로 어떤 게임을 할지는 당신에게 달려 있다

몇 년 전 나의 언니 폴라에게 이 장의 서두에서 인용한 웨인 다이어의 글을 아주 좋아한다고 말했다. 그러자 언니가 말했다.

"있잖아, 그 사람 내 운전 선생님이었던 것 같아."

"뭐? 아니, 그럴 리 없어. 웨인 다이어는 세계적으로 유명한 저술가이자 연사인데!"

그리고 나는 언니가 틀렸다는 걸 증명하려고 구글에 접속해 "웨인 다이어"를 검색했다.

그런데 실제로 언니의 운전 선생님이 맞았다. 경력 초기에 그는 미시간주에서 언니가 다니던 고등학교의 학교 상담사로 일했고 운전 교육도 담당했었다.

알코올중독자였던 웨인의 아버지는 그가 세 살 때 가족을 버렸다. 그래서 그는 여러 군데의 위탁가정과 고아원을 떠돌며 성장했다. 저술가가 되고도 항상 순조로웠던 건 아니다. 서점들을 방문하고 언론과 인터뷰하기 위해 자기 스테이션왜건 짐칸에 책을 가득 싣고 돌아다녀야 했다.[2]

그가 인생에서 나눠 받은 곤란한 패를 생각해보면, 사람은 스스로 자신을 책임져야만 한다는 그의 말이 내게는 특히 각별하게 여겨진다.

인생은 우리 각자에게 고난과 축복이 뒤섞인 패를 나눠주지만, 모든 패가 각자 나름의 기회를 제공한다. 우리는 받을 패를 통제할 수는 없지만, 그 패로 게임을 하는 방식은 통제할 수 있다. 심리치료사로 일하는 동안, 나는 엄청난 축복을 허비하는 사람들과 엄청난 역경을 극복하는 사람들을 보아왔다.

40대 중반에 경영자로 성공한 칼이라는 내담자가 있었다. 옷도 잘 입고 말도 잘하며, 프로다움의 전형 같은 이였다. 첫 상담에서 칼은, 자신이 삶의 여러 시점에 심리치료를 받았으며, 치료에서 엄청나게 큰 도움을 받았다고 했다. 그는 경력의 다음 단계를 계획할 준비가 되어 있었다.

첫 평가를 진행하는 동안 칼의 수많은 장점이 금세 명백히 드러났다. 칼은 자기성찰을 잘하고 통찰력이 깊었으며 심리치료에 대해서도 아주 잘 알았다. 자신을 솔직한 시선으로 바라볼 줄 알았으며 기꺼이 그 작업을 하는 이였다. 행복한 관계, 여행, 그리고 요리와 그림 같은 취미까지 포함해, 그야말로 꽉 찬 인생을 살고 있었다.

그에게 과거에 대해 묻고 답을 듣고서, 나는 너무 놀랐다. 칼은 열여섯 살 때, 마약중독자이고 학대가 심하며 재정적으로 파산한 부모에게서 스스로 벗어났다고 했다. 부모를 떠난 후 그는 캘리포니아로 이주해 서핑광이 되었다. 낮에는 서핑 강사로 일하고 밤에는 화끈하게 파티를 즐기며, 한마디로 한량처럼 살았다. 몇 년 뒤, 그에게 어떤 통찰이 찾아왔다. 이처럼 파티를 즐기는 생활 방식이 자기 부모와 똑같은 중독과 불행과 재정적 곤란의 길로 몰고 가고 있다는 사실을 깨달았다. 그는 미래에 대해 책임을 지고 자신을 위해 더 나은 인생을 만들기로 선택했다. 그는 자신에게 주어진 몫을 제대로 해내기로 작정했다. 체념하고 현재의 운명을 받아들이거나 저절로 코앞에 성공이 떨어지기를 기다리는 것이 아닌, 앞으로 한 발짝 나서서 번영을 키우는 데 필요한 일을 하겠다고 말이다. 자신의 몫을 해내는 것에는, 더 교육을 받는 일, 직업적 목표를 세우는 일, 주의를 쏟아 그 목표를 달성하려고 노력하는 일, 학비 조달과 주택 매매를 위해 돈을 관리하고 빚을 청산하는 일 등이 포함됐다.

"정말 대단한데요! 어떻게 그럴 수 있었어요?"

내가 물었다.

"달리 어떤 선택을 할 수 있었겠어요? 내 부모님처럼 되고 싶지 않았어요. 스스로 책임을 지고, 열심히 일하고, 학교를 나오고, 심리치료를 받았지요. 매일 나 자신을 갈고닦았어요."

칼은 유년기의 트라우마가 자신에게 미친 영향을 온전히 인정하고 받아들이면서도 상담하는 내내 단 한 번도 부모를 비난하지 않았다. 그는 자신에게 초점을 맞추었다. 앞으로 나아가기 위해 매일 자신이 해야 할 일을 하면서, 인생을 헤쳐가는 내내 계속 더 확장하고 더욱 큰 성공을 이뤄내고 있었다.

칼의 결단력을 나도 좀 얻고 싶다는 생각도 종종 들었다. 한 가지 중요한 사실은 이 이야기의 진정한 교훈은 마법의 알약 같은 건 존재하지 않는다는 것이다. 더 큰 재정적 보상을 얻는 더 나은 삶을 원한다면 스스로 책임을 지고 그에 필요한 일을 해야만 한다.

재정적 성공으로 가는 길은 특권이 있는 사람들(인종이든 종교든 사회경제적 지위로든 지배적인 집단에 속한 사람들)에게 훨씬 순탄하다. 안타깝게도, 제도적 인종차별, 성차별, 동성애혐오, 기타 여러 형태의 편견과 차별이 재정적 건강으로 가는 길을 훨씬 더 어렵게 한다. 주변부로 밀려난 집단에 속한 사람이 자신의 개인적·재정적 안녕을 지켜내기 위해서는 불공정하게도 특권층 사람들보다 훨씬 더 열심히, 맹렬히 노력해야 한다. 사회적으로 불리한 패를 받았을 때, 우리는 분노와 두려움, 끔찍한 무력감과 좌절감, 때로는 절망감까지 느낄 수 있다.

내담자와 작업할 때 나는 그들의 경험과 트라우마를, 그 트라우마가 감정과 인간관계와 정신과 재정의 측면에서 어떤 영향을 미쳐왔는지를 존중하는 마음으로 수용한다. 우리는 심층적인 치유가 수월해지도록, 긍정적인 자존감과 권한 의식, 풍요의 사고, 자신 있는 의사소통을 촉진하는 작업을 한다. 역경을 극복하고 가장 강력하고 훌륭한 버전의 자신으로 우뚝 서서 재정적인 것을 포함하여 많은 보상을 일궈내는 용감하고 용기 있는 나의 내담자들에게서 늘 깊은 영감을 받는다.

심리학에서 '통제 위치'라는 말이 있다. 외적인 힘이 삶의 경로를 결정하는 것이 아니라, 스스로 자기 삶의 결과에 대해 통제력을 지니고 있다는 우리의 믿음 정도를 의미한다. 재정적 관점에서 보면, 이는 우리가 부유하게 태어났거나 현재 재정적으로 건강하지 않더라도 부유해질 힘이 자신에게 있다는 믿음에 해당한다. 내적인 통제 위치로 옮겨가는 일은 우리에게 큰 힘을 부여하며, 높은 자존감과 밀접한 상관관계가 있다.[3]

이야기치료는 사람들이 자신은 자기 문제와 분리된 존재임을 인식하게 하는 상담의 한 형식이다. 이 방법은 우리가 자기 인생 이야기의 주인공이기만 한 것이 아니라 저자이기도 하다는 것을 깨닫게 함으로써 내적인 통제 위치를 만들어내도록 도울 수 있다.⁴ 우리는 자신과 타인에게 어떤 이야기를 들려주는지에 따라 자신이 피해자인지 영웅인지 결정할 수 있는 권한이 있다. 그러니까 자신에 대한 더 좋은 서사를, 번영으로 이어질 이야기를 써보자.

$$\boxed{\$}$$

최고의 미래 적어보기
(20분)

다음 질문에 대한 답을 노트에 적어보자.

- 재정적 난관을 포함하여 인생이 당신에게 나눠준 패 중 주요 어려움을 열 가지 적어본다.
- 재능과 재주, 지원, 자원을 포함하여 인생이 당신에게 제공한 열 가지 주요한 축복을 써본다. 당신이 처한 난관에서 비롯된 축복이 있다면 형광펜으로 표시한다. 이를테면 당신이 근면한 이유가 살아남기 위해 애를 써야 했기 때문이라면, 그것이 한 예가 될 수 있다. 자신이 지닌 축복을 어떻게 활용하면 더 행복하고 번영하는 인생을 창조할 수 있을까?
- 당신 인생의 저자가 되어보자. 앞으로 5년 동안, 당신이 지닌 축복과 강점 모두를 바탕으로 삼아, 개인적인 면과 재정적인 면에서 당신의 인생이 어떻게 꽃을 피울지 써보자.

- 책임을 진다는 것은 당신의 성공적인 미래에 어떤 요인으로 작용할까?

———— ✦ ————

원망은 우리를 과거에 계속 묶어두지만
책임은 앞으로 나아가도록 우리를 자유롭게 풀어준다

> 자신을 용서하지 않는다면, 상황을 용서하지 않는다면,
> 그 상황이 끝났다는 것을 깨닫지 못한다면,
> 당신은 앞으로 나아갈 수 없다. 이것이 진실이다.[5]
>
> ——프리얀카 바가데(인도의 저술가)

원망이란, 우리를 과거에 단단히 묶어두는 분노의 밧줄이다. 그 분노는 딱딱하게 굳어 있다. 우리가 불행하거나 재정적으로 성공하지 못한 것에 대해 누군가를 비난하는 것은 그들에게 권력과 우리 행복에 대한 통제권을 부여하는 일이다. 용서를 실천함으로써 스스로 통제할 수 있는 일에 책임을 진다면 고통으로부터 자신을 자유롭게 할 수 있다. 용서가 배신에 대한 분노를 풀고 우울증과 불안증을 완화하며 마음의 평화를 되찾도록 도와준다. 지난 10여 년의 숱한 연구가 뒷받침하는 사실이다.[6] 오직 자신을 자유롭게 한다는 바로 그 이유만으로도, 우리는 용서를 행하고 책임을 자신의 몫으로 가져와야 한다.

심리치료란 현재 자신의 괴로움의 원인을 과거에서 찾는 일이

라고 생각하는 이들도 있다. 분명 초기 삶의 경험이 자신에게 어떤 영향을 미쳤는지 깨닫고 인정해야 하는 건 맞지만, 그 후 앞으로 나아가는 자신의 길에 대해서는 스스로 책임져야 한다.

나의 내담자 소피아는 이혼과 함께 찾아온 재정적 곤란 때문에 전남편에게 화가 나 있었다. 거의 1년 동안 모든 세션에서 소피아는 양미간에 깊은 주름을 잡아가며 남편에 관한 분노를 쏟아냈다. 버는 족족 생활비로 돈이 다 나가고 신용카드 부채가 쌓인 데다 저축해둔 건 하나도 없다고 했다. 이런 분노는 매우 정상적이고 이해할 수 있는 일이다. 그런데 소피아에게 이혼이란 사건이 일어난 건 거의 15년 전이었다.

소피아는 재혼을 했는데도 새 결혼에 초점을 맞추기보다 전남편에 대해 불평하는 데 더 많은 시간을 썼다. 대학 학위가 있음에도 파트타임으로 데이터를 입력하는 일을 하며 최저임금보다 약간 더 벌었다. 돈을 더 벌지도 않고 현재의 관계를 존중하며 누리지도 않음으로써 소피아는 피해자 서사만 붙잡고 있었다. 소피아는 무거운 앙심을 계속 짊어진 채 지내는 일에 너무 익숙해진 나머지, 그것을 내려놓을 수 있는 선택권이 자신에게 있다는 것을 깨닫지 못했다.

연구 결과를 보면, 소피아처럼 피해자 의식을 갖고 있는 사람은 자기 인생에 대한 통제권이 자신에게 있다고 느끼지 못하기 때문에, 분노를 놓아버리고 자기 행동을 바꾸는 일을 아주 어려워한다는 것을 알 수 있다.[7] 용서하려면 먼저 놓아버려야 하는데, 소피아는 놓아버릴 준비가 안 되어 있었을 것이다. 하지만 배우 캐리 피셔가 말했듯이, "원망은 스스로 독을 마시고서 그 독이 적을 죽이기를 바라는 것과 같다."[8]

소피아만의 이야기가 아니다. 나는 치료사로 일하는 동안, 다른 사람의 생각이나 행동, 감정적 반응, 선택, 상황의 결과 등 자신이 통제할 수 없는 것에 시간과 에너지를 쏟는 사람을 많이 보았다. 그 때문에 그들은 같은 자리만 계속 맴돌며 허송세월했다. 그럴 수밖에 없는 것이, 우리가 통제할 수 있는 것은 오직 자신의 생각과 행동, 감정적 반응, 선택뿐이기 때문이다. 심리치료를 통해 나는 내담자가 통제할 수 없는 것에 에너지를 허비하고 있을 때 그 사실을 깨닫게 하고, 그들이 있는 그대로 받아들이고 그런 통제할 수 없는 문제들에 대한 책임을 놓아버리도록 돕는다.

이렇게 사고방식을 바꾸는 일은 쉽지 않다. 나 역시 수용과 용서를 어려워했고, 전 동업자에 대해 특히 그랬다. 우리의 동업을 깬지 1년 후, 그 친구가 내게 이런 문자 메시지를 보냈다. "내가 네게 사과해야 하는 건지도 모른다는 생각이 들었어." 일주일 후 우리는 점심시간에 만났다. 그 친구는 그렇게 갑자기 나쁜 상황에 나를 남겨두고 떠나버린 것에 대해 사과했고, 나는 친구를 용서했다. 몇 달 후에 나는 우리의 동업이 종료된 뒤, 우리의 보험사 중 한 곳이 어번 밸런스에 지급한 보험금이 그 친구의 계좌로 들어갔다는 사실을 알게 되었다. 모두 16만 달러나 되는 돈이 어번 밸런스가 아닌 그 친구에게 지급된 것이다. 내가 이 이야기를 하자 친구는 그런 일이 있었는지 몰랐다고 주장하며 그 돈을 거의 다 써버렸다고 했다. 그제야 나는 우리의 관계가 건강한 관계가 아니며 영원히 작별해야 할 때라는 걸 깨달았다. 나는 어번 밸런스의 우리 팀이 이런 착오를 알아차리지 못했다는 사실에 화가 났지만, 최고경영자는 나이므로 최종 책임은 바로 내게 있음을 깨달았다. 나는 이 재정적 손실에 대한 책임을 지고 앞으로 나아가야만 했다.

보험사는 내게 만 5천 달러를 주면서 어번 밸런스의 납세자 식별번호로 들어갔어야 할 돈이 다른 사람의 은행 계좌에 입금된 일을 사과했다. 내 전 동업자는 만 5천 달러만 갚은 뒤 파산 신청을 해 버렸다. 변호사에게 일을 맡겼음에도 남은 13만 달러도, 소송에 들어간 비용도 되찾지 못했다. 그 일을 생각하면 지금도 불같이 화가 나지만, 그래도 그 친구를 생각하면서 '나는 너를 용서하고 놓아보낸다'라는 말을 속으로 되뇌며 부정적 감정을 흩뜨리는 쪽을 택했다. 나는 동업자가 떠난 뒤 닥친 어려움이 나에게 가져다준 모든 축복에 초점을 맞춘다. 그것이 돈보다 더 큰 가치를 지녔기 때문이다.

내가 그 일에 대해 100퍼센트 마음의 평화를 얻었을까? 아니다. 나는 이 배신이 나를 육체적으로 병들게 하고 정신적으로 불행하게 만들기를 원할까? 아니다. 나 자신을 포함해 누군가를 탓하는 것은 생산적이지도 않을뿐더러 나를 상처 속에 계속 붙잡아두는 일일 것이다. 그래서 나는 일어났던 일들을 수용하는 연습을 하고, 그 모든 일에서 내가 맡은 역할에 대한 나의 책임을 떠맡으며, 용서를 선택했다.

내 내담자 서머는 내가 아는 그 누구보다 끔찍한 트라우마를 지녔다. 서머가 어렸을 때 아버지가 수시로 서머를 강간했고, 어머니는 서머를 감정적으로 학대하고 극단적으로 방임했다. 그래도 서머는 이런 트라우마가 자기 존재를 정의하는 걸 허용하지 않았다. 서머는 자기 미래에 대한 책임을 지기로 한 청년기 초기에 그렇게 결정을 내렸고, 일하고 부동산을 사고, 심지어 자기 집을 짓는 일을 돕고 자신이 선택한 가족을 만든 역량을 통해 스스로 힘과 권한의 감각을 얻었다. 서머는 특별한 인생을 살았다. 이제 50대에 접어든 서머는 자기 가슴속에서 "열렬한 기쁨"을 느낀다고 표현했다.

작가 게리 채프먼이 말했듯이, "용서는 감정이 아니다. 그것은 다짐한 바를 이행하는 것이다."[9] 용서는 전념과 실천을 요하는 선택이다. 다음은 용서를 위한 몇 가지 요령이다.

- 그 상황에서 자신이 한 역할 또는 그 상황에 조금이라도 자신이 기여한 바를 스스로 인정하고 받아들인다.
- 우리 모두 인간이며 결함이 있음을 인정함으로써 상대방에 연민을 갖는다.
- 그 경험에서 얻은 모든 배움이나 축복에 감사한다.
- 마음이 과거와 부정적 이야기에 초점을 맞출 때는 알아차리고, 주의와 에너지의 방향을 지금 여기로 다시 가져온다.
- 숨을 내쉬며 상처와 부정성을 내보내고, 그것을 더 높은 힘(신, 우주, 사랑과 빛 등)에게 맡긴다.
- 사랑으로 이루어진 거품 방울과 남들이 당신에게 주는 상처를 막아주는 빛이 당신을 감싸고 있다고 상상한다.
- 이 관계의 맥락에서 당신을 보살필 책임은 자신에게 있음을 기억하자. 관계를 끝낼 권리를 행사하는 것을 포함해, 그 관계에서 당신이 그은 한계선들에 대해서는 스스로 선택을 내려야 한다.

- 당신이 용서를 선택하는 것은 앞으로 나아가기 위함임을 자신에게 상기시킨다.

지금 당신은 용서를 실천하고 있으니, 이제 동전의 반대편도 살펴보자. 그 관계에서 당신이 맡은 부분 말이다.

자기 일의 온전한 주인이 된다는 것

관계는 성공하는 인생의 열쇠다. 개인적 측면에서도 직업적 측면에서도 우리에게는 성공을 뒷받침해줄 강력한 관계가 필요하다. 개인적 인간관계는 우리가 탁월한 삶을 꾸려나가는 데 필요한 지원을 제공하며, 직업적 인간관계는 우리가 배우고 경력을 향상하며 훌륭한 생산성을 일궈내는 데 결정적이다.

인간관계를 강력히 다지기 위해서는 자신의 성격이 지닌 좋지 않은 측면들을 책임져야 하며, 자신의 감정을 잘 관리하지 못하거나 실수를 하거나 서툰 선택을 내릴 때는 자신이 지닌 측면들을 주체적으로 인정해야 한다. 그렇게 하면 신뢰받을 수 있고 갈등을 해결하거나 심지어 예방하는 일도 가능하다.

사업에서 갈등은 큰 비용을 초래할 수 있다. 고객을 잃거나 직원이 떠나거나 시간 낭비로 생산성이 떨어지거나 법적 소송으로 이어지기도 한다. 내가 기업 연수 세미나를 하면서 주요 내용을 감성지능과 다문화 역량, 의사소통 기술, 갈등 해결 능력 개선에 맞추는 것도 그 때문이다. 관계 속에서 처신하는 방식을 개선하려면 주의와 몰두가 필요하다.

관계 속 자신의 역할에 대해 책임지는 한 방법은 '당신에 관한 말' 대신 '나에 관한 말'을 하는 것이다. 게슈탈트 치료에서 빌려온 이 기법은 우리의 감정이나 결점에 대해 스스로 책임지도록 유도하면서, 남을 비난하거나 방어적 태도를 취하는 일은 피하게 해준다.[10] 다음은 남을 탓하는 대신 자기 문제를 주체적으로 인정하는 예들이다.

비난	주체적 인정
"당신이 느림보 거북이처럼 일하고 있잖아요."	"우리가 기한을 맞추지 못할까 봐 불안해요."
"당신 말은 명료하지 않아요."	"나는 이 말이 이해하기가 어렵네요."
"당신이 그 일을 처리해야죠."	"나는 이 컴퓨터 작업에 별로 능숙하지 못해서 당신이 도와준다면 정말로 고맙겠어요."

자기 문제의 주인이 되는 또 한 방법은 자기 실수를 인정하는 것이다. 이는 약함을 나타내는 신호가 아니라, 시간을 벌고 고통을 예방할 수 있는 강함이다. 조직 심리학 연구 문헌들을 보면, 사과와 관련한 최선의 실천법이 효과가 있음을 알 수 있다.[11] 그 실천법은 다음과 같다.

- **빠를수록 좋다.** 사과할 수 있는 상황이 아니라면(예컨대 회의 중), 가능한 한 빨리 사적인 대화의 시간을 마련한다. 어느 정도 시

간이 지난 후에야 자신의 잘못을 깨달았다면, 할 수 있는 한 빨리 다시 이야기를 나눈다.

- 직접 얼굴을 보고 하는 사과가 가장 좋다. 자신이 뭔가 잘못했음을 인정하면서 누군가의 눈을 똑바로 보려면 용기가 더 필요하다. 차선은 상대방과 직접 통화해서 하는 것이다. 글로 써서 하는 사과는 표정과 어조 같은 비언어적 신호가 없어서 오해를 일으킬 소지가 있다. 이 방법은 다른 선택지가 전혀 없거나 기한 전에 반드시 전해야만 하는 경우에만 사용하자. 가능하면 손쉬운 이메일이나 문자메시지보다는 손으로 쓴 사과 편지가 훨씬 낫다. 이메일이나 문자메시지를 보낸다면 나중에 다시 만나거나 통화하자는 제안을 포함시키자.

- 뉘우치는 마음을 표현한다. 자신의 잘못에 대한 진지하고 진심 어린 후회를 내보이되, 잘못의 심각성 정도에 걸맞게 하자.

- 잘못을 인정한다. "당신이 그렇게 느꼈다니 마음이 안 좋네요" 정도의 말은 제대로 된 사과가 아니다. 자신이 잘못했음을 인정한다는 것을 보여줘야 한다.

- 상처를 받아들인다. 자신의 행동이 상대에게 부정적 영향을 미쳤다는 것을 이해하고 있음을 보여주자.

- 가능하면 상대의 상처를 치유하기 위해 당신이 무슨 일을 할 것인지 말하고, 그 약속을 그대로 지킨다.

- 잘못을 반복하지 않겠다는 의도를 말로 표현하고, 최선을 다해 그 뜻을 지킨다.

관계에서 책임을 진다는 것은 도덕적 성실성이 필요한 일이다. 그러니까 자기 잘못이나 미흡함을 인정해야 할지라도, 윤리적이고 정직하며 자기 말을 충실히 지켜야 한다는 말이다. 사업의 세계에서는 높은 도덕적 성실성을 보이는 지도자들이 그렇지 못한 지도자들보다 구성원들을 더욱 열성적으로 일하고 좋은 성과를 내도록 이끄는 경향이 있다.[12] 그 모든 건 자기 자신에게 정직한 데서 시작된다.

$

정직한 눈으로 자기 자신 바라보기

(10분, 평생 실천할 일)

다음 질문에 대한 답을 노트에 적어보자.

- 당신의 성격 중 어떤 점이 문제를 일으킬 만한 측면으로 보이는가? 왜 그렇게 생각하는가? 그 측면들이 당신의 관계, 경력, 재정에 어떤 부정적 영향을 미쳤는가?
- 이런 성격의 주인으로서 당신은 어떻게 하고 있는가? 어떻게 하면 그 성격을 더 잘 관리할 수 있는가?
- '나에 관한 말'로 말하는 방식을 바꿔보면 당신의 관계에 어떤 도움이 될까? 어떻게 이 일을 해볼 작정인가?

스스로 재정적 책임 지기

개인적으로 재정 책임을 지는 일에는 자신의 재정 생활을 보살피는 일이 포함된다. 재정적 책임이 중요한 이유는, 당신의 인생과 미래에 영향을 미치기 때문이다. 돈과 관련하여 올바른 결정을 내리는 것은 앞으로 더 편안한 삶을 사는 데 도움이 된다.

스스로 자신의 재정을 책임진다는 말에는 다음과 같은 의미가 담겨 있다.

자기 재정 상황의 주인으로서 행동한다. 당신의 재정적 상황을 부모나 과거의 관계 또는 현재의 파트너 탓으로 돌리고 싶은 충동에 넘어가지 않는다. 과거를 받아들이고, 용서해야 할 사람을 용서하며, 이젠 자기 스스로 책임을 떠맡는다.

재정적 이해력을 갖춘다. 재정적 이해력이란, 재정 관리 기술을 이해하고 적용하여 올바른 정보에 기반한 재정적 결정을 내리는 능력을 말한다. 재무 설계, 부채 관리, 이자 계산 등은 재정적 이해력의 여러 측면이다. 심리치료를 해오는 동안 나는 한쪽 파트너가 재정적 이해력이 있고 다른 파트너는 없을 때, 둘의 관계에서 권력과 통제력에 큰 기울기가 생긴다는 것을 알게 되었다. 나는 성인들에게 재정적 이해력을 갖출 것을 권하며, 그 과정은 아동기나 청소년기에 일찌감치 시작하는 게 좋다고 말한다. 미국인의 거의 3분의 2가 기본적인 재정 이해력 테스트를 통과하지 못한다는 사실은 충격적이다. 그러니 만약 당신이 재정적 이해력이 없다면 당신만 그런 것은 아니다.[13] 재정적 이해를 돕는 책을 읽거나 관련 팟캐스트를 찾아 듣거나, 지역 커뮤니티센터나 온라인으로 재정 이해력 수업이나 기초 재정 강좌를 들으면서 이해력을 키울 수 있다.

돈 관리 시스템을 구축한다. 자기 돈을 관리하기 위해서는 잔고를 확인하거나 퀵북스QuickBooks 같은 소프트웨어나 민트Mint 같은 무료 돈 관리 사이트를 이용해 자신의 계좌를 연결하는 등 조직적인 시스템을 갖추고 있어야 한다. 이런 시스템들을 활용하면 자신의 재정 상황을 한눈에 볼 수 있다. 그럼으로써 휴가나 결혼식 등 목돈이 필요한 시기에 돈을 갖추고 있도록 현금 흐름을 관리할 수 있다.

낼 돈은 제때 납부한다. 과태료를 피하자. 신용카드로 쓴 돈이나 대출금은 가능하다면 미리 더 갚아두자. 다른 사람에게서 빌린 돈까지 포함해 빚을 갚는다.

예산 내에서 생활한다. 2장에서 세운 예산을 얼마나 잘 지키고 있는지 스스로 점검한다.

국세와 지방세를 납부한다. 탈세는 시도하지 말자. 자신이 번 돈을 보고하고 세금을 납부한다.

자신의 수입에 대해 책임을 진다. 자신의 연간 수입이 마음에 들지 않는다면 그걸 바꾸는 일은 당신 몫이다. 교육을 더 받거나 자격증을 따거나 일하는 시간을 늘리거나 급여 인상을 요구하거나 부업을 갖는 것을 고려해보자. 수입은 당신이 늘리지 않는 한 늘지 않을 것이다.

자신이 지출하는 돈에 대해 책임을 진다. 무언가를 사는 일은 깊이 생각하고 결정한다. 돈을 쓰는가 쓰지 않는가는 당신이 선택하는 일이므로 자신이 쓰는 돈에 대해 다른 사람을 비난하지 않는다.

재정적 책임지기

(10분, 평생 실천할 일)

다음 질문에 대한 답을 노트에 써보자.

- 현재 당신의 재정 상황에 대한 책임은 누구 혹은 무엇에 있다는 느낌이 드는가? 그 느낌에서 당신은 어떤 영향을 받았는가?
- 이제 현재 당신의 재정적 삶을 형성하는 일에서 당신이 맡은 역할에 관해 글을 써보자. 자신에게 정직하면서도 온화하게 대하자. 목표는 당신이 자기 역할에 대해 온전히 주인이 되는 것임을 잊지 않는다.
- 당신의 재정적 삶을 진전시키는 일의 책임은 당신에게 있다. 그러니 이제 직접 고삐를 잡을 때다. 당신은 자기 돈을 관리하는 일을 얼마나 책임지고 있는가? 돈 관리 시스템을 가지고 있는가? 그 시스템은 잘 작동하는가? 지난 12개월 동안 납부가 연체되어 과태료를 낸 적이 있는가? 당신의 재정적 책임성을 높일 방법들을 적어보자. 자신의 재정 상황을 한눈에 볼 수 있게 해주는 앱이나 돈 관리 사이트 이용을 고려해보자.

————— ✦ —————

지금 당신은 자신에게 아주 중요한 작업을 하고 있다. 이제 당신이 자기 인생을 얼마나 잘 책임지고 있는지 책임의 휠차트를 가지고 평가해보자. 책임의 휠차트는 이 장에서 배운 모든 기술을 모아서 자기 인생을 책임지는 일을 얼마나 잘하고 있는지 측정해줄 것이다.

책임의 휠차트
(20분)

날짜: _____

각 질문에 대한 답을 다음 기준에 따라 숫자로 점수를 매긴다.

결핍(1~3)   무난(4~5)   적당(6~7)   충만(8~10)

	결핍			무난		적당			충만	
1	2	3	4	5	6	7	8	9	10

자기 몫 다하기 관계, 일, 재정의 성공을 위해 필요한 일을 얼마나 기꺼이 나서서 하려 하는가? _____

수용 재정적 난관을 포함하여 자신에게 닥친 난관을 얼마나 기꺼

이 수용하고 그에 대해 남 탓을 하지 않는가? _____

권한 의식 인생, 일, 재정의 경로를 결정할 일을 행동에 옮길 때 자신감과 통제력을 얼마나 갖고 있는가? _____

행복의 주인 되기 남들을 탓하는 것이 아니라 자신의 태도와 행복을 책임지는 일을 얼마나 잘하고 있는가? _____

용서 재정적인 일이건 개인적인 일이건, 당신에게 행해진 모든 나쁜 행위에 대한 원망에서 자유로워지는 일을 얼마나 잘하고 있는가? _____

사과 자신의 실수나 좋지 않은 선택이 다른 사람들이나 일 또는 당신의 재정에 영향을 미칠 때, 그에 대해 얼마나 책임을 잘 지려 하는가? _____

도덕적 성실성 의지할 수 있고, 신뢰할 수 있으며, 약속한 바를 끝까지 지키고, 하겠다고 한 약속을 이행하는 것 등이다. 정직과 윤리와 진실함에 대해 얼마나 책임감을 갖고 있는가? _____

건강한 선택 전반적인 건강 및 안녕에 유익하고 건전한 선택을 내리는 일을 얼마나 잘하고 있는가? _____

돈관리 제때 빚을 갚고 청구된 돈을 납부하는 일, 자신이 버는 소득과 지출하는 비용에 책임지는 일 등, 자신의 재정적 삶의 주인으로서 행동하는 일을 얼마나 책임 있게 하고 있는가? _____

직업적 목표 자신의 직업적 야망을 펼치는 일을 얼마나 잘하고 있는가? _____

개인적 목표 건강 목표, 관계 목표, 취미, 여행 등 개인적 야망을 펼치는 일을 얼마나 잘하고 있는가? _____

균형 잡기 자신이 할 수 있는 능력을 최대한 발휘하여 당신이 지닌 여러 책임 사이에서 균형을 잡는 일을 얼마나 잘하고 있는가? _____

당신이 쓴 답을 책임의 휠차트에 표시하자. 제일 위에서부터 시작하자. 당신은 책임감이 결핍되었는가 충만한가 아니면 그 사이 어느 지점인가? 답과 일치하는 숫자 옆의 바큇살에 점을 표시한다. 이제 휠차트를 돌면서 모든 바큇살에 점수를 표시한 뒤 점들을 연결하여 원을 만든다.

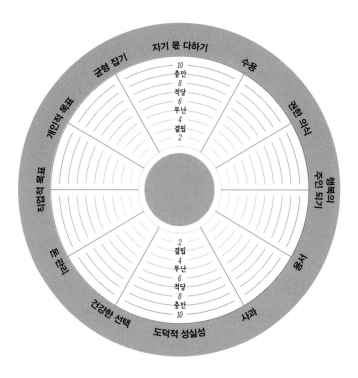

책임의 휠차트

다음 질문에 대한 답을 노트에 적어보자.

- 완성된 휠차트를 볼 때 유난히 깊이 푹 들어간 영역들은 어디인가? 그 영역의 개선을 방해하는 가장 큰 어려움은 무엇이라고 생각하는가?
- 그 어려움을 당신은 어떻게 해결할 수 있을까? 당신을 도와줄

만한 사람이 있는가?

- 개인적 삶과 재정적 삶 모두에서 자신의 책임감을 더욱 키우기 위해 이룰 수 있는 작은 변화 세 가지는 무엇일까?

성공에 대한 책임감을 계속 키워나갈 수 있게 이 연습을 매달 혹은 분기마다 주기적으로 해보는 것도 괜찮다. 완벽이 아닌, 발전이 우리의 목표임을 잊지 말자. 시간이 지나면서 당신의 진전을 추적할 수 있도록 휠차트에 날짜를 기입하고 해당 파일에 잘 저장해두자.

———— ✦ ————

자기 삶의 고삐를 붙잡는 것은 용기가 필요한 일이다. 당신은 이제 더욱 큰 번영으로 가는 길에 올랐다.

　저술가 마크 맨슨은 '잘못'이란 과거형이며 이미 내린 선택들의 결과이지만, '책임'은 현재형이며 당신이 오늘 내리는 선택의 결과라고 말했다.[14] 이제 자기를 과거에 붙잡아두던 비난에서 스스로 자유로워졌다. 그러므로 현재에 깨어 있는 마음으로 더 큰 성공을 일구는 단계로 나아가자.

4장

현재 의식

✴

현존하는 인간이 되어
재정적 의식을 끌어올려라

THE
FINANCIAL
MINDSET
FIX

✱

최소한 밖에서 일어나는 일에 관심을 두는 만큼은
당신 내면에서 일어나는 일에도 관심을 기울여라.
당신이 내면으로 제대로 들어간다면
외부는 저절로 제자리를 찾아갈 것이다.

——에크하르트 톨레(영적 스승. 《지금 이 순간을 살아라 The Power of Now》 저자)

나는 불법 주차를 하고, 다급히 내 미니밴의 위험 표시등을 켜고,
동네 요가 스튜디오로 황급히 달려갔다. 아이들을 데리러 학교로
가야 하는 시간까지 15분 정도 짬이 있었다. 나는 그 시간을 지역
내 비즈니스 네트워킹 활동에 쓸 작정이었다.

검정 비즈니스 정장에 하이힐을 신고 서둘러 스튜디오로 들어
갔다. 라벤더 향과 부드러운 조명, 평화로운 음악이 나를 반겨주는
분위기를 자아냈다. 요가 스튜디오의 주인 리사는 편안해 보이는
차림이었다. 자신의 눈빛과 어울리는 아름다운 청록색 파시미나를
두르고는 눈에 띄게 바른 자세로 프런트 뒤에 우아하게 앉아 있
었다.

나는 심리치료사이자 그룹 치료소를 운영한다고 재빨리 자기소개를 한 뒤, 우리가 서로 소개와 홍보를 해주는 협력 관계를 맺으면 어떻겠느냐고 제안했다. 내가 다급히 용건을 늘어놓는 동안 리사는 내 눈을 뚫어지게 쳐다보았다. 약간 불편해질 정도로 대답하는 데 뜸을 들였다. 차분한 리사의 침묵에 내 조급하고 정신없는 태도가 더욱 두드러졌다.

"요가 수행 하러 오세요."

리사의 말은 친절한 초대보다는 명령에 가깝게 들렸다. 나는 살짝 당황했지만 이내 추스르고 다시 미소를 지으며 리사에게 고맙다고 인사했다. 바로 이어서 우리가 대기실에 서로의 안내 책자를 두는 방법이 있다고 덧붙였다.

리사는 손을 들어 내 말을 중간에서 잘랐다. 그러더니 다시, "요가 수행을 하러 오세요" 하고 말했다. 그러고는 잠시 멈췄다가 말을 이었다. "그러면 그때 이 일을 생각해보죠."

'어휴, 뭐 하자는 거지?' 스튜디오를 나서며 나는 이렇게 생각했다. 서둘러 아이들 학교로 달려갔다. 거절당한 듯해 기분이 나빴지만, 방금 중요한 스승이 될지도 모를 사람을 만난 건지도 모르겠다는 느낌도 동시에 들었다. 이후 몇 년 동안 나는 바삐 사무실에 출근하고 마트에 가고 아이들의 방과 후 활동을 찾아다니며 하루에도 수십 번씩 그 요가 스튜디오 앞을 지나다녔다. 살이 좀 빠지면, 몸매가 좀 더 괜찮아지면, 제대로 맞는 레깅스가 생기면 가볼 수도 있겠거니 생각했다. 원래 그러는 게 맞는 거 아닌가?

동업자가 나를 떠나고 스트레스 수위가 최고치에 달했을 때,

명상과 요가가 주는 여러 정신적·육체적 이점들이 떠올랐다. 병적인 분주함이 내 판단력을 저해하고 있다는 걸 깨달았고, 그래서 나는 헛된 자존심을 꺾고 그 요가 스튜디오에 가기로 했다.

나의 첫 요가 세션은 인요가 수업이었다. 깊은 스트레칭 자세를 각각 한 번에 몇 분씩 유지하는 느린 요가 수행이었다. 몸속에 뭉쳐 있는 긴장을 푸는 일과 호흡에 주의가 집중됐다. 수업이 끝나고 나자 방금 낮잠을 잔 것 같기도 하고, 땀 빼는 운동이나 치료 세션을 마친 것 같기도 했으며, 교회에서 예배를 마치고 나온 느낌도 들었다. 나는 매주 요가 수업을 받기로 마음먹었고, 거기에 내 삶이 달린 것처럼 (정말 그랬을지도 모른다) 일정표에 요가 시간을 꼭 챙겨 넣었다.

나는 일주일에 한 번 하는 명상 수업에도 등록하고 다른 수업들에도 들어가보기 시작했다. 내가 요가를 더 열심히 하게 되면서, 리사와 나는 서로 홍보해주는 행사를 함께 진행했고, 이는 내 사업에도 큰 힘이 되었다.

요가와 명상을 더 정기적으로 하면서, 나는 여러 강력한 변화를 감지했다. 내 활동 모드는 조증 모드에서 마음챙김 모드로, 항상 떠다니던 상태에서 좀 더 뿌리내린 상태로 바뀌었다. 마음챙김과 걷기 명상을 통해 나는 자연의 진가를 다시금 발견하고 감사하게 되었다. 마음속 재잘거림을 잠재우자 하늘과 나무와 꽃의 아름다움이 의식으로 들어왔다. 내 안 깊은 곳에 들어 있던 평화와 평온과 연결되면서 스트레스가 줄어들고 더 차분해지며, 자극에 무조건 반응하는 성향도 줄었고 더 의도에 따라 행동하게 되었다. 신체적으로 더 강해지면서 일 처리에도 더 유능해졌다. 불편함이 느껴질 때는 호흡에 집중하면 그 난관을 헤쳐나갈 수 있다는 걸 알았다. 내가 현재에 더 깨어 있게 된 결과, 거의 모든 관계가 더 좋아지고 더 깊어졌다.

나는 더욱 온전히 현재에 깨어났고 내담자들에게 주파수를 더욱 잘 맞출 수 있게 되었다. 세션 전에 심호흡과 짧은 전신 스캔, 시각화를 통해 몸과 마음을 맑게 만드는 법도 터득했다. 세션 중에도 내 호흡을 의식하며 내 몸속에서 느껴지는 것을 알아차리곤 했다. 내가 현재에 온전히 깨어 있고 정신이 산만하지 않을 때면 내담자의 표정이나 신체 언어 같은 비언어적 신호를 더욱 잘 포착하고, 그들이 말하지 않고 남겨둔 것이 무엇인지도 더 잘 인지할 수 있었다.

현재에 깨어 있는 의식을 키운 것은 내가 내 일에 더 유능한 사람이 되도록 해주었다. 더 깊은 통찰력이 생겨 사업과 재정 면에서도 더 제대로 된 정보를 기반으로 한 의사 결정을 내릴 수 있게 됐다. 이는 다시 내가 우리 경영팀을 더 잘 이끌고 중재하게 해주었다. 돈을 다룰 때는 불안한 생각이 선택을 좌우하게 두기보다 내 몸의 지혜에 의지해 상황을 점검했다. 내 사업이 탄탄해지고 무르익어 매각하기에 충분한 시점이 되었을 때, 현재까지 내게 가장 중요한 재정적 결정을 내릴 수 있도록 도와준 것 역시 현재에 깨어 있는 의식이었다.

어번 밸런스를 매각하기로 결정하고 나서 나는 한 사업 양도 중개인과 일했다. 매입에 관심을 보이는 곳이 쉰 군데 있었고, 여덟 군데에서 오퍼를 받았다. 각 오퍼 사이에는 가격뿐 아니라 조건에서도 큰 차이가 났다. 나에게는 나와 마음이 같은 사람, 회사의 사명을 지키는 매입자를 찾는 것이 중요했다.

잠재적 매입자들과 면담할 때, 마치 데이트 리얼리티 쇼에서 마지막으로 장미를 건넬 사람을 정하는 출연자가 된 느낌이었다. 현재에 깨어 있는 의식은, 이 중대한 사업상 결정을 침착하고 명료한 의식의 자리에서 내릴 수 있게 해주었다. 매입 희망자들과 앉아 있을 때, 나는 내 몸속에서 어떤 느낌이 드는지 의식했다.

어느 잠재적 매입자와 저녁을 먹은 뒤 나는 잠시 양해를 구하고 빠져나왔다. 메스꺼움이 느껴졌기 때문이었다. 서류상으로는 모든 게 완벽해 보였지만, 그 사람에 대한 내 느낌이 좋지 않음을 알 수 있었다. 잠시 후, 그가 내게 '오피오이드 유행병'이 우리 '사업에 유리'한 게 아니냐고 물었다. 좋은 일을 하면서 사람들을 도와 이윤을 얻는 것과 사람들의 고통에서 이윤을 취하는 것은 차이가 크다. 그의 마음은 올바른 자리에 있지 않았다. 고로 나는 그에게 내 아기를 넘겨줄 생각이 없었다. 다음 분!

다른 매입 희망자가 가장 높은 금액을 제안해왔다. 하지만 이 사람은 내가 계속 최고경영자로 남기를 원했고, 이는 사실 내가 바라지 않는 일이었다. 그리고 뭔가 어긋난 느낌이 계속 남았다. 나는 중개인에게 이 매입자가 여성을 존중하지 않는다는 느낌이 든다고 말했다. 중개인은 내게 그와 한 번 더 만나보자고 제안했다. 만나서는 그에게 이렇게 물었다. "만약 조이스가 언젠가 최고경영자 자리를 떠나고 싶어 한다면 어쩌실 겁니까?" 매입자는 광기 어린 미소를 띠며 대답했다. "떠난다고요? 아, 조이스는 절대 떠날 수 없소. 떠나고 싶어 하면 내가 조이스를 침대에 묶어둘 거니까." 여성혐오 확인. 거래 불가.

몇 달 뒤 어떤 매입자가 나타났다. 내 마음과 몸이 모두 그가 적임자라고 명확하고 명료하게 확인하는 느낌이 들었다. 이 거래는 이전의 몇몇 제안보다 내게 현금을 적게 남겼어도, 여전히 내게는 상당한 액수의 저축과 양심에 떳떳한 마음, 그리고 투자자로서 이 업계에 계속 있을 기회가 남아 있었다. 어번 밸런스를 매각하고 내 회사를 인수한 모회사에 투자한 지 겨우 3년 만에 내 투자금은 열 배의 수익으로 돌아옴으로써, 그 제안은 내 가슴 및 사명과 가장 잘 어우러졌을 뿐 아니라 압도적으로 가장 큰 번영을 안겨주었다.

어번 밸런스를 매각한 후 나는 리사에게 6개월 과정의 요가 강사 트레이닝을 받았다. 수행을 더욱 깊게 하고, 심리치료사이자 기업 연수 강사로서 내 힘을 더욱 향상시키고자 했다. 현재에 깨어 있는 의식이 그랬듯, 요가의 원칙들은 중요한 사업 및 재정 결정을 내릴 때 큰 도움을 주고, 내 정신건강에 전반적으로 이로운 영향을 준다.

치료 세션 4

(20분)

이 세션에서는 당신의 정신건강과 재정 건강에 마음챙김을 적용한다. 다음 질문에 대한 답을 노트에 적어보자.

- '바쁘게 사는' 병은 당신의 인생에서 어떤 역할을 해왔는가?
- 당신이 현재에 깨어 있는 일을 방해하는 것은 무엇인가?
- 당신이 현재에 더 깨어 있게 된다면 당신의 재정적 안녕은 어떻게 개선될까?

자신의 내면에 있는 고요한 지혜와 연결되고 그 지혜를 점점 더 신뢰하게 되면, 자신에게 정직해지고 자신을 돕는 일이 훨씬 더 쉬워진다.

———— ✦ ————

바쁨의 기차에서 뛰어내리자

사람들은 자기가 '바쁨의 기차'를 타고 있다는 걸 자랑하기 좋아하고, 바쁨이 자신의 VIP 신분을 증명해주는 명예 훈장이라도 되는 양 은근슬쩍 과시한다. 많은 사람이 일단 바쁨의 기차에 올라타면 무의식적으로 따라 속도를 내면서 거기서 내리지 못하고, 그 기차가 무모하며 고장과 사고가 나기 쉽고 불필요하게 이리저리 멀고 험한 길로 돌아간다는 사실을 알아차리지 못한다. 그 기차는 필수적인 유지 관리를 하거나 신중한 계획을 세우기 위해 멈춰 서는 법도 결코 없다. 거기 탄 승객들은 자신도 모르는 사이에 현존하는 인간에서 행동하는 인간으로 변신한다.

다음은 바쁨의 기차에서 뛰어내려 현재에 깨어 있는 의식을 갖는 데 도움이 될 충고들이다.

쌓여 있는 물건들을 치운다. 가진 물건이 많을수록 그걸 관리하기 위한 시간과 에너지도 많이 필요하다. 삶의 다음 영역들에서 당신에게 불필요한 모든 것을 제거하여 생활을 단순하게 만들자.

- **디지털**: 홍보 이메일 구독을 끊어 과잉 정보에서 자신을 구한다. 중요도에 따라 이메일을 정리해주는 세인박스SaneBox 같은 프로그램을 쓰는 방법도 있다. 사용하지 않는 앱은 삭제한다. 브라우저에 열어놓은 여러 탭을 닫는다. 소셜미디어 알림을 끈다. 폴더를 만들어 이메일과 파일을 분류한다.
- **업무**: 제거해도 될 물건과 파쇄해도 될 문서는 모두 그렇게 한다. 공간 확보를 위해 스캔해서 파일로 저장하는 방법도 있다. 파일들은 폴더 속에 넣어 정리한다.
- **가정**: 자신에게 필요하지 않은 것, 1년 동안 한 번도 쓰지 않은 것, 또는 당신에게 기쁨을 안겨주지 않는 것은 모두 없앤다.[1] 안

쓸 물건을 중고 판매 사이트나 위탁 판매로 팔거나, 필요한 사람에게 나눠줄 수 있는 비영리 단체에 보내거나, 세금 공제를 받고 기부하자. 이 중 자신에게 가장 적합한 시간 사용 방식에 맞는 방법을 고르면 된다.

- **재정**: 환경을 생각하여 청구서나 통지서를 온라인으로 받고 자동 결제되도록 설정해둔다. 불필요한 것에서 자유로워지기까지는 시간이 좀 걸리므로 인내심을 발휘하고, 진전을 이루었다면 자축하자.

하루를 올바로 시작한다. 자신에게 효과 있는 모닝 루틴을 세워 하루를 기분 좋게 시작한다. 계획 세우기를 좋아하는 사람이라면 전날 밤에 다음 날 입을 옷차림과 영양 식단을 계획하고 커피메이커를 미리 세팅해두는 것도 좋다. 그렇지 않은 사람이라면 자기돌봄을 위해 아침 시간을 비워둘 수 있다. 아침 명상을 하거나 그날의 의도를 정한다. 이를테면 건강한 음식을 먹겠다거나 현명하게 재정적 선택을 내리겠다거나 하는 의도 같은 것이 있다.

개인적 할 일 목록과 업무상 할 일 목록은 따로 만든다. 스마트폰의 메모 기능이나 프로젝트 관리 프로그램을 활용한다. 복잡한 할 일 목록에 압도되지 않으려면 개인적 할 일과 업무상 할 일을 분리하여 관리하는 게 좋다.

위임하고 도움을 구한다. 할 일 목록을 살펴보며 이렇게 자문해본다.

"내가 이 일을 할 적임자일까? 이 일을 할 수 있는 사람이 나뿐일까? 나는 이 일 하는 걸 좋아하나? 이게 내 시간을 쓸 가치가 있는 일일까?" 즐기며 하지 않는 일은 가능하면 외부에 위탁하자. 도움이 필요한 일이 무엇인지 파악하고 필요한 도움을 요청하자. 당신의 파트너, 자녀, 룸메이트, 직원, 인턴, 또는 용역 인력에게서 어떤 도움을 얻을 수 있을지 생각해보자.

할 일의 우선순위를 정하고 일정을 짠다. 반드시 해야만 하는 일(필수), 해야 하는 일(중요), 하면 좋은 일(불필수) 이렇게 세 종류로 할 일을 분류한다. 그런 다음 그 일이 매일 할 일인지, 주간 혹은 월간 혹은 연간으로 할 일인지 아니면 다른 시간 틀에 맞는 업무인지 파악한다. 수면과 운동은 '반드시 해야만 하는 일'에 넣는다. 과제를 할 시간을 달력 프로그램에 입력하고 알림을 설정해둔다. 필수적이지 않은 일은 거리낌 없이 삭제하자.

시간 의식을 기른다. 당신이 사용하는 시간을 기록해본다. 당신은 시간을 잘 활용하고 있는가? 소셜미디어나 너무 오랜 TV 시청, 웹서핑, 비디오게임, 불필요한 수다 등 무슨 일로 시간을 낭비하고 있는지 파악한다. 당신의 번영과 균형 추구를 방해하는 습관들을 잘 인지할 수 있도록 소셜미디어나 TV 시청을 일시적으로 끊어보는 것도 한 방법이다.

멀티태스킹을 피한다. 뇌가 한 활동에서 다른 활동으로 기어를 바꿀 때 시간이 낭비되므로, 잦은 멀티태스킹은 생산성과 업무 성과를 떨어뜨리고 스트레스를 악화한다.[2] 이메일이나 음성메일, 청구 금액 납부, 어딘가로 가서 처리해야 하는 잡무 등 한꺼번에 모아서 처리하는 게 능률적인 일을 그때그때 수시로 처리하지 말자.

최우선 과제를 가장 먼저 한다. 사소한 일 여러 가지보다 가장 중요한 소수의 일을 먼저 완료한다. 큰 프로젝트의 기한이 다가올 때면 나는 집안 청소까지 포함해 프로젝트를 제외한 모든 일을 기적적으로 해내는 경향이 있다. 이런 식의 회피는 비생산적이며 스트레스만 더 심하게 만든다.

플러그를 뽑는다. 사람들은 자기에게 주어진 시간의 41퍼센트를 디지털 기기를 들여다보는 데 쓰고 있다.[3] 업무 시간 후나 주말, 휴가 기간에는 이메일 자동 답장 설정을 해두고 테크놀로지에서 플러그를 뽑는다. 스마트폰을 잠시 쓰지 않거나 꺼두거나 방해금지 모드로 설정해둔다. 소셜미디어에 포스팅하고 싶은 충동에 지지 말고 현재에 온전히 존재하고 살아가는 현재 순간을 경험하는 것을 즐기자. 소셜미디어가 당신 업무에서 큰 부분을 차지한다면, 거기서 빠져나와 화면이나 기기를 들여다보지 않으며 보낼 뭉텅이 시간을 반드시 설정해두자.

일정을 무리하게 잡지 않는다. 무리한 일정을 잡고 싶거나 모든 요구를 들어주고 싶은 충동에 넘어가지 않는다. 당신의 가치와 목표에 어울리지 않는 일이나 당신을 지나치게 바쁘게 만들 일이라면 안 하겠다고 말할 줄 알아야 한다. 자기돌봄을 위한 시간, 활동들 사이 휴식 시간, 직장과 가정에서 막간 시간을 일정에 짜 넣자. 기대치를 현실적으로 잡고, 프로젝트 계획을 세울 때는 사이사이 완충 시간도 집어넣는다.

단순하게 한다. 심리치료사이자 《호구 노릇은 이제 그만Stop Giving It Away》의 저자이며 나의 절친인 셰릴린 빌런드는 재미있고 유용한 스트레스 타파 전략을 개발했다. 이 전략에서 당신은 다양한 선택에 대해 '일상의 수월함 점수'를 매기게 된다.[4] 어떤 일이 삶을 더 복잡하게 만든다면 낮은 점수를 주고, 삶을 더 수월하게 만든다면 높은 점수를 주는 것이다. 예를 들어, 사무실 파티 때 집에서 만든 요리를 가져오는 일을 맡았다면 냅킨과 종이접시를 가져오기로 한 것보다 점수를 적게 매긴다. 이 강력한 도구는 임무를 단순화하게 도와준다. 무리하다 압도당하게 되는 일을 피하게 해준다. 매일 아침 자신에게 '오늘은 내 인생을 단순하게 만들기 위해 무슨 일을 할까?' 하고 자문해보는 것도 좋다.

일과 삶 사이에 시간의 경계선을 설정한다. 일, 여가, 가족, 친구들을 위한 시간을 각자 구별해둠으로써 균형을 잡는다. 일이 어떻게 당신의 삶을 갉아먹을 수 있는지는 쉽게 알 수 있다.

정해진 시간에 정확히 업무를 그만둔다. 업무 시간의 마지막 10분은 책상을 깨끗이 치우고 정리하는 데 쓴다. 그러면 내일 더 효율적으로 일하는 데 도움이 된다. 이튿날 하루를 시작할 때 어떤 일에 초점을 맞춰야 하는지 알 수 있도록 할 일 목록을 업데이트해두자. 당신이 완수한 모든 일을 돌아보며 잘 해낸 모든 일에 대해 칭찬해주자.

취침 알람을 설정한다. 최적의 취침 시간 한 시간 전에 알람이 울리도록 설정해둔다. 알람이 울린 뒤 30분은 하고 있던 일을 정리하는 데 쓰고, 그런 다음 밤 사이 디지털 기기는 멀리 치워두자. 나머지 30분은 뜨거운 샤워나 목욕으로 긴장을 풀고 독서를 하거나 수면을 개선하는 유도 명상을 하면서 잠잘 준비를 한다. 그날 당신이 성취한 모든 일에 감사의 마음을 느껴보자.

분주한 시간에 브레이크 밟기
(20분, 평생 실천할 일)

다음 질문에 대한 답을 노트에 적어보자.

- 바쁨의 기차에서 뛰어내리기 위한 앞의 제안 가운데 이미 당신이 잘하고 있는 것은 무엇인가? 그 방법은 당신이 더 성공하는 쪽에 어떻게 도움을 주었는가?

- 1~10까지 점수를 매긴다면 당신은 어느 정도로 심하게 바쁘다고 느끼는가? 완전히 여유롭다면 1점, 정신이 하나도 없을 만큼 바쁘다면 10점이다. 스스로 3점 이하라고 판단한다면 당신은 전혀 위험하지 않다. 4~6점 사이라면 잘하고 있지만 개선할 여지가 있고, 7~10점 사이라면 위험 지대에 있는 것이다.
- 바쁨의 기차에서 뛰어내리기 위한 위의 방법 중 어느 것이든 실행할 방법 세 가지를 써보자. 친구나 동료에게 그렇게 할 거라고 말하고, 다음 주에 당신의 진전을 추적하기 위한 시간을 정해두자.

———— ✦ ————

평온한 기차에 오른 당신을 환영한다

> 건강해야 돈을 벌 수 있으니,
> 확실히 건강이 돈보다 더 가치 있다.[5]
>
> ——**새뮤얼 존슨**(18세기 문학의 가장 위대한 인물로 꼽히는 영국의 작가)

바쁨의 기차에서 내린 걸 축하한다. 당신은 지금 막 자신의 목숨을 구한 것일 수도 있다. 평온의 기차에 오른 걸 환영한다. 이 기차를 타고 달리는 일은 즐겁고 안전하며 의도를 따른다. 여기서는 사고 예방을 위해 관리하고 심사숙고하여 계획을 세울 시간이 있기 때문이다. 이 기차는 효율적으로 운영되고, 시간과 에너지 같은 자원을 절약하며, 건강한 휴식을 위해 멈춰 선다. 이 기차의 차장은 당신을 건강, 행복, 완전한 번영으로 안전하게 안내해줄 당신 내면의 지혜다. 당신이 마음챙김을 통해 현재 순간에 단단히 뿌리내림으로써 궤도에 머물기만 한다면 말이다.

마음챙김은 수 세기 동안 불교의 가르침과 수행의 한 측면이었다. 오늘날 마음챙김 기반의 스트레스 완화 프로그램 등을 통해 대중적으로 널리 알려졌다. "현재 일어나는 일과 경험에 대한 수용적 주의 기울임과 알아차림"이라고 정의된다.[6] 마음챙김은 현재에 주의를 집중하는 데 도움이 된다. 이는 당신의 마음이 정처 없이 돌아다닐 때 스스로 그 사실을 알아차리도록 도와 현재 순간으로 주의를 돌릴 수 있게 해주기 때문이다.[7] 마음챙김이 어렵거나 불편하게 느껴질 사람도 있을 수 있다. 그러니 마음챙김을 수행이라고 부르는 것이다. 마음챙김과 알아차림의 능력을 키우는 데는 몇 년이 걸릴 수도 있다. 자신에게 너그럽게 대하고 옳은 방향으로 조금만 나아가도 자신을 칭찬해주자.

마음챙김 수행에는 호흡 수행, 명상, 전신 스캔, 점진적 근육 이완, 요가 등이 있다. 스트레스 조절 개선, 질병 저항력 강화, 통증 관리, 감정적 반응성 감소, 노화로 인한 뇌 퇴행을 늦추거나 멈추거나 역전함으로써 정신건강과 신체 건강을 이롭게 한다.[8] 질병통제예방센터에 따르면, 마음챙김은 미국에서 가장 빠르게 성장 중인 건강 트렌드로, 2012년부터 2017년까지 명상하는 사람의 수가 세 배로 늘었다고 한다.[9]

수백 가지 문화와 수천 년의 세월에 걸쳐, 사람들은 호흡이 마음과 몸, 정신과 연결되어 있다고 믿었다. 천천히 깊게 호흡함으로써 우리는 마음을 차분히 하고, 몸의 긴장을 풀며, 지금 여기에 주의를 기울일 수 있다. 자신의 호흡을 알아차리고 호흡과 연결될 때면 언제든 마음챙김을 수련할 수 있다.

명상은 호흡에 연결함으로써 생각으로부터 휴식을 취하는 것이다. 누구나 마음은 끊임없이 재잘거리고 있으며, 이 수다는 스트레스와 불안을 부추길 수 있다. 컴퓨터를 재시동하면 컴퓨터가 더 잘 돌아가는 것처럼, 명상은 우리의 마음와 몸, 정신이 최상의 상태로 수행하도록 재시작해주는 것과 같다. 명상을 하는 동안 한 가지 생각이 마음에 떠오르면 그 생각이 떠올랐음을 지켜본 다음 다시 호흡으로 주의를 되돌린다. 생각이 떠올랐다는 것은 잘못하고 있다는 것이 아니라, 우리가 인간이라는 뜻이다. 단어나 문장 하나로 된 만트라를 구호를 외듯 반복해서 되뇌는 행위는 우리가 생각에서 벗어나 휴식을 취하는 동안 초점을 맞출 단순한 대상을 제공해준다. 명상의 의도는 자신의 호흡에 초점을 맞춘 채 조용한 고요 속에 앉아 있는 시간을 늘리는 것이다.

설거지, 빨래, 개와 산책하기, 정원 가꾸기, 예술작품 창조하기 등 살면서 일상적으로 하는 행동은 무엇이든 '적극적인 명상'이 될 수 있다. 이런 일을 할 때 자신의 호흡과 몸에 마음을 기울이고, 온전한 주의와 현재에 깨어 있는 의식으로 자신의 오감에 초점을 맞추면 된다. 자연과 연결되는 것 역시 명상의 한 형식이 될 수 있다. 자연은 언제나 지금 여기를 살고 있기 때문에, 테크놀로지에 대한 좋은 해독제다. 주의를 자신의 감각으로 돌리고, 하늘, 나무, 꽃, 얼굴을 어루만지는 바람, 신선한 공기의 냄새를 알아차리면 스트레스를 줄이고 평온함을 조성할 수 있다.

마음챙김 명상은 많이 할수록 좋다. 이상적인 것은 매일 명상을 수행하는 것이다. 캄Calm이나 헤드스페이스Headspace 등의 앱은 유도 명상과 명상을 위한 알림, 이력 기록 등으로 명상 수행 습관을 기르게 도와준다.

일터에서 실천하는 마음챙김은 성공을 위한 최고의 도구

마음챙김의 인기는 일터에서도 높아지고 있다. 2016년 기준 고용주의 22퍼센트가 직원들에게 마음챙김 훈련을 제공하고 있었다.[10] 타깃, 구글, 마이크로소프트, 인텔, 다우 등의 기업, 미국 해병대 같은 조직은 마음챙김을 기반으로 한 훈련 프로그램을 도입했으며, 그 결과도 성공적이었다는 것이 널리 알려졌다.[11]

단체에서 실시하는 마음챙김 훈련 중 3분의 2가 스트레스를 줄이고, 안녕을 증진하며, 직원 참여도와 일에 대한 만족도를 높이고, 고객 만족도도 향상했음을 여러 연구가 보여주었다.[12] 일터의 마음챙김은 동기 부여와 직무 수행력, 긍정적 정서와 작업기억 역량, 문제 해결 능력, 일과 삶의 균형성, 주의력, 집중력, 창의성, 혁신성, 안전성, 윤리적 의사 결정력을 개선한다. 또한 무단결근, 번아웃 우려, 원치 않는 이직은 줄인다.[13]

대부분의 기업 마음챙김 프로그램은 존 카밧진이 1990년에 개발한 '마음챙김에 기반한 스트레스 완화 프로그램'을 바탕으로 한다.[14] 프로그램 실시 결과 의사소통과 관계의 질, 갈등 관리, 감정 이입과 연민, 리더십, 팀워크가 개선되었으니, 사원과 관리자 모두 마음챙김에서 혜택을 입은 셈이다. 구내에 명상실을 갖추고 있거나, 명상 앱을 기업 회원으로 사용할 수 있게 제공하는 회사들도 있다. 나이키, 애플, 골드만삭스 같은 기업이 마음챙김 훈련에 투자하는 이유는 무엇일까? 재능 있는 새로운 사람들을 끌어당기는 데 도움이 되며, 자기네가 사람들의 안녕을 위해 투자하는 회사라는 걸 보여줄 수 있기 때문이다.[15]

지난 7년 동안 나는 크고 작은 기업들이 마음챙김 훈련을 실시하도록 도왔다. 최근에는 포춘 500에 속한 글로벌 기업들에게 마음챙김 훈련을 이끌어주기도 했다. 소셜미디어 업무를 담당하는 부서의 마음챙김 훈련이었는데, 업무 특성상 그들은 다른 사람들보다 디지털 기기를 내려놓고 시간을 보낼 방법을 배울 필요성이 더욱 컸다. 고객 서비스를 담당하거나 대인관계의 갈등을 겪기 쉬운 역할을 맡은 사람들이 특히 이 훈련 세션에서 배운 도구와 기법의 가치를 잘 알았다.

그 부서 직원들과 함께 호흡 연습과 짧은 유도 명상을 한 후, 나는 그들에게 무엇을 알아차렸는지 이야기해보라고 했다. 대부분 자기가 몸속에 긴장을 가득 품고 있었고, 연습 전에는 자신의 호흡이 무척 얕고 짧았다는 것을 깨닫게 되었으며, 연습 후에는 긴장이 훨씬 더 잘 풀린 느낌이라고 했다. 한 참가자는 팀원들과 더 잘 연결된 느낌이 든다는 말로 나를 놀라게 했다. 함께 침묵 속에 앉아서 눈을 감고 하나가 되어 호흡한, 내밀한 경험을 한 것 때문이라는 설명이었다. 세계 각지에서 화상으로 함께 참여한 사람들도 그 말에 동의했다. 이 부서는 앞으로 회의를 시작하기 전에 짧은 명상을 해서 스트레스 요인을 날려버리고 서로 조율되고 현재에 깨어 있는 상태에서 함께 일하기로 했다.

당신의 일터에서 마음챙김 훈련을 제공하지 않더라도 당신 스스로 다음과 같은 일들을 해볼 수 있다.

- 책상에 앉아 5분 명상으로 하루를 시작한다.
- 회의나 통화나 통근을 하는 중에, 또는 언제 어느 때든 자신의 호흡에 주의를 맞춘다.
- 한 시간에 한 번 정도 자리에서 일어나 스트레칭을 한다. 짧은 전신 스캔과 스트레칭, 심호흡으로 긴장을 털어낸다.
- 가능하다면 점심시간이나 휴식 시간에 밖으로 나가 자연과 연결되어본다.
- 음식을 먹을 때면 가능하면 다른 일은 하지 말자. 여유를 갖고 천천히 먹으면서 음식의 향과 맛을 음미한다.
- 짧은 명상이나 호흡 연습으로 하루를 마무리함으로써 일은 직장에 남겨두고 집으로 돌아갈 준비를 하자.

과거 곱씹기와 미래 걱정은 그만두자

어제는 갔다. 내일은 아직 오지 않았다.
우리에겐 오늘뿐이다. 시작하자.[16]

──**테레사 수녀**(알바니아 태생으로 인도에서 활동한 로마 가톨릭교회 수녀이자 선교사)

우리 중 많은 사람이 과거에 관한 생각을 곱씹고, 자신이 한 선택을 돌이켜보며, 다른 선택을 했더라면 더 나은 결과가 나왔을지 궁금해한다. 《사이언스》에 실린 한 연구에 따르면, 사람들은 46.9퍼센트의 시간을 자기가 하고 있는 일을 생각하는 게 아니라 엉뚱한 곳을 떠도는 마음으로 보낸다고 한다.[17] 과거에 일어났거나 미래에 일어날 일 혹은 절대 일어나지 않을 일을 생각한다는 것이다. 마음이 떠돌아다니는 일에는 손해가 따른다. 부정적 사건을 곱씹는 것은 업무 생산성을 떨어뜨리는 결과로 이어지며, 이는 재정적 성공에도 부정적 영향을 미치는 것으로 나타났다.[18] 게다가 지금 여기에 머물며 현재 하고 있는 활동에 초점을 맞출 수 있는 사람에게는 추가의 보너스가 주어진다. 그것은 바로 이들이 더 행복한 경향이 있다는 점이다.[19]

나의 내담자 윌은 자신의 기술 사업체에 대한 재정적 불안에 시달리며 불면증까지 앓고 있을 때, 과거에 내린 결정에 대해 달리 선택했다면 어땠을지 생각하고 미래에 닥쳐올 것만 같은 불행에 대해 계속 생각했다. 나는 그에게 현재 순간에 깨어서 머무르는 일이 지닌 치유력과 호흡 명상의 힘에 대해 알려주었다. 그는 다음 세션의 예약을 취소했고, 나는 한 달이 넘도록 그에게서 아무런 소식도 듣지 못했다. 마침내 연락이 닿았을 때 그는 이렇게 말했다.

"지난 세션이 내가 지난 6주를 버틸 수 있게 해주었어요."

"무슨 말씀이시죠?" 하고 내가 물었다.

마지막 세션 후에 윌은 자신이 암 4기라는 사실을 알게 되었다. 그의 마음은 즉각 자신의 미래와 죽음, 그로 인해 아내와 세 아이 그리고 사업을 돌볼 수 없으리라는 사실에 대한 재앙적 공포에 사로잡혔다. 그러다 그는 현재 순간에 머물겠다고 결정했다.

그는 이렇게 설명했다. "그 순간 나는 기본적으로 내 상태가 괜찮다는 걸 깨달았어요. 사실은 기분이 괜찮았어요. 진단을 받기 전과 다르지 않은 느낌이었죠. 그리고 하루가 아니라 아예 1분 단위로 현재에 머물겠다고 선택했어요. MRI 기계 안에 누워 있을 때는 검사 결과를 걱정하는 대신, 거기서 틀어둔 음악에 초점을 맞추었지요."

그 노래는 마돈나의 〈보그〉였다고 한다. 하고많은 노래 중에 〈보그〉라니. 그래서 자기도 포즈를 잡고 음악의 흐름에 자기 몸을 맡겼다는 것이다!• 현재에 대한 몰입이었다. 자신이 통제할 수 없는 것은 놓아버리고, 호흡에 초점을 맞추며, 의식을 지금 여기에 잡아두는 것.

진단을 받은 뒤 윌은 매일 명상을 하고 있다. 그가 암에서 회복되고 있다는 소식을 전할 수 있는 지금 나는 무척 행복하다. 또한 그는 직업에서도 매우 중요한 변화를 단행해 해로운 사업 관계를 끊었다. 현재에 깨어 있는 의식은 건강을 증진할 뿐 아니라, 어떤 경우에는 목숨을 위협하는 병에 걸렸을 때만 얻을 수 있는 이런 종류의 통찰과 혜안도 선사한다.

• 마돈나의 〈보그〉 뮤직비디오에는 마네킹처럼 특정한 포즈를 취하고 멈춰 있는 사람들의 모습이 등장한다. MRI 기계 속에 누워 있는 자신의 모습이 그렇게 특정 포즈를 취한 채 멈춰 있는 것처럼 생각됐다는 말인 듯하다. — 옮긴이

월은 마음챙김에 대해 더없이 아름다운 비유를 들려주었다.

"이제 알았어요. 삶이란, 태어나는 순간 레코드판에 바늘이 얹혀 살아가는 내내 돌아가는 일과 같다는 걸. 우리가 의식을 과거나 미래로 돌리면, 바늘이 긁히면서 음악도 끊어지죠. 지금 이 순간이 우리가 자신의 노래를 들을 수 있는 유일한 곳이에요."

$

'지금 여기'로 주의 돌리기

(10분, 평생 실천할 일)

다음 질문에 대한 답을 노트에 적어보자.

- 당신의 마음을 자주 점령하는 과거의 사건 또는 선택 세 가지는 무엇인가? 거기서 배운 교훈에 대해 감사하는 마음을 갖고, 각각에서 당신이 배운 소중한 교훈을 두 가지씩 써보자. 그 생각을 놓아 보내는 데 도움이 될 테니, 각 상황에 관련된 사람들을 용서하는 것도 고려해보자.
- 당신이 걱정하고 있는 미래 문제 또는 사건 세 가지는 무엇인가? 각 문제에서 당신이 통제할 수 있는 일과 더 이상 통제할 수 없어 포기해야 하는 일의 목록을 정리하고, 당신이 통제할 수 있는 것에만 초점을 맞춘다.

내일부터는 당신의 마음이 앞에 적은 과거나 미래의 사건으로 당신을 데리고 갈 때는 마음속으로 빨간 깃발을 들어 주의를 환기하겠다고 자신과 약속한다. 그런 생각이 완전히 정상적이라는 점은 인정하자. 다만 생각이 떠오른 것을 알아차리고 주의를 부드럽게 현재 순간으로 돌리면 된다. 생각을 더 잘 알아차리게 될수록 당신의 걱정도 자연스레 가라앉기 시작할 것이다.

———— ✦ ————

재정 건강 증진법
마음챙김으로 돈 관리하기

재정에 관해 생각하면, 스트레스와 부정적 감정, 과거의 실패에 관한 후회나 미래의 위기에 대한 걱정에 습관적으로 빠지는 사람이 많다.[20] 이 부정적인 생각과 감정은 재정에 대한 마비를 초래하고 재정 관리를 포기하게 만들 수 있다.

현재 순간에 머무는 것은, 과거나 미래의 걱정에 부채질해대는 일을 그만두고 지금 여기에서 당신이 할 수 있는 재정적 행동에 초점을 맞추는 데 도움이 된다. 마음챙김은 재정적 위기를 겪은 후 다시 재정적 성과를 최고로 끌어올리고 싶은 사람들에게 특히 유용하다. 마음챙김이 창의성과

유연성, 적응성을 쉽게 이끌어내고, 이는 다시 의사 결정력과 재정적 성과를 향상시키기 때문이다.[21]

또한 마음챙김은 사람들이 자신의 가치를 명료히 파악하고 자신에게 의미 있는 것이 무엇인지 깨닫게 해줌으로써, 예컨대 외상으로 하찮은 물건을 사들이는 행위처럼 재정과 관련한 충동적 행동을 줄여준다.[22] 몇 년 전 나의 지출 습관과 관련해 마음챙김을 이끌어내주는 경험을 한 적이 있다. 교외 지역에서 미팅이 두 건 잡혀 있었다. 그 사이 비는 시간에 축구장 두 개만 한 크기의 가정용품 매장에서 한 시간 넘게 생각 없이 쇼핑하며 보냈다. 양초와 쿠션, 주방에서 쓰는 작고 예쁜 물건들, 아이들 장난감 등으로 카트가 가득 찼다. 계산대에 가니 줄을 서서 기다리는 사람이 스무 명쯤 있었고, 나는 다음 미팅에 늦지 않게 도착하려면 얼른 그곳에서 나가야 했다. 나중에 돌아와 계산하기로 하고 흘러넘치는 카트를 고객 서비스실에 맡기고 왔다. 미팅이 끝나고 나서 다시 가서 보니 카트에 담긴 물건 중 내게 정말로 필요한 건 하나도 없다는 걸 깨달았다.

그 이후로 쇼핑할 때는 "쓰레기보다는 현금을 갖고 있는 게 더 좋아"라는 말이 내 신조가 되었다. 이 말은 꼭 필요하다고 적어간 물건만 사고 쓸데없는 충동구매를 피하는 데 도움이 된다.

재정에 마음챙김을 적용하려면 다음을 염두에 두어야 한다.

매일 아침 재정에 관한 의도를 세운다.[23] 황급히 문밖으로 나가기 전에 몇 분 시간을 내어 호흡과 연결하고 몸에서 어떤 느낌이 드는지 알아차린다. 그날의 재정적 의도를 정한다. 예를 들면 이와 같다. "현명하게 지출하겠어." "새로운 일거리가 생기게 할 거야." "투자와 부업에 관해 알아볼 거야."

당신의 재정적 목표를 시각화한다. 목표를 명확히 하자. 이를테면 빚 갚기인지, 비상금 저축인지, 집이나 자동차를 사는 일인지. 이 목표를 항상 생각의 가장 윗자리에 둔다.

주의 깊게 지출하고 의사 결정을 실천한다. 이사나 전직 같은 큰 결정과 지출을 포함해 재정과 관련된 모든 결정을 내리기 전에, 그 선택이 당신을 목표에 더 가까이 가게 해줄지 더 멀어지게 할지 자문한다. 몸의 지혜에 귀를 기울이고 그 선택이 뱃속에 어떤 느낌을 만들고 있는지 알아보자. 느낌이 생각보다 훌륭한 안내자인 경우가 많다. 주의 깊은 의식으로 당신이 예산 내에서 지출하고 있는지 확인한다.

하루가 끝날 때 현명하게 내린 재정적 선택이나 행동에 감사를 표한다. 이는 긍정적 선택을 더욱 강화해 당신이 번영의 길을 계속 가도록 힘이 되어준다.

$

재정 단식 시도하기

(7~21일)

써도 되는 지출보다 더 많이 썼다면, 재정 단식을 고려해보자. 1~3주 중 기간을 골라 지출 금지 기간을 갖는다. 이렇게 함으로써 지출에 대해 깨어 있는 의식을 키우고 돈도 어느 정도 아낄 수 있다. 재정 단식 기간에는 가능하면 신용카드는 전혀 사용하지 말고 쇼핑몰이나 소매점에도 가지 말자. 쇼핑 앱은 삭제하고, 근사한 식당이나 커피숍에서도 돈을 쓰지 말자. 모두 집에서 만들고 식료품은 현금으로 사자. 친구에게 선물할 일이 있다면 직접 무언가를 만들어주거나, 선물 받았지만 사용하지 않은 물건을 되팔거나, 지출 단식에 관해 솔직히 털어놓자. 이런 연습을 하면 과다 지출에 더욱 유념하게 될 것이다.

— ✦ —

주의 깊게 지출하기

(최소 1주, 평생 실천할 것을 추천함)

최소한 다음 한 주 동안 모든 지출을 기록한다. 돈을 쓰기 전에 이렇게 자문해보자.

- 이 물건이나 서비스에 돈을 쓰는 것이 절대적으로 필요한가? 이 돈을 쓸 여유가 있는가?
- 이 지출이 나의 개인적·직업적·재정적 목표에 나를 더 가까워지게 할까, 더 멀어지게 할까?
- 이 구매가 내 가치관과 조화를 이룬다고 느껴지는가?
- 내 뱃속에서 이 구매에 대한 거리낌이 전혀 느껴지지 않는가?

한 주가 끝나면, 그동안 알아차린 점을 노트에 써보자. 예컨대 지출을 더 의식했더니 돈을 더 적게 썼다는 것 등.

———— ✦ ————

현재 의식의 휠차트는 이 장에서 배운 모든 기술을 모아, 삶의 어느 측면에서 당신이 현재에 깨어 있는 의식을 발휘하고 있는지 측정해본다.

현재 의식의 휠차트

(20분)

날짜: _____

각 질문에 대한 답을 다음 기준에 따라 숫자로 점수를 매긴다.

결핍(1~3)   무난(4~5)   적당(6~7)   충만(8~10)

	결핍			무난		적당		충만	
1	2	3	4	5	6	7	8	9	10

호흡에 연결하기 주기적으로 자기 호흡에 주의를 기울이고 '지금 여기'와 연결하는 일, 느리고 깊게 호흡하여 스트레스를 줄이고 긴장을 푸는 일을 얼마나 잘하고 있는가? _____

신체 의식 감정과 몸의 느낌을 알아차림으로써 현재에 주의를 기울이는 일을 당신은 얼마나 잘하고 있는가? _____

매일 마음챙김 앱이나 노트에 마음챙김 수행을 기록하면 계속 이어가는 데 도움이 된다. 고요함이나 호흡, 명상, 기도, 요가를 위해 하루에 최소 5분 시간을 내는 일을 얼마나 잘하고 있는가? _____

생활의 마음챙김 식사할 때 온전히 주의를 기울이기, 환경을 위한 선택하기, 상태 전환을 고려해 일정 잡기, 운전 중 핸드폰 메시지 하지 않기 등을 생활 속에서 얼마나 잘하고 있는가? _____

산만함 의식 마음이 수다를 떨거나 샛길로 빠지거나 주의가 분산 되어 현재에 의식이 깨어 있는 것을 방해할 때, 이를 얼마나 잘 알 아차리는가? 주의를 호흡과 몸으로 돌아오게 일을 얼마나 잘하고 있는가? _____

관계 친구, 가족, 자녀와 개인적 관계에서 얼마나 현재에 깨어 있 는가? 이를테면 상대의 이야기를 들을 때 기기를 들여다보는 것이 아니라 눈을 맞추고 적극적으로 듣는가? _____

일 업무 관계, 회의, 과제 및 프로젝트 실행 중에 주의를 기울이는 정도에서, 현재에 깨어 있는 능력은 어느 정도인가? _____

재정적 삶 능력 안에서 지출하고 불필요한 부채가 생기지 않도록 재정에 마음챙김을 적용하는 일을 얼마나 잘하고 있는가? _____

싱글태스킹 현재 하고 있는 일에 주의 기울이기, 이를테면 브라우 저에서 불필요한 탭을 닫고, 업무 중에 스마트폰을 만지지 않고, 문을 닫는 등 주의 분산 요소를 제거하는 일을 얼마나 잘하고 있 는가? _____

기기 끄기 메시지 자동응답 기능이나 방해금지 모드 설정, 스마트폰 *끄기* 등으로 기기 없이 지내려는 의도적인 노력을 얼마나 잘하고 있는가? _____

자연과 연결 하늘, 바람, 나무, 꽃을 얼마나 자주 인지하는가? 현재 의식과 연결하기 위해 자연을 즐기며 시간을 보내는 일을 얼마나 자주 하는가? _____

직관 자기 내부에 장착된 나침반에 주파수를 맞추고 자기 몸의 지혜와 육감적 본능에 연결되는 일, 또는 직관적 통찰의 산물로서 우연히 떠오른 생각이나 이미지들을 알아차리는 일을 얼마나 잘하고 있는가? _____

결과를 현재 의식의 휠차트에 표시하자. 제일 위에서부터 시작하자. 호흡에 연결되는 당신의 능력은 결핍되었는가 충만한가 아니면 그 사이 어디인가? 답과 일치하는 숫자 옆의 바큇살에 점을 표시한다. 이제 휠차트를 돌면서 모든 바큇살에 점수를 표시한 뒤 점들을 연결하여 원을 만든다.

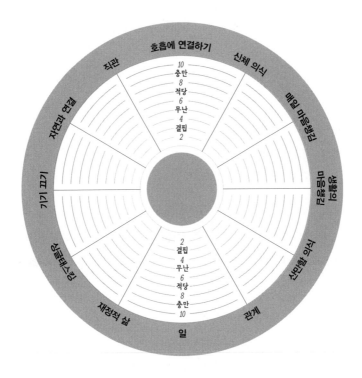

현재 의식의 휠차트

다음 질문에 대한 답을 노트에 써보자.

- 가장 점수가 낮은 세 영역에서 당신이 지금 바로 개선할 수 있는 일을 두 가지 찾는다면 무엇인가?
- 의식이 현재에 깨어 있게 하기 위해 노력한다면, 그 결과를 확인할 방법으로 무엇이 있을까?

- 재정적 삶에 마음챙김을 적용할 방법을 새로 구한다면 어떤 것이 있을까?

현재에 더욱 깨어 있는 사람이 되도록 매주 혹은 매달 이 연습을 하는 것이 좋다. 그러면 당신은 더욱 큰 성공을 불러들일 수 있을 것이다. 점수가 낮더라도 너무 자책하지는 말자. 우리는 계속 발전하고 있고 누구나 개선의 여지는 있다. 휠차트에 날짜를 적고, 시간이 흐른 뒤 발전 과정을 추적할 수 있도록 해당 파일에 저장해두자.

아무도 우리가 완벽하기를 기대하지는 않는다는 걸 기억하자. 바쁜 상태에서 현재에 깨어 있는 상태로 옮겨가는 일에 집중하자.

—— ✦ ——

현재에 깨어 있는 의식을 통해 우리는 건강, 관계, 재정적 삶을 개선시킬 수 있다. 또한 내면에 있는 깊고 진정한 자신과도 연결될 것이다. 다음 장에서는 바쁨을 먹고 크는 당신의 에고에서 풀려나와 당신의 본질과 연결할 방법을 알아볼 것이다. 세상은 자신의 특유한 재능을 밝게 빛내줄 당신을 필요로 한다.

5장

본질

✷

돈의 흐름을 막고 있는
당신의 에고를 잠재워라

THE
FINANCIAL
MINDSET
FIX

✳

자신의 영혼으로 일을 행할 때,
강 하나, 기쁨 하나가 당신에게 흘러드는 것을 느끼게 된다.

——루미

나의 에고에게

우리 얘기 좀 해야 할 것 같다. 어렸을 때는, 그러니까 네가 내 인생에서 이렇게 큰 부분을 차지하지 않았을 때는 내가 자유로운 영혼처럼 느껴졌다는 게 기억나. 난 생기 넘치고 쾌활하고 기쁨으로 가득했지. 거의 항상 현재에 깨어 있었고, 나의 감각과 연결되어 있었으며, 삶에 완전히 푹 담겨 있었고, 햇살이 내 얼굴을 비추었어. 나는 춤추고 놀이하고 노래 불렀고, 아무 비판도 느끼지 않았던 나의 내면은 환한 빛을 발했어.

내가 자라면서 너는 점점 항상 나와 함께하는 동반자가 되었지. 내 내면의 빛을 가리는 가면이었던 너는, 성공하고 사랑받기 위해 내가 보여야 한다고 네가 생각한 모습으로 나를 만들었지. 내가 성취하고 이뤄낸 그 모든 일로도 넌 절대 만족하지 않는 것 같더라. 내가 계속 짊어지고 있기에는 넌 너무 무거운 짐이야. 결코 찾아들 줄 모르고 무자비한 너의 염려와 분노와 고뇌가 나를 불안하고 비참하게 만들었지. 내가 사랑하는 사람들과의 관계를 보호하기 위해 너와 씨름하는 일에도 지쳤어.

넌 제일 먼저 내게 끊임없이 부정적인 피드백을 보내고 남들의 평가를 두려워함으로써 내게 남들을 만족시키는 사람이 되라고 부추겼어. 사람들이 나를 사랑하고 계속 곁에 있게 할 유일한 방법은, 나 자신의 욕구와 욕망을 억누르고 그들에게 도움이 되어주는 거라면서. 넌 내게 개인상담실을 열어 압박감과 잠재적 실패 위험을 떠안느니 9시부터 5시까지 일하는 직장에 남아 있는 게 낫다면서, 나의 세상을 상대적으로 작고 안전하게 꾸리라고 충고했지. 난 고용주를 위해 내가 해야 하는 것보다 더 열심히 더 오래 일했지만, 내가 받는 급여는 너무 적었어.

내가 심리치료를 받으면서 나의 가치를 포용하기 시작했을 때, 우리는 좀 과하게 상황을 수정했지. 나머지 모든 직원보다 한층 위에 있던, 나와 동업자가 사용하려고 임차했던 그 거대한 사무실 기억하지? 넌 내게 우리가 그런 사무실을 쓸 자격이 있다고 말했어. 우리 사업이 그 비용을 받쳐주지 못하는데도 말이야. 그때 직원들이 우릴 그리 좋아하지 않았던 것도 놀라운 일이 아니야. 우리가 구겨진 자존심을 애써 참아내며 너무 비쌌던 그 임대 계약을 종료하고 직원들이 쓰던 공간에 합류했던 때도 기억나? 잘못을 인정해야만 했던 그 굴욕은, 사실 우리가 중용을 찾고 바로잡도록 돕기 위해 우주가 보내준 도움이었어.

네가 너무 오래 나와 함께 있다 보니 나는 정말 네가 나라고 생각하기 시작했어. 마음챙김 수련이 내 내면의 빛을 밝혀주기 전까지 나는 그 빛의 존재를 까맣게 잊고 있었어. 이젠 네가 보여. 호흡과 연결되자, 내가 하는 생각이 네가 끊임없이 늘어놓는 수다라는 걸 깨달을 수 있었거든. 네 수다에서 잠시 벗어났을 때, 나는 내 영혼의 노래를 들었고 내 가슴과 연결되었어.

너는 내가 아니야. 나의 한 측면일 뿐이지. 나는 나의 빛이야. 운전석은 더 이상 네 자리가 아니야. 내가 내면의 빛과 더 단단히 연결될수록 그 빛은 나를 더 높은 목적으로 평화롭게 안내하고 내 삶이 더 깊은 의미와 보상과 이어지도록 방향을 잡아줘. 지금은 사업 회의에 들어갈 때, 강연을 위해 무대에 오를 때, 자신감을 끌어올려야 할 때, 곁에서 용기를 북돋아주는 네가 있다는 게 난 참 기뻐. 네가 방어적인 태도를 취하거나 까다롭게 굴거나 내 내면의 빛을 가리는 걸 알아챌 때면, 나는 네게 옆으로 좀 비켜달라고 부드럽게 부탁하지.

내 내면의 빛은 열정적인 사랑과 자비의 불빛이야. 그 빛은 나 자신을 치유하기 위해서, 또한 다른 사람들에게 길을 밝혀주기 위해서 환히 빛을 발하지. 나는 아무 신경 쓰지 않고 마음껏 웃을 때, 사랑하는 사람들을 안을 때, 춤추거나 요가를 하며 몸을 움직일 때, 자연과 연결되고 새로운 것을 창조하고 사람들과 뭔가를 나눌 때, 나의 빛과 연결되어 있음을 느껴.

내가 사랑하는 사람들, 내담자, 학생, 청중에게 사랑이 깃든 나의 진실한 빛을 더 많이 비출수록 더 많은 사랑과 번영이 내게로 돌아와. 그 사람들이 어떤 식으로 흔들어 깨워지거나 깨달음을 얻거나 영감을 받으면 내가 보냈던 빛은 열 배가 되어 돌아와서 우주적 빛과 사랑, 재정적 번영의 흐름 속으로 나를 실어가지. 내 영혼의 목적은 정신건강과 재정 건강을 증진하는 일이야. 사랑과 신뢰가 나의 안내자들이고.

자, 그러니까 너도 조금 더 밝아지면 어떨까? 그럴 수 있겠지? 우리 있는 그대로 진실에 충실해지자. 우리에겐 할 일이 있잖아.

감사하는 마음으로
조이스

치료 세션 5
(20분)

이 세션에서 당신은 에고가 당신의 재정 건강을 어떻게 해치고 있는지 깨닫게 될 것이다. 또한 당신의 본질, 다시 말해 당신 내면의 빛과 연결되는 일이 당신을 더 높은 성공으로 쏘아 보내준다는 것도 배우게 될 것이다. 자, 그럼 다음 질문에 대한 답을 노트에 적어보자.

- 나의 '에고에게' 보낸 편지를 보니 당신 자신의 에고와 관련하여 어떤 생각이 들었는가?
- 당신의 에고는 재정적으로 당신에게 어떤 해를 입히고 있을까?
- 당신은 내면의 빛(본질)과 어떤 식으로 연결되며, 어떻게 그 빛을 빛나게 하는가?
- 그 빛과의 연결은 당신의 번영을 어떻게 증진시켰는가? 어떻게 하면 그 번영을 더욱 확장할 수 있을까?
- 심리치료사인 내가 당신이 방금 쓴 글을 읽었다면 어떤 말을 할 거라고 짐작되는가?
- 이 세션에서 당신이 얻는 통찰 두세 가지가 있다면 무엇인가?

훌륭한 자기성찰이었다. 자신을 더욱 깊이 들여다본 이 일에서 혜택을 받을 것이다.

———— + ————

이제 당신의 에고에서 계속 거리를 두고 본질과 연결하기 위한 몇 가지 도구를 갖추자.

에고에서 플러그를 뽑고 본질에 플러그를 꽂자

인간인 우리는 마음과 몸, 정신으로 이루어져 있다. 우리의 에고는 마음의 눈으로 본 자신에 대한 의식이다. 우리의 정체성은 우리가 삶에서 맡은 역할과 생각, 자기 인식을 기반으로 한다. 그리고 우리의 본질은 우리의 정신 또는 내면의 빛으로, 우리 내면에서 평화와 사랑, 기쁨, 환희가 살고 있는 장소다.

본질과 에고의 관계는 알라딘의 램프와 같다. 본질은 마법의 힘을 지닌 지니이고, 에고는 당신을 가두고 있는 램프다. 자신의 본질이나 진정한 자아에 부합하지 않는 방식으로 살고 있을 때, 우리는 자신과도 다른 사람들과도 단절된다. 에고가 아닌 본질과 조화를 이룬 삶을 살 때, 우리는 직책이나 은행 잔고, 관계의 상태, 외모가 자신이 아니라는 것을 깨닫는다. 본질과 더 잘 조율될수록 에고를 더 잘 관찰하고 관리할 수 있다. 에고의 감옥에서 자유롭게 벗어날 선택권이 우리에게 있다는 것을 깨달음으로써 우리는 가장 높고 가장 위대한 차원으로 표현된 자신으로 확장될 수 있다.

에고에서 해방되려면 당신의 고통체pain-body, 즉 감정적 고통의 에너지에서 분리되어야 한다. 에고와 고통체는 서로를 먹고 자란다.[1] 당신의 고통, 우울, 불안, 트라우마는 당신이 아니다. 당신이 문제 삼을 것은 당신이 누구인가가 아니라 당신이 어떻게 존재하는가다. 당신의 본질은 당신의 진정한 자아다. 언어의 힘에 유념하자. '나는 우울하다'와 '내 기분이 우울하다'의 차이가 무엇인지 알겠는가? 당신은 현재에 깨어 있음을 통해 본질과 연결될 수 있고, 그럼으로써 내면의 평화에 닿고 괴로움을 줄일 수 있다. 심리치료 역시 이 과정을 도울 수 있다.

최근에 교육을 잘 받고 의사 표현도 명료하며 호감이 가는 한 40대 남성이 상담받으러 왔다. 그는 큰돈을 벌어다 주는 자기 직업을 싫어했다. '황금 수갑'에 묶여 벗어나지 못한다고 느꼈다. 아내는 그가 집안일을 더 도와주지 않는다고 불만스러워했다. 말다툼이 잦아졌고, 그러다 보니 서로 감정적으로도 성적으로도 단절되고 말았다. 그는 직장에서도 집에서도 자기가 마음에 안 들었다. 아이들과 함께하는 약간의 밝은 순간들이 그나마 억지로라도 계속 나아가게 해주었다. 동료들과 일주일에 몇 번 칵테일을 마시는 일이 그가 스트레스와 실망, 외로움을 처리하는 방법 같았다. 그에게는 세션에서 감정을 표현하는 것은 고사하고 자기 감정이 무엇인지 파악하는 것도 어려워 보였다. 그의 두려움, 자기를 제한하는 믿음, 자신이 어떤 일을 '해야 하고' 어떤 감정을 '느껴야 하는지'에 관한 생각이 그를 상자 안에 가둬두고 있는 것 같았다. 심리치료를 통해 그는 그때까지 거의 20년 동안 자신의 본질을 차단하고 단절된 채 살아왔음을 깨달았다.

마음챙김을 통해 나는 그가 에고에서 분리되고 내면의 빛과 다시 연결되도록 도왔다. 그가 자기 이야기를 들려주는 동안, 나는 그의 본질을 꺼내기 위해 그를 덮고 있던 흙을 체로 쳐서 골라내는 광부가 된 느낌이었다. 그가 오래전에 잃어버린 기타와 신혼 시절과 집을 짓고 싶은 꿈, 비영리단체를 돕고 싶은 바람을 이야기할 때 희미한 빛을 발하는 그의 본질이 보였다. 내가 본 이 모든 걸 거울에 비추듯 그에게 다시 알려주고, 그가 자기 목소리를 찾도록 돕자 그는 진솔함을 열어 보이며 결혼생활에 중요한 변화들을 만들어낼 수 있었다. 마지막 세션에서 그가 한 말은 본질이 무엇인지를 명료히 밝혀주었다. "내가 나의 인생과 나의 빛을 포용하고 진정한 나의 존재로 들어설 수 있게 해주셔서 감사합니다."

본질과 연결되기 위해 우리가 취할 수 있는 방법들

중요한 선택과 결정을 앞두고 있을 때, 고요한 성찰, 명상, 마음챙김, 현재에 깨어 있는 의식을 통해 가슴속의 불과 다시 연결한다. 당신 내면의 빛이 이끄는 대로 따르면 된다.

한계에 갇힌 생각을 하기 전에, 어떤 사람이었는지를 **기억하자.** 오래전에 어떤 사람이 되고 싶었는가? 바로 이 측면의 자아로서 살아가자.

인간관계, 활동을 통해 내면의 불꽃을 피울 **연료를 다시 채우자.**

취미와 여가로 일에 대한 건강한 경계선을 설정하여 삶의 **균형을 되찾자.**

일이 당신의 재능과 삶의 목적의식에 부합하도록 일의 **방향을 조정하자.**

쾌활함, 발랄함, 춤과 움직임, 예술 창작, 음악과 연결됨으로써 **다시 생기를 불어넣자.**

사랑으로 두려움을 대체하자. 두려움은 에고이며 사랑은 본질이기 때문이다. 정신과 의사이자 세계적 베스트셀러 《죽음과 죽어감》의 저자 엘리자베스 퀴블러 로스는 "감정은 두 가지만 존재한다. 사랑과 두려움. 모든 긍정적 감정은 사랑에서 오고, 모든 부정적 감정은 두려움에서 온다. 사랑에서는 행복·만족·평화·기쁨이 나오고, 두려움에서는 분노·증오·불안·죄책감이 나온다"[2]라고 말했다. 두려움의 구름을 걷어내면 본질의 빛이 더 밝은 빛을 발하게 할 수 있다.

본질에 맞게 조율하기

(20분, 평생 실천할 일)

핵심 자아로 다시 돌아갈 수 있도록 다음 질문에 대한 답을 노트에 적어보자.

- 마음 안에 가장 깊이 간직한 가치들은 무엇인가?
- 그 가치들에 부합하는 방식으로 살고 있는가? 어떤 면에서 삶은 그 가치들에 부합하지 않는가?
- 핵심 가치관에 더욱 부합하게 앞으로 살아가기 위해서 넓은 범위까지 확장해본다면 어떤 일들을 할 수 있는가? 그러기 위해서는 무슨 조치가 필요한가?

———— ✦ ————

이제 우리는 희미한 빛을 발하는 자기 본질을 바라보고 있다. 에고와의 관계가 어째서 자신의 빛을 가리게 되는지 그 이유를 이야기해보려 한다.

에고는 친구인 척하는 적이다

영적 가르침은 우리가 자신의 본질적 자아로서 살아가려면 에고를 없애야 한다고 말하지만, 우리 모두에게는 에고가 있다. 그리고 에고가 절로 어딘가로 가버릴 것 같지도 않다.[3] 그러니 에고를 제거하기보다는 우리가 할 수 있는 가장 좋은 방법으로 에고를 관리할 필요가 있다. 이는 친구인 척하는 적을 대하는 일과 비슷하다. 그들은 긍정적 특징이 있기는 하지만, 한눈을 팔면 우리 등에 칼을 꽂을 수도 있으므로 안전거리를 유지하는 게 좋다.

에고와 맺는 관계에서 친구 같은 측면은 건강한 에고나 높은 에고의 힘을 갖는 것이다. 에고의 이 부분은 교육, 경력, 관계에서 성공을 추구할 때 우리를 지원해준다. 건강한 에고의 강점에는 다음과 같은 것이 있다.[4]

- 강력한 자기 인식, 자신과 다른 사람의 책임을 구분할 줄 아는 능력
- 불편함을 참아내고 감정을 조절하는 능력
- 자신감과 권한 의식
- 문제 해결 능력
- 유연함, 적응성, 회복탄력성

에고를 관리하지 않고 그냥 두면 적의 성격을 띤 에고의 측면이 활개를 친다. 재정적 해를 포함해 자기 파괴적인 일을 벌일 수 있다. 에고의 강점을 활용하고 해로운 측면에는 거리를 두기 위해서는 항상 주의를 기울이는 실천이 필요하다. 에고의 두 가지 부정적 발현 양상 사이에서 만족스러운 중도를 찾으면 가능하다.

에고의 두 얼굴

다른 사람보다 더 우월하다거나 열등하다고 느낀다면,
그건 언제나 내면에 있는 에고가 하는 생각이다.[5]

———에크하르트 톨레

건강한 자존감은 내가 쓰는 표현으로 디바diva˙와 호구doormat 사이 중간에 위치한다. 남자도 디바가 될 수 있다(디보가 더 마음에 든다면 그것도 괜찮다). 디바는 자기에게는 당연한 권리가 있는 것처럼 다른 사람의 경계선을 존중하지 않으며, 호구는 자신의 경계선을 존중하지 않는다. 위세 당당한 디바는 에고가 큰 사람이라고 생각하는 이가 많지만, 에고는 사람을 호구로 만들기도 한다. 이런 일은 에고가 비판과 실패를, 심지어 성공에 따라오는 압박과 추가적 노출을 피하려고 자신을 방어하려 할 때 일어난다.[6] 디바들은 지붕을 뚫고 올라갈 정도의 자존감을 지닌 것처럼 보일 수 있지만, 이는 낮은 자존감을 숨기려고 펼치는 공작새의 화려한 깃털 같은 것일 뿐이다.[7] 자신의 가장 성공적인 자아로 기능하기 위해서는 당신을 디바나 호구로 만들려는 에고의 유도를 따라가서는 안 된다.

˙ 때로 디바라는 단어는 자신의 권리를 옹호하는 여성을 헐뜯는 의미에서 사용될 때가 있다. 내가 여기서 사용하는 정의는 그 의미가 아니다.

다음의 표는 에고의 양면인 디바와 호구, 그리고 둘 사이의 행복한 중용에 해당하는 최적의 작동 모드인 성공적인 자아의 특징들을 보여준다.

호구	성공적 자아	디바
낮은 자존감, 자신의 약점에만 초점을 맞추고 강한 부분은 보지 못함, 자주 남들보다 못하다고 느낌, 자신감 결여, 불안정함.	건강한 자존감, 강점과 약점에 대한 균형 잡힌 평가, 남들보다 열등하거나 우월하다고 느끼지 않으면서 자신을 좋게 느낌, 자신감 있고 안정되어 있으며 겸손함.	겉으로 높은 자존감처럼 보이나 실은 낮은 자존감, 자신의 강점에만 초점을 맞추고 약한 부분은 보지 못함, 자주 남들보다 낫다고 느낌, 과도한 자신감, 오만함.
자신에 대한 존중심 결여, 자신이 누리는 게 마땅하다는 느낌이 결여됨, 남들의 필요를 더 중요하게 여김.	자신과 타인을 모두 존중하면서도 자신이 누리는 게 마땅하다고 느낌, 자신과 타인의 필요에 대한 균형 잡힌 의식.	타인에 대한 존중심 결여, 특권의식, 자신의 필요가 가장 중요하다고 여김.
수동성, 수동공격성.	당당한 자기주장, 사교적.	공격성.
성공으로 이어질 인간관계를 맺지 못함, 남들에게 자주 이용당함.	쌍방의 상호의존적 성공으로 이어질 좋은 인간관계를 맺고 있음.	남들을 자주 이용함, 필요하지 않을 때는 인간관계를 끊어버림.
비판에 민감함, 실패에 대한 두려움 때문에 세상에 자신을 내놓는 것을 회피함.	건설적 비판을 잘 받아들이며, 자기 인식을 갖춘 채 자신을 세상에 내놓으며 협력함.	비판을 들으면 격분함, 경쟁의식이 있고 남들을 괴롭힘, 자기 인식 없이 자신을 세상에 내놓음.
명확히 규정되지 않으며 쉽게 휘둘리는 자아.	진실하고 잘 짜여 있으며 실현된 자아.	거짓 자아, 방어적 가면.
자신을 탓함, 모든 게 자기 잘못이라고 생각함.	실수에 대해 책임지고 사과함, 남들을 용서함.	남들을 탓함, 모든 게 남의 잘못이라고 생각함.

당신이 살면서 디바와 호구의 몇몇 양상을 자신에게서 알아차렸다면 그건 정상적인 일이다. 우리에게는 각자 자기 내면의 디바나 호구를 깨우는 몇 가지 방아쇠가 있다. 이런 점을 의식한다면 우리는 에고를 잘 견제하고 자존감의 건강한 균형을 찾을 수 있다.

디바와 호구는 어떻게 재정 상황에 해를 입힐까?

디바와 심리치료를 진행할 때 나는 그들의 자존감을 키워주기도 해야 하고, 겹겹의 방어벽을 조심스레 허물어내기도 해야 한다. 디바에게는 자기도취적 성향이 있으므로 자신을 대단한 것처럼 부풀리기 쉽고, 물질만능주의와 충동구매에 빠지기 쉬우며, 이는 심리치료 중 자주 등장하는 문제다.[8]

예를 들어, 나의 상담실을 찾았던 한 의사 커플은 시카고의 매우 값비싼 교외 지역인 노스쇼어에 있는 큰 주택에 살고 있었다. 집을 담보로 집의 가치보다 더 많은 빚을 지고 있었고, 그 스트레스로 서로를 사납게 비난했다. 그 집을 팔고 자기들 능력에 맞는 작은 집으로 이사하기까지는 자신들의 에고를 놓아버려야 하는 고된 과정이 있었지만, 결과적으로 그렇게 한 것은 여러 면에서 그들을 편안하게 해주었다. 심리치료를 통해 그들은 남들에게 뒤지지 않으려는 발버둥에서 좀 더 자유로워졌고, 서로에게 진심으로 연결된 상태를 유지하는 데 더 신경을 쓰게 되었다. 때때로 내면의 디바에게 사로잡혀 감당하지도 못할 만큼 흥청망청 돈을 써대는 일에서 자기 모습을 발견하고 공감할 사람도 많을 것이다.

호구와 작업할 때는 자신을 가치 있게 여기지 않는 그들의 생각이 자기 재정에 부정적 영향을 미친다는 것을 깨닫게 해주고, 자신 있게 자기주장을 내세울 수 있도록 도와야 한다. 일례로 나와 작업했던 한 내담자는 가족을 부양하기 위한 가장 안전하고 안정적인 선택이라고 생각해, 본인이 좋아하지도 않으며 보수도 낮은 사무직 일을 수년 동안 계속하고 있었다. 마침내 직업을 바꿀 수 있을 정도로 자신에게 더 신경을 쓰기로 하면서 재정적 선택을 단행하자, 결국 그 일은 그전보다 훨씬 더 큰 금전적인 이득을 안겨주었다.

또 한 주에 85시간씩 일하고도 직원들에게 급여를 주고 나면 연간 순수익으로 3만 5천 달러밖에 남지 않는 사업주도 있었다. 자신이 받는 금액을 올리고, 지급이 미뤄진 금액에 대해선 더욱 강력히 정산해주게끔 회사에 요구하고, 지키지 않은 예약에 비용을 부과하며, 직원들도 건강한 재정적 한계를 설정하게 했다.

다음의 표를 통해 내면의 디바와 호구가 당신의 재정을 어떻게 해칠 수 있는지, 성공적 자아라는 행복한 중용을 찾으면 재정 건강을 어떻게 개선할 수 있는지 알아보자.

호구	성공적 자아	디바
적은 소득, 낮은 급여를 받아들임, 타인에게 과하게 돈을 쓰고 자신에겐 소홀히 할 수 있음.	균형 잡힌 소득과 지출, 번영할 만큼의 충분한 소득, 자신과 타인에 대한 균형 잡힌 지출.	지나치게 높은 급여를 요구함, 자신에게 과하게 지출하고 타인에게는 인색함.
재정적 곤란(재정적 곤란을 겪는 사람이 모두 동네북은 아니지만, 동네북처럼 행동하는 것은 재정적 곤란으로 이어질 수 있음).	재정적 평온, 안정, 이타주의, 관대함, 충분함.	탐욕, 지배, 부패, 자기 능력을 초과한 생활, 재정적인 거짓말을 함, 물질만능주의, 무절제.
자산보다 부채에 초점을 맞춤, 소박한 재산으로 살아갈 운명이라 느낌.	실제 순자산을 알고 있음, 현실적이지만 낙관적인 재정적 전망을 지님.	자산에만 초점을 맞춤, 성공에 대한 과대망상적 시각을 갖고 있음.

자존감의 건강한 균형은 중용을 낳는다. 건강한 자존감은 자신과 타인들에 대한 존중을 반영하며, 재정적 성공의 비결이다.

호구 노릇을 그만두는 법

심리치료를 하면서 나는 많은 사람이 자존감을 키워서 호구 성향에서 벗어나도록 도왔다. 야근할 때면 자기 책상 밑에서 누워 자던 여성이 있었다. 우리는 건강한 시간 한계선을 설정했고, 상사에게 자기주장을 분명히 말할 수 있게 의사소통 방법을 연습했다.

또 누구나 싫어하는 휴일 근무와 야근을 늘상 도맡고 다른 사람들이 못 나올 때면 지쳐 떨어질 때까지 대신 메워주던 웨이터도 있었다. 결국 그는 병이 들어 해고되었다. 그는 우리와 함께 작업하면서 다른 사람들을 도울 수 있을 뿐만 아니라 자신의 건강과 안녕을 우선시하며 건강한 균형을 잡을 수 있는 새 직장을 찾을 수 있었다.

자기 안에서 발견되는 호구 성향을 극복하는 몇 가지 요령이 있다.

자기 가치를 방기하지 않는다. 당신은 선천적으로 번영을 누려 마땅한 존재이며, 남들보다 가치가 낮지도 덜 중요하지도 않다는 것을 기억한다.

자신의 강점과 재능을 인정한다. 당신의 마음에서 약점이나 결점에 초점을 맞추어 수다를 떨기 시작하면 그냥 내버려두지 말자. 당신이 잘 알고 잘 하는 모든 것을 기억하고, 자신의 강점 목록을 만든다. 그다음 사랑하는 사람들에게 의견을 물어 더 알아내자. 그 강점들을 본능적으로 인정할 수 있게 될 때까지 목록을 계속 다시 살펴본다.

자기주장을 분명히 내세운다. 당신만의 목소리를 찾고 당신의 단어를 사용한다. 불충분한 의사소통에 멈추지 말고, 당신의 진실을 말하자. 당신이 아주 사랑하는 사람을 옹호할 때처럼 자기 자신을 옹호한다. 정직하고 솔직하며 명료하게 의사를 전달하고, 자신과 타인을 모두 존중한다. 급여, 휴가를 포함해 당신에게 필요한 것을 요구하자. 자기주장을 내세우는 것은 팀의 일원으로서 업무를 잘 수행하는 데 결정적으로 중요하다.[9] 그러니 가정에서나 직장에서나 의논할 때는 참여하자. 근거 없이 죄책감에 빠지는 일을 피하고, 안 되는 것은 안 된다고 말하며, 필요하다면 한계를 설정한다.

엘런이라는 학생 인턴은 자기주장을 분명히 내세우는 데 아주 훌륭했다. 내가 엘런에게 여러 일거리를 주었을 때였다. 엘런이 상냥하게 이렇게 말했다. "사장님은 제게 열 시간 동안 할 일을 주셨는데, 이 주에 제가 일할 시간은 두 시간밖에 안 남았어요. 이 중에 제가 정말 마무리하기를 바라시는 일은 어떤 건가요?" 나는 엘런이 초과 근무를 하고 나서 그 후에 나를 미워하기보다 이렇게 솔직한 생각을 말해준 것이 정말 기뻤다. 사실 나는 그렇게 많은 시간이 걸리리라고는 의식하지 못했다. 엘런이 그렇게 분명히 생각을 밝힌 것은 일도 성공적으로 해내고 일과 삶의 균형도 찾게 해주었다.

당신이 쓰는 언어에 자신감을 반영한다. 과도한 사과는 피한다. 칭찬받으면 아니라고 물리치거나 칭찬거리를 축소하지 말고 그대로 받아들이자. 수동적 언어보다는 자신감을 뿜어내는 강력한 단어를 사용한다. 예컨대, "음… 그렇게 해볼 수는 있을 것 같아요"보다는 "물론 그렇게 할 겁니다."

신체 언어에 강함을 반영한다. 몸을 쭉 펴고 키가 커 보이게 선다. 어깨는 뒤로 젖히고, 허리를 펴고 앉아 좋은 자세를 유지한다. 두 손을 비튼다든지 머리카락을 만지작거리는 것처럼 불안정함이나 불안을 드러내는 손짓을 하지 않는지 유의한다. 의자 가장자리에 걸

터앉지 말고 등받이에 닿게 깊숙이 앉는다. 악수할 때는 힘차게 한다. 걸음은 단호한 목적을 갖고 걷는다. 회의 때나 무리가 모여 있을 때 당신이 앉는 자리를 의식하고, 강한 힘을 나타낼 수 있는 자리를 선택한다.

마주 보는 시선을 유지한다. 의사소통은 많은 부분이 비언어적이므로 자신의 표정에 유의한다. 환한 미소는 자신감을 드러낸다. 마주 보는 강력한 눈빛에는 자기 확신이 반영되지만, 시선을 내리거나 피하는 것은 자기 회의를 드러낼 수도 있다.

자기비하적 유머를 삼간다. 자기를 농담의 소재로 삼는 건 건강하고 웃음을 줄 수 있지만, 그것도 적당한 정도로 적절한 때에 해야 한다. 뜻하지 않게 다른 사람들이 일터에서 당신을 낮게 평가하게 만드는 구실이 될 수 있다.

뭐든 자기 일로 만드는 것을 삼간다. 당신이 통제할 수 없는 다른 사람의 실수나 상황에 대해 자기 탓을 하지 않는다.

지원을 요청한다. 당신을 신뢰하며 당신을 성장시켜줄 사람들을 주변에 둔다.

내면의 디바 길들이는 법

자기도취 성향이 있는 디바는 더 큰 위험을 감수하는 일에 뛰어들기 쉽고, 법정 소송을 당할 위험성이 크며, 일터에서도 생산성을 저해하는 행동, 이를테면 물건을 훔치거나 자주 결근하거나, 업무 시간에 SNS나 뉴스 검색을 하는 등 일과 무관한 활동을 할 수 있다.[10]

스물네 살 때 나는 매력적인 40대의 심리학자가 이끄는 그룹 치료 회사에서 일했다. 그는 수시로 엄청나게 대단한 일들을 거론하고, 자기가 아는 중요한 인물들의 이름을 언급하며, 자기가 따오는 큰 사업에 관해 이야기했다. 하지만 커다란 사무실은 거의 항상 비어 있었고, 심지어 본인도 사무실에 나와 있는 때가 별로 없었다. 내게로 넘어오는 상담 의뢰가 없었기에 나는 스스로 내담자를 구해야 했다. 그리고 내담자들은 세션에 대해 이중 요금을 지불하고 있다는 말로 나를 경악하게 했다. 그즈음 전화 회선들이 끊기고 사업주는 여러 동업자에게 고소당하고 있었다. 이 경험은 내게 디바와는 절대 함께 일해서는 안 된다는 것을 가르쳐주었다. 디바가 되는 일을 피하기 위해서는 다음과 같이 해보자.

겸손을 갈고닦는다. 당신이 다른 사람들보다 더 많이 누리는 게 마땅한 일도 아니며, 당신이 더 중요한 존재도 아님을 기억한다. 당신은 모든 사람과 마찬가지로 불완전한 존재임을 인지한다. 주기적으로 도움과 피드백을 요청하자.

오만함, 자화자찬, 허영심이 튀어나올 때마다 그 사실을 인지한다. 고삐를 잡아당기고, 주목 또는 인정에 대한 이 욕망이 어디에서 나오는지 살펴보자.

스포트라이트는 함께 나눈다. 항상 자신이 주위의 중심을 차지하지 않도록 조심하고, 다른 사람들도 빛날 수 있는 자리를 만들자. 자원과 기회도 함께 나눈다.

다른 사람들에게 초점을 맞춘다. 남의 말을 경청하는 사람이 되자. 그들에게 중요한 것이 무엇인지 기억하고, 도움을 주는 사람이 되자.

다른 사람들의 재능과 강점을 인정한다. 다른 사람들에게 의견과 전문지식을 나눠달라고 요청하고, 그들의 기여에 대한 인정과 감사를 표하자.

취약해지는 것을 자신에게 허용한다.[11] 당신이 불완전할 때도 당신은 항상 가치 있는 존재임을 인식한다. 당신을 보호해주는 것처럼 느껴지는 방어벽을 무너뜨리자. 그 벽들은 당신, 그리고 다른 사람들과의 관계를 제한하기만 할 뿐이다. 당신이 모르는 것은 모른다고 인정하고, 당신의 실수, 난관, 상처, 두려움을 다른 사람들에게 들려주자. 이런 이야기를 하는 것이 수치과 불안을 완화해주기 때문이다. 마음을 열고 사랑을 주고, 당신이 받아 마땅한 사랑을 받자.

진짜가 된다. 가치 있는 사람처럼 느껴지려면 내보여야 한다고 생각하는 가치가 아니라, 스스로 마음 깊이 느끼는 가치를 삶의 중심에 둔다. 다른 사람들에게 솔직하고 투명한 모습을 보이고, 있는 그대로의 당신으로 살자. 마야 안젤루가 말했듯이, "항상 일반에 맞추려 노력한다면, 당신이 얼마나 경이로운 존재가 될 수 있을지 끝내 알 수 없을 것이다."[12] 진실성이 당신의 관계와 경력, 유능한 지도자가 될 능력에 도움이 된다는 사실을 인지하자.[13]

당신의 인생에 당신의 잘못을 지적해줄 사람을 두고, 그들의 말에 귀 기울인다. 피드백을 구하자. 당신의 행동을 견제하고 균형을 잡으며 정직함을 유지할 수 있도록 자신에게 책임을 물을 수 있는 시스템을 갖춘다.

통제 욕구를 놓는다. 최종 결정권을 행사하려는 충동, 세세하게 관리하려 하고 자기가 언제나 옳아야 한다는 열망에 저항한다.

다른 사람을 존중하는 마음을 내보인다. 사려 깊고, 양심적이며, 예의 바르고, 다른 문화에 세심한 사람이 되자. 다른 사람들을 긍정하자. 권력 투쟁을 피하자. 성취와 재정적 달성에 충분함을 아는 마음으로써 균형을 잡자.

만족을 모르는 에고의 갈망에 휩쓸리지 말고, 만족과 '충분함을 아는 마음'으로 균형을 잡는다. 다음 두 남자의 이야기를 기억하자. 첫 번째 남자는 두 번째 남자보다 훨씬 더 경쟁적인 삶을 살아가며 성공의

사다리를 한 칸씩 차례로 올라갔다. 첫 번째 남자만큼 성취하지 못한 두 번째 남자가 이렇게 말했다. "하지만 나는 네가 절대 가질 수 없는 걸 가졌어." 첫 번째 남자가 물었다. "대체 그게 뭔데?" 두 번째 남자가 답했다. "충분함."

$

에고에 휩쓸리지 않기
(20분, 평생 실천할 일)

다음 질문에 대한 답을 노트에 적어보자.

- 디바와 호구의 어떤 특징들이 내 안에 있는가?
- 언제 그 특징들이 겉으로 드러나는가? 그런 일은 재정적으로 어떤 해를 입혔는가?
- 자신의 중심을 다시 정렬하고 건강한 자존감으로 성공적인 자아가 되기 위해 무엇을 할 수 있는가?

———— ✦ ————

방금 자신에게 있는 몇 가지 부정적인 측면을 돌아보았다. 이는 힘겨운 작업이고, 나 역시 아직도 디바와 호구 사이 건강한 균형을 찾으려 발버둥친다. 우리는 더 큰 성공을 향해 가는 이 여정을 함께하고 있고, 당신은 아주 훌륭히 해내고 있다. 이제 이 장을 마치기 전에, 에고가 우리 발을 걸어 넘어뜨릴 수 있는 또 다른 두 방식에 대해 이야기하겠다.

에고의 함정

가면증후군과 완벽주의는 성공으로 가는 길에 에고가 파놓은 모래구덩이 같은 것으로, 디바와 호구 모두 빠지기 쉽다. 에고가 거기 그런 함정을 파놓은 것은 비판이나 실패 같은 타격이나 상처로부터 자신을 보호하려는 의도지만, 이런 함정들은 시간과 에너지를 낭비하고 결국 당신의 재정적 이익을 감소시킬 수 있다. 심지어 당신이 중간에 포기하게 만들 수도 있다. 가면증후군과 완벽주의를 인지하고 극복하는 방법을 알아보자.

가면증후군

가면증후군은 자신의 성취를 속임수처럼 느끼고, 그 성취를 받아들여 자아상에 통합하는 것을 어려워할 때 생긴다.[14] 보통 이런 생각으로 나타난다. "내가 여기까지 온 건 순전히 행운 덕이야." "내가 가짜 같은 기분이 들어." "난 분명 실패할 거야."[15] 이게 위험한 이유는 수면장애와 우울증, 불안증, 심리적 괴로움, 불안정감, 업무 만족도와 성과 저하를 초래하기 때문이다.[16]

가면증후군은 드문 현상이 아니지만, 그로 인해 느끼는 불안감을 남들에게 털어놓는 사람은 별로 없다. 그랬다가는 자신이 가짜라는 게 들통날 거라는 두려움이 있기 때문이다. 폭로에 대한 두려움과 방어적인 마음이 피드백을 수용하는 일에 부정적 영향을 미칠 수 있다. 이들에게는 직업적으로 새로운 도전 과제에 착수하기가 어려울 수 있다. 불안을 줄이고 싶지 불안한 상태를 끝없이 연장하고 싶지는 않기 때문이다.[17]

호구만 가면증후군의 희생물이 되는 것은 아니다. 외현적 나르시시스트인 디바는 가면증후군에 걸리지 않는다는 연구 결과가 있지만, 외현적 나르시시스트보다 더 억제되고 세심하며 수동공격적인 내현적 나르시시스트 디바는 저변에 깔려 있는 낮은 자존감과 호구의 불안정성을 때때로 경험하기 때문에 가면증후군에 취약하다.[18]

가면증후군은 어둠 속에서 자라는 곰팡이와 같다. 남들에게도 알리고 빛을 비추면 살아남기가 어렵다는 말이다. 가면증후군에서 힘을 빼앗는 좋은 방법 하나는 자기 회의에 관해 서로 터놓고 이야기하는 걸 자연스럽게 여기는 학교 문화나 일터 문화를 만드는 것이다. 다른 사람들 역시 가면증후군에 시달리고 있음을 알면, 자신의 에고가 속닥거리는 것처럼 자신이 뒤처진 것이 아니라 무리와 잘 맞춰가고 있음을 깨닫게 된다.

다음은 가면증후군을 극복하고 습관을 바꿀 수 있는 몇 가지 요령이다.

- 다른 사람들과 당신의 가면증후군에 관한 이야기를 나눈다.
- 응원하고 긍정적 피드백을 해줄 수 있는 멘토를 찾는다.[19]
- 자신의 강점들을 기억하고 자신감을 단단히 붙잡는다.

- 어떤 실수나 어려워했던 일 또는 실수라고 간주했던 일은, 자기 가치와 성과를 분리하는 법을 배우는 정상적인 학습 과정의 일부라고 생각의 틀을 전환한다.[20]

완벽주의

가면증후군은 완벽주의를 부추긴다. 가짜임이 밝혀지는 상황을 막기 위해 무결점 상태가 되려고 기를 쓰는 것이다. 완벽주의는 생산성을 떨어뜨리고 성과에 대한 불안을 부채질하므로 성공으로 가는 길을 막는 실질적인 장애물이 될 수 있다.[21] 당신의 책, 사업계획, 웹사이트, 이력서 등 그것이 무엇이든 계속 그것이 완벽해지기만을 기다린다면, 당신은 결코 그것을 세상에 내놓지 못할지도 모른다. 어느 시점에는 그만하면 충분한 정도에서 방아쇠를 당겨야만 재정적 소득을 얻을 수 있다.

내가 심리치료를 하며 만난 완벽주의자 내담자들은 보통 우울증, 강박장애, 섭식장애, 일중독, 극단적 신앙심, 심리적 경직성(흑백사고) 등 추가적인 심리 문제도 갖고 있었다.[22]

완벽주의는 낮은 자존감과 매우 깊은 관계가 있으므로, 호구와 디바 모두 완벽주의의 먹이가 되기 쉽다.[23] 나는 기업 코칭을 하며 자신감이 호구 수준에 가까운 사람들이 실수할까 봐 과하게 걱정하는 모습을 보아왔다. 그런 사람은 사업계획을 여러 달, 심지어 여러 해에 걸쳐 세세하게 작성한 후에야 실행에 옮기며, 끝내 실행에 옮기지 않는 이들도 있었다. 낮은 자존감 문제를 해결하기 위해서는 매우 심층적인 심리치료가 필요하다. 나는 내담자들에게 그들이 지닌 강점과 재능, 지식을 되새겨준다.

좀 더 나르시시스트에 가깝거나 디바 성향을 지닌 이들은 과대망상적 자아상을 확인받고 남들에게서 존중과 존경을 받기 위해 자신을 완벽한 존재처럼 내보이고 싶어 한다.[24] 디바들은 완벽한 겉모습을 갖추기 위해 성형수술과 값비싼 옷, 스포츠카에 거금을 쏟아붓는다. 일에서는 자기 최고의 모습이 아니거나, 자기 모습을 최고로 드러내 보일 수 없는 입장이라는 느낌이 들면 자기 경력에 도움이 될 행사에도 참석하지 않는다.

경험상 인생이 더 바빠질수록 완벽주의에 신경 쓸 시간과 에너지가 줄어들었다. 엄마 역할 그리고 오래전에 지어진 집을 관리하다 보니 완벽주의란 이룰 수 없는 환상임을 깨닫게 되었다. 하여 나는 3.5점 규칙이라는 걸 정했다. 우등생이 되고 싶긴 하지만 4.0 학점을 받겠다고 목숨을 걸 필요는 없다는 뜻이다. 이 규칙을 시행하자 완벽주의의 볼륨을 낮출 수 있었고, 더 많은 영역에서 그럭저럭 괜찮은 성공을 거두는 데 더 많은 시간과 에너지를 쏟을 수 있었다.

완벽주의의 강도를 줄이자 재정적 소득으로도 이어졌다. 예를 들어, 언젠가 방송국 뉴스 팀에서 내게, 부모가 아이들에게 항공 안전 절차를 가르치는 요령을 안내해달라고 요청해왔다. 뉴스 시간에 출연해 알려달라고 했다. 처음에 나는 거절하려고 했다. 내 전문 분야도 아니거니와 그날 머리 모양이 엉망이었다. 그러다가 나는 완벽주의의 볼륨을 좀 낮추고서, 머리가 그럭저럭 봐줄 만은 하며, 나는 경험이 많은 심리치료사인 데다 두 아이에게 항공 안전을 잘 설명해준 적 있는 엄마라는 사실을 상기했다. 나는 뉴스에 출연해 설명했고, 결과는 그럭저럭 괜찮았다. 그렇게 방송에 노출되자 새로운 심리치료 의뢰들이 더 들어왔다.

여기 완벽주의를 극복할 몇 가지 요령이 있다.

- 당신이 갖고 있는 완벽주의적 생각을 알아차리고, 시간과 에너지 측면에서 완벽주의가 어떤 비용을 치르게 하고 있는지 비용 효과를 분석해 그 생각을 현실적으로 점검한다.
- 기준을 낮춘다. 3.5점 규칙을 기억한다. 경우에 따라서는 2.0점도 괜찮다. 솔직히 누구나 D학점 한번씩은 다 받아보지 않았던가? 그리고 실패한다는 건 당신이 무언가 시도하고 있다는 뜻일 뿐 아니라, 때로는 더 큰 성공을 향해 가는 길에서 반드시 필요한 것이다. 만점 안 받아도 괜찮다. 그래도 당신은 여전히 멋진 사람이다.
- 결점에 초점을 맞추기보다 강점을 기억한다.
- 불완전함이 들어올 여지를 남겨둔다. 이건 SNS에서 어느 친구가 당신이 그리 잘 나오지 않은 사진에 당신을 태깅해도 그냥 내버려두는 일이나, 어떤 작업에 어느 정도의 시간 제한을 정해두고 그 시간이 지나면 그냥 제출하는 것처럼 단순한 일일 수도 있다.

본질과 연결되면 자신의 더욱 깊은 목적과 소명을, 다시 말해 당신이 하도록 되어 있는 일이 무엇인지 명료히 보일 것이다. 당신의 재능과 본질을 이 세상의 필요에 부합하도록 맞추면 우주가 당신의 재정적 번영을 후원할 것이다. 에고가 보내는 두려움과 비판의 메시지를 떨쳐내고 당신의 본질이 두려움 없는 용기를 품고 폭발하듯 세상 속으로 나아가게 하자. 세상은 당신이 재능을 밝게 빛내는 일을 필요로 한다. 그 일에 대해 당신은 재정적 번영으로 보상받을 것이다.

플로렌스 웰치는 본질이란 과연 무엇인지 실감 나게 보여주는 나의 영웅이다. 플로렌스는 열세 살 때 부모가 이혼했으며, 할머니는 양극성 장애에 시달리다 자살했다. 플로렌스는 난독증과 섭식 장애를 음주와 마약, 음식 통제로 대처하고 있었다. 이 문제들은 플로렌스의 고통체였지만, 플로렌스는 그것이 자기 성공을 가로막게 두지 않았다. 오히려 이 경험들이 그녀가 음악을 통해 전달할 강력한 콘텐츠와 감정을 제공했을 것이다. 플로렌스는 에고에서 성공으로 옮겨갈 수 있었던 사람들 중 한 명일 뿐이다.

이 장에서 당신은 성공의 길을 개선할 방법을 배웠다. 이제 이 장의 휠차트 연습으로 핵심 요점을 다시 정리해 보자. 본질의 휠차트에서는 이 장에서 배운 모든 기술을 한데 모아, 당신이 에고에서 분리되고 본질과 연결하는 일을 얼마나 잘하고 있는지 측정할 것이다.

본질의 휠차트
(20분)

날짜: _____

각 질문에 대한 답을 다음 기준에 따라 숫자로 점수를 매긴다.

결핍(1~3) 무난(4~5) 적당(6~7) 충만(8~10)

	결핍		무난		적당		충만		
1	2	3	4	5	6	7	8	9	10

본질에 맞추기 현재에 깨어 있음으로써 가장 깊은 자아 및 고유한 빛과 연결하는 일에 관한 것이다. 자아의 핵심 측면인 이 본질에 얼마나 당신의 삶을 맞추고 있으며, 두려움 대신 사랑을 선택하고 있는가? _____

에고 분리 방어적 태도, 경쟁심, 오만, 우월감이나 열등감, 외모나 성취 등 외적인 것에 초점을 맞추는 것 등 에고의 해로운 측면을 곁에서 관찰하고 자신과 분리하는 능력이다. 에고가 재정의 관점을 왜곡하는 것을 얼마나 잘 저지할 수 있는가? _____

건강한 자존감 타인들에 대해 균형 잡힌 방식으로 자신을 긍정적으로 느끼는 데서 오며, 건강한 에고의 힘, 자신감, 명확한 자기주장 등이 포함된다. 자신의 강점을 기쁘게 누리는 일, 그리고 성장과 발전이 필요한 부분을 인지하는 일을 얼마나 잘하고 있는가? _____

겸손 자신이 모르거나 이해하지 못하는 것, 자신의 모자란 부분을 건강하게 인지하는 능력, 그리고 에고를 견제하는 능력이다. 큰 성공을 거두었을 때도 겸허와 검소, 소박함을 유지하는 일을 얼마나 잘하고 있는가? _____

존중 의사소통할 때 자신과 타인을 존중하는 일을 얼마나 잘하고 있는가? _____

진실성 다른 사람들에게 정직하고 진실하고 진정성 있게 대하며, 친절함을 유지하고 가식을 부리지 않는 일을 얼마나 잘하고 있는가? _____

취약함 열어놓기 에고가 자기 보호를 위해 세워놓은 방어벽을 무너뜨리는 일이다. 그런 방어벽은 지원과 연결, 친밀함, 성장으로 이끌어줄 솔직한 의사소통을 방해한다. 모르는 것을 모른다고 인정하고 도움을 구하는 일을 얼마나 잘하고 있는가? _____

충분함을 아는 마음 나는 '충분함을 아는 마음'을, 물질만능주의로 에고를 부풀리고픈 충동에 넘어가지 않고, 본질과 연결을 유지한 채 관대함을 포함한 진정한 번영을 반가이 맞아들이는 마음이라고 정의한다. 본질의 수준에서 당신은 언제나 충분하다는 것을 얼마나 잘 알고 있는가? _____

재능 사용 자신이 지닌 재능과 강점을 감사히 여기고, 그것들을 세상의 필요에 부합하도록 사용하는 일을 얼마나 잘하고 있는가? _____

목적 본질에서 연료를 공급받는, 더 높은 차원의 개인적·직업적 목적의식을 인지하는 일을 얼마나 잘하고 있는가? _____

가치 자신에게 진실함을 유지하고, 핵심 가치와 조화를 이루는 방식으로 인생을 살아가는 일을 얼마나 잘하고 있는가? _____

최고의 자기 표현 가장 너그럽고 활기차며 번영하는 자아로서 당신의 모습을 세상에 내보이고, 무럭무럭 성장함으로써 당신의 내면을 빛나게 하는 일을 얼마나 잘하고 있는가? _____

결과를 본질의 휠차트에 표시하자. 제일 위에서부터 시작하자. 당신의 본질에 맞추는 일은 결핍되었는가 충만한가 아니면 그 사이 어디인가? 답과 일치하는 숫자 옆의 바큇살에 점을 표시한다. 이제 휠차트를 돌면서 모든 바큇살에 점수를 표시한 뒤 점들을 연결하여 원을 만든다.

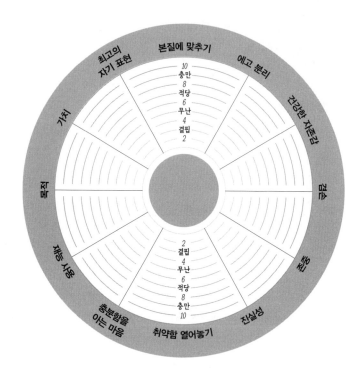

본질의 휠차트

다음 질문에 대한 답을 노트에 적어보자.

• 본질의 휠차트에서 가장 점수가 낮은 세 영역은 무엇인가? 그

각 영역을 개선할 방법 두 가지씩을 생각해보자.

- 에고를 분리하고 본질에 조화롭게 조율하는 일이 당신의 재정적 삶을 개선할 수 있다면, 그 두 가지 방식은 어떤 것일까?
- 당신이 건강한 자존감의 영역에서 더 많은 시간을 보낼 방법은 어떤 게 있을까?

결과가 어떻든, 이 연습을 매달 혹은 매 분기에 다시 해보면서 당신의 에고를 계속 점검하고 본질과 연결함으로써 성공을 점화하자. 나중에 참고할 수 있도록 휠차트에 날짜를 적고 해당 파일에 저장해두자.

———— ✦ ————

에고를 수시로 점검하고, 자신의 가치관과 목적에 충실하며, 내면의 빛과 연결하는 일은 당신을 성공에 적합한 상태로 설정해줄 것이다. 이제부터 당신이 누려야 할 방식 그대로 자신을 사랑하는 방법을 배울 것이다. 이 사랑이 당신의 성공을 기하급수적으로 확장해줄 것이다.

6장

자기애

✕

내면의 방해꾼은 쫓아버리고
자신에게 맹렬한 사랑을 투자하라

THE
FINANCIAL
MINDSET
FIX

당신이 누릴 수 있는 가장 강력한 관계는
자신과의 관계다.

—— **스티브 마라볼리**(《삶, 진실, 자유로움Life, the Truth, and Being Free》 저자)

동업자가 떠나고 사업이 현금 부족의 수렁에 빠졌을 때, 우주는 내
두 발을 불구덩이에 밀어 넣었고 나의 정신건강과 재정 건강은 절
박한 위기에 처했다. 맹목적으로 굴리던 바퀴를 멈추고 심리치료
에서 나 자신을 솔직하게 들여다보자 나의 진짜 적이 누구인지 보
였다. 그건 바로 내 내면의 방해꾼이었다.

　내 머릿속에서 들리는 이 내면의 방해꾼 목소리는 끊임없이
내가 부족하다고 말하며, 나보다 다른 모든 사람을 우선시하게 만
들고 재정적으로도 감정적으로도 파산 직전까지 몰고 갔다. 내가
자기애를 향한 여정에 들어서게 된 첫 전환점을 맞이한 것이 바로
그때였다. 이때부터 나는 다른 사람들에게는 훨씬 더 쉽게 내밀었

던 사랑이 담긴 보살핌을 나 자신에게도 주기로 했다.

심리치료를 통해 내면의 방해꾼이 떠드는 목소리의 볼륨을 낮추고 자기자비self-compassion를 키우는 법을 배웠다. 또한 감정과 신체, 재정, 모든 면에서 내가 아주 사랑하는 사람을 염려하는 만큼 나 자신도 돌보기 시작했다. 모든 면에서 나를 위한 비축분을 쌓아가기 시작한 셈이다. 생각과 행동과 선택으로 드러난 나 자신에 대한 사랑은 자기 가치와 자신감의 상승으로 이어졌다. 이것이 나를 두 번째 주요 전환점으로 이끌었다.

샤워를 하다가 영혼 깊은 곳에서 치고 올라오는 감정에 울음을 터뜨렸던 때를 기억한다. 슬픔과 비탄과 더불어 깊은 안도감이, 그리고 나 자신을 향하여 거의 압도할 정도로 거대한 감사의 마음이 느껴졌다. 바로 조금 전, 18년 동안 부부로 살았고 25년 동안 나의 파트너였던 남편에게 이혼하자는 말을 건네고 난 참이었다. 그때 내가 느낀 감정은, 이제 막 내가 내 인생을 구했다는 느낌이었다.

남편과 나는, 내가 열일곱 살이고 그가 열아홉 살일 때부터 함께했다. 나는 결혼생활의 맥락에서 이전 5년을 심리적 죽음을 경험하고 있는 느낌으로 보냈다. 그는 내가 많이 사랑했던 좋은 남자이고, 우리는 함께 너무나 멋진 두 딸을 낳았다.

나는 우리 결혼에서 행복과 만족을 느낄 수만 있다면 뇌엽절제술이라도 받고 싶은 심정이었다. 부부치료에도 많은 노력을 기울여봤지만, 우리는 여전히 막다른 골목에서 빠져나올 수 없었다. 우리 결혼이 끝난 이유에는 여러 층의 진실이 있다. 우리는 젊은 나이에 결혼해서 서서히 거리가 멀어져왔다. 가족이 된 후 노동 분담과 관련된 문제, 그리고 다른 여러 문제가 있었다. 일반적인 문제들이었고 특별히 끔찍한 일은 없었다.

몇몇 친구와 이웃은 이혼을 요구하는 내가 이기적이라고 말했다. 하지만 나는, 내게 다른 선택지가 전혀 없다고 느꼈다. 아이들과 가족에게 이혼 이야기를 하는 게 내가 했던 가장 어려운 경험 중 하나였다. 과정이 완벽했던 것처럼 꾸밀 생각은 없지만, 이혼의 세계에서는 최상의 시나리오 중 하나가 아니었을까 싶다. 이혼을 논의하던 초기에 우리는 서로의 상처와 분노와 상실감을 꺼내놓고 풀었다. 그리고 결국 이혼이 필요하다는 데 서로 동의했다. 변호사에게 우리가 합의한 내용으로 이혼신청서 작성을 맡겼고, 법원에 가는 날에는 함께 차를 타고 갔다. 판사는, 아이들과 함께하는 시간과 재산을 나누는 일을 공정하게 결정한 것에 대해 우리 아이들을 대신해 고맙다는 말을 전했다. 심지어 전남편과 나는 이혼 후 함께 브런치를 먹으러 가서 우리 둘 모두의 인생에서 너무나도 중요한 시기를 마무리하는 일을 존중의 마음으로 기렸다.

나에게 이혼은 나의 행복과 재정적 삶에 대해 스스로 완전한 책임을 질 기회였다. 합의를 통해 전남편이 집과 그 안에 있는 거의 모든 것을 가졌으므로, 나는 나 자신을 위해, 그리고 나와 함께 있는 시간에 내 딸들을 위해 새로운 집을 꾸릴 수 있다는 점에 감사했다. 새 집에는 나의 자기애와 기쁨이 반영되었다. 나는 자연과 공동체와도 다시 연결을 맺기 시작했다. 데이트를 시작했을 때, 나는 조용히 이런 주문을 되뇌었다. "네 자신감을 꼭 붙잡고 놓지 마." 누려 마땅한 사랑과 인생을 내게로 이끌어오기 위해서는, 나의 가치에 대한 신념을 단단히 유지해야 한다는 걸 잘 알고 있었다.

5년여가 지난 뒤 전남편과 나는 둘 다 훨씬 잘 맞는 새 파트너와 재혼했다. 딸들도 승승장구하고 있다. 나는 가능하리라고 상상도 해본 적 없는 방식으로 내 영혼에 연료를 공급해주고 나의 성장을 더욱 풍요롭게 지원해주는 결혼생활을 하고 있다. 나를 이기적이라고 비판했던 이들 중 몇 사람도 결국에는 이혼이 나뿐 아니라 모두에게 좋은 일이 되었다고 말했다. 아이들이 우리 이혼 때문에 힘들어하거나 어려웠던 적이 전혀 없다는 말이 아니다. 물론 아이들은 힘들어했고, 그래서 내 마음도 아팠으며 언제까지나 미안함을 느낀다. 하지만 난관보다는 축복이 더 많다는 점에 우리 모두 동의한다고 믿으며, 그에 대해 크게 감사한다. 비록 이혼은 해야 했지만, 자신을 보살피기로 한 나의 선택이 우리 모두의 삶의 궤도를 개선했다고 진심으로 믿고 있다.

자기애에 대한 선택이 내 인생에 혁명을 가져온 세 번째 시기는 내가 회사를 매각하기로 결정했을 때였다. 나는 부담 없는 비용으로 심리치료를 제공하는 회사를 만들겠다는 사명을 완수했다고 느꼈고, 사업 경영의 여러 책임이 나의 정신을 으스러뜨리고 있었다. 나는 내 심장이 말하는 다음 사명, 바로 글쓰기와 강연이라는 사명을 위해 자유를 얻고 싶었다. 사업체를 매각하기까지 걸린 1년 반 동안, 가격을 정하고 매각 협상을 벌이는 과정에서 나는 나의 가치를 꼭 붙잡고 있었고, 결국 예전에는 평생 걸려야 벌 수 있을 거라고 생각했던 것보다 더 높은 액수에 성공적으로 매각할 수 있었다. 나는 계속 나의 가슴을 따라가고, 자신감을 놓지 않으며, 사랑과 정성으로 나 자신을 보살핀다. 그 모든 게 이 책과 강연 계약으로 이어졌으며, 이 일은 비유적으로도 글자 그대로도 나를 풍요롭게 해주고 있다. 내 인생이 내가 가장 완전하게 표현된 꽃으로 피어나고 있다.

자기애는 내 인생에 건강한 재정 마인드셋 변화를 일으키는 데 핵심 역할을 했다.

치료 세션 6
(20분)

이번 세션은 기분을 훨씬 좋아지게 하는 데 도움이 될 것이다. 오늘 당신은 내면 방해꾼의 존재를 인식하고 당신이 누려 마땅한 방식으로 자신을 사랑하기 시작할 것이다. 다음 질문에 대한 답을 노트에 적어보자.

- 당신 내면의 방해꾼은 당신이 더 큰 행복과 번영으로 가는 것을 어떻게 방해해왔는가?
- 나의 이야기가 어떤 생각을 떠올리게 했으며 당신 자신의 자기애와 관련해 어떤 공감을 일으키는가?
- 당신이 치열한 사랑으로 자신을 포용한다면 삶이 어떻게 달라

질 것 같은가?

방금 당신이 쓴 내용에 대해 어떻게 생각하는가? 자신과의 관계에 개선의 여지가 있는가? 절대 두려워하지 말자. 내가 당신을 도울 테니까.

———— ✦ ————

자기애는 이기적인 것이 아니다

> 많은 사람의 생각과 반대로 자기애는 건강한 것이다.
> 그것은 이기적인 것도 방종한 것도 아니며,
> 자기중심주의도 나르시시즘도 아니다.[1]
>
> ——**달린 랜서**(변호사, 심리치료사, 유명 저술가)

자기애는 자신의 안녕과 행복을 소중히 보살피는 것으로, 사람이 생존하고 건강하고 번영하기 위해 기본적으로 반드시 필요하다.[2] 그것은 감정이기도 하고 행위이기도 하며, 자기긍정, 자기자비, 자기돌봄을 포함한다.

임상 개인 지도를 받으러 온 대학원생 제자 샘린이 완전히 지쳐 있었다. 나는 그의 모습을 보고 걱정이 앞섰다. 나는 샘린이 인턴십 과정 하나에 참여하고 있고, 꽤 어려운 수업 몇 가지를 듣고 있으며, 시카고의 이슬람계 미국인 공동체의 큰 행사를 기획하고 있는 걸 알고 있었다. 내가 물었다.

"네가 휴대폰이라면 배터리가 몇 퍼센트 남아 있는 것 같아?"

샘린이 대답했다.

"1퍼센트요."

어이쿠! 사람인 우리는 에너지 수준이 위험할 정도로 낮을 때도 빨간 경고표시등이 켜지지 않는다. 우리는 자기돌봄을 통해 이런 일이 일어나지 않도록 시간을 내어 스스로 배터리를 충전해야 한다. 샘린은 자기 에너지가 그렇게 고갈되었다는 것도 의식하지 못하고 있었다. 나는 샘린에게 그날 바로 바꿀 수 있는 변화가 무엇인지 생각해보라고 했다. 훌륭한 학생답게 샘린은 신이 나서 소리쳤다. "좋아요. 1번! 매일 밤 1시 전에 취침한다." 아이고 맙소사, 하고 나는 생각했다. 어쨌든 우리는 어느 지점이든 출발점으로 삼아야 한다.

당신이 휴대폰이라면 당신의 배터리는 몇 퍼센트나 남아 있을까? 물론 하루 중 시간대와 건강 상태 등에 따라 에너지 수준은 달라진다. 하지만 에너지 수준이 위험할 정도로 떨어지지 않게 하면서 삶의 요구들 사이에 균형을 맞추는 것이 우리의 자기애가 책임지고 할 일이다. 자기애가 이기적인 것이 아님을 잊지 말자. 자기애로 자신에게 투자하는 정확한 방법을 알려주기 전에, 먼저 무엇이 당신을 가로막고 있는지부터 알아보자.

내면의 방해꾼이 당신에게서 번영을 앗아가고 있다

자신과의 관계가 다른 모든 관계의
기조를 설정한다.[3]

──**로버트 홀든**(심리학자, 《지금 행복하라!Happiness NOW!》 저자)

당신이 만약 당신과 관계를 맺고 있는 다른 사람이라면, 매일 당신
이 자신을 대하는 방식을 보고 괜찮다고 여기겠는가? 다시 말해,
당신은 자신에게 잘하고 있는가? 당신의 마음은 당신의 몸과 영혼
에게 친절한가? 때때로 우리는 누구나,

- 잔인한 자기 대화로 자신을 학대한다.
- 소홀하거나 해로운 선택으로 자기 건강을 혹사한다.
- 과하게 지출하거나 미래를 위해 저축하지 않는 등 자기를 방해
  하는 행동으로 자신에게서 번영을 앗아간다.

이렇게 자기에게 해로운 행동을 하게 되는 것은 내면의 방해꾼 때
문이다. 이 내면의 방해꾼은 우리가 심지어 우리 자신의 사랑조차
받을 가치가 없다고 말한다. 비판하고 판단하는 에고의 측면인 내
면의 방해꾼은 자기 방해적 행동을 유도하며, 수치심과 자신이 부
족하고 무가치하다는 감정을 부추기는 잔인한 말들로 우리 삶에
파괴와 혼란을 일으킨다. 나는 '내면의 비판자'라는 용어보다 '내면
의 방해꾼'이라는 용어를 선호한다. 비판자는 항상 나쁜 것은 아니

며 자기인식을 높여줄 수도 있기 때문이다.

내면 방해꾼의 목소리는 부모, 형제자매, 선생님, 그 밖에 우리의 형성기에 영향을 미친 사람들에게서 들은 부정적 메시지가 조합된 것일 수 있다. 또한 문화나 종교적 가르침에서 기인한 것일 수도 있고, 단순히 자기혐오일 수도 있다. 누구에게나 내면의 방해꾼은 있지만, 사람에 따라 이 방해꾼이 유난히 더 사나운 이들이 있다. 학대나 방임에서 살아남은 사람들의 경우 그 관계에서 받은 부정적 메시지를 내면화했을 가능성도 있기 때문에 내면의 방해꾼이 특히 더 잔인할지도 모른다.[4]

1장에서 우리는 자신을 제한하는 믿음들, 다시 말해 내면 방해꾼의 목소리가 풍요의 흐름을 막고 번영을 질식시킨다는 것을 배웠다. 게다가 이 목소리는 "너 방금 세상에서 제일 멍청한 소리를 했어" 따위의 말로 우리를 비판하고 판단한다. 내면 방해꾼의 듣기 싫은 잔소리가 늘어갈수록 우리가 일에 집중하고 성과를 내기는 더 어려워지며, 이는 재정에 부정적 결과를 끼치며 돌아온다.[5] 자신을 사랑하고 번영을 반가이 맞아들이기 위해서는 내면의 방해꾼이 입을 다물게 해야 한다.

나는 내 내면의 방해꾼을 '젤다'라고 부른다. 젤다는 정말 골치 아픈 존재여서 나는 젤다가 내게 큰 힘을 미치지 못하게끔 신중하게 조치해둔다. 최근 기자 애너키아라 스틴슨과 인터뷰를 하는 자리가 있었다. 자기를 사랑하는 방법을 연습하는 것에 대해 말했다. 자기 내면의 목소리에게 이름을 붙여주면 부정적 생각을 객관화하고 명료한 정신으로 그 생각을 관찰할 수 있으며, 그럼으로써 그 목소리가 얼마나 해로운지 인식하여 그것이 자신에게 미치는 영향력을 약하게 만들 수 있다고 나는 설명했다.[6] 애너키아라는 자기의 부정적 생각에게 '테리'라는 이름을 지어주고, 일주일 동안 매일 테리와 나눈 대화를 노트에 기록한 후, 이 일이 어떻게 자기 기분을 더 좋아지게 했는지 기사를 통해 들려주었다.

　　테리는 애너키아라가 마트에 갔을 때 불쑥 튀어나와 자기 연애사에 관해 듣기 싫은 소리를 늘어놓기 시작하더니, 다른 여자들과 비교하면서 자기를 별종이라고 불렀다고 했다.[7] 또 어머니와 심하게 말다툼한 뒤, 애너키아라는 호흡 연습을 통해 테리를 자기에게서 떼어놓았다. 애너키아라의 심리치료사 역시 그 방법에 동의하며, 내면의 목소리에 이름을 붙이면 그 목소리가 얼마나 자주 나타나 화와 슬픔, 수치심, 질투심, 자격지심을 쏟아붓는지 알아차리는 데 도움이 된다고 말했다. 흥미롭게도 애너키아라는 이 일을 통해 테리에게 미안한 마음을 갖게 되었다고 했는데, 이는 사실상 자기자비를 통해 애너키아라의 내면 방해꾼이 중화되었다는 뜻이다.

내면의 방해꾼 직면하기
(최소한 일주일 동안 하루 10분씩, 평생 실천할 일)

당신 내면의 방해꾼에게 이름을 붙여준 다음 어떤 모습인지 상상해보거나 그림을 그려봐도 좋다. 일주일 동안 내면의 방해꾼이 당신에게 어떤 영향을 미쳤는지 적어본다. 마지막 날 그간 쓴 글들을 재검토하고 다음 질문에 대한 답을 노트에 적어보자.

- 내면의 방해꾼은 무슨 일로 당신을 괴롭히는 걸 좋아하는가?
- 내면의 방해꾼이 나타나는 환경과 타이밍에서 어떤 특징적 흐름을 포착했는가?
- 내면의 방해꾼이 당신의 정신건강을 해치는 정도가 1~10 중 몇 점이라고 생각하는가? 신체 건강에는? 재정 건강에는?

이제 눈을 감고 내면의 방해꾼에게 조용히 하라고 말하는 상상을 한다. 조용히 시키려 했을 때 어떤 일이 일어났는가? 내면 불한당의 기를 꺾지 못했더라도 두려워할 필요는 없다. 당신 내면의 드림팀이 여기 있으니까.

———— ✦ ————

당신의 성공을 응원하는 내면의 드림팀을 키우자

내면의 방해꾼이 당신 내면의 자문단에서 항상 한자리를 차지하고 있더라도, 내면의 드림팀 응원단을 회의실에 초대하면 방해꾼의 발언권을 줄일 수 있다. 방해꾼의 부정적 영향력을 줄이려면, 자기애를 키우도록 도와줄 내면의 드림팀을 찾아낼 것을 권한다.

다음 표는 자기긍정이 다음 역할들과 어떤 관련이 있는지 보여준다.

내면의 드림팀 멤버	자기애에서 맡은 책임
긍정 코치	자기긍정
제일 친한 친구	자기자비
자애로운 부모	자기돌봄

긍정 코치: 당신을 위한 열광적 응원

당신은 당신이 아끼는 사람들을 응원할 것이다. 이제 당신 자신을 응원할 차례다.

내면의 방해꾼은 기회가 있을 때마다 당신을 모욕하지만, 당신의 긍정 코치는 최선의 당신이 되도록 당신을 응원하고 격려하는 내면의 목소리다.

당신이 삶에서 넘어지거나 실수해도, 당신에 대한 믿음이 있는 긍정 코치는 "괜찮아, 떨쳐버려! 내가 있잖아!"라고 말해준다. 당신의 자존감이 위협을 받을 때 성과와 재정적 성공을 최대화하려면 긍정 코치를 만나 자기긍정을 불러내자.[8] 긍정 코치는 당신이 문제를 해결할 때 사고 과정을 언어로 표현하는데, 이는 성과에 긍정적 영향을 줄 수 있고, 그러면 재정도 향상된다.[9] 긍정 코치는 승진이나 창업을 시도하는 시기에 당신이 포기하게 내버려두지 않는다. 당신을 신뢰하고 성장을 격려해주는 선생님이나 멘토가 있다면, 아마 당신의 긍정 코치는 아주 잘 발달된 상태일 것이다. 당신의 인생에 계속해서 당신의 기를 꺾는 사람들이 있다면, 내면의 방해꾼을 제압하기 위해 긍정 코치를 더 잘 키워낼 필요가 있다.

절친: 당신 안에 친구 있다

어느 날, '나는 내 친구들을 사랑하니 그들에게 난 참 좋은 친구로구나' 하는 깨달음이 왔다. 만약 당신이 내 친구라면 난 필요할 땐 언제나 당신을 도울 것이고, 당신의 감정을 다독이고 인정해줄 것이며, 당신에게 가장 좋은 일만을 바랄 것이다. 그러다 문득 이런 생각도 들었다. 이런 친구 노릇을 나 자신에게도 해주면 어떨까? 그때부터 나를 내 절친인 것처럼 대하기로 마음먹었다.

내면의 방해꾼은 당신과 당신의 행동에 대해 끔찍한 소리를 늘어놓지만, 내면의 절친은 당신이 자기자비를 품도록 도와준다. 자기자비란 어려움이나 실패를 겪을 때도 자신을 향해 다정히 보살피는 태도를 갖는 것을 의미한다.[10] 이것이 당신의 재정 건강에 중요한 이유는 자기자비가 많은 사람일수록 감정적으로 지치는 일이 적고 업무 성과도 더 좋은 경향이 있기 때문이다.[11] 자기자비는 관계도 개선하며 소득과도 양의 상관관계가 있다.[12]

당신이 친구들을 사랑하고 받아들이는 것과 마찬가지로 당신 내면의 절친 역시 당신을 있는 그대로 받아들이며 자기수용을 촉진해준다. 다시 말해 자신을 향해 긍정적 태도를 갖고 자신을 좋아하는 동시에, 자신의 좋은 점과 좋지 않은 점 모두를 인정하고 받아들이게 해주는 것이다.[13]

내면의 절친은 재정 건강까지 개선할 수 있는데, 이는 자기수용이 재정적 성과에 대한 인식과 양의 상관관계를 갖고 있기 때문이다. 연구 결과도 자기수용에 더 능한 사업가가 회사의 더 큰 재정적 성공을 이루는 경우가 많다는 것을 보여준다.[14] 또한 자기수용을 더 잘하는 사람들이 수입이 더 높고, 시간이 지나면서 자기수용을 늘려가는 사람들이 시간이 갈수록 소득도 더 높아지는 경향이 있다.[15] 자신의 가장 친한 친구가 되는 것은 당신의 수익에도 중요하다는 말이다.

주변 집단에 속한 사람들에게는 자기수용이 특히 더 중요한데, 오랫동안 가치 절하되고 차별당하며 심지어 증오의 대상으로 지내며 겪은 심리적 마모 때문에 자기를 수용하는 것이 더 어려울 수도 있다. 캠이라는 내담자는 비즈니스 코치에게서 더 좋은 일자리를 구하려면 여자처럼 말하는 습관을 줄일 필요가 있다는 말을 들은 뒤 나를 찾아왔다. 코치의 동성애혐오증적 미세 공격 때문에 캠은 내면화된 동성애혐오증과 자기혐오의 상태로 휩쓸려 들어갔다. 심리치료 세션에서 우리는 캠이 있는 그대로 자신을 사랑하고 받아들이는 법을 배우도록 함께 노력했다. 그는 신랄한 비판자가 아니라 자기의 가장 친한 친구로서 자신에게 말을 건넴으로써 부정적 메시지들을 재프로그래밍했다. 그의 기분이 나아질수록 자신감도 더 커졌다. 자기애로써 자신을 수용하고, 진정한 자신이 될 수 있도록 자신을 자유롭게 하는 작업에 몇 달 동안 노력을 쏟은 후, 캠은 그의 기술과 재능과 모든 면의 가치를 알아주고 잘 이해하는 조직에서 명망 높은 일자리를 구했다.

있는 그대로의 진정한 자신에 대해 긍정적 감정을 갖는 것은 누구에게나 중요하며, 우리 내면의 절친이 그렇게 되도록 도울 수 있다. 연구 결과에 따르면, LGBTQIA+인 이들 중 자기수용 및 자신의 섹슈얼리티에 대해 긍정적 감정이 높은 사람이 업무 성과가

더 좋고 직업 만족도도 더 높으며, 이것이 재정적 성공으로 이어진다는 것을 알 수 있다.[16]

내면의 절친은 자기용서 수행에도 도움을 줄 수 있다. 우리가 정말 잘못된 일을 했다면, 당연히 우리는 그 행위의 주체로서 완전히 책임을 져야 하고, 가책과 후회를 느끼며 우리가 상처 입힌 사람들에게 용서를 구하고, 잘못으로부터 가르침을 얻어야 한다. 죄책감에 쓸모가 있다면 그것은 우리가 잘못된 행동을 시정하고 그로부터 뭔가 배우게 할 때뿐이다. 하지만 우리 중에는 자신이 한 실수에 대해 부적절하고 무용하며 적응을 해칠 정도로 심한 죄책감을 짊어지고 다니는 사람이 많다. 평화롭게 살 수 있으려면 끝없는 자기질책에서 자신을 자유롭게 풀어주어야만 한다.

심리치료를 하면서 나는 중독을 포함한 여러 문제 때문에 자기용서를 배워야만 하는 여러 내담자와 작업해왔다. 한 내담자는 아버지가 세상을 떠난 후 알코올에 의존했고, 그 결과 아이들이 아직 어렸을 때 두 달 동안 치료 시설에서 지냈던 일에 대해 커다란 죄책감을 느꼈다. 우리는 그의 알코올중독을 인격적 결함이나 의도적으로 가족에게 해를 입힌 일이 아니라 하나의 병으로 보는 관점으로 전환하기 위해 열심히 노력했다. 자신이 사랑하는 누군가에게 반응하듯이 자신에게 반응하고, 자신의 훌륭한 감정과 도움을 구한 용기에 초점을 맞추기까지는 꽤 오랜 시간이 걸렸다.

때때로 우리는 더 작은 실수들에 대해서도 자기용서를 실천할 필요가 있다. 일리노이 상담협회장으로 일할 때였다. 나는 60명의 회원에게 이메일 한 통을 보냈다. 내가 말하려 한 것은 "다음 콘퍼

런스 준비를 위해 계획과 일정을 잘 정비할(get our ducks in a row)
때가 왔습니다"였다. 전무이사가 회신을 보내 이렇게 알렸다. "조이
스, 당신 메일에 오타가 있네요." 맙소사, 'ducks'라고 쳐야 하는데
dicks라고 친 것이다.

누구나 실수한다. 실수는 인간이 완전히 피해갈 수 없는 부분
이다. 그럴 때 우리는 가장 친한 친구에게 해줄 만한 충고를 자신
에게도 해주어야 한다. 본질적으로 우리는 선한 존재이니 이제 잊
어버리고 자기자비의 마음을 품고 앞으로 나아가라고 말이다.

나의 절친이 이런 상황에 있다면 친구에게 뭐라고 말해줄 것
인지 자문해봄으로써 내면의 절친에게 의지할 수 있다. 그렇게 얻
은 답은 이전까지 당신이 자신을 대했던 것보다 더욱 자비로운 것
이리라고 나는 확신한다.

자애로운 부모: 아기 곰을 보호하는 엄마 곰처럼 자신을 보살피자

고약한 내면의 방해꾼이 건강에 대한 무신경, 물질 남용, 충동적 지
출 같은 자기방해적 행동으로 우리에게 해를 입힐 때, 자애로운 부
모는 우리를 보살펴줄 것이다. 자애로운 부모는 현명하며, 내면의
방해꾼이 자해를 자기돌봄처럼 위장하며 우리를 속이려 할 때도
그 속셈을 잘 알아차린다. 예를 들어, 방해꾼은 힘든 하루를 보냈으
니 담배 한 대 피울 자격이 있다거나 감당할 수 없이 비싼 테라피
를 받아도 된다고 속삭인다.

성인인 우리는 스스로 자신의 자애로운 부모가 되어서, 우리
가 깊이 사랑하는 누군가를 보살피듯이 자신을 보살피는 법을 배

워야 한다.

자애로운 부모는 당신이 모든 면에서 안전하고 건강하기를 원하므로 다음과 같은 점들을 상기시키려 할 것이다.

바른 식생활을 한다. 좋은 영양은 정서적 안녕을 증진하고 불안과 우울을 줄여 업무 성과를 높인다.[17]

충분한 수면을 취한다. 잠은 정신건강과 업무 성과를 향상시킨다.[18]

물을 충분히 마신다. 수분 공급은 신체 건강, 정신건강, 업무 수행에 중요하다.[19] 그러니 탄산음료는 가급적 피하고 카페인은 제한하자.

똑똑한 선택을 내린다. 나쁜 선택은 병과 부상으로 이어질 수 있고, 이는 모든 면에서 대가를 치르게 한다.

화면 들여다보는 시간을 제한한다. 화면을 너무 오래 들여다보는 것은 수면과 업무 집중력을 악화한다. 밤에 잘 자고 다음 날 고갈된 느낌을 덜 느끼며 일에 더 잘 열중하기 위해서는, 늦게까지 스마트폰을 사용하거나 침대에서 이메일을 보내는 일은 삼가자.[20]

학교를 끝까지 마친다. 배움은 재정적 성과를 높이는 동력이 된다.[21]

운동을 한다. 책상에서 점심을 먹으면 일을 더 많이 할 수 있다고 생각할지 모르지만, 점심시간을 활용해서 운동을 하면 스트레스를 줄이고 신체 건강을 개선하며 업무 성과에도 긍정적인 영향을 주며, 결과적으로 재정 건강에도 좋은 영향을 미칠 수 있다.[22]

취미 활동을 한다. 음악, 미술, 스포츠 같은 여가와 취미를 위한 시간을 만들자. 취미는 정신건강과 전반적 안녕과 건강을 증진한다.

자애로운 부모가 당신을 어떻게 잘 보살펴주는지 보았는가? 이제 당신 내면의 드림팀이 어떻게 활동하고 있는지 알아보자.

내면 드림팀 키우기
(15분, 평생 실천할 일)

당신 내면의 드림팀 멤버들의 활약을, 전혀 뒷받침해주지 않는 경우 1점부터 완전히 뒷받침해주는 10점까지로 점수를 매겨보자.

- 긍정 코치(자기긍정) _____
- 제일 친한 친구(자기자비) _____
- 자애로운 부모(자기돌봄) _____

가장 낮은 점수를 받은 역할이 무엇인지 이제 알게 되었다. 다음 질문에 대한 답을 노트에 적어보자.

- 내면의 드림팀 중 당신에게 유독 어려운 역할은 무엇일까? 그 이유는 무엇인가?
- 어떻게 하면 이 역할을 개선할 수 있을까?

다음 하루나 이틀 동안, 드림팀의 이 멤버가 바로 당신 곁에 함께 있다고 상상해보자. 그 목소리에 귀를 기울여 당신을 응원하기 위해 무슨 말을 하는지 알아보자. 그런 다음 아래 질문에 대한 답을 노트에 적어보자.

- 그렇게 해보니 어떤 이점이 눈에 띄었는가? 예를 들어, 내면 드림팀의 그 멤버에게서 동기를 부여받았거나 그 덕에 기분이 더 좋아졌는가?
- 내면 드림팀 멤버의 도움으로 내면 방해꾼의 영향력이나 방해꾼이 촉발하는 부정적 감정이 줄어든 것을 눈치챘는가?

드림팀의 멤버들이 필요할 때는 언제나 그들에게 도움을 요청할 것을 잊지 말자.

—— + ——

재정적 자기돌봄 실천하기

이제 내면 드림팀의 도움으로 재정적 자기돌봄을 실행할 시간이다. 재정적 자기돌봄이란, 진정한 자기애가 담긴 방식으로 당신의 재정을 돌보는 일이다.

엄청나게 비싼 뷰티숍에 가거나 고급 차를 사는 것처럼 자신이 감당할 수 없는 가격의 물건을 사들이느라 빚을 내는 것은 자기돌봄의 가면을 쓴 자해다. 이는 디바가 하는 행동이다. 나의 내담자 중 한 명은 단지 자신의 가치를 증명하기 위해 저축해둔 돈이 한 푼도 없는데도 6개월마다 새 스포츠카를 샀다.

반면 자신에게 한 푼도 안 쓰려고 하고 필요하거나 유익한 것도 자신에게서 박탈하는 일 역시 자기돌봄을 가장한 자해이기는 마찬가지다. 이는 호구가 하는 행동이다. 내 내담자 중에도 5년 동안 옷을 한 벌도 안 사고 미용실에도 한 번도 안 간 여성이 있었다. 그런데 매달 버는 돈으로 한 달 한 달 살아가면서도 어린 자녀에게는 백화점에서 비싼 아동복과 가죽 카우보이 부츠를 사주었다. 나는 오히려 그 돈의 일부라도 자신에게 쓰는 것이 좋겠다고 말했다. 미용실에서 머리를 자르고 새 옷 다섯 벌과 화장품을 산 뒤로 그의 자존감과 자기애는 급격히 상승했다.

이 스펙트럼의 양극단에 위치한 내담자들을 자주 보게 되는데, 그럴 때 나는 그들이 행복한 중용을 찾도록 돕는다. 그건 바로 건강한 자존감을 반영하는 방식으로 돈을 지출하는 것이다. 진정한 자기돌봄은 재정적으로 자신을 보살피는 일이며, 자기 능력 안에서 자신을 잘 대접하는 일이다. 그것은 현재와 미래 양쪽의 자신을 훌륭히 보살피는 건강한 균형을 찾아내는 일이다. 여기에는 견실한 수입을 벌어들이는 일과, 자신에게 필요한 모든 것과 원하는 일부 혹은 대부분을 갖추는 것뿐 아니라, 안전과 안정을 위해 보험과 저축을 갖추어 미래의 자신을 돌보는 일도 포함된다. 여윳돈을 자신의 정신건강과 신체 건강 그리고 전반적인 안녕을 증진해줄 품목에 쓰기로 선택하는 것이 현명한 소비다. 예를 들면, 수면을 더 편안하게 해줄 좋은 매트리스나 운동 기구, 헬스클럽 회원권을 사는 것, 집을 안식처로 가꾸는 일, 책과 마음챙김 앱 등을 구매하는 것 등이 이에 해당한다.

자기애의 휠차트는 이 장에서 배운 모든 기술을 한데 모아 당신이 자기애를 얼마나 잘 실천하고 있는지 측정해준다.

자기애의 휠차트
(20분)

날짜: _____

각 질문에 대한 답을 다음 기준에 따라 숫자로 점수를 매긴다.

결핍(1~3) 무난(4~5) 적당(6~7) 충만(8~10)

	결핍			무난		적당		충만	
1	2	3	4	5	6	7	8	9	10

자기자비 내면 방해꾼의 목소리를 잠재우고, 자기용서와 자기수용을 실천하며, 자신의 가장 자비로운 옹호자가 되는 능력이다. 이는 자기 질책이나 과도한 죄책감, 후회와 정반대로, 자신의 실수를 인정하고 그로부터 배우며 다시 원래의 궤도로 돌아가는 정신 상태다. 자기자비를 얼마나 잘 실천하고 있는가? _____

자기긍정 자신의 강점과 재능, 특별한 능력을 소중히 여기고, 자신의 아름답고 선한 모든 면을 알아보는 일을 얼마나 잘하고 있는가? _____

성장과 배움 자신을 성장시키고 발전시키는 데 도움이 되는 활동, 수업, 독립적 학습에 투자하는 일을 얼마나 잘하고 있는가? _____

영양 건강한 식생활에는 설탕과 가공식품을 제한하고, 집에서 만든 균형 잡힌 식사를 하고, 영양제를 챙겨 먹으며, 복용하는 약을 조절하는 일이 포함된다. 자신의 영양을 챙기는 일을 얼마나 잘하고 있는가? _____

수분 섭취 탄산음료, 에너지 드링크 따위는 피하고 물을 충분히 마시는 것은 건강을 위해 중요하다. 수분 섭취를 얼마나 잘하고 있는가? _____

신체 활동 평소에 요가나 피트니스, 수영, 조깅, 클라이밍, 웨이트 트레이닝 등의 운동을 규칙적으로 하는 것뿐만 아니라, 한두 정거장 거리는 걸어 다니기, 엘리베이터를 이용하기보다는 계단 이용하기, 업무 중 1시간마다 일어나서 스트레칭하기 등이 포함된다. 신체 활동을 얼마나 잘하고 있는가? _____

외모 내면만큼 외면도 아름다운 사람으로 느껴지도록 사랑과 정성으로 자신의 모습을 가꾸는 일을 얼마나 잘하고 있는가? _____

건강관리 여기에는 해마다 하는 건강 검진, 치아 관리, 정신건강 상담, 그리고 필요한 경우 특정 진료나 전체적 건강관리를 받는 일

이 포함된다. 자신의 건강관리를 얼마나 잘하고 있는가? _____

물질 사용 절제 카페인, 알코올, 수면 보조제 또는 기타 물질을 과하지 않게 절제하는 일을 얼마나 잘하고 있는가? _____

홀로 있기 자기 자신과 연결할 수 있는 차분하고 고요한 시간을 갖는 일을 얼마나 잘하고 있는가? _____

자연과 연결하기 자연과 연결하는 자신의 능력을 어느 정도로 평가하는가? _____

수면 충분한 수면을 취하고, 쉽게 잠들며, 잠들면 중간에 깨지 않는 것 역시 건강에 중요하다. 수면을 우선시하는 일을 얼마나 잘하고 있는가? _____

취미 긴장을 풀고 예술, 음악, 스포츠 같은 활동을 즐기는 것도 중요하다. 이런 여가와 취미를 위한 시간을 내는 일을 얼마나 잘하고 있는가? _____

시간 관리 시간 관리에서 가장 중요한 것은 일과 개인생활 사이에 건강한 시간적 경계선을 세워두는 것이다. 잠잘 시간과 식사 시간에는 휴대폰을 꺼두거나 방해금지 모드로 설정하고, 업무 시간 이후나 휴가 중에는 업무 이메일에 답장하지 않으며, 화면을 들여다보는 시간을 제한한다. 당신은 다른 사람들과 연결된 시간과 홀로 있는 시간 사이에 적절한 균형을 잡는 일을 얼마나 잘하고 있는 가? _____

집안 환경 집을 깨끗하고 잘 정돈된 상태로 제 기능을 잘하도록 유지하는 일은, 자신을 위한 쾌적한 안식처를 만드는 데 아주 중요하다. 당신의 집안 환경을 어떻게 평가하는가? _____

재정 돌보기 저축과 지출의 흐름 사이에 반드시 건강한 균형을 잡고, 자기 능력 안에서 자신을 잘 대접하는 것은 매우 중요하다. 당신은 자신의 재정적 삶을 돌보는 일을 얼마나 잘하고 있는가? _____

결과를 자기애의 휠차트에 표시하자. 제일 위에서부터 시작하자. 당신의 자기자비는 결핍되었는가 충만한가 아니면 그 사이 어디인 가? 답과 일치하는 숫자 옆의 바큇살에 점을 표시한다. 이제 휠차트를 돌면서 모든 바큇살에 점수를 표시한 뒤 점들을 연결하여 원을 만든다.

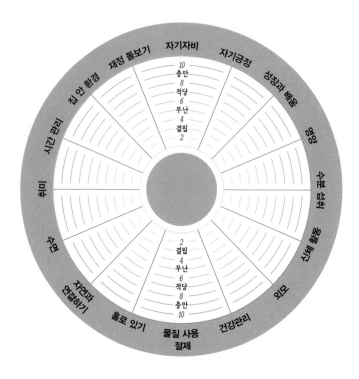

자기애의 휠차트

당신이 바란 만큼 좋은 점수가 나오지 않았더라도 걱정할 필요가 없다. 그건 자기애와 관련하여 당신이 더 개선할 기회를 찾을 수 있다는 뜻일 뿐이다. 다음 질문에 대한 답을 노트에 적어보자.

- 휠차트에서 가장 점수가 낮은 세 영역을 찾고, 지금 당장 그 부분들을 개선할 방법을 두 가지씩 써보자.

252

- 자기애를 키우는 일을 당신이 책임지고 하고 있는지 확인받을 수 있는 방법을 생각해보자.
- 재정적 자기돌봄을 개선할 방법을 두 가지 찾는다면 어떤 것이 있을까?

더 큰 번영을 불러들일 수 있도록 매주 혹은 매달 이 연습을 반복함으로써 자기애를 계속 키워나가는 것도 고려해보자. 시간의 흐름에 따른 발전 과정을 추적할 수 있도록 잊지 말고 휠차트에 날짜를 적고 해당 파일에 저장해두자.

——— ✦ ———

자기애 연습은, 정신건강과 순자산에 직접 영향을 미치는 에너지와 자기 가치 의식에 다시 연료를 채우고 재충전하게 해준다.[23] 자신을 사랑할 때, 우리는 원망을 품거나 지치거나 고갈되지 않고도 나눠줄 수 있다는 것을 알게 된다. 그리고 자신도 받는 것이 마땅함을 알기 때문에 잘 누릴 수 있게 된다. 사랑과 번영의 풍요로운 흐름 속에 우리 존재를 온전히 담그기 위한 전제조건은 바로 자기애다. 이제 당신은 사랑으로 자신을 포용하고 있으니, 당신이 마땅히 누려야 할 인생의 모습을 그려보자.

7장

비전

✸

풍요롭고 충만한 삶을
창조하기 위한 마술지팡이를 꺼내라

THE
FINANCIAL
MINDSET
FIX

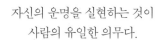

자신의 운명을 실현하는 것이
사람의 유일한 의무다.

————**파울로 코엘료**(브라질의 소설가, 《연금술사The Alchemist》 저자)

"당신 인생의 맥락 안에서 경력의 계획을 세워야 해요. 그 반대가
아니라."

경력 상담사 알린 허시가 내게 이렇게 말했다. 알린과 상담하
던 당시 나는 집단 의료도 시작하고 동시에 가족도 꾸리고 싶은 마
음으로 갈등을 느끼고 있었다. 알린의 지혜로운 말은 내가 일의 삶
보다 개인적 삶을 우선시해야 한다는 것을 재확인해주었을 뿐 아
니라, 내 사업의 사명 선언이자 계획이 되었다. 비전 또는 계획을
갖는다는 것은 풍요로운 삶을 창조하는 일에서 가장 결정적인 요
소다.

대학에 다닐 때 나는 결혼과 가족을 꿈꾸었지만, 나를 풍요롭

게 하고 돈도 잘 벌게 해주는 경력도 꿈꾸었다. 내 버킷리스트에는 풍요로운 삶을 꾸릴 수 있도록 일정을 유연하게 조절할 수 있는 심리치료 사업을 구축하는 일이 있었다. 내가 꿈꾸는 풍요로운 삶이란 일만으로 이루어지지 않으며, 관계와 취미, 여행 같은 새로운 경험을 누릴 시간도 포함되어야 했다.

서른 살이 다 되어갈 무렵 남편과 나는 아기를 갖는 일에 관해 의논하기 시작했다. 임신 합병증, 유산, 유전 질환의 가족력 때문에, 의사는 내가 가능하면 35세 이전에 아기를 갖는 게 좋다고 했다. 그래서 나는 우리가 가족을 꾸리는 일을 우선시해야 한다고 생각했다. 1년 후 우리 딸 셀레스티를 맞이하게 된 것은 너무나도 큰 행운이자 짜릿한 기쁨이었다.

나는 가능한 한 셀레스티와 함께 있고 싶었지만, 동시에 돈도 잘 벌고 싶었다. 셀레스티 인생의 첫 2년 동안 나는 한 주에 3일 동안 25명의 고객을 만났는데, 이 정도면 대개 풀타임 상담 업무로 여길 만한 강도의 일이었다. 월요일과 수요일에는 아이를 돌보미에게 맡겼고, 토요일에는 주중에 풀타임 소프트웨어 개발자로 일하는 남편이 집에서 셀레스티와 함께 있었다. 이는 우리 모두에게 좋은 일이었고 돌봄 비용도 줄여주었다. 나는 화요일과 목요일, 금요일에 셀레스티와 함께 집에 있으면서, 아기가 자는 시간에 회계와 마케팅 업무를 처리했다. 그러는 동안 내가 집에 있는 날에는 사무실 공간을 다른 사람들에게 전대했다. 놀랍게도 이런 식으로 나는 이전에 풀타임으로 봉급을 받으며 일할 때보다 거의 50퍼센트 이상을 더 벌었다.

내 상담업은 번창했는데, 그 이유 중 하나는 내가 대부분의 보험 상품과 계약된 의료 제공자가 되기로 선택했기 때문이었다. 계약 요율이 낮았지만 나는 일의 양으로 그 차이를 메웠다. 심리치료는 사람들이 접근하기 쉽고 비용 부담이 없어야 하며 비용 지불에 보험을 활용할 수 있어야 한다고 생각한다. 이런 접근성과 낮은 비용으로, 사람들이 위기가 닥쳤을 때 몇 번 심리치료를 받고는 중단해버리는 것이 아니라 계속 치료를 받을 수 있게끔 했고, 그 결과 더 많은 의뢰를 받게 되었고 치료 결과도 더 좋았다. 의뢰가 너무 많이 들어와 내가 다 맡을 수 없는 내담자들은 친구와 동료 들에게 보냈다. 계속 내 인생의 맥락 안에서 사업계획을 세운다면 내가 원하는 만큼 오래 가족과 사업 모두를 잘 꾸릴 수 있겠다는 생각이 들었다.

한 동료가 집단 진료를 더 미루지 말고 어서 시작하는 게 좋겠다고 제안했고, 자기가 돕겠다고 했다. 여행을 좋아하는 싱글이었던 그녀는 일과 삶의 균형을 원했고, 그래서 우리는 '어번 밸런스 Urban Balance'라는 이름을 생각해냈다. 사업주인 우리와 직원, 내담자 들에게 모두 일과 삶의 균형을 제공하겠다는 뜻이었다.

우리는 전대를 그만두고 하도급 치료사를 두 명 더 고용하며 사업을 시작했다. 우리는 그들에게 의뢰와 상담실 공간, 결제 서비스를 제공했다. 석 달이 지나자 우리는 전대를 통해 벌던 것보다 하도급 치료사들에게서 더 많은 돈을 벌고 있었다. 사업은 계속 성장했다. 우리는 상담실 네 개가 있는 상담소를 소유하고 있었고, 미래의 희망에 대한 장난스러운 흥분을 담아 그곳이 우리의 글로벌 본사라는 농담을 주고받았다.

어번 밸런스를 시작하고 1년이 지났을 때 둘째 딸 클로디어가 태어났다. 그리고 노스웨스턴대학이 있는 시카고 북부 교외인 에 번스턴으로 이사했다. 노스웨스턴대학원에 다니던 시절, 나는 에번 스턴에서 어린 두 딸과 젊은 부부가 사는 마당 딸린 작고 귀여운 집에서 베이티시터로 일한 적이 있다. 그때 나는 언젠가 나도 그곳 에서 가족을 꾸리며 살겠다는 꿈을 품었다. 나는 에번스턴이 시카 고와 가깝고 미시간 호수를 끼고 있으며 다양성 있는 공동체라는 점이 좋았고, 걸어서 레스토랑과 커피숍에 갈 수 있고 두 가지 노 선의 열차로 시카고에 갈 수 있어 전형적인 교외보다는 도시에 더 가까운 느낌이 든다는 점이 좋았다.

클로디어가 태어나고 얼마 지나지 않아 시카고로 통근하는 일 이 너무 싫어졌다. 그건 시간을 버리는 일이었고, 아이들에게 긴급 한 상황이 생길 경우를 대비해 집에서 더 가까운 곳에 있고 싶었 다. 그래서 나는 에번스턴에 작은 분점을 열기로 했다. 우리 집에서 1.5킬로미터 정도도 안 되는 거리였다. 셀레스티가 유치원에 들어 가고 클로디어가 2살이 되자, 나는 일정을 바꾸어 사흘간 종일 일 하는 대신 아이들이 학교에 있는 시간 동안만 일하기로 했다.

옆 상담실에서 일하던 선배 심리치료사들을 만나 내가 평일 오전 9시부터 오후 3시까지만 일할 계획이라고 말했던 때가 기억 난다. 그들은 친절한 말투로 내담자 대부분이 저녁이나 주말에 상 담을 원하므로 그렇게 하는 건 불가능하다고 설명했다. 나는 계획 을 그대로 밀고 나가 저녁과 주말에 내 상담실에서 일할 심리치료사들을 고용했다. 시간이 지나면서 일정을 유연하게 조절할 수 있는 사람들로 나의 내담자들이 꾸려졌고, 나는 차로 아이들을 학교에 태워다 주고 태워 왔으며, 참가하고 싶은 학교 행사에만 찾아가는 융통성도 얻었다. 2학년 때 셀레스티는 내가 학교에 찾아가는 빈도가 너무 잦은 것도 너무 뜸한 것도 아니고 딱 완벽한 빈도라고 말했다. 휴우! 그런 균형을 잡기까지는 어느 정도 노력이 필요했다.

어번 밸런스가 성장하면서 우리는 더 많은 상담실과 더 많은 서비스를 추가하며 원래 우리의 비전을 확장해갔다. 우주가 그 노력을 밀어주는 것 같을 때도 있었고 아닐 때도 있었다. 교외에 있던 한 분점은 우리에게 실패를 안기며, 상담실은 주거지역이 아니라 일하는 사람이 많은 곳에 있어야 잘된다는 사실을 가르쳐주었다. 그래서 우리는 우리의 비전을 재편성하고 계획을 다시 잡았다. 동업자가 떠나기 전에는 비전과 사업계획 세우는 일을 우리 둘이서만 담당했다. 동업자가 떠난 후에 나는 어번 밸런스의 경영팀과 외부 상담사들까지 그 과정에 동참시켰다. 그러니 풍부함과 견실성이 더욱 커졌다.

언젠가 공인회계사를 만났을 때, 그가 내게 출구 계획이 뭐냐고 물었다. 출구 계획이라고? 나는 사업을 키우는 일에만 초점을 맞추고 있었지, 마지막 단계에 대해서는 생각해본 적이 없었다. 동업자가 떠난 뒤 나는 내담자를 줄이고 강연과 글쓰기를 통한 홍보에 더 초점을 맞췄다. 나는 심리치료 사업의 법적·재무적 측면 및 직원 관리 측면보다 그런 일이 훨씬 더 좋았다. 내 몸의 느낌을 점검해보니, 사업체 매각을 위해 사업을 견고화하는 데 한 5년 정도는 더 쏟을 에너지가 있다는 판단이 섰다. 나는 사업이 최전성기에 올랐을 때, 내가 사랑하며 소명이라 느끼는 일을 할 자유를 나에게 줄 수 있을 때 매각하고 싶었다.

사업체 매각을 준비하는 동안 나는 이혼을 했다. 인생이 언제나 계획대로만 풀리지는 않는다는 걸 상기시켜주는 일이었다. 이 시기에 나는 내 삶에서 제대로 작동한 것과 그렇지 않은 것 들을 돌이켜 성찰했고, 새로운 삶의 비전을 만들고, 목표와 의도를 세우며, 내가 한 선택들이 나의 가장 높은 비전과 조화를 이루도록 최선을 다했다.

이혼하기 전 암울했던 어느 날 나는 정확히 내가 소망하는 바가 이루어지고 있는 것처럼 현재형으로 나의 인생에 관해 이야기하는 편지를 썼다. 나를 사랑하고 지원해주는 파트너, 승승장구 잘 살아가는 아이들, 재정적인 평화와 번영, 응원해주는 친구들, 자기 돌봄과 여행에 쓸 시간, 대중 강연과 저술에 관해 썼다. 지금 내 인생에는 6년도 더 전에 내가 그 편지에 썼던 내용이 아주 흡사하게 반영되어 있다.

나는 내가 누릴 수 있는 최고의 삶을 그려보는 일에 끊임없이 주의를 기울인다. 이는 나의 여러 꿈이 이루어지는 과정에서 큰 역할을 했다.

치료 세션 7
(20분)

나의 상담실을 다시 찾아온 걸 환영한다. 오늘 우리는 당신 인생의 비전 혹은 계획을 살펴볼 것이다. 이 세션을 활용해 당신 최고의 인생을 구상하며 자신에게 보내는 편지를 써보기 바란다. 내가 이혼을 준비하던 때 썼던 그 편지처럼 말이다. 이미 당신이 생각하는 최고의 삶을 살고 있는 것처럼 생각하고, 그 삶의 모습이 어떻게 보이는지 이야기를 들려주면 된다. 먼저 이렇게 자문해보자.

- 그 최고의 삶에서, 당신은 일하는 시간을 어떻게 쓰고 있는가?
- 그 최고의 삶에서, 당신은 일하지 않는 시간을 어떻게 쓰고 있는가? 가족, 사회적 삶, 좋아하는 취미 등에 관해 자세한 내용을 담아보자.

이제 편지를 읽어보고 그 속에서 당신의 의식을 사로잡은 모든 주제에 관해 노트에 적어보자. 이제 당신의 비전을 현실로 만들 시간이다.

— ✦ —

삶의 조류를 따라가지 말고
당신의 노를 잡고 아름다운 여정을 만들라

창조와 파괴는 같은 순간의 양 끝이며,
창조와 다음 파괴 사이의 모든 것이 삶의 여정이다.[1]

——**아미시 트리파티**(인도의 저술가, 외교관)

어떤 사람들은 삶의 조류를 따라 흘러가며 외부의 힘이 자기 운명을 결정하도록 내버려둔다. 그런가 하면 자신의 가장 위대한 경로를 머릿속에 그리고, 스스로 부여한 힘과 권한으로 신념과 용기를 품은 채 더 높은 궤도를 향한 자신의 길을 만드는 사람들도 있다.

우리의 가장 높은 비전은 삶의 여정을 걷고 있는 우리에게 진짜 가야 할 곳이 어디인지 가리키는 나침반 역할을 한다. 우리는 그런 비전을 만들 수 있고 선택할 수 있지만, 삶이란 끊임없이 변하는 것이다 보니 비전을 향해 가는 여행은 오르막과 내리막, 밀물과 썰물, 꺾이는 길과 돌아가는 길이 있는 여정이다. 균형과 온전함, 자기실현을 위해 애쓰며 이 여러 난관을 헤쳐나가는 길에서 우리 자신을 안전하게 안내하는 것은 우리 스스로 해야 할 몫이다.

인생이 항상 우리의 계획에 귀 기울여주는 것은 아니다. 폭풍우와 홍수, 가뭄이라는 도전으로 우리를 시험하며, 시간의 흐름에 따라 비전을 바꾸고 발전시키게 한다. 무엇보다 바로 이런 점 때문에 비전을 갖는 것이 그토록 중요하다. 그렇지 않다면 경로에서 영원히 벗어나 버릴 수도 있기 때문이다. 나이가 얼마든 여정의 어느 지점에 있든, 우리의 배움과 성장은 끝나지 않으며, 우리는 계속 비전을 확장해야 한다. 그렇게 함으로써 우리는 어떤 인생이 되었든, 우리가 원하는 인생을 창조할 수 있다.

비전은 종착점이 아니라 경로다. 우리가 앞으로 나아감에 따라 새로운 지평선들이 나타난다. 우리가 존재하는지 알지도 못했던 더 아름답고 넓은 지평선을 볼 수도 있다. 그리고 새로운 변방을 개척하는 동안 다른 사람들을 그 길로 이끌 수도 있다.

인생의 비전을 갖는 것은 언제나 중요한 일이지만, 특히 다음과 같은 때에는 헤아릴 수 없이 귀중하다.

- 여정을 시작할 때(예컨대 사회에 첫발을 내딛거나 창업하는 경우)
- 당신 인생의 뭔가가 제대로 되지 않아 변화가 필요하다는 걸 깨달을 때
- 삶의 중요한 시점이나 전환기를 맞아 새로운 사람으로 거듭나야 할 때
- 세상의 어떤 필요를 발견하고, 긍정적 변화를 만드는 일에 힘을 보태고 싶을 때
- 성장에 따라오는 더욱 위대한 의식을 추구할 때

비전은 빨리 만들수록 좋지만, 당신의 경로를 개선하는 일은 언제 하든 결코 늦은 게 아니다. 한 강연에 참석했던 청중 중 나이 지긋한 한 사람은 이 말에 동의하지 않고 내게 이렇게 말했다. "당신 강연을 40년 전에 들었다면 좋았겠어요. 그랬으면 내 인생이 완전히 달랐을 텐데." 그런데 다음 강연에서는 70세의 여성이 들뜬 모습으

로 내게 다가와 이렇게 말했다. "당신이 해준 제안들을 내 인생 다음 장의 계획에 얼른 적용하고 싶어요!" 두 반응의 차이가 느껴지는가? 그 차이가 미래에 대한 그들의 비전에 어떤 영향을 미쳤을 거라고 생각하는가? 남아 있는 당신의 소중한 삶을 최고로 만들 힘과 권한은 당신에게 있다.

인생의 비전에는 미래를 위한 당신의 개인적 계획과 직업적 계획이 포함된다. 나는 수많은 내담자가 스스로 부여한 힘과 권한으로 그전까지 가능하다고 상상도 해보지 못한 방식으로 자기 인생을 근본적으로 재창조하는 모습을 보며 경외감을 느끼고 영감을 받았다. 5장에서 다뤘던, 현재에 깨어 있음으로써 내면의 빛과 진정한 자아와 연결되는 방법을 떠올려보자. 삶과 일을 자신의 핵심 가치와 계속 조화시켜나가면 당신의 비전도 빛나기 시작한다.

나의 내담자 제이크는 아버지의 잔디 관리 업체에서 일하며 스물아홉 나이에 여전히 부모님과 함께 살고 있었고, 우울하고 연애에도 자신감이 없었다. 아버지가 그에게 가족 사업에 동참하라고 강요하기 전, 그가 느꼈던 삶의 열정에 관한 이야기를 나누다가 그는 '주택 페인팅' 사업을 하고 싶었던 꿈 이야기를 들려주었다.

제이크는 심리치료를 통해 건강하게 자기주장을 펼칠 힘을 갖게 되었다. 아버지에게 휴무일에 주택에 페인트칠하는 일을 시작하겠다고 말하고 도와줄 친구 두 명을 고용했다. 얼마 안 가 아버지의 조경 고객들이 제이크에게 일을 맡기기 시작했다. 감당할 수 있는 것보다 더 많은 일거리가 들어와 제이크는 직원을 더 고용했다. 몇 달 뒤에는 페인트칠을 맡긴 고객들이 제이크의 소개로 이어서 아버지에게 잔디 관리를 맡겼다. 그러자 아버지도 제이크를 대신할 사람까지 포함해 직원을 더 늘려야 했다. 제이크의 아버지는 아들의 홍보와 관리 기술에 감탄했고, 이제 제이크를 아버지 대 아들이 아닌 사람 대 사람으로 대하기 시작했다. 제이크의 자존감이 높아졌고, 수입도 높아졌다. 그 결과 제이크는 괜찮은 집을 임대해 독립할 수 있었고, 그러자 연애도 훨씬 순조로워졌다. 제이크가 이 모든 것을 이룬 것은 비전을 통해서였다.

당신이 삶의 비전을 명료히 파악하는 데 도움이 될 연습 몇 가지를 준비했다. 이 연습(과 이 장에 담긴 다른 연습들)을 시작하기 전에, 현재 순간에 굳건히 자리 잡는 데 도움이 되도록 심호흡이나 짧은 명상을 먼저 하자. 비전을 만드는 것은 현재 순간에 마음챙김이 잘 되어 있을 때 가장 잘 된다. 더 깊은 곳에 자리한 당신의 자아와 연결되면, 다른 누군가가 선택하라고 종용하는 목표를 추구하는 것이 아니라, 자기 내면에서 저절로 보람이 우러나게 하는 목표를 선택하는 데 도움이 된다.[2]

이 연습들을 하는 동안 당신이 평생의 걸작을 만드는 예술가라고 상상해보자. 당신의 비전을 가슴이 원하는 만큼 크고 아름답고 생기 가득하게 만들고 싶어질 것이다. 그리고 풍요에 관해 배웠던 것을 기억하자. 더 많이 갖는 것이 다른 사람들이 가질 것이 적어진다는 뜻이 아니라는 것 말이다. 그러니까 스스로 자신에게 한계를 설정하지 말자.

자기 선언문 만들기
(10분)

자기 선언문은 당신의 핵심 가치, 당신이 지지하는 것, 그리고 어떤 의도로 삶을 살아가고자 하는지를 선언하는 것이다. 자기 선언문은 삶을 건설하거나 재건할 토대가 되며, 더욱 풍요로운 삶을 살아가도록 동기를 부여하고, 힘든 시기에도 경로에서 벗어나지 말라고 되새겨준다.[3]

나의 자기 선언문은 이렇다. "나는 자애로운 연민과 두려움 없는 용기, 생동하는 기쁨을 지니고 살아간다. 영감을 주고 격려하며 고통을 완화하고 연결과 성장을 추진하겠다는 가장 높은 의도를 품고서, 내가 하는 모든 일로써 나를 나눠 준다. 나는 지원받으며 균형 잡히고 기쁨 가득하며 번영하는 인생을 산다."

선언문을 쓰는 데에 전문가들이 제시하는 최적의 방법이 있다.[4] 당신의 선언문 쓰기를 준비할 때 다음과 같이 자문해보자.

- 나만의 독특한 재능과 강점은 무엇인가?
- 나의 가장 강력한 신념과 가치는 무엇인가?
- 나는 인생을 어떻게 살고 싶은가?
- 내가 가장 즐겁게 하는 일은 무엇인가?
- 가장 의미 있고 보람 있다고 생각하는 일은 무엇인가?

- 최고의 인생을 살기 위해 나에게 필요한 변화는 무엇인가?

이제 시도해보자. 3~5개의 문장으로 당신이 자기 인생에 대해 세운 가장 높은 의도를 선언한다. 긍정적인 분위기를 유지하고 자신 있는 언어로, 현재형으로 쓴다. 당신의 개인적·직업적·재정적 삶의 측면들도 담는다. 당신의 선언문을 출력하여 냉장고나 코르크 보드에 붙여두거나 화면보호기로 사용해도 좋다.

———— ✦ ————

큰 꿈 꾸기
(30분, 평생 실천할 일)

다음 질문에 대한 답을 노트에 적어보자.

- 만약 당신에게 마술지팡이가 있다면, 당신의 인생은 어떤 모습일까? 당신의 꿈들과 포부들은 어떤 것인가? 개인적·직업적·재정적 포부를 포함시킨다.
- 당신의 버킷리스트에는 무엇이 있는가? 여행 목표를 포함하여 경험하고 싶은 5~10가지를 적어보자.
- 마지막으로 당신은 어떤 유산을 남기기를 바라는가? 이 세상에

어떤 긍정적인 흔적을 남기고 싶은가? 인류애의 측면에서 당신의 목표는 무엇인가?

자, 이제 뜻밖이라고 여겨질 말을 하려고 한다. 당신이 쓴 글을 누군가에게 이야기하면 좋겠다. 이를 통해 당신의 선언문은 실제성을 띠게 되고, 공식적인 요청서로서 세상에 전달된다. 남에게 말하는 것이 부담스러울 수 있다. 특히 자신이 너무 과한 요구를 하고 있다고 생각한다면 말이다. 하지만 당신의 요구는 과한 게 아니라는 걸 잊지 말자. 사랑하는 사람이나 신뢰하는 친구에게 이 사명을 말하자. 당신의 비전에 전념하기 위한 결정적인 한 단계다.

———— ✦ ————

지속 가능한 성공을 위해 일과 삶의 균형을 잡을 계획을 세우자
당신의 건강과 개인적 인간관계는 번영의 토대이므로 극히 세심하게 보호해야 한다. 그러지 않으면 당신의 모든 경력과 재정적 성취가 무너져 내릴 수도 있다. 지속 가능한 성공을 위해서는 일과 삶의 균형과 안녕에 대한 계획도 비전의 일부로 세워두는 것이 매우 중요하다.[5] 당신의 경력과 재정적 성공은 건강, 관계, 취미 등을 비롯한 개인적 삶과 조화를 이루어야 한다.

　일과 삶의 균형은 삶의 각 단계에서 다음 요소들에 따라 다른 양상으로 나타날 수 있다.

- 일을 위해 필요한 조건
- 가정에서 맡은 일
- 수면, 영양, 운동, 명상, 여가 등을 포함한 자기돌봄
- 어린 자녀, 노년의 부모, 반려동물 등 부양가족 돌봄
- 사회적 의무와 가족의 의무
- 병이나 사고, 세계적 위기 등 예상하지 못한 사건들

부양할 가족이 없거나 독신인 경우, 일과 삶의 균형을 잡을 때 가장 큰 어려움은 일에 건강한 시간 한계를 설정하는 일일 것이다. 나의 내담자들 중 독신이거나 자녀가 없는 이들 다수가, 자녀가 있는 동료들에게서 대신 야근해달라는 요구와 기대를 반복적으로 받는다고 한다.[6] 이런 상황은 그들이 자신을 돌보거나 개인적 삶을 꾸려가는 것을 어렵게 한다. 이런 내담자들과는 자기주장을 분명히 전달하는 의사소통과 건강한 한계 설정을 할 수 있도록 상담한다.

독신 부모는 일과 삶의 균형 잡기가 특히 더 어렵다. 보통 관계에서 얻는 지원과 재정적 지원은 적고 책임질 일은 많아서 본인의 안녕이 자주 희생된다. 자녀가 없는 부부는 가정의 책임과 재정적 책임을 함께 지고, 이 책임들을 서로의 일과 균형 잡기 위해 의사소통과 협력, 타협이 필요하다. 자녀가 있는 부부의 경우, 노동 분담에 대한 상호 합의를 이끌어내는 일이 더욱 복잡하다. 이런 이유 때문에 파트너 중 한 명이 시간제로 일하거나 전업주부가 되기도 한다. 이 역할의 가치는 너무나도 크다. 샐러리닷컴(Salary.com)에 따르면, 2018년에 전업주부가 연봉을 받는다면, 그 액수는

162,581달러여야 했다. 2018년에 자녀와 함께 집에 있는 전업주부가 되기로 선택한 사람은 약 1,100만 명이었다.(그중 아버지는 7퍼센트로, 1989년에는 4퍼센트였다.)[7]

　부모가 된 밀레니얼 세대에서 특히 전업주부가 되는 비율이 높다. 밀레니얼 세대 부모 중 21퍼센트가 집에 있기를 선택하는데, 이에 비해 엑스 세대는 그 비율이 17퍼센트다.[8]

　한 사람이 집에 있든 두 사람 다 일을 하든, 일과 가족으로 인한 갈등은 종종 발생한다. 희한한 사실은, 출장 때문에 딸의 학교 연극에 가보지 못하는 것처럼 일이 가족에 방해가 되는 경우에도 가족 문제보다는 업무 성과 문제가 더 많이 생긴다는 것이다.[9] 이런 연구 결과가 직장인과 고용주 모두에게, 일하는 사람의 행복과 생산성 유지를 위해 일과 삶의 균형을 잡아야겠다는 동기로 작용하면 좋겠다. 반대로, 가족이 일에 방해가 되는 경우에는 일 문제보다는 가족 문제를 더 많이 초래한다.[10] 내게 부부 상담을 받으러 온 한 부부는, 변호사인 남편이 재택근무를 하고 있는데 아이들이 자기를 방해하도록 내버려둔다는 이유로 남편이 아내에게 계속 화가 나 있는 상태였다. 이렇듯 일과 가족을 조화롭게 꾸리는 일도 미리 계획을 세워두는 것이 중요하다.

　일과 가족이 서로 부딪히는 일은 자녀가 취학 전이거나 학생인 단계의 가족이 더 이후 단계의 가족보다 더 많이 겪는다. 일의 요구 때문에 발생하는 해로운 영향을 가장 크게 받는 이들은 막 부모가 되려고 하거나 미취학 자녀가 있는 이들이다. 언제 어디서 일할지를 조절할 수 있는 업무 유연성이 확보되는 것이 이 생애 주기에 있는 사람들이 일-가족 갈등을 줄이는 데 가장 큰 도움이 된다. 그러므로 부모 시기의 초기 단계를 지나는 사람들에게는 일-가족 균형을 위한 방법을 찾아보고 계획을 세우는 것이 특히 중요하다.[11]

자기 인생에서 균형을 유지하는 것은 당신의 책임임을 기억하자. 당신은 시간이라는 물레가 돌아가는 동안 인생이라는 도자기의 모양을 빚어 당신만의 특별한 걸작을 만들어내는 도예가다. 인생은 책임들로 이루어진 밀물과 썰물을 당신에게 보낸다. 안녕과 균형을 유지하기 위해서는 당신과 가족이 의식적으로 협력하며 일과 삶에 관해 여러 선택을 해야만 한다.

재정 건강 증진법

재정 계획 세우기

재정 계획을 세운다는 것은 단기 목표와 장기 목표, 그리고 그 목표를 달성할 계획을 세우는 것이다. 단기 목표에는 많지 않은 카드빚 갚기, 다음 달 휴가를 위한 돈 모으기, 몇 달 뒤의 창업 같은 것이 포함된다. 장기 목표로는 학자금 대출을 다 갚거나 집을 사거나 은퇴 후의 안정된 삶을 위해 저축하는 것 등이 있다.

단기 목표와 장기 목표를 위한 목록을 따로 작성하고, 그 목표를 이루는 데 필요한 금액과 목표한 날짜를 함께 적어둔다. 금액을 계산하고 현실적인 계획을 세우는 것은 재무 설계사에게 도움을 얻을 수도 있다. 이들은 시간의 흐름에 따른 진척 상황 추적도 도와줄 것이다.

걱정되는가? 나도 남편과 함께 침실 하나 있는 아파트에 살던 신혼 시절에는 집을 사거나 산더미 같은 학자금 대출을 갚는 일, 아이를 낳고 가족을 꾸리는 일은 고사하고 자전 거나 텔레비전 사는 것 같은 단기 목표도 어렵게 느껴졌다. 로마가 하루아침에 건설되지 않았듯이, 재정 계획을 세우고 달성하는 데도 시간이 꽤 걸린다. 계획을 빨리 세울수록 재 정 목표에 도달할 가능성도 더 커진다. 나는 내가 원하는 걸 갖춘 사람들을 살펴보다가, 그들이 그렇게 한 방법을 알아 낼 수 있었다면 나도 할 수 있을 거라는 생각이 들었다. 그 리고 이 생각이 내게 도움이 되었다. 당신도 그렇게 방법을 알아내고 이룰 수 있다.

좀 음울한 일이기는 하지만, 재정 계획에는 당신 사후에 당신의 재산이 어떻게 처리될지 준비해두는 것도 포함된다. 부동산이나 자산을 소유하고 있거나 부양가족이 있다면 가 족들이 당신의 바람을 알 수 있도록 유언장을 만들어두는 것도 중요하다. 재산상속 계획Estate planning은 증여세와 상 속세, 세대생략이전세, 소득세를 최소화하기 위해 당신이 살아 있는 동안과 사후에 당신의 재산(부동산 및 여러 자산) 관리를 도와줄 수 있는 변호사와 함께 세운다. 어렵게 여겨질지도 모르지만 사랑하는 가족과 당신의 유산을 위해 중요한 일이다.

당신의 비전을 현실로 만들라

> 먼저 네가 무엇이 되고자 하는지 너 자신에게 말하고,
> 그런 다음 네가 해야 하는 일을 해라.[12]
>
> —— **에픽테토스**(고대 그리스 철학자)

당신의 비전과 유산에 대해 더 명료한 관점을 잡아가고 있다. 다음 세 단계를 실행함으로써 당신의 꿈이 실현될 확률을 높여보자.

1. 목표를 실현할 실행 계획을 세운다.
2. 당신의 비전을 뒷받침할 의도를 품고 산다.
3. 성공한 모습을 시각화한다.

다음에 나올 세 가지 연습이 위의 세 단계를 실행하는 데 도움이 될 것이다.

실행 계획 세우기

(45분, 평생 실천할 일)

개인적·직업적·재정적 비전을 위한 실행 계획을 세운다는 것이 버겁게 느껴질 수도 있겠지만, 사실 계획 세우기가 꼭 복잡하거나 시간을 많이 잡아먹는 일일 필요는 없다. 실제로도 단순하게 하는 것이 제일 좋다. 다음의 안내를 따라 시작해보자.

- 노트에 내년의 개인적·직업적·재정적 목표 4~6가지를 쓰고 중요도 순서로 배열한다. 그중 재정 목표는 최소한 두 가지를 반드시 넣어야 한다. 목표는 반드시 구체적이고Specific, 측정할 수 있으며Measurable, 이룰 수 있고Achievable, 현실적이며Realistic, 시의적절해야Timely(SMART) 한다.[13] 예를 들어, "내가 99살 이 되기 전에 어마어마한 돈을 모은다"가 아니라, "올해 은퇴자 금 펀드에 15,000달러를 투자한다"라는 식으로 정하는 게 좋다.
- 앞에서 적은 목표들을 더 작은 목표 혹은 과제로 나눈다. 이를 테면, 다음 주 안에 재정자문가에게 연락해 당신의 목표를 알려 주고 그 목표를 실행할 계획을 짜는 데 도움받기, 또는 매달 1,250달러가 입금되도록 자동이체 설정하기 등이다.

다른 사람들, 특히 재무설계사나 심리치료사에게 당신이 목표한 바를 알리고, 목표를 향해 계속 나아갈 수 있도록 그들과 함께 주기적으로 상황 진척을 점검할 일정을 짜둠으로써, 당신이 책임지고 목표 달성을 위해 노력하고 있음을 확인받을 절차를 만들어 둔다.

이 연습을 마무리함으로써 당신은 자신의 비전을 향해 나아갈 추진력을 얻었다.

---------- ✦ ----------

$

의도 갖고 살기

(10분, 평생 실천할 일)

의도란, 현재형으로 진술된 존재 방식 혹은 삶의 방식으로, 당신의 목표가 달성될 확률을 높여준다. 《의도의 힘》의 저자 웨인 다이어는 "우리의 의도가 우리의 현실을 창조한다"라고 말했다.[16] 다음의 안내를 따라 시작해보자.

- 노트에 개인적·직업적·재정적 목표를 각각 적고, 각각의 목표를 달성하는 데 도움이 될 짧고 긍정적인 의도를 3~5가지씩 써보자.

의도에 힘을 실어줄 수 있는 매일의 습관을 만든다. 요가 전통에서 '사다나'란 목적을 이루기 위한 매일의 수행을 뜻한다. '사드구루'라고도 불리는 요가 수행자 자기 바수데브는 이렇게 말했다. "무엇이든 사다나가 될 수 있다. 음식을 먹는 방식, 앉아 있는 방식, 서 있는 방식, 숨 쉬는 방식, 자기 몸과 마음과 에너지와 감정을 이끄는 방식, 모두 사다나다. 사다나는 특별한 종류의 활동을 말하는 게 아니다. 사다나는 당신이 모든 것을 당신의 안녕을 위한 도구로 사용하고 있음을 뜻한다."[15] 매일 아침 명상이나 저녁 명상 전에 당신의 의도를 재검토하거나 소리 내어 말해보는 것도 좋다. 자주 반복해 말할수록 이루어질 가능성도 커진다. 당신의 의도를 삶의 방식으로 만들자.

— ✦ —

성공 시각화하기

(15분, 평생 실천할 일)

시각화, 즉 긍정적 결과를 머릿속으로 그려보는 방법은 스포츠 심리학에서 오래전부터 활용해왔다. 자신이 목표를 달성하는 모습을 그려볼 수 있다면 실제로 달성할 확률도 더 높아진다. 원하는 결과를 추구할 때 신체가 더 잘 반응하게 만드는 데 시각화가 도움이 된다는 것은 여러 신경과학자가 보여주었다. 그 원하는 결과에는 저축이나 부의 축적 같은 재정적 목표도 포함된다.[16] 이는 은행 지점장이나 재정자문가가 고객이 시각화하기 쉽도록 명확한 목표를 설정해야 하는 이유이기도 하다. 그렇게 명확한 목표를 시각화하면 최대한의 성과를 올리도록 노력할 동기가 생기고, 그 결과 저축액도 최대한 늘릴 수 있다.[17]

나는 초조함을 줄이고 더 큰 자신감을 가지고 일을 더 잘 해낼 수 있도록, 강연과 방송 출연이 순조롭게 진행되는 장면을 그려본다. 이제 당신이 긍정적 시각화를 시도해볼 차례다. 눈을 감고 당신이 이미 삶의 비전을 성취한 것처럼 상상한다. 번영과 사랑, 건강, 지원, 성공, 그리고 당신이 원하는 모든 것이 갖춰진 최고의 인생을 그려보자. 여기에는 개인적 삶과 직업적 삶이 모두 포함된다. 삶의 비전을 성취한 느낌이 어떠한가?

—— ✦ ——

이제 당신이 성공한 미래를 살짝 엿봤으니 이 장의 휠차트 연습으로 마무리할 시간이다. 비전의 휠차트로는 이 장에서 배운 모든 기술을 한데 모아, 당신이 삶의 여러 영역에서 비전을 얼마나 잘 세우고 가꿔가고 있는지 측정해볼 것이다.

비전의 휠차트

(20분)

날짜: _____

각 질문에 대한 답을 다음 기준에 따라 숫자로 점수를 매긴다.

결핍(1~3)   무난(4~5)   적당(6~7)   충만(8~10)

	결핍			무난		적당		충만	
1	2	3	4	5	6	7	8	9	10

인생 계획 당신이 살아가는 기준으로 삼는 자기 선언문이 포함된 포괄적 삶의 비전이다. 인생의 계획을 세우는 일을 얼마나 잘하고 있는가? _____

직업 계획 자신의 재능과 세상의 필요를 잘 조화시키게 도와줄 경력 또는 사업계획이다. 직업 계획을 세우는 일을 얼마나 잘하고 있는가? _____

일과 삶의 균형 일과 삶의 균형 계획은 인간관계와 전반적인 안녕을 포함하여 개인적 삶을 보호해준다. 일과 삶의 균형 측면에서

유익한 계획을 떠올리는 일을 얼마나 잘하고 있는가? _____

재정 계획 미래 재정을 위한 계획이다. 목표와 실행 항목과 책임 추적성을 갖춘 재정 계획을 세우는 일을 얼마나 잘하고 있는가? _____

의도에 따른 삶 의도를 갖고 산다는 것은, 당신의 목표와 비전을 성취하는 데 도움이 될 존재 방식이 반영된 긍정적 선언에 따라 살아가는 것이다. 의도를 갖고 사는 일을 얼마나 잘하고 있는가? _____

성공 시각화 삶의 여러 영역에서 성공을 이루는 자신의 모습을 주기적으로 그려보는 연습이다. 삶의 모든 영역에서 성공을 시각화하는 일을 얼마나 잘하고 있는가? _____

매일의 실천 개인적·직업적·재정적 영역에서 매일 하는 행동이나 루틴이 있으면 비전을 달성하는 데 도움이 된다. 당신이 매일 하는 실천은 비전 실현을 얼마나 잘 뒷받침하고 있는가? _____

건강 목표 정신·신체·영적인 면에서 당신이 바라는 바와 그 셋의 전체적 건강과 안녕이 당신의 건강 목표다. 당신의 건강 목표는 전반적 안녕을 이끌어내는 데 얼마나 잘 적용되고 있는가? _____

관계목표 사랑, 연결, 지원에 대한 당신의 필요와 이상이다. 자신이 원하는 인간관계의 양상에 대해 얼마나 많이 생각하는가? _____

취미 충족 좋아하는 여가 활동과 즐거움을 위해 시간을 내는 것이다. 인생에서 취미를 얼마나 중요시하는가? _____

인류를 위한 계획 더 큰 관점에서 세상에 어떻게 봉사하겠다는 계획과 세상에 어떤 유산을 남기고 싶은지에 관해 명료한 생각을 갖는 것이다. 인류를 이롭게 하는 계획을 세우는 일을 얼마나 잘하고 있는가? _____

버킷리스트 당신이 살면서 반드시 하고 싶은 경험의 목록이다. 버킷리스트에 올리고 싶은 일이 무엇인지 얼마나 잘 알고 있는가?

_____

결과를 비전의 휠차트에 표시하자. 제일 위에서부터 시작하자. 전반적인 삶의 계획을 세우는 일에서 당신은 결핍되었는가 충만한가 아니면 그 사이 어디인가? 답과 일치하는 숫자 옆의 바큇살에 점을 표시한다. 이제 휠차트를 돌면서 모든 바큇살에 점수를 표시한 뒤 점들을 연결하여 원을 만든다. 지금 우리가 측정하는 것은 당신이 비전을 이룰 계획을 세웠는가이지, 그 비전을 성취했는가가 아님을 기억하자. 성취는 때가 되면 이루어질 것이다.

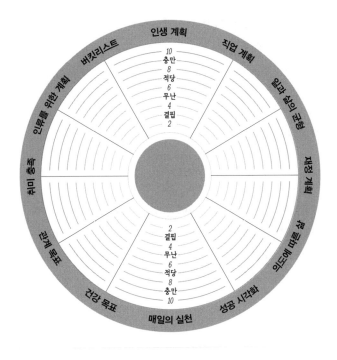

비전의 휠차트

다음 질문에 대한 답을 노트에 적어보자.

- 비전을 만드는 일에서 가장 주의를 많이 기울여야 할 영역들은 무엇인가?
- 특정 영역의 비전을 개선하려 할 때 당신을 방해하는 장애물이나 난관이 있다면 무엇인가?
- 당신에게 필요한 지원은 무엇인가?

충만하고 풍요로운 인생에 대한 당신의 비전을 명확히 하기 위해
분기마다 이 연습을 다시 해보면 좋다. 나중에 시간의 흐름에 따른
진전을 추적할 수 있도록 휠차트에 날짜를 적고 해당 파일에 저장
해둔다.

———— ✦ ————

이제 자신의 비전을 더욱 명료히 파악했으니, 당신의 꿈을 이루는
데 필요한 지원을 어떻게 받을지 이야기해보자. 다음 장에서는 지
원해주는 방법뿐만 아니라 지원을 요청하는 방법에 대해서도 알아
볼 것이다.

8장

지원

✳

받는 것과 주는 것은
동전의 양면임을 이해하라

THE
FINANCIAL
MINDSET
FIX

＊

우리가 혼자서 할 수 있는 일은 아주 적지만,
함께라면 많은 일을 할 수 있다.

———**헬렌 켈러**(저술가, 사회활동가)

많은 사람이 그렇듯, 나 역시 내가 남들에게 얼마나 많이 줄 수 있
는가로 나의 가치를 정의한다. 나는 착한 사람이 되고 남에게 부담
을 주는 사람이 되지 말라는 가르침을 받았기에, 관계에서 그리 많
은 것을 요구하지 않았다. 이런 태도는 엄마가 되고 나자 더는 유
지할 수 없었다.

"내겐 도움이 더 필요해."

첫 아이가 태어나고 한 달이 지났을 때, 내가 당시 남편에게
한 말이다. 아무것도 달라진 것 없이 한 달이 지난 뒤, 셀레스티를
아기 침대에 누이던 내게 추간판 탈출증이 생겼다. 더 버티지 못하
고 빠져나온 추간판은, 지원받지 못한 채 버티던 내 삶이 물리적으

로 구현된 모습이었다. 비명이 터져 나오도록 극심한 좌골신경통이 여섯 달 동안 지속되었고, 마침내 내 생활에서 몇 가지 중요한 부분을 바꾸었다.

훌륭한 지압사, 침술사 같은 의료인들과의 만남은 나를 다시 일으켜 세우는 데 큰 역할을 했다. 나는 아기 엄마들의 모임에 들어가고 동성 친구들에게 연락을 해 지원을 주고받는 일 사이에 균형 잡는 법을 배웠다. 나는 계속 남편에게 내게 필요한 일을 요청했고, 그 필요(예를 들어, 세탁과 같은 잡무 처리)가 충족되지 않으면 도와줄 사람을 고용했다.

나의 일과 재정적 삶에서 지금의 자리에 이르기까지는 한 마을 전체의 도움이 필요했다. 언제나 나를 응원해주는 테리사 언니는 노스웨스턴대학원에 지원하라고 권해주었다. 나는 언니에게 그렇게 좋은 학교에서 나를 받아줄 리 없다고 말했지만, 어쨌든 나는 지원했다. 그리고 무슨 운명의 장난인지 노스웨스턴은 나를 받아준 유일한 대학원이었다. 고마워, 테리사 언니!

만성 정신질환자를 위한 요양원에 가서 취업 면접을 본 일은 내 기를 꺾어놓았다. 거기 환자 한 명이 치토스 한 움큼을 쥐고는 내 검은색 정장에 대고 세게 문질러댔다. 나는 울면서 테리사 언니에게 전화를 걸었다. 나는 학자금 대출에 짓눌린 채 웨이트리스로 남아야 하는 운명인 것만 같았다. 테리사 언니는 튤립 꽃다발과 치토스 한 봉지를 들고 나의 아파트로 찾아왔다. 그리고 업종별 전화번호부를 꺼내 겨우 두 블록 떨어진 곳에 있는 상담센터 번호를 찾아내더니 거기 연락해보라고 했다. 나는 곧바로 그곳에 시간제 직원으로 고용되면서, 사설 상담업계에서 첫발을 내디뎠다. 테리사 언니의 응원이 내 인생의 궤도를 급격히 향상시킨 것이다.

나의 멘토인 마크를 만난 것은 집단상담팀에서 일할 때였다. 그는 내 경력 내내 지금까지 일과 관련된 모든 문제의 조언자가 되어주었고 가족과도 같은 존재가 되었다. 나는 사설 상담소를 개업하면서 보험금 청구는 너무 복잡하니 하지 않겠다고 마크에게 말했다. 그러자 마크는 엄격한 애정을 담아 딱 잘라 말했다. "아니, 넌 그 일을 할 거야." 그는 건강보험과 관련해 내가 알아야 할 모든 걸 가르쳐주었고, 그 일은 내가 어번 밸런스를 꾸려나가는 데 기둥 역할을 해주었다.

몇 년 후 동업자가 떠난 뒤, 나는 수치심과 자존심, 죄책감이라는 장벽을 넘어 사업과 재정에 대해 더 많은 지원을 받아들였다. 지원을 요청함으로써 우리는 해마다 매출을 20~30퍼센트 증가시킬 수 있었고, 새 지점들을 열고 직원을 늘려 나중에는 치료사 수가 100명이 넘었다. 정말 그건 온 마을의 도움이 필요한 일이었고, 나는 내내 나를 그렇게 도와준 마을이 있었다는 사실을 깨달았다. 나는 직장과 인턴십과 멘토링 그리고 그 밖에 여러 가지를 제공했는데, 일단 내가 받는 일에 마음을 열자 내가 제공한 지원은 두 배의 지원으로 돌아왔다. 나는 더 이상 회사의 성공에 대한 책임을 나 홀로 지고 있다고 느끼지 않았다.

친절하고 온화한 존재감으로 내 영혼을 달래주는 새 남편 제이슨과 재혼하면서, 나는 받는 일에 마음 여는 법을 배워야 했다. 그와 만난 뒤 몇 년 동안은, 지원을 받아들이는 것이 너무나 괴로웠다. 이윽고 나는 어렸을 때부터 지금까지 그런 식의 지원을 받아본 일이 한 번도 없었기 때문이라는 걸 깨달았다. 지원을 받아들이는 법을 배우면서, 나는 사랑받고 안전하며 연결된 느낌의 공간으로 들어설 수 있었다. 이는 내게 엄마로서, 친구로서 그리고 동료로서 인내와 친절의 폭을 넓혀준 것을 비롯해 수많은 축복을 안겨주었다.

현재 내 인생은 지원을 받으며 계속 성장하고 발전하고 있다. 나는 남에게 주고 남들을 성장시키는 일을 사랑하지만, 다시 흐르고 흘러 내게로 돌아오는 사랑과 지원, 번영으로 균형을 잡는다.

치료 세션 8
(20분)

이번 세션에서는 당신이 삶에서 더 많은 지원을 반가이 맞아들이도록 도울 것이다. 다음 질문에 대한 답을 노트에 적어보자.

- 당신이 살면서 겪은 가장 큰 두 가지 난관은 무엇이었는가? 그 난관을 헤쳐나오도록 도와준 사람은 누구이며, 그들은 어떻게 당신을 도왔는가?
- 당신의 개인적 비전과 재정적 비전을 달성하는 일에서 당신을

지원해준 이들 중 가장 주된 역할을 해준 사람은 누구인가? 그들이 준 지원이 당신 삶의 궤도를 어떻게 바꾸었는가?

- 당신의 경력을 안내해주는 멘토가 있는가? 그들은 당신이 성공을 이루도록 어떻게 도왔는가?
- 당신의 삶에서 지원받고 싶은 부분은 무엇인가?
- 앞장에서 세웠던 당신 인생의 비전을 다시 생각해보자. 당신의 지원팀에 누군가를 더 포함할 수 있다면, 누구를 포함하고 싶은가? 그리고 그 사람들이 당신의 비전을 이루는 일을 어떻게 도와줄 것 같은가?

———— ✦ ————

이제 당신의 정신건강과 재정 건강을 위해 최선의 지원을 받는 법을 배워보자.

번영을 키우기 위해 지원을 주고받는 일 사이에 균형 잡기

우리는 누구나 도움이 필요한 때가 있다.
도움을 줄 때든 도움을 받을 때든,
우리는 이 세상에 가치 있는 무언가를 더하는 것이다.
도움은 이 세상 속 이웃들인 우리를 서로 연결해주며,
우리는 각자 자기만의 방식으로 주는 존재이자 받는 존재다.[1]

————**프레드 로저스**(미국의 유명 방송인, 장로교 목사)

당신을 지원하는 사람들의 네트워크를 은행 계좌처럼 생각하자. 계좌에서 돈을 빼서 쓰려면 먼저 입금을 해야 한다. 마찬가지로 지원도 원래 오고 가는 성격의 것이므로 받기 위해서는 줄 필요가 있다.

받아 쓰는 쪽으로 치우친 사람을 겪어본 적 있는가? 나의 내담자 조는 자신의 네트워크를 금세 다 써서 바닥내버린 것 같았다. 그는 항상 친구들에게 차를 태워달라거나 자기가 발행한 수표가 공수표가 되지 않게 돈을 빌려달라고 부탁했고, 동료들에게 자기 근무 시간이나 야근을 대신해달라고 요청했다. 얼마 지나지 않아 그는 우울하고 외로운 상태가 되었음을 알았다. 주는 것과 받는 것의 균형을 더 잘 잡기 위해 그는 최대한 자기 자신을 잘 책임지고, 자기가 받은 일에 대해서는 감사를 표하고, 다른 사람들에게도 지원으로 보답하는 법을 배워야 했다. 이런 변화가 그의 지원 네트워크를 개선하고 우울증을 덜어주며 직장에서 더 나은 성과를 내는 결과로 이어졌다. 조는 다른 사람들에게 더 많은 도움을 줄수록 이타주의가 주는 정신건강과 신체 건강의 혜택을 더 많이 경험했다. 그 결과 시간이 지나면서 더욱 강력하고 충실한 지원 네트워크를 만들어가기 시작했다.

그런데 주의할 점이 있다. 남들을 너무 많이 도와주는 일에도 단점은 있다. 자신의 안녕을 해칠 수 있고, 탈진, 불안, 짜증, 우울감, 정서적 긴장감, 일에 대한 만족도 저하, 번아웃 등으로 이어질 수 있기 때문이다.[2] 그렇기 때문에 남을 도와주는 일은 자기돌봄과 도움을 받는 일로써 균형을 잡아주어야 한다.

도움을 주는 것과 받는 것의 균형은 시간이 지나면서 자연스럽게 바뀐다. 역경이나 크나큰 도전, 비극이 닥친 시기에는 더 많은 지원이 필요하다. 내 친한 친구는 유방암과 치열하게 싸우고 있을 때 의사에게 데려다주고 화학치료를 받는 동안 함께 있어주는 등의 갖가지 도움을 줄 친구들이 아주 많이 버티고 있었다. 친구가 이런 지원을 받은 이유는 본인이 언제나 다른 이들에게 훌륭한 친구가 되어주었기 때문이었다. 정말 감사하게도 이제 이 친구는 건강해졌으며, 여전히 다른 사람들을 위해 항상 힘이 되어주고 자신 또한 도움을 받아가며 살고 있다.

　　때론 누군가에게 제공한 지원이 다른 이를 통해 돌아올 때도 있다. 딸아이들이 참여하는 걸스카우트를 위해 자원봉사를 하는 동안 만난 한 엄마를 잊을 수 없다. 이 엄마는 자진해서 우리 딸들을 함께 학교로 데려가고 데려와 주었고, 나의 어머니가 돌아가셨을 때는 우리를 위해 가족의 식사를 만들어주었다. 정말이지, 내가 거의 모르던 사람에게서 그렇게 의미 있는 지원을 받는 것은 전혀 예상하지 못했고 너무나도 감동적인 일이었다.

　　인생에는 여러 단계가 있다. 어떤 지원이 필요한지는 삶의 이러한 단계에 따라 달라진다. 태어나서 청소년기까지 우리는 완전히 의존적인 상태에서 점점 더 독립성이 커지는 단계로 옮겨간다. 친구들과 우정을 쌓기 시작하고, 파트너, 동료와 관계를 맺어가는 동안 우리는 서로 지원하고 의존하는 관계를 만드는 방법을 배워나간다. 반려동물도 생기고, 자녀도 생기며, 부모님이 나이 들어가면서 우리는 재정을 포함해 모든 면에서 다른 사람들을 위한 일차

지원자의 역할을 맡기 시작한다. 경력 초기에는 멘토의 지원이 많이 필요할 수 있지만, 시간이 갈수록 멘토 역할을 해줄 수 있는 부분이 더 많아진다. 이런 모든 이유에서 지속적으로 도움을 주고 도움을 받는 일 사이에 얼마나 균형이 잘 잡혀 있는지 계속 파악하는 것이 중요하다.

이제 당신이 주기와 받기 사이에서 최적의 균형을 잡기 위한 작업을 해보자.

$

재충전하기
(15분, 평생 실천할 일)

다음 질문에 대한 답을 노트에 적어보자.

- 당신의 지원 네트워크가 은행 계좌라면, 그 계좌의 잔금은 플러스인가 마이너스인가? 이런 상태인 이유는 무엇인가?
- 당신은 늘 받는 일보다 주는 일이 더 많은가? 그렇다면 어떻게 해야 지원을 받음으로써 자신을 더 잘 재충전할 수 있을까?
- 주는 지원과 받는 지원의 균형이 건강하게 잡힌다면 당신의 삶은 어떤 모습일 것 같은가? 그렇다면 어떻게 해야 이 균형을 잡을 수 있을까?

--- ✦ ---

당신이 주고받는 지원 사이에 건강한 균형을 잡을 수 있도록, 먼저 당신의 길을 막고 있는 장애물부터 제거하자.

장벽을 무너뜨리고 마음을 열어 지원을 받아들이자

> 우리가 열린 마음으로 받을 수 있기 전까지는
> 진정 열린 마음으로 줄 수 없다.
> 도움받는 일을 옳고 그름으로 분별한다면,
> 도움을 주는 일도 알게 모르게
> 옳고 그름으로 분별하게 된다.[3]
>
> ──브레네 브라운(《마음 가면Daring Greatly》 저자, 연구자, 교수)

거의 모든 사람이 지원이 더 많아지면 혜택을 입지만, 자기도 모르게 지원을 밀어내는 사람도 많다. 나의 내담자들이 (그리고 내가) 지원을 가로막았던 장벽과 그 장벽을 넘어설 방법을 공유한다.

지원을 가로막는 장벽	장벽을 넘어서는 방법
낮은 자존감, 자기는 받을 자격이 없다고 느낌.	자기 가치 인식, 자기애.
죄책감, 수치심, 창피함, 도움을 받는 건 결점이 있다는 것이라고 여김.	자기자비, 자기수용.

지원을 가로막는 장벽	장벽을 넘어서는 방법
다른 사람에게 부담이 된다는 두려움, 누군가를 화나게 할 거라는 두려움, 누군가 도움 준 것을 빌미로 당신을 좌지우지할 거라는 두려움,	(지원을 현명하게 선택하고 조절할 수 있다는) 자기확신, 신뢰, 협력.
학습된 무기력.(도움을 요청하는 것까지 포함하여 내가 할 수 있는 건 없다는 생각)	권한 의식 갖기, 신뢰.
가망 없다는 생각. (아무것도 도움이 안 될 거야)	긍정성, 신뢰.
경직성, 지나친 독립성, 자율에 대한 과도한 가치 부여.	개방성, 상호의존성, 상호적이고 호혜적인 관계 키우기.
공을 빼앗길까 봐.(내가 혼자 해내면 칭찬은 모두 내 차지야)	협력.
오만함.(내 방식이 최고야)	겸손.
자존심.	겸손, 취약성.
(도움에 지불하는) 비용.	자신을 위한 투자, 기지, 창의성.
내향성.	자기 마음이 편한 방식으로 지원 요청하기.
자원의 부족.(특히 사람과 공동체 서비스가 부족한 시골 지역)	온라인 지원, 화상 회의를 통해 상담, 멘토링 구하기.

좋은 소식은, 이 프로그램을 하는 내내 당신이 오른쪽 열에 있는 기술을 대부분 키워왔다는 점이다. 자신을 더 많이 사랑하고 잘 보살필수록, 받는 도움도 주는 도움도 더 많아진다.

지원 가로막는 장애물 제거하기

(25분, 평생 실천할 일)

다음 질문에 대한 답을 노트에 적어보자.

- 당신이 지원받음을 가로막는 가장 큰 장애물로 여겨지는 것을 3~5개 정도 꼽는다면 무엇일까?
- 그 장애물들은 당신의 인생에 어떤 식으로 부정적 영향을 미치고 있는가?
- 이 장애물들을 극복할 방법 세 가지를 적어보자.

다음 주에는 평소라면 도움을 요청하지 않았을 법한 경우에 세 번 도움을 요청해보고, 어떤 느낌이 들었는지 노트에 써보자. 불편한 느낌이 들었더라도 괜찮다. 타인에게 도움을 구하는 것은 연습이 필요한 기술이다. 그리고 발전시킬 필요가 있다.

———— + ————

지원 네트워크를 가꾸어 정신건강을 개선하자

지원 네트워크는, 해로운 관계를 솎아내고 새로운 연결의 씨앗을 심음으로써 가꿔야 하는 자원들의 정원과 같다.[4]

해로운 관계라는 잡초를 제거하자

누구에게나 해로운 관계는 있다. 친구와의 관계일 수도 있고 가족, 파트너, 이웃, 동료 또는 상사와의 관계일 수도 있다. 해로운 관계는 당신의 에너지를 바닥나게 하고, 부정성을 불어넣으며, 당신 인생에 불필요한 극적 상황이나 갈등을 불러들이고, 낮은 자존감, 불안정성, 원망, 좌절감, 짜증을 촉발한다. 내가 좋아하는 말 중에 "관계는 엘리베이터 버튼과 같다. 위로 데려가거나 아래로 데려가거나 둘 중 하나다"라는 말이 있다. 유해한 관계에서 벗어나면 긍정적 관계를 맺고 키워나갈 여지가 생긴다.

온라인상의 해로운 관계에 대처하려면 먼저 소셜미디어에서 보내는 시간을 제한하자. 당신에게 해롭다고 느껴지는 콘텐츠를 주기적으로 올리거나 당신의 페이지에 해로운 코멘트를 남기는 사람이 있다면 친구를 끊거나 팔로우를 끊거나 차단하자. 온라인에서 언쟁에 휘말리는 일을 피한다. 어떤 해로운 코멘트에 꼭 대응해야만 한다고 느낀다면 "나는 다르게 생각해요. 서로 의견이 다르다는 걸 확인한 것으로 해두죠"와 같이 중립적인 말로 답하고, 다른 사람들을 갈등에 끌어들이려는 시도는 삼가자. 그러면 유해성이 더욱 악화될 뿐이다. 당신은 자신의 소셜미디어 페이지에 달린 코멘트를 삭제할 권리가 있다는 걸 기억하자. 정치나 종교, 지극히 개인적인 내용은 포스팅하지 말자. 그건 유해한 반응에 자신을 노출하는 일일 수 있다. 온라인에서는 메시지를 명확히 해주는 어조와 억양 등의 비언어적 신호가 없어 오해가 생기기 쉽다. 실제로 비꼬아서 한 말이 아닌데도 당신이 그 코멘트를 비꼬는 말로 오해할 수도 있다.

닥터 필은 "사람들이 우리를 대하는 방식은 우리가 그들에게 가르친 것이다"라고 말했다.[5] '좋아요'는 '좋아요'를 부른다. 우리가 더 건강할수록 우리 삶으로 건강한 사람들과 긍정적인 관계를 더 많이 불러들인다. 사람들이 우리 삶에 들어오는 데는 이유가 있다. 힘들게 하는 관계들도 축복이다. 우리가 긍정적인 방향으로 가도록 배우고 성장할 기회이기 때문이다.

나는 내담자들에게 실생활에서나 온라인에서나 해로운 관계와 관련해서는 다음의 핵심 질문을 스스로 던져보라고 권한다.[6]

이 관계의 유해성은 일시적인가 고질적인가? 당신과 관계를 맺은 누군가가 이혼이나 질병, 사별처럼 삶의 힘든 시기를 지나고 있다면, 그들은 안 좋은 상태일 수 있고 그래서 일시적으로 해롭게 굴 수도 있다. 하지만 어떤 사람의 유해성이 그 사람의 고질적인 인성 문제이거나 관계 패턴의 문제라면, 더 진지하게 대처할 필요가 있다. 어떻게 보더라도 학대는 괜찮은 일일 수 없다.

얼마나 가깝고 중요한 관계인가? 유해한 관계가 당신과 더 밀접할수록 그 관계 문제를 해결하는 것은 더욱 중요하고도 어려운 일이다. 예를 들어, 배우자나 부모와의 관계가 유해하다면 이웃이나 직장 동료와의 해로운 관계보다 훨씬 더 힘들다. 이렇게 자문해보자. "이 관계에서 내가 치르는 대가보다 내가 얻는 것이 더 많은가?"

당신이 통제할 수 있는 것과 없는 것은 각각 무엇인가? 당신은 자신의 경계선(시간과 정보의 양, 접촉 빈도), 의사소통, 행동, 반응을 통제할 수 있다. 하지만 상대방은 당신이 통제할 수 없다.

당신이 할 수 있는 부분은 '나는'을 사용하여 솔직하고 단호하게 당신의 감정을 표현하고 건강한 경계선을 설정하는 것이다. 그 후에 변할지 말지는 그들에게 달린 일이다. 당신 인생에 계속 그들을 둘지 말지는 당신이 결정해야 한다. 만약 당신이 바뀌어야 하는 부분에 대해 반복적으로 이야기를 하고 같은 경계를 거듭 반복해서 설정했는데도 아무 소용이 없다면, 관계 상담을 받아보거나 관계를 완전히 끝낼 것을 진지하게 고려해보자.

관계가 끝나는 것은 양쪽 모두에게 어려운 일일 수 있다. 해로운 사람을 놓아 보냄으로써 자유롭게 풀려난 당신의 에너지는 새롭고 긍정적인 사람들을 위해 쓸 수 있다는 믿음을 가지자.

내 경우에는 어떤 여자 동료 한 명과 직장 밖에서 함께 시간을 보낼 때마다 내가 두통약을 찾는다는 사실을 발견했다. 결국 나는 그 관계가 서로에게 이롭거나 서로 도와주는 관계가 아니란 것을 깨달았다. 나는 이렇게 생각했다. '더 긍정적이며 서로 도움을 주고 보살펴주는 관계들도 있는데, 내가 왜 이 관계에 내 시간을 쓰고 있을까?' 나는 그 동료와 분기마다 만나 브런치를 함께하던 일정을 더 이상 잡지 않았다. 대신, 때때로 하는 교육 프로그램이나 네트워킹 행사에 그를 초대했다. 나는 상호작용의 방식을 바꾸어 그 관계에서 긍정적인 직업적 부분은 그대로 유지하면서 개인적인 부분에는 한계를 설정했다. 그럼으로써 내 개인적 삶에서 내 컵을 비우는 것이 아니라 채워주는 친구들과 함께할 공간을 더 마련할 수 있었다.

새로운 연결의 씨앗을 심자

사람들은 우리의 지원 네트워크에서 죽음이나 절교를 통해 사라지기도 하고, 서서히 멀어지거나 멀리 이사함으로써 빠져나가기도 한다. 이런 일이 일어날 때 우리가 할 일은 우리 삶에 새로운 지원군을 들이는 일이다. 한 내담자는 같은 해에 자매 둘을 잃었다. 그가 느낀 건 깊은 사별의 슬픔만이 아니었다. 매일 서로 소식을 묻고 사소한 이야기까지 주고받던 사람들이 사라진 것이다. 자매들에게서 얻던 지원을 다시 얻기 위해 그는 친구 몇 명에게 자기 새 '자매들'이 되어주겠느냐고 물었다. 그는 요청하는 용기를 낸 것만으로도 얼마나 많은 지원을 받을 수 있는지 경이로움을 느꼈다. 1년쯤 지났을 때 그중 한 친구는 예전에 자매들이 주었던 것보다 훨씬 더 좋은 지원자가 되어 있었다.

미래는 예측할 수 없으므로, 항상 당신의 지원 네트워크를 풍성하게 만들자. 성인이 되어서 새 친구를 사귀려 하는 것이 어색할 수도 있다. 수줍거나 내향적인 사람, 사회적 불안에 시달리는 사람에게는 특히 더 어려운 일이다. 그래서 몇 가지 방법을 제안한다.

- 새로운 사람을 만나거나 기존 관계를 더욱 돈독히 하도록, 일주일에 최소한 하룻저녁은 사교적인 일로 보내기로 정해둔다. 당신이 사는 지역에서 열리는 행사를 찾아주는 사이트나 앱을 활

용하는 것도 좋다.

- 어떤 종류든 정기적으로 모이는 모임이나 수업 등에 참석한다. 매주 처음 보는 사람 한두 명과 잡담을 나누는 일을 도전 과제로 삼는다.
- 행사가 있을 때는 외향적인 친구와 함께 참석하면 새로운 연결을 맺는 데 도움을 받을 수 있다.
- 스스로 말하는 게 불편하다면 사람들에게 질문을 던져보자. 사람들은 자신에 관해 이야기하는 걸 아주 좋아한다.
- 일찍 자리를 떠도 괜찮다. 행사에 한 시간만 참석해도 지원 네트워크를 키우는 데 도움이 될 수 있다.
- 당신이 온라인으로만 연결을 맺는 사람이라면, 온라인 지원 단체나 온라인 단체 관람 행사, 소셜 네트워크 게임에 참여하거나, 펠로톤 같은 피트니스 앱이나 링크드인 같은 비즈니스 앱을 통해 새 친구를 사귀는 방법도 있다. 다양한 그룹에 가입하고, 마음이 맞는 사람들을 찾아보자.
- 이후의 상호작용을 위한 씨앗을 뿌린다. 다음에 정보를 교환하거나 연락하자고 제안하자. 이런 일이 자신을 취약성에 노출하고 불안을 촉발할 수 있다는 건 알지만, 일시적인 불편함을 감수하거나 심지어 거절을 당하는 경우가 있더라도 지속적인 지원을 줄 수 있는 관계를 찾는 일은 그럴 만한 가치가 있다.
- 두어 시간 편안히 좋아하는 책을 읽거나 음악을 감상하는 등의 방식으로 건강하게 자신을 돌봄으로써 자신에게 보상해주자.

무엇보다 결정적인 것은 진솔하고 긍정적이며 감정이입을 잘하고 친절하며 남의 말을 경청하는 사람이 되는 것이다. 당신이 무엇을 얻을 수 있는지보다 자원이든 소개든 추천이든 당신이 그 사람에게 무엇을 줄 수 있을지 찾아보자. 연구 결과에 따르면, 자기가 속한 네트워크의 지인들에게서 얻는 사회적 지원은 급여 및 승진과 유의미한 양의 상관관계를 갖고 있다.[7]

사회적 지원 네트워크를 강화하는 방법을 배웠으니, 이제 당신의 재정을 위해 같은 일을 하는 방법을 알아볼 차례다.

재정 건강 증진법

지원받는 재정적 삶 만들기

지원받는 재정 생활을 꾸리는 데 필요한 것은, 당신이 재정 건강을 보살피는 일을 도와줄 수 있는, 신뢰가 가는 사람들과 단체들이다. 다음은 고려해야 할 몇 가지 요인이다.

어울리는 사람들과 비슷한 사람이 된다.[8] 우리가 어울리는 사람들은 정상에 대한 우리의 판단 기준에 영향을 미친다. 그러니까 당신은 훌륭한 재정 건강을 갖춘 사람들과 어울리는가, 아니면 자기 분에 넘치는 생활을 하는 사람들이 주위에 가득한가? 친구들을 바꾸라는 말은 아니지만, 적어도 그들

이 당신에게 어떤 영향을 미치고 있는지는 의식하고, 재정 건강이 튼실한 사람들과도 관계를 맺어보라는 것이다.

동반자가 있다면 공유하는 재정적 삶에 관해 서로 이야기를 나눈다. 커플들마다 재정을 다루는 방식이 제각기 다르다. 어떤 사람들은 모든 것을 따로 분리하여 마치 룸메이트처럼 생활하며, 어떤 이들은 모든 걸 합치고, 또 어떤 사람들은 상호합의에 따라 두 방식을 적절히 섞어 쓴다. 재정 문제는 커플 상담에서 가장 자주 논의되는 안건이다. 이혼 사유로 가장 많이 대두되는 문제이기도 하다.[9] 그러므로 돈과 관련해서는 의사소통하고 갈등을 꺼내 해결하는 방법을 배울 필요가 있다. 매주 혹은 매달 재정 점검 시간을 정해두고서 본인들끼리 이 문제를 처리할 수도 있고, 둘 사이의 논의와 결정에 관해 심리치료사나 재정자문가에게 조정과 중재를 받을 수도 있다.

독신이라면 서로의 노력을 점검할 수 있는 파트너를 구한다. 역시 자신의 재정 건강 개선을 위해 노력하고 있는 친구가 있다면, 정기적으로 함께 점검하는 시간을 정해두고 각자 재정 목표를 향해 책임감 있게 노력하고 있는지 확인한다.

재정자문가, 재무설계사, 부채통합 상담사 또는 기타 유형의 재정 상담사를 찾는다. 당신이 재정 지식이 풍부하더라도 전문가의 조언은 매우 큰 가치를 발휘할 수 있다. 전문가에게 재정 자문을 받는 것은 당신의 재정을 위한 개인 트레이너나 코치가 있는 것과 같다. 당신에게 동기를 부여하고 당신을 교육하며 당신이 끝까지 책임지고 해내도록 북돋아주는 사람 말이다. 하지만 금융업계 사람들을 상대할 때 곤란한 점이 있는데, 일부 재정자문가들은 당신에게 생명보험 같은 자기네 금융상품을 팔고 싶어 하는 조직을 위해 일한다는 사실이다. 그보다는 당신을 재정적 자유로 이끌어줄 코치가 되는 일에 더 주력하는 사람을 찾는 것이 좋다. 적합한 자문가를 찾기까지는 몇 사람을 만나 면담해봐야 할 수도 있다.

강의나 지원 모임을 고려해본다. 당신이 재정 건강을 개선하는 일을 진지하게 생각한다면 재정 지식 향상을 위해 재정 관련 강의를 듣는 것도 좋다. 수입이 적거나 충동 지출을 하거나 부채가 쌓여 있다면, 12단계 상호 지원 모임에 가입하는 것도 고려해보자.

재정을 향상할 필요가 절실할 때 당신에게 필요한 건 무엇인가? 강력한 지원 네트워크가 있으면 훨씬 유리하다.

당신의 지원 네트워크가 어떤 상태인지 잘 모르겠는가? 이제 휠차
트를 활용해 알아보자. 이 연습으로 당신의 지원 네트워크에 누가
있는지, 그들이 당신에게 제공하는 지원의 유형은 무엇인지, 그리
고 모자라거나 결핍된 부분은 무엇인지도 알아낼 수 있다.

지원 네트워크의 휠차트

(20분)

날짜: _____

각 질문에 대한 답을 다음 기준에 따라 숫자로 점수를 매긴다.

결핍(1~3)   무난(4~5)   적당(6~7)   충만(8~10)

	결핍			무난		적당		충만	
1	2	3	4	5	6	7	8	9	10

신체 건강   일차진료의, 전문의, 전인적 보건 제공자, 치과의사, 안
과의사, 마사지 치료사, 영양사, 개인 트레이너, 물리치료사, 함께
운동하는 친구 등 당신의 신체 건강을 보살피는 데 도움을 주는
사람들을 떠올려보자. 당신의 신체 건강을 돌보는 제대로 된 지원

시스템을 갖추는 일에서 당신의 점수는 얼마나 될까? _____

정신건강 심리치료사, 정신과 의사, 인생 코치, 정신건강 지원 모임, 12단계 상호 지원 모임을 이끄는 안내자 등 당신의 정신건강 증진에 도움을 주는 사람들을 떠올려보자. 정신건강 측면에서 당신의 지원 시스템은 어떤 상태인가? _____

정서 배우자나 연인, 가족, 친구를 포함해 정서적으로 당신을 뒷받침해주는 사람들을 떠올려보자. 제대로 된 정서적 지원을 갖추는 일에서 당신의 점수는 얼마나 될까? _____

경력 당신의 경력 상담가나 코치, 컨설턴트, 멘토, 소속된 전문가 협회의 동료를 포함하여 직업적으로 당신을 뒷받침해주는 사람들을 떠올려보자. 만일 학생이라면 지원팀에는 지도교수, 선생님, 서로 응원하는 친구들이 포함될 테고, 집에서 자녀를 양육하는 부모라면 자녀 육아 커뮤니티에서 당신을 지원해주는 사람들이 포함될 것이다. 당신의 경력을 위한 지원 시스템을 갖추는 일에서 당신의 점수는 얼마나 될까? _____

재정 당신이 재정적으로 올바른 궤도를 유지하도록 도와줄 사람들로는 회계사, 자산관리사, 부채통합 상담사, 지원 모임, 재산 상속 계획 변호사, 함께 서로가 잘하고 있는지 점검할 파트너, 재무설계사 등이 있다. 대출, 지원금, 대출 탕감, 기타 재무적 지원을 통해 당신의 재정을 도와주는 단체나 사람들도 포함시킬 수 있다. 재정적인 면에서 당신은 얼마나 지원을 받고 있다고 느끼는가?

_____

가족 관계 부모, 형제자매, 자녀, 선택한 가족, 배우자나 연인의 가족, 반려동물까지 포함된다. 당신의 가족 지원 시스템에 대해 얼마나 점수를 주겠는가? _____

친구 관계 속내를 터놓을 수 있을 만큼 신뢰하고, 동지애·동료애·의리·보살핌·재미를 함께 나눌 수 있는 의미 있는 친구들을 떠올려보자. 지원해주는 친구들 측면에서 당신의 네트워크에 점수를 얼마나 주겠는가?

파트너 관계 배우자나 연인이나 당신에게 중요한 타인이 있다면 여기에 속한다. 그런 사람이 없으며 원하지도 않는다면 질문에 답하지 말고 자신에게 10점을 준다. 당신이 파트너 관계에서 얻는 지원은 어느 정도라고 평가하는가? _____

사회 공동체 사회적 지원을 제공하는 단체나 행사로, 종교 행사, 지역사회 행사, 특정 단체 행사, 동문 모임, 육아 모임, 온라인 지원 시스템 등이 포함된다. 당신은 자신이 속한 공동체에서 받을 수 있는 지원을 얼마나 잘 활용하고 있는가? _____

취미 이를테면 밴드 멤버들, 여행 동호회, 교내/직장 내 독서 동아리, 등산 동아리, 그림 동아리, 게임 동호회 등 당신의 취미생활을 지원해주는 사람들이다. 좋아하는 취미활동을 함께하는 사람들에게서 지원받는 일을 당신은 얼마나 잘하고 있는가? _____

생활의 조력 내가 말하는 생활의 조력이란, 일상생활에서 당신이 해야 할 일들을 도와주는 사람들이나 서비스를 뜻한다. 이를테면 룸메이트나 파트너, 자녀, 이웃, 베이비시터 등이다. 또한 보육 제공자나 가정부, 식료품 배달 서비스, 식사 준비 서비스 등 돈을 지불하고 쓰는 서비스와 사람들도 포함된다. 구체적인 일상의 일들과 관련해 도움받는 일에서 당신의 점수는 얼마나 될까? _____

영성 신이나 신성, 신부·랍비·목사·스님, 명상 코치, 요기, 기 치료사 등, 당신을 영적으로 지원해주는 사람들을 열거한다. 영적인 면에서 지원을 얻는 일을 얼마나 잘하고 있는가? _____

결과를 휠차트에 표시하고 점들을 연결하자. 제일 위에서부터 시작하자. 당신의 신체 건강 증진을 위한 지원 네트워크를 갖추는 일에서 당신은 결핍되었는가 충만한가 아니면 그 사이 어디인가? 답과 일치하는 숫자 옆의 바큇살에 점을 표시한다. 이제 휠차트를 돌면서 모든 바큇살에 점수를 표시한 뒤 점들을 연결하여 원을 만든다.

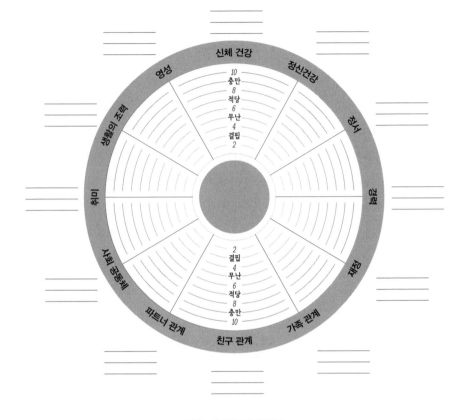

지원 네트워크의 휠차트

이제 각 바큇살의 끝에 당신에게 각 유형의 지원을 제공하는 사람이나 단체의 이름 혹은 직책을 적는다. 동일 인물이나 직책, 단체를 여러 바큇살에 써도 괜찮다. 다음의 예를 보자.

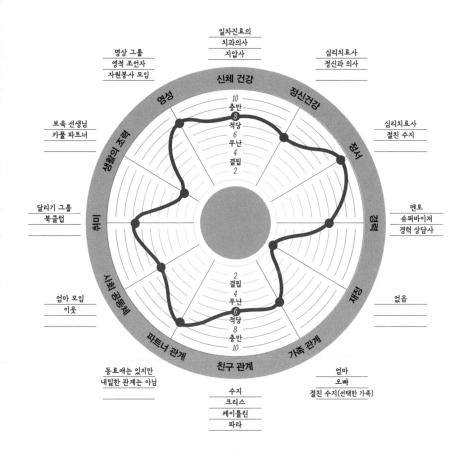

지원 네트워크의 휠차트 예시

이 지원 네트워크의 휠차트 예를 보면, 가장 깊이 들어간 두 영역
이 재정과 생활의 조력임을 알 수 있다. 또한 그 영역에서는 도움
을 주는 이로 열거된 사람이 없거나 매우 적다는 것도 눈여겨보자.
다음 질문에 대한 답을 노트에 적어보자.

- 두 가지 이상의 지원 영역에 이름을 적은 사람이 있는가? 이는 아주 멋진 일일 수도 있지만, 한 사람에게만 너무 심하게 의지하지는 말자. 나의 한 내담자는 자기 남편 이름을 거의 모든 영역에 적었고, 밀접한 네트워크에 다른 이들의 이름은 별로 없었다. 그는 이 연습을 함으로써 자기에게 친구나 지원해줄 사람들이 별로 없는 것이 남편과 자신의 관계에 큰 부담으로 작용하고 있음을 깨달았다.
- 당신의 휠차트에서 거의 혹은 전혀 도움을 받지 못하고 있는 영역이 있는가? 또 다른 내담자는 오직 경력 영역에서만 지원을 받고 있었는데, 이를 보면 그가 워커홀릭으로 살고 있는 것도 이해가 되었다.
- 많이 부족한 영역에서 지원을 더 많이 얻기 위해 할 수 있는 일을 세 가지 정도 적어본다면 무엇일까?

이 연습을 분기별로 다시 실시함으로써 지속적으로 당신의 지원 네트워크에 대한 평가를 해보자. 그리고 지원은 서로 주고받는 것이므로, 이번에는 당신이 다른 사람들에게 주고 있는 지원에 초점을 맞추어 이 휠차트를 다시 작성해보자. 이 작업을 해보면 당신의 주고받음의 균형이 아직 최적의 상태에 이르지 못한 이유를 알게 될 수 있다.

———— ✦ ————

당신의 지원 네트워크가 어떻게 이루어져 있는지 파악했으니, 이제 이 네트워크를 잘 활용할 시간이다.

성공을 위해 네트워크 활용하기

두어 달 전 강연 요청을 하나 받았다. 그런데 그 주제가 그전까지 내가 강연에서 한 번도 다뤄본 적 없는 것이었다. 나는 계속 강연 준비를 미루며 미적거렸고, 마침내 컴퓨터 앞에 앉아 강연문을 쓰려고 하자 엄청난 두려움의 파도가 몰려와 나를 집어삼켰다. 바로 그때, 나는 도움을 요청하자고 결심했다. 나는 심리치료사인 친구 세 명에게 이메일을 보내서 그 주제와 관련해 내게 나눠줄 자료가 있는지 물었다. 30분도 안 되어 친구들은 각자 그 주제에 대한 완전한 프레젠테이션을 만들어 보내주며 자신들이 제공한 내용을 내가 마음껏 써도 좋다고 말했다. 덕분에 나는 몇 시간이나 해야 할 일을 덜 수 있었고 나의 스트레스 수준도 엄청나게 낮아졌다. 이를 위해 내가 한 일은, 부탁한 것뿐이었다.

만약 당신이 책임지고 해야 할 일이 혼자 감당할 수 있는 범위를 넘어선다면, 집에 있는 파트너나 자녀 혹은 직장의 인턴이나 직원에게 일부 일을 위임할 수 있다. 나는 무슨 일이든 하기 전에 이렇게 자문한다. "이 일을 할 수 있는 사람이 나뿐일까?" "내가 이 일을 하기에 가장 적합한 사람일까?" "이것은 내가 즐기면서 하는 일인가?"

이 중 하나라도 아니라는 답이 나오면, 나는 위임을 고려해본다. 위임은 반드시 해야 하는 일 혹은 소명을 느끼는 의미 있는 일에 당신의 시간과 에너지를 집중하게 해준다. 이는 당신의 생산성을 높여줄 뿐 아니라, 다른 사람들에게 배우거나 참여하거나 생계를 꾸릴 기회도 주는 셈이다.

부탁하기 전에, 당신의 지원 네트워크에 속한 이들이 당신에게 각자 어떤 지원 서비스를 제공할 수 있는지 생각해보자.

당신에게 필요한 종류의 지원을 줄 수 있는 적임자를 찾아가는 것이 좋다. 제과점에 가서 스테이크를 주문하지는 않을 것이다. 당신의 지원 네트워크를 살펴볼 때 당신이 주문할 수 있는 지원의 메뉴가 무엇인지부터 파악해야 한다. 어깨에 기대 울면서 위로받을 사람이 필요할 때, 토요일 밤 함께 신나게 파티를 즐기기 좋은 친구나 함께 쇼핑하기 좋은 친구를 찾아가지는 말자. 그들에게서는 당신이 원하는 정서적 지원을 얻지 못할 테니 말이다. 그럴 때는 감정이입을 잘해주고 남의 말을 잘 들어주는 능력을 메뉴로 갖고 있는 친구에게 부탁하자.

다음과 같은 사람이 필요할 때 도움을 요청할 수 있다.

- 속에 쌓인 감정을 털어내야 할 때 들어줄 사람.
- 계획 세우기와 실행할 세세한 일들을 결정할 때 도와줄 사람.
- 해결을 위한 아이디어를 함께 생각해낼 사람.
- 충고, 자문, 멘토링, 상담을 해줄 사람.
- 필요한 지원을 해줄 수 있는 사람을 당신에게 소개해줄 사람.
- 당신에게 도움이 될 자원이나 서비스를 추천해줄 사람.
- 당신을 늘 염려해주거나 긍정적인 기운을 불어넣어주거나 당

신을 위해 기도해줄 사람.

- 당신 곁에 있거나 함께 있어주거나 뭔가 즐거운 일을 함께할 사람.
- 신체적 애정과 가까움, 친밀함을 느끼게 해줄 사람.
- 특정 과제를 도와줄 사람.
- 소셜미디어에서 당신의 일을 지원해주거나 홍보해주거나 이벤트에 참석해줄 사람.
- 무언가를 하는 방법을 가르쳐주거나 훈련시켜줄 사람.
- 함께 건강이나 피트니스나 재정의 목표를 세우고, 각자 그 목표를 책임 있게 잘 이뤄가고 있는지 서로 점검할 사람.

이 장에서 당신은 아주 대단한 일 몇 가지를 해냈다. 이제 당신이 얼마나 발전했으며, 배운 모든 것을 어떻게 하고 있는지 평가할 시간이다. 지원의 휠차트에서는 이 장에서 배운 모든 기술을 한데 모아 당신이 지원과 관련된 일들을 얼마나 잘하고 있는지 측정해본다.

지원의 휠차트

(20분)

날짜: _____

각 질문에 대한 답을 다음 기준에 따라 숫자로 점수를 매긴다.

결핍(1~3) **무난**(4~5) **적당**(6~7) **충만**(8~10)

	결핍		무난		적당		충만	
1	2	3	4	5	6	7	8	9	10

씨앗 심기 사회적 활동, 지역사회 행사, 업계 네트워킹, 소셜미디어, 온라인 봉사활동, 단체 메일이나 뉴스레터, 메일링을 통한 마케팅 시도로 새로운 연결을 맺는 일을 뜻한다. 새로운 연결을 만드는 일에서 당신의 점수는 얼마나 될까? _____

관계 보살피기 사람들이 당신에게 얼마나 특별한 존재인지 주기적으로 알리는 일에서 당신의 점수는 얼마나 될까? _____

유해한 관계 끝내기 유해한 인간관계를 끝내거나 '솎아냄'으로써 자신이 선택할 수 없는 관계에서는 건강한 경계선을 설정하고, 정말로 자신에게 해로운 관계는 끝낼 수 있는 권한이 자신에게 있음을 확인할 수 있다. 유해한 인간관계를 솎아내는 일을 얼마나 잘하고 있는가? _____

도움 요청 할 일을 하는 데 필요하고 적절한 도움을 수시로 요청하는 일을 얼마나 잘하고 있는가? _____

상담받기 특정 분야에서 당신보다 더 잘 알고 경험이 많은 사람들에게 충고나 자문, 조언을 수시로 구하는 일을 얼마나 잘하고 있는가? _____

돌봄 요청하기 애정을 구하는 일을 포함하여 자신의 정신건강과 신체 건강 문제에서 도움을 구하는 일을 얼마나 잘하고 있는가? _____

주고받음의 균형 지원받고 지원하는 일 사이에서 건강한 균형을 잡는 일을 얼마나 잘하고 있는가? _____

멘토링 당신이 이루고 싶은 일을 성취한 다른 사람들에게서 도움을 받는 것뿐 아니라 적절한 경우 당신이 다른 사람들에게 멘토링 해주는 것도 포함된다. 당신이 존경하는 사람들에게 지원을 요청하는 일, 그리고 반대로 다른 사람들을 지원해주는 일을 얼마나 잘하고 있는가? _____

호혜적 관계 인간관계에서 상호성과 상호의존성이 주는 혜택을 누릴 수 있도록 독립과 의존 사이에 건강한 균형을 잡는 것을 뜻한다. 당신은 호혜적 관계를 형성하는 일을 얼마나 잘하고 있는가? _____

침투가 허용되는 경계선 감정과 관계의 경계선이 너무 엄격하거나 너무 느슨해지지 않도록 해두는 일을 얼마나 잘하고 있는가? _____

열린 마음으로 받기 두려움이나 수치심, 죄책감 또는 자존심이 장벽으로 작용하고 있음을 느낄 때, 당신은 지원받는 일에 얼마나 열려 있는가? _____

재정적 지원 재정자문가나 비즈니스 컨설턴트에게 도움을 요청하는 일과 보조금, 대출, 장학금, 부채 탕감, 재정 지원 프로그램에 지원하는 일이 포함된다. 당신은 재정적 지원을 요청하고 지원받는 일을 얼마나 잘하고 있는가? _____

결과를 지원의 휠차트에 표시한다. 제일 위에서부터 시작하자. 당신은 새로운 관계의 씨앗을 뿌리는 일에서 결핍되었는가 충만한가 아니면 그 사이 어디인가? 답과 일치하는 숫자 옆의 바큇살에 점을 표시한다. 이제 휠차트를 돌면서 모든 바큇살에 점수를 표시한 뒤 점들을 연결하여 원을 만든다.

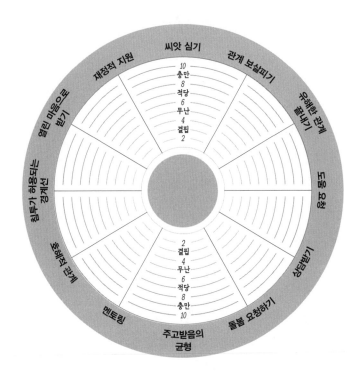

지원의 휠차트

점수가 낮아도 걱정하지 말자. 도움을 요청하는 것은 몹시 어려운 일일 때가 많다. 앞으로 개선되도록 이 마인드셋을 키우는 데 계속 노력하자. 다음 질문에 대한 답을 노트에 적어보자.

- 당신의 휠차트에서 가장 점수가 낮은 영역은 무엇인가? 그리고 그 이유는 무엇인가?

• 점수가 낮은 영역을 개선하기 위해 할 수 있는 세 가지 행동은 무엇인가?

휠차트에 날짜를 기입하고 나중에 참고하도록 해당 파일에 저장해 두자. 매달 또는 분기마다 이 연습을 반복하면서 당신의 인생에 점점 더 많은 지원을 계속 만들어가는 것도 좋다.

이제 당신은 더 많은 지원을 받는 삶으로 가는 길에 올랐다.

———— + ————

더 많은 지원을 받는 삶을 살기 시작하면 점점 더 기분이 좋아지고 더 큰 번영을 맞이하게 될 것이다. 이제 우리는 자비를 갖고 살아가는 일이 당신의 지원 시스템을 어떻게 강화하고, 재정 건강을 어떻게 개선하는지 살펴볼 것이다.

9장

자비

✶

비즈니스가 지닌 힘을 살피고
사랑이 삶의 재화임을 깨달아라

THE
FINANCIAL
MINDSET
FIX

한 자루의 초로 수천 자루 초에 불을 붙일 수 있지만,
그래도 그 초의 수명은 짧아지지 않는다.

———**붓다**(불교의 창시자)

어느 밸런스에서 일할 때, 우리 직원인 한 여성 심리치료사가 열려 있는 내 사무실 문을 두드렸다. 그는 지역의 정신건강 기관에서 10년 넘게 일한 다음 우리와 함께한 지 채 여섯 달이 되지 않은 참이어서, 우리는 서로를 그리 잘 알지 못했다. 평소에는 완벽한 차림새에 차분하던 사람이, 그날따라 흐트러진 모습에 걱정이 많고 지쳐 보였으며 눈물을 터뜨리기 일보 직전이었다. 우리는 문을 닫은 후 함께 자리에 앉았다.

해야 할 이야기 때문에 초조한 듯 잠시 말을 더듬더니, 자신이 정신건강의 위기를 겪고 있다는 말을 간신히 꺼내놓았다. 상대에게 학대를 당하다가 최근 관계를 정리하는 중인데, 그 트라우마 때

문에 심각한 불안과 우울 증세를 겪고 있다고 했다. 직장을 잃으면 큰일 날 상황인데, 업무를 계속할 자신도 없다고도 했다.

나는 솔직함과 용기를 높이 사며 이야기해줘서 고맙다고 했다. 무엇이 필요하냐고 물었더니 2주 동안 휴가를 내고 상태가 나아질 때까지는 새로운 의뢰를 받지 않았으면 좋겠다고 했다. 우리는 유급 휴가 기간 동안 그의 내담자들에게 어떻게 지원과 자원을 제공할지 의논했다. 그리고 그는 우리 회사에서 근무한 지 몇 달 되지 않기 때문에 아파트를 임차하는 일에 어려움을 겪고 있다는 이야기도 했다. 나는 바로 부동산 관리자에게 전화를 걸어 그의 고용 상태를 확인해주었고, 관리자는 바로 임대계약에 서명하기로 동의했다. 나로서는 그렇게 하는 것이 윤리적인 일이었다.

그는 내 사무실을 나가면서 나에게 고맙다고 말하며, 나를 한 번 안아봐도 되겠냐고 물었다. 얼굴에서 안도감이 보였고, 우리는 2주 후 다시 만나기로 했다. 다시 업무에 복귀했을 때 그는 평소의 자신으로 돌아와 있었고, 당시 자신이 맡고 있던 내담자들과의 업무량도 충분히 처리할 수 있다며 자신감을 보였다.

그는 이후 7년 동안 어번 밸런스에서 일했다. 내담자들은 그를 좋아했고, 높은 평점을 남겼으며, 특히 그의 깊은 자비의 역량에 대해 말했다. 그는 심리치료사로 일하는 동안 모든 시간을 채워 일하며 수백 명의 내담자를 치료했다. 동료들에게도 존경받았고, 재정적으로도 승승장구하여 자신의 첫 차와 첫 집도 샀다. 어번 밸런스를 떠날 때 그가 내게 준 카드에는 이런 말이 적혀 있었다. "나는 개인적으로도 직업적으로도 당신이 온갖 방식으로 나를 지원해주었던 일을 결코 잊지 못할 거예요. 당신에게 받은 지원을 나도 다른 사람들에게 베풀며 살고 싶어요." 현재 그는 번창하는 자신의 심리치료실을 운영하고 있고, 우리는 여전히 친구로 지낸다.

우리가 사랑과 자비로 관계와 삶에 힘을 기울이면, 더욱 커다란 번영을 맞이하게 된다.

치료 세션 9
(20분)

오늘 세션에서는 시간을 충분히 갖고, 다음 질문에 대한 답을 노트에 적어보자.

- 누군가가 당신에게 자비를 보여주었던 때를 떠올려보자. 아마도 그 사람이 친절했거나, 사려 깊었거나, 당신의 감정을 함께 느껴주었던 때일 것이다. 그럴 때 당신은 어떤 느낌이 들었는가? 그들의 반응으로 당신의 상황이 바뀌었는가?
- 당신이 개인적으로 누군가에게 자비를 보여주었던 때를 떠올려보자. 직업적인 측면에서 그랬던 적은 언제인가? 그때 어떤 느낌이었는지 써보자.
- 더 많은 자비를 보여주는 것이 직장 내 관계와 당신의 재정을

어떻게 개선할지 생각해보자. 이런 일이 펼쳐질 만한 최선의 시나리오를 하나 써보자.

- 당신의 인생을 함께하는 사람들에게 오늘 당신이 더욱 자비를 보여줄 방법에는 무엇이 있을까?

남에게 베푼 자비는 당신에게 다시 돌아와 진정한 번영으로 이어질 것이다.

———— ✦ ————

이제 다른 사람의 감정에 이입하는 것이 어떻게 더욱 큰 번영으로 이어질지 알아보자.

감정이입은 당신의 삶에 완전한 변화를 일으킬 마술지팡이다

감정이입은 문명이 지닌 가장 핵심적인 자질이다.[1]

——**로저 에버트**(미국의 영화평론가, 저술가)

《감성지능》의 저자 대니얼 골먼에 따르면, 감정이입에는 인지적 감정이입과 정서적 감정이입, 그리고 자비의 감정이입이라는 세 층위가 존재한다.[2] 인지적 감정이입이란 다른 사람의 관점을 이해하는 것이고, 정서적 감정이입이란 다른 사람이 느끼는 감정을 함께 느끼는 것이며, 자비의 감정이입은 그 사람의 경험을 이해하고 감정을 함께 느끼는 데서 그치지 않고 그로 인해 마음이 움직여, 상대가 원하기만 한다면 기꺼이 돕고자 하는 것이다. 이것이 바로 모두가 지향해야 할 층위의 감정이입이다.

'감정이입'이란 다른 사람의 입장에 자신을 대입하고 그 상황에서 그들이 어떤 감정을 느낄지를 성찰하는 것이니, 아마 인간관계에서 가장 중요한 기술일 것이다. 감정이입을 하며 상대의 말에 귀를 기울이면, 그들의 관점·입장·감정에 대해 공감하고 이해할 수 있다.

우리가 정확히 똑같은 경험을 해봐야만 다른 사람에게 감정이입할 수 있는 것은 아니다. 인간은 누구나 비슷하게 기쁨과 슬픔, 상실감, 사랑, 두려움, 외로움, 자랑스러움, 수치심, 죄책감, 안도감, 의기양양함을 느낀다. 공통된 감정이나 인간 고유의 경험에 대해 공감하는 방식으로 귀를 기울이면 다른 사람들과의 연결을 개선하며 이해를 공유할 수 있다.

다른 사람의 감정을 바꾸거나 통제할 수는 없다. 대신 우리는 그들이 자신의 감정을 표현하는 것을 들어주고 그들의 감정적 반응의 타당성을 인정해줌으로써 그들이 그 감정을 처리하게 도울 수는 있다. 때때로 사람들이 당면한 상황에 대해 적절한 수준을 넘어설 정도로 과한 감정적 반응을 보이는 것 같을 때가 있는데, 이는 그 사건이 과거의 비슷한 경험에서 연유한 감정의 샘을 건드리기 때문이다. 그들의 반응이 과도해 보일 수는 있지만, 그들 자신의 본성과 양육을 감안하면 정상적인 반응이니, 말로 따지고 언쟁하는 것은 소용이 없다. 어차피 지는 싸움이며 관계가 손상될 수도 있다.

우리가 상대의 감정에 이입하여 느낀 바를 말로 표현하면, 상대방은 우리가 자신의 마음을 들어주고 알아주고 이해해주었으며 우리와 연결되었다고 느낄 수 있다. 이것만으로도 갈등이 풀릴 수 있다. 사람은 자기 마음이 일단 잘 전달되고 이해받았다고 느끼면 더 이상 방어적이거나 공격적인 태도로 자신의 메시지를 전달해야 할 필요성을 느끼지 않기 때문이다. 의식적으로 자신의 입장에서 빠져나와 다른 사람의 경험에 우리 자신을 대입해보면 우리 자신의 인식도 높이고 관계도 개선할 수 있다.

사업에도 유익하다

감정이입은 개인적 인간관계에만 도움이 되는 것이 아니라, 업무 성과도 향상시킬 수 있다. 연구에 따르면, 사람이 자비로운 마음을 품으면 자기효능감도 높아지고 그 결과 업무 성과도 더 좋아진다고 한다.[3] 그뿐 아니라 자비로운 마음은 사람을 더욱 긍정적으로 만드는데, 긍정성과 업무 성과 사이에는 양의 상관관계가 있다.[4]

내가 감정이입이 사업에도 유익하다는 것을 알게 된 것은, 당시 내가 개인적으로 알지는 못했지만 유명한 시카고의 한 심리치료사가 이메일로 내게 연락을 해왔을 때였다. 그는 어번 밸런스 소속 심리치료사 한 명이 어번 밸런스 블로그에 자신의 책에서 표절한 내용을 올렸다고 설명하며 게재 중지 명령을 보내왔다. 나는 그런 일이 일어났다는 사실에 적잖이 충격을 받았다. 그리고 책임을 지고 사과했으며, 자신의 글이 제대로 저자를 밝히지도 않은 채 어딘가에 실렸다는 것이 얼마나 끔찍하고 불쾌한 일이었을지 그의 감정에 깊은 공감을 표했다. 놀랍게도 그는 나의 친절한 반응이 고마웠다는 다정한 답장을 보내왔고, 내 이메일 서명을 보고 우리가 직업적으로 공통점이 상당히 많다는 것을 알았다며 만나서 커피를 마시며 이야기를 나누면 어떻겠냐고 물어왔다. 우리는 이후 수많은 내담자를 서로 추천하고, 콘퍼런스에서 함께 프레젠테이션을 하기도 했다. 10년이 지난 지금도 우리는 여전히 친구이자 동료로 잘 지내고 있다.

다음은 감정이입이 사업에 유익하게 작용할 수 있는 몇 가지 방식이다.[5]

판매, 충성도, 의뢰 증가. 훌륭한 영업자라면 고객의 필요를 진심으로 이해하고 자신이 그 필요를 충족시킬 수 있음을 보여주는 것이 사업에 유익하다는 것을 안다. 감정이입은 고객과의 관계를 강화할 뿐 아니라 의뢰처, 공급처 등과의 관계도 돈독하게 한다. 기본적으로 사람들은 당신이 마음에 들 때 당신과 함께 일하고 싶어 한다.

생산성과 혁신 증가. 사람들이 당신의 회사를 감정이입 잘하는 회사로 인지할 때 판매가 증가하는 이유는, 그런 회사에서 직원들의 생산성이 더 높고 더 혁신적이기 때문이다. 또한 감정이입을 가장 잘하는 직원이 성과도 가장 좋은 경향이 있다.[6]

경쟁 우위와 재정적 가치 상승. 2016 감정이입 지수에 따르면, 감정이입을 가장 잘하는 기업들이 가장 성과가 높은 기업들 목록을 다수 차지했다. 전부 일치하지는 않았지만 말이다.[7]

사내 참여와 협력 촉진. 감정이입을 장려하는 기업 문화는 매우 적극적으로 참여하는 개인들을 끌어들이며, 직원 유지율과 직원 사기도 더 높다.

감정이입하는 좋은 방식과 나쁜 방식

친구가 울면서 당신에게, 동료들이 보는 앞에서 상사가 자신을 꾸짖고 비판해서 속이 상했다고 말한다고 상상해보자. 다음은 감정이입을 하거나 하지 않으면서 반응하는 방식들이다.

감정이입하지 않은 반응:

- "그런 걸로 마음 상해 하지 마. 그런 감정은 안 갖는 게 좋아." (감정을 인정해주지 않음)
- "진작에 다른 직장을 구했어야지. 내가 누누이 그러라고 했잖아." (문제 해결에 대한 공감과 참을성이 없음)
- "왜, 네가 뭘 어쨌길래? 질책 들을 일을 했나 보네." (편이 되어주지 않고 비난함)
- "별 대단한 일도 아니네. 적어도 해고당한 건 아니잖아." (사소한 일로 치부함)
- "나한테 그런 일이 일어났다면 나는 신경 안 쓸 거야. 나라면 그

냥 털어버릴 거라고." (자신과 비교함. 도움을 주지 않음)

- "넌 너무 예민해." (비판)

감정이입한 반응:
- "저런, 그런 일이 있었구나. 듣는 나도 마음이 참 안 좋네." (동정과 염려)
- "정말 창피하고 불편했겠다. 답답하고 화나고 무력감이 들었을 것 같아." (감정이입, 마음을 알아줌, 감정을 존중함)
- "예전에 엄마가 남동생들이나 친구들 앞에서 나를 꾸짖을 때 나도 그런 기분이었어. 정말 굴욕적이고 너무 화가 났지." (자기 경우를 들어 공감하면서 정상적인 일이라고 말해줌)

상대에게 반응할 때 감정이입을 더 잘하려면 의사소통의 비언어적 요소에 유념하고 적극적으로 귀 기울이는 연습을 하자. 자신의 표정과 손짓, 신체 언어도 잘 의식해야 한다. 그리고 사람들은 실제로 느끼는 감정을 겉으로 드러내지 않을 때가 많으므로, 사람의 마음을 읽는 법도 배워야 한다. 몸은 거짓말을 하지 않는다. 그러니 비언어적 요소를 유의해서 살펴보고 "기분이 나빠 보이는데, 제가 어떻게 도와드리면 좋을지 말씀해주시겠어요?"라는 식으로 질문을 통해 확인한다.

　마음을 닫아걸거나 무신경하게 굴지 말고, 마음을 열고 적극적으로 듣는 연습을 하자. 적극적으로 듣는다는 것은 당신에게 말하고 있는 사람에게 전적으로 깨어 있는 의식으로 주의를 기울인

채 경청함으로써, 그들이 보내는 메시지를 명확하게 이해하고 사려 깊게 응답하며 대화 내용을 꼭 기억해두는 것이다. 여기엔 어떤 보너스가 따라올까? 적극적 듣기는 영업 성과와 양의 상관관계를 형성한다.[8]

비언어적 요소를 읽어내고 적극적으로 듣는 것은 당신의 감정이입 역량을 키워준다.

감정이입을 통해 성공 키우기
(15분, 평생 실천할 일)

다음 질문에 대한 답을 노트에 적어보자.

- 인간관계에서 당신이 감정이입을 더 많이 보여줄 기회로는 어떤 것이 있을까? 위의 비감정이입 반응과 감정이입 반응의 예를 훑어보고, 더 감정이입을 잘하며 말하기 위한 아이디어를 적어보자.
- 비언어적 의사소통이나 적극적 듣기를 활용해 감정이입을 더 크게 표현할 방법으로는 어떤 것이 있을까?
- 당신이 더 돈독히 하고 싶은 관계에서 감정이입을 더 잘한다면 어떤 이점이 있을까? 그렇게 해서 개선된 관계는 다시 당신의 인생을 어떻게 개선할 것 같은가?

자비로운 연결이 일으키는 변화의 힘

첫 대면 때 내담자 수마는 지적인 눈으로 나를 바라보았다. 아름답고 젊은 얼굴은 갈색 머릿수건으로 우아하게 감싸여 있었다. 수마가 내게 자신의 종교에 관해 얼마나 잘 아느냐고 물었을 때, 나는 내가 어떻게 보일지 걱정하며 미안해하는 투로 그리 잘 알지 못한다고 털어놓았다. 나는 수마에게 그가 속한 문화와 1세대 무슬림계 미국인으로서 한 경험에 관해 알려달라고 요청했고, 내가 무지와 백인의 특권의식에서 나온 말을 하거든 언제든 지적해달라고 했다. 나는 치료사와 내담자의 관계가 심리치료의 토대라고 믿는다. 그렇기 때문에 수마가 내 곁에서 안전하다고 느끼고 이해받고 지지받는다고 느끼는 것이 필수적이라고 생각했다.

"당신이 친절한 분이라는 걸 알겠어요. 당신과 함께 작업하고 싶어요" 하고 수마가 말했다.

이후 세션들에서 수마는 학교에서 유일한 유색인이었던 어린 시절 이야기를 들려주었다. 수마는 금발과 파란 눈의 이상적 미인들의 세계에서 자신은 항상 다른 존재이고 어떻게 해도 예쁘지 않다고 느꼈다. 수마의 부모는 수마가 더 나은 삶을 살도록 동아프리카에서 시카고의 노스사이드로 이주하기 위해 큰 희생을 감수한 이민자였다. 그들은 본인들이 겪은 큰 역경과 광범위한 트라우마에다, 미국과 외국에 있는 가족을 부양하기 위해 동시에 여러 일을 해내야만 하는 스트레스가 더해지면서, 난폭하게 감정을 터뜨리는 일이 잦아졌고, 거기에는 감정적 학대와 신체적 학대도 포함되었다. 그들의 의도는 수마가 좋은 사람이 되라는 것이었다. 그런데 수마는 어쩐지 자신은 부족하거나 잘못되었거나 나쁜 사람이라는 의도치 않은 메시지들을 떨어지는 폭포수처럼 맞으며 자랐다. 결국 수마는 자기 본연의 가치나 내적인 평화 혹은 사람 사이의 안전함과 존중을 한 번도 깊이 경험한 적 없는 사람이 되고 말았다.

많은 사람이 그렇듯, 수마의 현재 삶은 수마의 과거와 충격적일 정도로 닮아 있었다. 수마는 큰 존경을 받고 높은 성취를 이룬 비즈니스 컨설턴트와 결혼했는데, 그는 온갖 말로 수마가 미흡하고 결점투성이이며 완전히 '미친' 것까지는 아니더라도 비합리적이라는 말을 반복적으로 주입했다. 남편은 신체적 해를 입히지는 않았지만, 남편 대신 수마 자신이 그렇게 했다. 아무리 해도 풀리지 않는 말다툼이 빈번히 벌어지고 나면, 수마는 잘 눈에 띄지 않는 부위인 자기 팔과 다리 같은 부분을 칼로 그음으로써 자신을 해했다. 자기혐오와 덫에 갇힌 느낌, 격분의 감정을 분출하려는 시도였다.

초기 세션에서 우리는 수마의 경험과 감정을 탐색했다. 처음에는 방금 자신이 들려준 기억에 관해 어떤 감정이 드느냐고 물으면, 보통 수마는 "모르겠어요"라거나 "어쨌든 이미 일어난 일인데요. 문제없어요. 괜찮아요"라고 말했다. 자기 자신과 자신의 감정으로부터 단절된 채 아무 표정 없는 엄숙한 얼굴로 몸을 조그맣게 옹송그리고 앉아 있는 수마는 바람 빠진 풍선처럼 속이 텅 비어 보였다. 나는 신체적 학대나 감정적 학대를 겪는 것은 절대 '문제없는'

일도 '괜찮은' 일도 아니라고 말했다. 나는 수마가 느꼈을 것이라 상상되는 바를 거울에 비춰 보여주듯 말했다. "맙소사, 내 생각에는 당신 정말 화가 많이 났을 것 같아요"라거나 "큰 슬픔을 느꼈겠네요. 그렇더라도 충분히 이해할 만합니다"라는 식으로 말이다. 그러자 수마의 눈에서 눈물이 뚝뚝 떨어지며 자기 보호의 가면을 녹이고 가슴을 열어놓았다. 감정이입을 통해 나와 연결되면서 수마는 나의 연민을 내면화하고 자기자비를 키우는 법을 배웠으며, 자신의 감정이 타고난 천성과 받은 양육에 따른 정상적인 반응이라는 것을 이해하게 되었다.

자신에 대한 자비를 키워가는 과정에서 수마는 슬픔과 분노의 감정에도 가닿았다. 이전처럼 부정적 감정을 자기 내면으로만 돌리는 것이 아니라, 분노가 불어넣은 자기 권한에 대한 의식에 힘입어 수마는 진실을 말하고 타인들과 자신 사이에 건강한 경계선을 설정할 수 있게 되었다. 수마 부부는 커플 상담을 시작했지만, 상담 과정은 자신이 항상 '옳다'고 느끼며 변화할 의지가 별로 없는 남편 때문에 좀처럼 진전이 없는 것 같았다. 하지만 수마는 굳건히 자신을 지켜가면서, 자기 부부의 관계 역학 및 남편의 나르시시즘, 가스라이팅 습관, 감정적 학대의 순환에 대해 점점 더 깊이 이해하게 되었다.

결혼 외의 삶에서는 스스로 자신을 옹호하는 삶을 살기로 하면서 로스쿨에 지원하여 경력 면에서 진전을 이루어갔다. 수마는 자기돌봄을 우선 과제로 정하고, 그림이나 즐거움을 위한 독서 같은 취미에도 시간을 쏟았다. 예전에 무감각을 가장하며 쓰고 있던 가면에서 해방된 수마는 이제 취약성과 진실성을 고스란히 지닌 채 용감하게 다른 사람들과 관계를 맺고 있다.

수마는 우리의 관계와 자신의 여정을 통해 나에게 이슬람교에 관해 아주 많은 걸 가르쳐주었다. 나는 세계의 다른 여러 종교와 이슬람 사이에 공통점이 많다는 것도 알게 되었다. 이런 유사성은 서로 다른 렌즈들을 통해 해석된 보편적인 진실이라고 나는 믿는다. 또한 재정적 부채가 영혼에 해롭다는 믿음, 어머니들에 대한 경의의 중요성, 다른 사람의 질투나 시기가 미치는 부정적 영향을 가리키는 '흉안'의 개념 등, 이슬람교의 몇몇 소신은 내게도 매우 현명하고 설득력 있게 느껴졌다. 내가 모든 내담자에게 그러기를 원하는 것처럼, 나는 수마의 문화와 종교의 신념 체계를 귀하게 여기고 존중했으며, 가능한 한 모든 방식을 동원하여 자비의 마음으로 수마를 지원했다.

심리치료를 진행한 지 2년 가까이 되었을 때, 수마는 세션 도중에 잠시 히잡을 벗었다. 안전핀이 불편해서라고 말했지만, 나는 히잡을 벗은 수마의 행동에 더 깊은 의미가 담겨 있다고 느꼈다. 그즈음 우리 사이에는 일정 수준의 신뢰와 내밀함이 쌓여 있었으며, 그때 수마는 내게 자신을 진정으로 보여준 것이다. 나는 수마의 아름다움에, 그리고 모든 의미에서 진정으로 자신을 보여준 그의 선물에 압도감을 느꼈다. 그 감정이 어찌나 컸던지 내 눈가에는 사랑이 담긴 눈물이 그렁그렁 맺혔다. 수마는 내 눈물을 못 본 척했지만, 그 주에 있었던 일들을 계속 이어서 담담히 말하던 수마의 입꼬리가 살짝 위로 올라간 것을 나는 알아보았다. 수마는 그날 상담실에서, 우리 관계에서 일어난 일에 대해 단도직입적으로 이야기할 준비는 되어 있지 않았지만, 그 일은 수마의 변화가 시작되었음을 알리는 이정표가 되었다.

남편은 커플 치료를 꽤 받았음에도 감정적으로 학대하는 버릇을 끝내 버리지 않았다. 1년 뒤, 수마는 그런 남편과 이혼하겠다고 용감하게 결정했다. 수마가 속한 가족과 공동체를 고려할 때 예전이라면 이런 결정을 내리기가 불가능했다. 수마는 이 시점에서는 자기가 자유로워지기 위해서는 더 작은 버전의 자신 혹은 소리 죽인 버전의 자신이기를 강요하는 모든 장벽을 부숴야 한다는 것을 깨달은 상태였다.

수마는 부모에게 자신이 유년기에 겪은 학대를 재현하는 결혼 생활을 해왔다고 말했다. 수마는 스스로 부여한 힘과 권한으로 강단 있게 부모에게 선택지를 제시했다. 수마의 부모가 상담을 받아서 트라우마 문제를 해결함으로써 폭력이 되풀이되는 걸 멈추고 이혼하는 수마에게 힘을 실어줄 것인가, 아니면 수마와 인연을 끊을 것인가. 수마의 부모는 도움을 받았고, 온 마음을 다해 수마에게 힘이 되어주었다. 과거에 수마의 부모는 학대적인 행동을 하기는 했지만, 딸을 엄청나게 사랑했고 어떤 상황에서도 자신들이 할 수 있는 최선을 다했던, 마음 깊이 선한 사람들이었다.

수마는 인생의 나머지 부분에서도 믿을 수 없이 대단한 변화를 경험했다. 친구들과 해외 여행을 다녀왔고 뉴욕에도 다녀왔다. 그리고 가족법 실무로 다른 사람들을 돕겠다는 계획을 갖고 로스쿨에 다녔다.

심리치료에서 내가 들려준 감정이입과 연민과 긍정적 확인의 목소리를 수마가 자기 안으로 받아들여 자기와의 대화에 그 목소리를 반영했을 때, 마침내 우리의 작업은 완료되었다. 마지막 세션에서 큰 축하와 약간의 눈물로 우리의 치료 관계를 사려 깊고 성공적으로 마무리했다.

우리는 함께 작업한 후로도 몇 년 동안 연락을 유지했다. 현재 수마는 성공적인 변호사이자 법률사무소의 소유주로서 20여 명의 직원을 고용하고 그들에게 힘을 불어넣고 있다. 그리고 사랑으로 대하는 사람과 재혼했다. 수마는 긍정적인 자존감을 뿜어내며 생동감 넘치며 풍요롭고 관대한 삶을 살고 있다. 내가 아는 이들 중에서도 가장 훌륭한 사람, 친절과 성찰과 성실성이 넘치고 자신이 지닌 힘을 올바르게 사용하며 살아가는 사람이다.

나는 수마와 내 관계가 신성한 성격을 띠고 있다고 생각한다. 나의 가슴속에 언제까지나 수마를 품고 있을 것이다. 우리 둘 다 배움과 성장을 위해 서로의 삶에 들어왔다는 것을, 그리고 내가 이 축복을 영원히 감사할 것임을 알고 있다. 나 역시 한때 가면을 쓴 채 과거의 고통은 가슴속에 꾹 담아두어야 한다고 느끼며 살던 사람이었기에, 몇 가지 측면에서 수마에게 확실히 동질감을 느꼈다. 그렇지만 내가 수마에게 감정이입하며 관계를 돈독히 할 수 있었던 것은, 내게 자신의 진실함과 취약성을 그대로 드러내준 수마의 의지 때문이었다.

수마의 이야기는 연민으로 이어진 연결이 얼마나 경이로운 변화를 일으킬 수 있는지 보여주는 일종의 영웅담이다. 잿더미에서 솟아나는 불사조처럼 수마는 용기로써 탈바꿈을 이뤄내며, 과거의 자신을 벗어버리고 자신의 가장 위대한 자아로 다시 태어났다.

연민으로 확장하기
(10분, 평생 실천할 일)

다음 질문에 대한 답을 노트에 적어보자.

- 배경이 다른 사람과의 인간관계나 친구 사이에서 뭔가를 배운 때를 생각해보자. 이 경험에서 당신은 무엇을 배웠는가?
- 언제 누군가와 연민으로 연결되는 경험을 해보았으며 그 느낌은 어땠었는가? 그 일이 당신의 삶에 긍정적인 변화를 불러왔는가?
- 그 경험에서 당신이 배운 것을 어떻게 활용하면 인간관계 개선에 도움이 될까? 이렇게 해서 개선된 인간관계가 당신의 인생과 성공을 확장해줄 수 있을까? 그렇다면 그 일은 어떤 식으로 일어날까?

—— ✦ ——

사랑이 깃든 친절*로 관계를 돈독히 하자

사랑은 커다랗다. 사랑은 분노를 안아줄 수 있고,
심지어 증오도 안아줄 수 있다.[9]

—— **앨리스 워커**(미국의 소설가, 사회활동가)

때때로 감정이입은 친절을 낳는다. 친절은 따뜻함, 다정함, 자상함,
염려, 사려, 배려로 이루어진 특성이다. 친절을 약함으로 오해하는
이들도 있지만, 친절은 노력과 용기, 강함이 필요한 대인관계의 기
술이다.[10]

영적 스승인 쉬르디 사이 바바는 말을 하기 전에 "이것은 친절
한 말인가, 필요한 말인가, 진실한 말인가?"라고 스스로 물어보라
고 권한다. 하나라도 아니라는 답이 나온다면 말하지 말라는 것이
다. 이는 개인적 관계와 직업적 관계에서 크나큰 도움이 되지만, 때
로는 그 답을 정확히 알기 어려울 때도 있다.

내가 임상 교육을 받던 초기, 체취가 심하고 겨드랑이에 크고
노란 땀 얼룩이 배어 있던 한 내담자가 있었다. 상담 세션마다 그
는 아무리 데이트를 해봐도 잘되지 않는다며 몹시 안타까워했다.
나의 슈퍼바이저는 내가 친절한 방식으로 그에게 진실을 말해줘야

• 원서에 적힌 'Lovingkindness'는 팔리어 메타 mettā(慈)를 영어로 옮긴 단어로, 자애, 자비,
우애, 선의, 타인에 대한 적극적 관심 등의 의미를 담고 있다.

만 한다고 했다. (오, 안 돼! 정말 그래야 한다고?) 나는 그가 복용하는 항우울제의 부작용 중 하나가 계속 땀이 나게 하는 것임을 언급하면서 간신히 그 주제를 대화로 끌어들일 수 있었다. 그는 자기도 그런 점을 알아차렸다고 했고, 우리는 처방 탈취제와 안에 티셔츠 받쳐 입기, 셔츠의 얼룩 제거 등에 관한 이야기를 나눴다. 두 달 후 우리는 성공적으로 치료를 마쳤고, 그는 새로 시작한 연애로 행복하게 지내고 있다. 때로 불편한 진실을 친절한 방식으로 말하려면 염려하는 마음이 충분히 커져야 한다.

친절에는 인내심이 필요하다. 다른 사람들 때문에 당신이 지체되거나 불편해졌을 때 온화한 태도와 이해하는 마음을 내어야 하기 때문이다. 친절이 격려의 형태를 띨 때도 있다. 신뢰와 확신으로 타인의 마음을 끌어올려주고 희망을 불어넣어주는 것이다. 사랑이 깃든 친절로써 관계를 건강하게 키워가려면, 열린 마음으로 결론이 열린 질문을 던져야 한다. 어떤 제약 조건도, 부대 조건도, 기대도, 조종하려는 의도도 없어야 한다는 걸 잊지 말자. 그냥 단순히 사랑하려는 목적으로 사랑하자. 칭찬, 사랑, 애정, 도움, 자원, 염려, 배려, 사려, 존중, 감정이입 등 사랑이 담긴 정서적 요소를 관계에 솔솔 뿌려주자. 경이로운 취약성와 기쁨의 마음으로 솔직하고 자유롭게 사랑을 표현하자. 그러면 그 사랑이 배가 되어 당신에게 돌아올 것이다.

친절의 힘 발휘하기

(15분, 평생 실천할 일)

다음 질문에 대한 답을 노트에 적어보자.

- 당신이 더 돈독히 하고 싶은 개인적 관계를 적어보자. 가족이나 파트너일 수도 있고 친한 친구일 수도 있으며 함께 일하는 동료 일 수도 있다. 이 사람이 당신에게 중요한 이유는 무엇인가?
- 당신이 더 돈독한 관계를 맺고 싶은 사람의 특징 열 가지를 생 각나는 대로 써보자.
- 그중 세 가지 특징에 동그라미를 치고, 다가오는 주에 그 사람 에게 당신이 그 특징들을 좋아한다는 사실을 전할 방법을 찾아 본다. 이렇게 한 일이 당신의 관계와 안녕에 어떤 영향을 미치 는지 눈여겨보자.

———— ✦ ————

재정 건강 증진법

선행 나누기

삶에서 가장 끈질기고 긴급하게 던져야 하는 질문은,
내가 남들을 위해 무엇을 하고 있는가다.[11]

——**마틴 루서 킹**(미국의 목사, 인권운동가, 노벨 평화상 수상자)

앞의 장들에서 자기돌봄을 실천하고 지원을 받음으로써 우리의 배터리를 재충전하는 방법을 배웠다. 이제 당신은 강력하게 충전되었으니, 배풀고 나눌 수 있는 것이 있을 때는 언제든 그럴 수 있다. 이타심, 봉사, 깨어 있는 자본주의, 그리고 받은 선행을 다시 널리 베풀기를 통해 정신적 안녕과 건강이 개선되고, 심지어 예상하지 못한 보상이 돌아와 번영으로 이어지기도 한다.

이타주의는 다른 사람들의 안녕을 염려하여, 시간이나 돈, 정보 및 기타 자원을 나눠주는 일 등 자신에게 얼마간 비용이 들더라도 감수하고 행동을 취하는 것이다. 연구 결과에 따르면, 이타주의는 삶의 스트레스가 심한 사건들이 주는 부정적인 영향을 완충하는 데 도움이 되어 정신건강에도 이롭다고 한다.[12]

나의 내담자 젠도 이런 사례에 해당한다. 젠은 이별로 인해 어쩔 수 없이 이사를 했다. 이어서 실직과 심각한 재정적 스트레스에 시달리는 등 동시에 불거진 여러 문제를 해결하기 위해 심리치료를 받으러 왔다. 저축해둔 돈이 얼마 없었음에도 젠은 자신이 일자리를 알아볼 만한 정신 상태가 아니라고 느꼈다. 젠은 직장을 쉬는 틈새 시간을 활용해 그동안 늘 자기 소명으로 느꼈던 일을 하기로 마음먹었다. 그건 바로 아이티에서 자원봉사를 하는 것이었다. 아이티에서 3주 동안 봉사하고 다시 심리치료에 나타난 젠은 "내게는 아무 문제도 없어요." 하고 말했다. 자기보다 문제가 훨씬 많고 자원은 훨씬 적은 사람들을 위해 봉사활동을 한 것이, 젠에게 자기가 지닌 특권을 인식하게 하고 더 폭넓은 시야를 선사한 것이었다. 이타주의는 젠의 사고를 부정적 렌즈(결여와 문제)에서 긍정적 렌즈(만족과 축복)로 바꿔놓았다. 이는 젠의 정신건강을 부쩍 북돋우면서 우울과 불안을 줄였고, 덕분에 젠은 기본급이 더 높고 위탁 수수료도 더 많이 받을 기회가 있는 판매직을 구할 수 있었다.

젠의 경험은 자원봉사활동이 삶에 의미를 부여하고 사람들의 기분을 나아지게 한다는 연구 결과와도 일치한다. 여러 연구는 자원봉사활동에 참여하는 일이 안녕감, 삶에 대한 행복감, 직업 및 경력에 대한 만족감과 양의 상관관계를 맺고 있음을 보여준다.[13]

진정한 이타주의는 마음에서 우러나며 본래 사심이 없는 것이기는 하지만, 재정적 번영으로 이어질 수도 있다. 자기가 하는 일에 진심을 기울이는 것이 재정을 개선할 수 있다는 말이다.

줄리는 나의 마케팅 컨설턴트인데 세상을 위해 선행을 하는 사람들을 고객으로 끌어들인다. 줄리는 자기 회사의 서비스를 통해 고객들이 온전히 잠재력을 실행하도록 지원한다. 줄리는 재능 있는 디자이너와 작가, 검색 엔진 최적화 컨설턴트를 고용한다. 직원들과 내담자들을 위해 꾸준히 진행하는 쌍방향 웹세미나와 학습 행사 등을 통해 커뮤니티를 키워나간다. 줄리는 또 자기 할머니도 앓았던 알츠하이머병 퇴치를 위해 열성적으로 활동한다. 이 모든 일이 내가 줄리를 존경할 수밖에 없게 만들고, 이는 다시 나를 줄리의 충직한 소비자로 만든다. 자신의 가치관과 조화를 이루는 사업체를 지원하는 것은 아주 기분 좋은 일이다.

사업에서 성공하기 위해 냉혹하고 무자비하게 구는 것은 악업을 쌓는 일이다. 일과 삶에서 진정으로 번영하려면, 동료, 상사, 고객, 경쟁자, 직원, 의뢰자, 협력사를 자비로 대하는 쪽을 선택하자. 당신의 조직과 연결된 모든 사람을 이롭게 하는 자비 가득한 사업을 위해 일하거나 그런 사업체를 만드는 쪽을 선택하자. 사람들을 기계 속 부품처럼 취급하는 대신, 연민과 배려의 연결을 맺음으로써 사기를 높이고 고객과 직원이 좀처럼 떠나지 않게 하며 생산력을 높이는 게 어떨까? 친절하고 진실한 사람이 되는 일에 꼭 비용이 드는 것도 아니다.

세일즈포스, 와비 파커, 아이보리 엘라, 트레이더 조, 더 컨테이너 스토어, 파타고니아 등 여러 성공적인 기업이, 기업은 환경을 포함한 모든 주요 이해관계자에게 봉사해야 한다고 선언하는 철학인 '깨어 있는 자본주의'를 실천하고 있다. 깨어 있는 자본주의가 기반으로 하는 다음의 네 원칙은 상호 보완 관계를 형성하고 있다.[14]

높은 차원의 목적 순전한 이윤 추구를 넘어선 목적에 초점을 맞춘다.

이해관계자 지향 한 사업의 이해관계자는 고객과 직원, 공급업자, 투자자 등 아주 다양하다는 것을 인식한다. 주주만이 이해관계자는 아니라는 말이다.

의식 있는 리더십 '나'가 아닌 '우리'라는 사고방식이 사업을 추진한다.

의식 있는 문화 모든 이해관계자 사이에 신뢰와 협력의 정신을 키운다.

깨어 있는 자본주의는 같은 가치관을 공유하는 충성스러운 고객의 마음을 얻는 훌륭한 언론 홍보 효과도 얻을 수 있다. 파타고니아가 기후변화 해결을 위해 천만 달러를 기부했을 때처럼 말이다.[15] 의식 있는 소비자가 되고 더 큰 선에 기여하는 기업을 지지하는 일도 자비를 품은 존재가 되는 일 중 하나로 볼 수 있다.

관대함도 이타주의와 연민의 또 한 측면이다. 우리가 자신에게 더 가치 있게 여기는 것을 줄수록 우리는 더욱 관대한 사람이 된다. 연구 결과도 관대함이 성공으로 이어질 수 있다는 것을 뒷받침하며, 성공은 번영을 이루는 데 중요하다.[16] 당신이 관대하다면, 긍정적인 고객 평가가 당신의 재정적 실적을 증가시킬 수 있는 것이다.

나의 내담자 중 부동산업을 하는 데일은 자신의 고객들에게 무척 인심이 좋다. 매도인들이 집의 모습을 잘 연출하도록 전문 사진가를 구하는 일을 돕고, 심지어 다른 고객이 집을 둘러보는 동안 집에서 개가 보이지 않도록 개를 산책시켜주는 사람을 주선하기도 한다. 데일은 참을성이 많고, 매수자가 꿈에 그리던 집을 찾을 때까지 끝없이 데리고 다니면서 여러 집을 기꺼이 보여준다. 이 모든 일이 그의 사업 성공으로 이어졌다.

마지막으로 자선은 시급한 위기나 필요에 반응하여 주로 기부의 형식으로 행하는 감정이입적 반응이다. 자선은 우리가 자연재해나 폭력, 가난의 영향을 입은 사람들에게 자비를 표현하는 방식이다. 자선은 공동체 의식과 협력을 촉진할 수 있고, 이는 다시 정신건강과 전반적 안녕을 증진한다. 더욱 큰 규모에서는 선한 대의를 지원함으로써 다른 사람들의 복지를 증진하기 위해 아낌없이 기부하는 행위가 인류애를 표현한다. 자선과 인류애적 기부에는 세금이 공제된다는 재정적 이점도 따른다.

어번 밸런스에 있을 때 나는 모든 직원 한 사람당 각자가 선택한 자선 대상에 대해 회사가 백 달러씩 기부하는 프로그램을 시작했다. 자신에게 그 특정 대의가 중요한 이유를 다른 직원들과 고객들에게 알리기 위해 각 직원은 자신이 선택한 자선단체에 관한 짧은 블로그 포스트를 작성했다. 이 프로그램은 우리 조직 내에서 공동체 의식을 키우는 데 도움이 되었다.

선행 나누기

(15분, 평생 실천할 일)

다음 질문에 대한 답을 노트에 적어보자.

- 당신이 이미 행하고 있는 봉사, 이타적 행동 혹은 자선활동은 무엇인가? 이 행동은 당신의 정신건강을 어떻게 개선했는가?
- 이 영역들에서 당신이 더 큰 관대함을 제공하는 것을 막는 것은 무엇인가? 당신이 관대함을 확장하기 위해서는 어떤 일이 일어나야 할까?
- 선행 나누기가 진정한 번영으로도 이어질 수 있다면, 그 일은 어떻게 가능할까?

───── ✦ ─────

당신은 얼마나 자비로운 사람인가? 당신이 이 질문에 답할 수 있도록, 자비의 휠차트에서는 이 장에서 배운 모든 기술을 한데 모아 당신이 집과 일터 양쪽에서 얼마나 자비를 갖고 살고 있는지 측정해볼 것이다.

자비의 휠차트
(20분)

날짜: _____

각 질문에 대한 답을 다음 기준에 따라 숫자로 점수를 매긴다.

결핍(1~3) 무난(4~5) 적당(6~7) 충만(8~10)

	결핍			무난		적당		충만	
1	2	3	4	5	6	7	8	9	10

적극적 듣기 당신에게 말하고 있는 사람에게 전적으로 깨어 있는 의식으로 귀를 기울이고, 그가 전하는 메시지를 명료히 이해하며, 사려 깊게 반응하고, 말한 내용을 기억하는 것이다. 당신의 적극적 듣기는 어느 정도라고 평가하는가? _____

감정이입 어떤 사람의 관점과 감정을 이해하고, 그 감정을 공감하며, 필요하면 그들을 돕고 싶다는 마음을 갖는 것이다. 타인에게 감정이입하는 일을 얼마나 잘하고 있는가? _____

친절 타인에 대한 친절함, 따뜻함, 배려와 사려에서 어느 정도라

고 평가하는가? _____

격려 타인에 대한 믿음과 신뢰로써 그들의 기운과 희망을 북돋우는 것이다. 다른 사람을 격려하는 일을 얼마나 잘하고 있는가? _____

참을성 다른 사람 때문에 지연이나 불편이 발생할지라도 그들을 온화하게 대하고 이해하는 것이다. 당신의 참을성은 어느 정도라고 평가하는가? _____

관대함 시간, 정보, 봉사, 돈, 기타 자원의 측면에서 요구되거나 기대되는 도움을 주는 것이다. 당신은 얼마나 관대한 사람인가? _____

이타주의 타인의 안녕에 대한 사심 없는 염려와 헌신의 측면에서 어느 정도라고 평가하는가? _____

열린 마음 다른 관점, 생각, 행동, 관념에 대해 판단하지 않으면서 마음을 열어두는 일을 얼마나 잘하고 있는가? _____

타인 수용 다양한 문화에 대해 인식·수용·긍정하는 것이다. 여기에는 다양한 인종, 문화, 민족, 종교, 사회경제적 지위, 정치적 지향, 성적 지향, 성정체성, 생활방식을 지닌 사람들을 수용하는 것이 포함된다. 타인을 수용하는 일을 얼마나 잘하고 있는가? _____

윤리 개인적 측면과 직업적 측면 모두에서 당신의 행동을 관장하는 건전한 도덕적 원칙들을 지키는 일로, 복수나 소송을 하는 대신 자비를 베푸는 것이다. 윤리의 측면에서 당신은 어느 정도라고 평가하는가? _____

봉사 도움이 되는 행동, 자선활동, 리더십, 또는 그 밖의 기여 행위를 통해 어떤 개인, 단체, 공동체, 혹은 대의에 봉사하는 것이다. 다른 사람들에게 봉사하는 일에서 어느 정도라고 평가하는가? _____

자선 처음에 작성했던 재정 건강의 휠차트의 자선 바큇살과 일치한다. 돈, 음식, 그 밖의 자원을 어려움에 처한 사람들에게 기부하는 일을 얼마나 잘하고 있는가? _____

당신이 쓴 결과를 연민의 휠차트에 표시하자. 제일 위에서부터 시작하자. 당신은 적극적 듣기에서 결핍되었는가 충만한가 아니면 그 사이 어디인가? 답과 일치하는 숫자 옆의 바큇살에 점을 표시한다. 이제 휠차트를 돌면서 모든 바큇살에 점수를 표시한 뒤 점들을 연결하여 원을 만든다. 당신이 솔직한 답을 하기가 어렵다면 신뢰하고 마음을 털어놓는 사람에게 도움을 청하거나, 당신과 가까운 누군가가 당신에 관한 질문에 답하면서 휠차트를 완성하고 있다고 상상해보자.

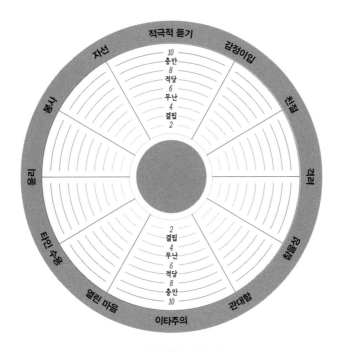

자비의 휠차트

점수에 대해서는 걱정하지 않아도 된다. 우리는 모두 발전해가는 과정에 있으며 개선의 여지가 있다. 그냥 솔직하게 답하자. 다음 질문에 대한 답을 노트에 적어보자.

- 휠차트에서 유난히 점수가 낮은 영역은 무엇인가? 그리고 그 이유는 무엇인가?
- 당신은 그 특성들을 가치 있게 여기는가, 그렇지 않은가? 가치

있게 여기지 않는다면, 그런 생각이 어떻게 당신의 번영을 제한하고 있을 것 같은가?
- 그 각 영역을 개선하기 위해 당신이 할 수 있는 행동을 세 가지 꼽는다면 무엇일까?

이 연습을 매달 혹은 매 분기 다시 실시하여 계속 자비를 키워나가자. 휠차트에 날짜를 쓰고, 나중에 참고하도록 해당 파일에 저장해두자.

완벽한 사람은 아무도 없다. 자비를 기르는 일에는 시간과 주의가 필요하지만, 자비는 우리가 진정한 번영을 맞아들이게 해주는 중요한 요소다.

—— ✦ ——

돈이 얼마나 많은지, 직함이 무엇인지, 무엇을 성취했는지가 우리의 가치를 정의하는 게 아니다. 나 자신을 정의하며 자기 가치 의식을 불어넣는 것은 자신과 타인들을 사랑하는 능력이다. 사랑은 삶의 통화다. 사랑이 깃든 자비가 우리 심장을 가득 채우고 있을 때 재정적 보상은 자연스러운 부산물로 따라온다. 이제 당신의 심장에 자비가 가득하니, 더 높은 곳으로 손을 뻗어 당신이 상상해본 그 어떤 것보다 더 위대한 선을 행하자. 그런 일을 가능하게 하는 열쇠는 사랑을 품은 채 분리하는 것이다.

10장

분리

✳

재정적 두려움과 불안을 제거해
번영을 반갑게 맞이하라

THE
FINANCIAL
MINDSET
FIX

외부 세계에서 안정을 구하는 자는 평생 그 뒤를 좇을 것이다.
안정이라는 환상은 실상 이미 알고 있는 것에 대한 집착이니,
그 집착을 놓아버리면 당신은 모든 가능성의 장으로 들어가게 된다.
진정한 행복과 풍요와 충만은 바로 그곳에서 찾게 될 것이다.

──**디팩 초프라**〈풍요로운 삶을 위한 일곱 가지 지혜The Seven Spiritual Law of Success〉 저자)

집을 담보로 5만 달러의 사업자금을 대출했을 때, 나는 재정적 불안에 마비될 듯 사로잡혀 불면증에 시달렸고 거의 항상 돈을 두려워했다. 내가 이런 상태라고 이야기하자 내 친구 셰릴린은 "지금 내 남편의 지금 대출액이 2억 달러란 걸 말해주면 네게 좀 도움이 될까?"라고 했다.

와우! 그 사실은 몇 가지 측면에서 실제로 도움이 됐다. 먼저 그 말은 나를 웃게 했다. 웃음은 즉각 나를 두려움과 걱정으로부터 분리했다. 둘째로, 그 말은 내게 더 넓은 관점을 갖게 했다. 셰릴린의 남편은 엄청난 성공을 거둔 상업용 부동산 개발업자다. 나는 큰 사업을 하려면 만만치 않은 위험 내성이 있어야 하며, 대출받는 일

을 비정상적으로 여기지 말아야 한다는 걸 깨달았다. 위험을 감수하고 불확실성을 관리하는 것은 성공으로 향해 가고 있는 사람들이 하는 일이다. 그러니 나도 내 감정들을 판단하지 않으면서 알아차릴 방법을 배울 필요가 있었다.

나의 심리치료사 알린은 치료 세션에서 내게 이렇게 말했다. "감정은 파도와 같아요. 당신은 파도에 집어삼켜지는 게 아니라 파도를 타며 서핑하는 것을 선택할 수 있죠." 알린은 집착을 버림으로써 내 감정과 나 자신을 분리하고, 감정에 휘둘리는 게 아니라 감정을 관찰하는 방법을 배울 수 있다고 설명했다. 두려움에 압도되는 것과 나의 두려움에 관해 판단하는 것 사이에는 큰 차이가 있다. 또한 수치심을 느끼는 것과, 자신이 겁먹고 있음을 알아차리고서 자기자비와 긍정, 장기적 관점으로 감정의 파도를 잘 타고 넘도록 자신을 코치해주는 일 사이에도 큰 차이가 있다.

사전에는 분리detachment가 초연하고 거리감이 있고 냉담한 것으로 정의되어 있다. 분리를 무관심, 부인, 해리로 여기는 사람도 있지만, 그것은 알린이 권하는 종류의 분리가 아니다. 알린은 철학적 의미의 분리를 말하는 것이다. 그러한 분리는 행복을 기대나 결과, 다른 사람들, 소유나 돈에 결부시키지 않게 하는 마음챙김 기술이다.

결과와 자신을 분리한다는 것이 목표를 세우지 말아야 한다는 뜻도 아니고, 돈과 소유를 자신과 분리한다는 것이 그 무엇도 소유해서는 안 된다는 말도 아니다. 그보다는 물질적인 것이나 계획이 우리를 좌지우지하거나 우리의 가치 의식이나 안녕을 해치게 내버려둬서는 안 된다는 말이다. 그러한 분리는 우리가 후퇴하거나 거절당하거나 부정적 피드백을 받을 때도 가볍게 회복하고 꿋꿋이 해나가며 계속 번창하도록 해준다. 분리는 두려움에서 힘을 빼고 우리를 더욱 자유롭게 만드는 것으로, 이 책에서 소개한 도구들 가운데 특히 강력한 힘을 지닌 것 중 하나다. 내 경우를 말하자면, 분리가 내 삶을 바꿔놓았다.

분리 덕분에 나는 우리가 폭풍우를 헤쳐나가는 동안 중립적이고 균형 잡힌 태도를 유지할 수 있었고, 내가 상상했던 것보다 더욱 큰 규모로 사업을 계속 키워낼 수 있었다. 또한 직원의 사표라든지 직원들 간의 성격 충돌, 빚과 부채에 대한 재정적 걱정까지, 사업체를 경영할 때 겪게 되는 그리 아름답지 못한 부분들까지도 더 잘 관리할 수 있었다.

게다가 내가 결과에 집착하지 않으면서 네트워킹과 마케팅을 할 수 있었던 것도 분리 덕분이었다. 네트워킹 행사나 봉사활동을 하며 기대되는 결과에 초점을 맞추기보다, 가능한 한 많은 씨앗을 뿌리고 가꾸는 일에 모든 노력을 기울였을 뿐, 그 씨앗들이 자라서 뭔가가 될지 안 될지에 대해서는 걱정하지 않았다. 이는 결과를 기다리며 시간을 낭비하는 일이나 거절을 개인적 실망으로 받아들이는 일을 피하게 해주었고, 그 덕에 나는 단호하고 과감하게 일을 추진할 수 있었다. 이 전략은 내가 사업을 키우는 동안 정말 좋은 효과를 냈고, 나는 수년 전에 만났던 사람들이 나를 추천하거나 강연을 요청하는 일이 얼마나 잦은지 지금도 늘 놀라고 있다. 타이밍은 우리가 통제할 수 있는 게 아니다. 그러니 씨앗에서 기회의 싹

이 돌아날 시기에 대한 기대에서 자신을 분리하는 게 도움이 된다.

어번 밸런스가 성장하는 동안, 분리는 내가 통제할 수 없는 것에 대한 두려움을 내게서 떼어내고 계속 끈기 있게 나아가도록 해주었다. 이 점은 사업체를 매각하는 과정에서 명백히 드러났다. 회색 머리카락의 매수 희망자 네 사람과 회의를 할 때였다. 그중 한 사람이 내게 물었다.

"당신은 건강보험금을 받는 것을 기반으로 사업 전체를 구축했는데, 미국에서 건강보험의 미래가 매우 불확실하다는 점이 신경 쓰이지 않습니까?"

내 목소리는 안정되어 있었고 한 치의 흔들림 없이 침착했다.

"아니요. 전혀 신경 쓰이지 않습니다."

좌중에 웃음이 터져 나왔다. 그들은 미소를 지으며 서로 시선을 주고받았다. 그들이 나를 멍청하기 짝이 없다고 생각하는지 배짱이 두둑하다고 여기는 건지 분간할 수 없었다. 아마 두 가지가 다 섞인 반응이었을 것이다. 나는 바로 '지금 여기'에서, 알려진 사실에 근거해서 회사를 위해 내가 할 수 있는 최선의 결정을 했으며, 미지의 것에 대한 두려움에 에너지를 낭비하지 않으려 했고, 모든 일이 잘될 거라고 믿었다고 설명했다. 그들은 내게 전액 현찰로 수백만 달러를 제안했다.

치료 세션 10

(20분)

일과 삶에서 엄청나게 유용한 도구인 분리의 기술을 당신이 배울
수 있도록 돕게 되어 기쁘다. 기대와 결과, 다른 사람, 돈, 물질적
소유에 집착한다면 당신은 분리할 수 없다. 다음 질문에 대한 답을
노트에 적어보자.

- 당신의 집착은 기대, 결과, 다른 사람들, 돈, 물질적 소유 중 어
  느 집착에 가장 가까운가?
- 그 집착은 당신의 감정과 재정에 어떤 영향을 미치고 있는가?
- 당신이 어떤 기대나 결과에 집착하고 있다면, 그 집착을 놓지
  못하는 이유는 무엇인가?
- 분리가 당신의 안녕을 어떻게 개선할 것 같은가? 또한 분리는
  당신의 경력이나 재정적 성공을 어떻게 향상시킬 수 있을까?

건강하게 분리된 상태로 살아가는 것이 인생을 어떻게 변화시키는
지 알게 되면 당신은 경이로움을 느낄 것이다.

--- + ---

두려움과 불안을 분리하고 번영을 맞아들이자

> 분리에는 불확실성의 지혜가 있고… 불확실성의 지혜에는
> 과거 조건화가 만든 감옥인 과거와 앎으로부터의 자유가 있다.
> 그리고 미지 속으로, 모든 가능성의 장으로 기꺼이 들어서는
> 외지를 펼침으로써, 우리는 우주의 춤을 지휘하는 창조적 정신에게
> 우리 자신을 내맡긴다.[1]
>
> ──── 디팩 초프라

분리는, 우리가 마음의 평화를 찾고 현재를 과거나 미래와 비교하는 일을 그만두는 데 도움이 된다. 분리된 상태에서는 과거에 어떠했는지 혹은 미래에 어떠해야 하는지에 대한 집착이 없기 때문이다. 미지의 것이 지닌 무한한 가능성에 대한 호기심은 자발성과 창조성, 발견, 개인적·재정적 성장을 촉진할 수 있다. 불확실성을 포용하는 일과 관련해서는 일에서 불확실한 시기에 대처할 때 분리가 도움이 될 수 있다. 만약 당신이 실직했거나 폐업했거나 은퇴를 맞이하고 있거나 기업 합병을 하는 중이라면, 분리는 수용하는 마음으로 평온하게 변화의 파도를 타도록 도와준다. 변화가 일어날 것임을 인지하고 그 변화와 자신을 분리할 때, 우리는 변화의 긍정적 측면을 볼 수 있게 된다.

일터에서 불가피하게 발생하는 변화에 더해, 경기의 변화와 부정적인 재정적 사건에도 대처해야 한다. 재정적 우려나 저조한

경제적 변화의 분위기는 미지의 것에 대한 두려움과 이전의 재정적 트라우마, 재정적 불안을 촉발할 수 있다. 심리치료를 하는 동안 나는 2008년의 대침체와 최근의 코로나19 팬데믹 같은 거대한 세계적 사건이 몰고 온 불확실성과 재정적 불안에 시달리는 사람들을 보아왔다.

압류, 주가 폭락, 법정 소송이나 이혼, 예상하지 못한 세금 청구, 영업 손실, 실직 등도 트라우마가 될 만한 재정적 손실을 일으킬 수 있다. 재정적 PTSD(외상후스트레스장애)라는 용어는 공식적인 정신의학 진단명은 아니지만, 재정 문제에 의해 촉발된 PTSD를 묘사하는 데 자주 사용된다. 갑작스러운 재정적 손실 또는 만성적 재정 자원의 부족에 대처하기가 어려울 때 사람들이 겪는 다양한 감정적·인지적·신체적 난관들도 재정적 PTSD에 포함된다. 신체 증상으로는 초조함, 안절부절못함, 예민함, 불면증, 두통 혹은 금융사에서 보낸 문자나 채권자에게서 온 전화일까 싶어 전화 벨소리에 보이는 놀람 반응 등이 있다. 감정적으로는 냉담함, 불안함, 우울함, 막막함, 절망감, 분노감을 느끼기 때문에 다른 사람들에 대해 친밀감을 느끼지 못할 수도 있다. 그러는 한편 재정에 대한 부정적인 생각을 떨칠 수 없어 집중하기가 어려워질 수도 있다. 이 증상들은 가정생활과 직장생활을 혼란에 빠뜨리고 심각한 괴로움을 초래한다.[2]

연구에 따르면, 성인의 23퍼센트와 밀레니얼 세대의 36퍼센트가 PTSD 진단 기준에 부합하는 수준의 재정적 스트레스를 경험했다. 이는 대단히 우려스러운 일이다. 돈이 충분하지 않은 상황은 사실상 우리 몸을 스트레스에 자극된 상태로 항상 지속시키기 때문이다. 회복할 기회가 없는 장기적 스트레스는 몸과 마음을 마모하는 호르몬들을 분비함으로써 정신의학적 문제, 당뇨병, 심장병, 기타 건강 문제를 초래한다.³

재정적 PTSD에서 회복하기 위해서는 우리 자신의 가치를 돈에서 분리할 필요가 있다. 2008년 부동산 시장 폭락 시기, 모든 것을 잃었는데 아내와 십 대 자녀들에게 그 사실을 말하지 못해 자살을 염두에 둔 사업가에게 응급 심리검사를 실시했다. 심리치료를 통해 그는 자신의 가치를 돈에서 분리하는 법을 배웠다. 그는 가족과 더 가까워졌고, 시간이 지나면서 자신의 재정적 삶을 다시 일으켜 세울 수 있었다.

짐은 수백만 달러의 자산을 지닌 트레이더였지만, 과거에 한번 그랬던 것처럼 또 전 재산을 잃을지도 모른다는 두려움이 있었다. 주차비를 내지 않으려고 몇 마일이나 되는 거리를 걸어서 출근할 정도로 지독한 구두쇠였고, 자신이 투자한 주식을 두 시간마다 확인했다. 그는 사람을 멀리했고, 짜증을 잘 냈으며, 걸핏하면 분노를 터뜨렸다. 그의 여자친구는 걱정도 되면서 분노에 차 있기도 했다. 그래서 두 사람은 커플 치료를 받으러 나를 찾아왔다. 결국 나는 짐과 단독으로 상담하면서 그가 믿음과 평화로운 마음을 갖고 저축과 지출의 균형을 찾도록 돕는 작업을 했다.

클레어는 코로나19 팬데믹 기간에 마비될 것처럼 심각한 재정적 불안에 시달렸다. 클레어의 남편은 실직했고, 클레어는 만성적 PTSD와 중증 신경질환에 대한 사회보장장애보험금에 의지해 살았으며, 두 사람은 돈이 들어오는 족족 생활비로 충당했다. 많은 미국인이 그렇듯 그들은 저축해둔 돈이 전혀 없는 상태에서 은퇴를 맞이했다. 클레어의 재앙적 사고는 노숙자가 될지도 모른다는 공포감까지 치달았다. 심지어 더 이상 먹여 키울 수 없다는 이유로 사랑하는 반려견을 안락사할 계획까지 세워둔 상태였다. 나와 몇 차례 응급 치료 세션을 거치며 분리하는 법을 배우고 도움을 줄 수 있는 기관들에 등록한 후, 클레어는 마침내 감정적 평화를 얻고 개를 안락사하려던 계획을 취소했다. 클레어는 내게 이렇게 말했다. "나는 과거에도 재정적으로 나빴던 시기를 여러 번 겪었고, 그러고도 살아남았었다는 걸 깨달았어요. 내 안에는 자기자비와 남편에 대한 사랑과 자비를 키울 수 있는 감성지능을 포함해 풍부한 자원이 있어요." 우리 모두가 기억해야 할 말이다.

분리는, 우리가 뒤로 쭉 물러나 큰 그림을 볼 수 있게 해준다. 스트레스를 안기는 사건들을 더 넓은 맥락에 넣어 장기적인 관점으로 보게 한다. 이는 똑똑하게 주식 투자를 하는 것과 비슷하다. 매일의 주가 등락에 집착한다면 감정의 롤러코스터를 타게 될 것이다. 하지만 우리가 분리된 상태라면, 재정적 하락과 시장에서 일어나는 부정적인 일들에도 궤도를 이탈하지 않을 것이다. 감정에서 분리됨으로써 얻을 수 있는 또 하나의 보너스는 평정심을 찾아주는 힘이다. 난관이 닥친 시기에도 마음의 차분함과 중용을 유지하게 해주는 것이다.

놓아버림으로써 재정 건강 개선하기

많은 사람이 두려움과 의심의 힘에 의해 제약을 받는다. "내게 두려움이 없다면 나는 어떤 일을 할까?" 하고 자문해보자. 나는 기업 코칭과 상담을 할 때 사람들에게 회계와 재정, 법률문제를 잘 처리함으로써 자신의 직업 및 재정적 삶을 통제하라고 권한다. 우리는 어떤 재정적 미래가 펼쳐질지 예측할 수 없으므로, 건강과 자동차, 집 그리고 생명보험도 들어두는 것이 좋다. 일단 우리가 통제할 수 있는 것을 통제했다면, 그다음에는 두려움 없는 용기로 밀고 나갈 수 있도록 나머지는 놓아버리고 분리를 실천해야만 한다. 이 분리에는 돈과의 분리도 포함된다.

돈에 대한 집착은 두려움을 낳고, 이 두려움은 재정적 건강을 개선할 수 있는 노력을 추진하는 것마저 방해한다. '위험 내성'이란 분리의 재정적인 측면으로, 한 사람이 손실 가능성이 따르는 재정적 결정을 내릴 때 기꺼이 받아들일 수 있는 최대한의 불확실성의 정도로 정의된다.[4] 부정적 감정 수준이 낮은 사람들이 재정적으로 더 나은 결정을 내리는 경향이 있다는 사실을 아는가?[5] 사업가, 기업가, 투자자는 감정적으로 초연한 것이 유리한 이유다. 만약 분리가 안 되어 있다면 손실이 발생했을 때 불안과 두려움이 일어나고, 그 결과 우리는 자신의 비전에 계속 집중하지 못하고 꿋꿋이 밀고 나가는 대신 포기해버릴 수도 있다.

예를 들어, 나는 이 책의 출판을 준비하는 데 수만 달러를 투자했는데, 그 돈을 회수할 수 없을지도 모른다는 메시지와 두려움에서 나 자신을 분리해야만 했다. 우리는 총부채 상환비율 같은 요소들을 고려하며 현명하게 투자해야 하지만, 또한 우리가 세상에 내어놓은 것이 개인적인 것이든 영적인 것이든 재정적인 것이든, 어떤 형태로든 우리에게 보상으로 돌아올 거라고 믿는 것이 좋다.

다음과 같은 마음챙김 실천들이 분리하는 데 도움이 된다.

$

걱정을 통에 담아 치워두기

(15분, 평생 실천할 일)

안구운동 민감소실 및 재처리(EMDR) 요법*과 기타 트라우마 치료법들은 통container 기법을 활용한다. 괴로운 생각이나 감정을 통에 담아 잠정적으로 치워둔다고 상상함으로써, 압박감을 줄이고 안정감과 대처 능력을 키우는 것이다. 당신도 이 방법을 시도해볼 준비가 되었는가? 다음 다섯 단계를 따라해보자.

1. 자신의 호흡에 마음을 연결하고 전신 스캔을 실시한다. 몸의 어디에 긴장이나 두려움이나 부정적 감정들이 담겨 있는지 인지한다.
2. 이제 당신이 그 부정적 감정들을 안전하게 담을 만큼 충분히 크고 튼튼한 통을 갖고 있다고 상상한다.
3. 당신의 부정적 감정을 하나도 남김없이 모조리 그 통에 담는다고 상상한다. 다 담았으면 통의 뚜껑을 단단히 닫고 꽉 잠근다.
4. 그 통을 안전한 장소에 보관한다고 상상한다. 그 통을 바다 깊은 바닥에 가라앉히거나, 우주로 날려보내거나, 신에게 건네주는 모습을 상상하자.
5. 당신이 그 감정들을 처리할 준비가 되었을 때 다시 그 통을 열 수 있음을 기억하자. 그 준비가 되는 때는 다음번 치료 세션일 수도 있고, 편안하게 이야기를 나눌 수 있는 친한 친구와 함께 있을 때일 수도 있다.

• 치료자의 안내에 따라 좌우로 눈을 빠르게 또는 천천히 움직이는 안구 운동을 통해 양측성 자극을 주면서 특정 기억을 소환하여 재처리하는 과정으로, 과거의 트라우마와 스트레스성 기억, 즉 불편한 생활 경험을 다루는 기법이다

$

기대를 0으로 재조정하기

(5분, 평생 실천할 일)

회의에 들어가기 전이나 데이트하러 가기 전, 가족 모임에 참석하기 전, 주식 투자를 하기 전에 당신이 어떤 기대를 갖고 있는지 점검해보자. 풍요로운 사고로 경이로운 가능성에 마음을 열어두는 것이 좋지만, 우리의 행복을 기대나 결과에 묶어둬서는 안 된다. 그러니 의식적으로 당신의 기대를 0으로 재조정하고, 이후에 찾아오는 모든 좋은 것에 대해 감사하는 마음을 갖자.

다시 말해, 어떤 행사에 가거나 사람을 상대로 한 어떤 일을 시작하기 전에 마음속으로 당신이 지닌 기대를 훑어본 다음, 마음챙김으로써 그 기대들을 놓아 보내고, 개방성과 수용성의 태도를 갖추라는 것이다. 이렇게 한 결과에 놀랄지도 모른다. 나의 내담자들이 기대를 0으로 재조정했을 때 관계가 유의미하게 개선되었다고 정말 많이 알려왔다.

───── ✦ ─────

자신의 부정적 감정에서 분리되는 방법을 알았으니, 이제는 다른 사람들의 부정적인 감정에서 분리하는 방법에 관해 이야기할 것이다.

사랑이 깃든 친절로써 다른 사람의 드라마에 휘말리지 않기

언젠가 내가 마트의 계산대 앞에 줄 서 있을 때였다. 내 앞에 있던 여자 손님이 계산원에게 더없이 무례한 태도로 고함을 질러댔다. 계산원 입장에서는 통제할 수 없었던 어떤 문제 때문이었다. 예의라고는 전혀 없는 손님이었다. 심지어 계산원에게 욕까지 퍼부어댔다. 계산원은 그저 친절한 표정으로 여자를 바라보고 고개를 끄덕이면서 여자에게 감정이입을 해주며 여자가 담아온 물건들을 계속 차근차근 계산했다. 계산이 다 끝나자 그는 손님에게 좋은 하루를 보내라며 인사를 건넸고, 손님이 매장을 떠나자 매장에서 부정적인 에너지도 사라졌다.

내 차례가 되어 계산원 앞에 섰을 때 말했다. "아까 그 사람, 너무 무례하더라구요. 그런데 직원분은 정말 프로답게도 계속 침착하시더라구요. 어쩌면 그럴 수 있어요?" 그는 대수롭지 않게 말했다. "아, 저는 방세를 내지 않는 사람을 제 머릿속 방 안에 들여놓지 않거든요."

정말 지혜로운 생각 아닌가? 이는 누구나 할 수 있는 반응이 아니다. 많은 사람이 분리를 잘하지 못한다. 그로 인해 미국 전역의 여러 조직에서 수십억 달러의 수입 손실이 초래된다. 해결책이 하나 있다. 일터에서 부정성을 줄이면 창의성과 동기부여, 팀워크가 향상되는 한편 스트레스와 이직률은 줄어든다.[6] 갈등에서 자신을 분리하면, 싸움에 말려들거나 그 갈등에 대한 끝없는 생각에 빠져드는 대신, 정신적으로 그 갈등과 자신의 연결을 끊을 수 있고 생산성을 더 높일 수 있다.[7]

나의 내담자 크리스틴은 독신 엄마였다. 시시콜콜 간섭하는 상사가 크리스틴의 생산성 저조를 질책하며 수습 단계로 내려보낸 후, 나와의 상담 세션 빈도를 일주일에 두 번으로 늘렸다. 크리스틴은 상사에 대한 분노와 울화 때문에 직장을 관두지는 않겠다는 마음으로 심리치료에 정말 많은 노력을 기울였다. 우리는 상사의 피드백에서 건강하게 분리되는 연습과, 그의 행동 상당 부분이 자기 일의 압박감에서 오는 것임을 인정하는 연습을 했다. 나는 크리스틴이 동그란 거품 방울 모양의 보호막이 자기 주변을 감싸고 있는 모습을 머릿속으로 그려보도록 이끌었다. 그런 다음 상사의 비판은 그 방울에 부딪혀 튕겨 나가고, 크리스틴은 그 안에서 안전하고 멀쩡하게 남아 있는 상태를 그려보게 했다. 우리는 그의 행동에 대한 크리스틴의 감정들 일부를 구획화하는 작업도 했다. 그 결과 크리스틴은 자기 일에 집중하며 자신과 아이들을 부양하기 위해 절실히 필요한 그 직장을 유지할 수 있었다. 일의 성과가 향상되고 수습 기간을 통과한 후 크리스틴은 열심히 다른 직장을 알아보기 시작했다. 현재 크리스틴은 다른 회사에서 든든히 뒷받침해주는 리더와 함께 일하며 더 많은 수입을 얻고 있다.

다른 사람의 문제에서 자신을 분리하는 것은 우리가 키울 수 있는 기술이다. 우리 아이들이 다니던 초등학교의 상담사는 종종 아이들에게 "오리가 돼라"고 말해주었다고 한다. 오리 깃털이 물에 젖지 않고 물방울을 떨궈버리듯이, 불쾌한 일이 자기 안으로 들어와 영향을 미치게 하지 말라는 말이었다. 이렇게 하면 다른 사람이 우리의 감정을 좌지우지하는 것을 막고, 우리를 괴롭혀 반응을 유도하고 싶어 하는 악의적인 자들에게서 힘을 빼버릴 수 있다. 학대나 해로운 대우를 참아내기 위함이 아니다. 해를 줄이기 위한 기술이다. 마치 줄다리기 시합에서 당신이 붙잡고 있던 밧줄 끝을 놓아버리는 일과 같다. 밧줄을 놓아버리면 대결은 불가능해지고, 그러면 당신은 맑은 머리로 내린 결정을 추진할 수 있다. 분리는, 사람 사이에 갈등이 일어났을 때 반응하는 걸 줄여주며 더 현명하게 판단하게 해준다.

분리는 또한 우리의 방아쇠가 당겨지는 것도 막아주어 우리가 차분하고 친절하게 반응할 수 있게 한다. 우리는 다른 사람의 생각, 행동, 선택, 행위를, 또 대인관계의 상황에서 나오는 결과를 통제할 수 없다. 오직 우리 자신만 통제할 수 있을 뿐이다. 당신은 결코 누군가가 한심하게 행동하도록 만들 수 없다. 그렇게 행동하는 것은 그들의 선택이다. 웨인 다이어는 "사람들이 당신을 대하는 방식은 그들의 업(카르마)이고, 어떻게 반응하는가가 당신의 업"[8]이라고 했다.

게다가 분리는 자녀 양육에서도 헤아릴 수 없이 큰 가치가 있다. 내 둘째 딸 클로디어가 태어났을 때 폴라 언니가 우리를 보러 왔다. 나보다 열네 살이 많은 폴라 언니는 사랑스러운 딸을 셋이나 둔 훌륭한 어머니다. 당시 세 살이던 딸 셀레스티를 재울 시간이 되었을 때 나는 불안했다. 모든 일이 순조롭게 돌아가길 원했지만 셀레스티의 심산은 달랐다. 아이는 갑자기 폭발하더니 10단계의 감정 붕괴를 보이며, 바닥을 구르고 팔다리를 버둥거리며 울부짖었다. 당황한 나는 미련하게도 이 어린아이와 힘겨루기를 벌이며 벌을 주겠다고 위협도 해보고 타임아웃도 시도했지만 실패했다. 누가 이겼을까? 당연히 셀레스티였다. 재우기용 옛날이야기 몇 편을 더 읽어주고 45분이 지나서야 나는 굴욕감을 느끼며 살며시 계단을 밟고 내려왔다. 그러자 폴라 언니가 말했다. "아이고, 얘, 너 아이와 맞붙어 싸우더구나. 아이가 떼를 쓰며 폭발할 때는 한 걸음 물러서서 그 상황에서 너를 분리해야 해."

언니 말이 맞았다. 나는 인지행동치료를 떠올리며, 내가 너무 반응적이었다는 걸 깨달았다. 내 딸이 떼를 쓰며 폭발하는 게 곧 내가 나쁜 엄마라는 뜻이라고 여겼기 때문에 그렇게 반응한 것이다. 나는 내가 원했던 현명한 엄마가 되는 게 아니라, 내가 생각한 대로 답답해하고 참을성이 없어지고 반응적인 상태가 되었다. 자기충족적 예언이 실현된 셈이었다.

몇 주 뒤, 내가 셀레스티를 어린이집에 데려가 들여보내려 할 때 내 친구 로라가 문을 열고 나왔다. 마치 막대기 다발 하나를 옆구리에 끼고 있는 듯 한 팔로 어린 딸 린지를 부드럽게 안은 채였다. 린지는 어린이집에 계속 있고 싶다며 엄마의 팔 아래서 비명을 지르며 팔다리를 버둥거리고 발길질을 해대고 있었다. 로라는 큭 큭 웃으며 미소 띤 얼굴로 말했다. "어이, 안녕, 조이스! 잘 지내?" 린지가 난리를 치는데도 로라는 조금도 당황하지 않았다. 완전히 침착했다. 내가 셀레스티에게 그랬던 것과 달리, 그 나이에 할 만한 아이의 행동을 감정적으로 받아들이지 않았다. 내가 능숙한 엄마가 되려면 로라처럼 내 아이의 떼쓰기에서 나를 분리할 필요가 있었다.

이제 나는 집에서나 일할 때나 감정의 방아쇠를 당기는 일이 생기면 주의를 호흡으로 돌리고 그 드라마에서 나를 분리하려고 최선을 다한다. 나는 괜찮을 것이며, 이 일 또한 지나갈 것임을 알고 있는 중립적 위치에서 사태를 관망하려 애쓴다. 분리를 실행함으로써 나는 죄책감 같은 감정이 나를 조종하게 허용하지 않으면서 침착을 유지하고 건강한 경계선을 설정할 수 있다. 딸들이 십대가 되면서 내게는 분리를 실천할 기회가 훨씬 많아졌다.

$

부정성 분리하기
(5분, 평생 실천할 일)

이번에는 시각화 연습이다. 눈을 감고서 몇 분 동안 당신의 호흡에 연결하고 전신 스캔을 하면서 당신 몸 어디에 긴장이나 싫은 마음이 들어 있는지 알아차리자. 맑아진 느낌이 들 때까지 호흡을 내뱉으며 그 감정을 내보내자. 당신이 긍정적인 하얀 빛에 감싸이거나, 안전한 거품 방울에 들어 있거나, 보이지 않는 방패 뒤에서 보호받고 있어서 그것들이 당신을 다른 사람들의 부정적 감정에서 보호해준다고 상상해보자. 다른 사람들과 함께 있을 때 이 보호막을 기억하고, 상처를 주는 말이나 부정적 에너지는 방패에 부딪혀 튕겨나가고 당신은 안전하고 온전하게 남아 있다고 상상하자. 이런 상상은 당신이 분리된 입장에서 반응할 수 있게 돕는다.

사랑을 품은 채 관계에서 분리하자

> 당신이 사랑하는 사람이 자유롭다고 느낄 방식으로
> 그를 사랑해야 한다.[9]
>
> ——**틱낫한**(베트남 출신 승려, 세계적인 영적 스승)

사랑을 품은 채 분리한다는 것은, 사랑하는 사람들과 연결되지 않거나 그들을 소중히 하지 않는다는 뜻이 아니다. 오히려 그것은 상대방을 통제하려 하지 않고 그들을 자유롭게 놓아두는 방식으로 여전히 그들을 사랑하면서, 인간관계 안에서 건강하게 분리되는 것을 의미한다. 집착하는 상태일 때 우리는 자신의 힘을 다른 사람들에게 내어주게 된다. 또한 관계에 매달리며 요구가 많아지는데, 이는 우리가 그들에게서 무언가를 얻음으로써 자신을 완전하게 혹은 행복하게 하려고 애쓰기 때문이다. 건강한 분리를 통해 다른 사람에서 자신에게로 초점을 옮길 수 있다. 우리는 자신과의 관계를 강화하는 활동과 자기돌봄을 실천할 때 온전해진다. 다른 사람을 필요로 하는 일을 멈출 때, 비로소 그들에 대한 진정한 사랑이 시작된다. 이기적인 집착을 놓아버려야 순수한 사랑을 줄 수 있다는 말이다. 여기서 중요한 것은 오직, 타인을 책임지는 것을 그만두고 대신 그들에게 또한 우리 자신에게 책임감 있는 존재가 되는 것이다.

베스는 여러 해 동안 남편의 음주를 통제하고 관리하려 애쓰며, 직접 음주측정기로 검사하고 술집들을 찾아가 남편의 상태를 확인했다. 몇 달 동안 익명의 알코올중독자 모임 참석과 심리치료를 받은 뒤 베스는 이렇게 말했다. "남편이 타고 있는 저 폭주 기관차를 나도 함께 타고 갈 필요는 없다는 사실을 깨달았어요. 그래서 그 기차에서 내렸어요." 남편의 반복되는 회복과 재발에 따라 오르락내리락하는 감정에 끌려 다니는 대신, 베스는 사랑을 품은 채 분리를 실행하고 자신을 보살폈다. 그러자 베스 본인과 아이들에게 유익한 감정적 안정을 찾기가 더 쉬워졌고, 남편과 가끔 벌이던 거의 폭력적인 수준의 싸움도 더는 없었다. 베스는 남편이 치료를 계속 받도록 권했고, 그가 자신의 절주에 스스로 책임지도록 했다. 그러한 책임짐이야말로 그가 알코올중독에서 벗어나기 위해 꼭 필요한 일이었다.

이는 베스가 남편을 염려하지 않았다는 뜻이 아니다. 그 이유를 이해하는 데는 인명구조원 비유가 적절하다. 인명구조원은 직접 물속에 뛰어드는 것이 마지막 남은 유일한 방법일 때만 그렇게 하도록 교육받는다. 물속에 들어가는 행위는 인명구조원과 물에 빠진 사람 모두를 위험에 빠뜨리는 일이기 때문이다. 그보다는 구조원이 안전한 육지에 있거나 보트에 있는 경우, 구명구를 던져주는 것이 물에 빠진 사람과 구조원 모두에게 더 낫다. "내밀거나 던져라. 들어가지 마라Reach or throw, don't go"* 라는 표어를 가르치는 이유는 구조원 훈련생이 물에 빠진 사람이 있는 물속으로 즉각 뛰어들려고 하는 자연스러운 충동을 멈추게 하려는 것이다.

사랑을 품은 채 분리하는 것은 자녀가 어려움을 겪는 것을 전 방위로 방지하려 노력하는 헬리콥터 양육[**]의 훌륭한 해독제이기도 하다. 우리는 아이들이 스스로 실수를 통해 배우도록 내버려둘 수 있을 만큼 자녀에게서 충분히 자신을 분리해야 한다. 아이를 책임지는 것과 아이에게 책임감 있는 부모가 되는 것의 차이는, 아이의 숙제를 대신해주는 것과, 아이가 숙제를 하는 데 필요한 것을 반드시 갖추게 하고 숙제를 하지 않았을 경우 그에 따르는 결과를 스스로 감당하게 하는 것의 차이다. 아이들에게는 지원과 한계를 모두 포함하여 탄탄한 토대를 제공해야 할 뿐 아니라, 스스로 독자적인 사람이 되어 자신의 인생을 살아갈 수 있도록 날개도 달아주어야 한다. 아이들은 부모가 바라거나 기대하는 대로 살기보다, 자신의 진정한 자아에 따라 살 수 있는 자유로운 존재여야 한다.

　　우리는 사랑을 품은 분리를 실천함으로써 인간관계와 파트너 관계, 친구 관계를 극적으로 개선할 수 있다. 사랑을 품은 분리란, 사람들에게 있는 그대로 고유한 자신이 될 자유를 주고, 그들을 변화시키거나 통제하려 하지 않으면서 사랑하는 것이다. 나는 커플 상담을 통해 아주 많은 것을 배웠다. 다른 사람을 바꾸거나 통제하려는 노력은 에고에서 연유하며, 관계에 매우 해로울 수 있음을 알

[•]　Reach는 육지나 안전한 지점에 있는 구조원이 자기 팔다리 또는 물에 빠진 사람이 잡고 나올 수 있는 물체를 내미는 것을 뜻하고, throw는 물에 빠진 사람이 붙잡고 나올 수 있도록 줄이 달린 구명튜브나 구명보트, 밧줄을 물에 던져주는 것을 뜻한다.

[••]　부모가 자녀에게 지나치게 집중하고, 자녀의 모든 행동과 경험에 과도할 정도로 책임을 지며 과잉 통제, 과잉 보호를 하는 것을 말한다.

게 됐다. 받아들임을 실천하고 사람들에게 자기 자신이 될 수 있는 공간을 주면, 갈등이 줄 뿐 아니라 관계도 더욱 돈독해진다. 때로 이런 일은 당신의 할머니 집에 방문할 때 남자 친구가 낡은 청바지를 입어도 지적하지 않는 일이나, 식기세척기에 그릇을 넣는 당신의 방식이 더 낫다는 말을 굳이 하지 않는 것처럼 아주 단순한 일일 수도 있지만, 때로는 당신의 파트너가 원하는 방식대로 자기 신념을 실현하는 것을 허용해주는 것처럼 좀 더 큰일인 때도 있다.

사랑을 품은 분리는 일터에서도 활용할 수 있으며, 그럴 때 생산성과 성과가 향상되는 결과가 나왔다.[10] 그뿐 아니라 분리를 실천하면 이전에 우리를 화나게 했던 동료와도 잘 지낼 수 있게 된다. 꼭 기억해야 할 가장 중요한 점은 이것이다. 다른 사람을 통제하려 하거나 내가 좋다고 느끼는 방식대로 남도 행동해야 한다는 생각이 들 때면, 그때가 바로 사랑을 품은 분리를 실천할 때다. 곧 자기 자신에게 돌아와 온전히 집중해야 할 때다.

분리 실천 연습하기
(15분, 평생 실천할 일)

다음 질문에 대한 답을 노트에 적어보자.

- 당신의 삶을 함께하는 이들 중 당신이 통제하려 애쓰는 사람이

있는지 생각해보자. 그 일은 어떤 식으로 일어나는가? 그리고 그 일은 당신의 관계에 어떤 영향을 미치고 있는가? 또한 당신의 정신건강에는 어떤 영향을 미치는가?

- 그들의 행동을 통제하려는 시도를 그만두고 당신 자신에게 초점을 맞춘다면 어떤 느낌이 들 것 같은가? 그렇게 했을 때 그 드라마를 놓아버린 일에서 당신이 아쉬워할 만한 무언가가 있는가? 만약 그런 게 있다면, 당신 자신을 더 깊이 들여다보고 그 공허를 당신에게 건강한 활동과 실천으로 채울 필요가 있다.

- 당신이 놓아버리고자 하는 특정한 통제 행동을 세 가지와 당신이 더 늘리고자 하는 자기돌봄 실천 세 가지를 꼽아보자. 이 일을 일주일 동안 시도해보고 사랑을 품은 채 분리하는 것이 당신 자신과 다른 사람들의 평화와 안녕에 어떻게 도움이 되는지 생각해보자.

——— ✦ ———

이제 당신이 분리를 얼마나 잘하고 있는지 알아볼 시간이다. 분리의 휠차트로는 이 장에서 배운 모든 기술을 한데 모아, 당신이 분리를 얼마나 잘 실천하고 있는지 측정한다.

분리의 휠차트

(20분)

날짜: _____

각 질문에 대한 답을 다음 기준에 따라 숫자로 점수를 매긴다.

결핍(1~3) 무난(4~5) 적당(6~7) 충만(8~10)

결핍		무난		적당		충만		
1	2	3	4	5	6	7	8	9	10

내적 부정성 두려움, 분노, 슬픔, 의심, 걱정, 재정적 불안에서 자신을 분리하고, 중립적 위치에서 그 감정들을 관망하는 일을 얼마나 잘하고 있는가? _____

외적 부정성 다른 사람의 감정을 관망하고 그들에게서 건강하게 분리됨으로써, 침착을 잃지 않고 그들이 필요로 하거나 원할 때 도움을 줄 수 있는 상태를 유지하는 일을 얼마나 잘하고 있는가?

_____

기대와 결과 결과와 자신을 초연히 분리하고 상황이 어떻게 전개

되든 상관없이 결과적으로 다 좋으리라는 믿음을 얼마나 가지고 있는가? _____

갈등 갈등 상황에서 빠져나와 분리의 방법을 활용해 사려와 연민의 자리에서 반응하는 일을 얼마나 잘하고 있는가? _____

돈 자신의 안녕감을 물질적 소유와 분리하는 일을 얼마나 성공적으로 해내고 있는가? _____

불확실성 포용 무한한 가능성과 미지의 것에 대한 호기심을 반가이 맞아들여, 자발성과 창의성, 성장과 발견을 촉진하는 일을 얼마나 성공적으로 해내고 있는가? _____

비영구성 수용 끊임없이 변화하는 이 세상에서 당신은 변화를 얼마나 잘 포용하고 있는가? _____

타인을 통제하지 않기 자신에게 다른 사람의 건강이나 행복을 좌지우지할 힘이 없다는 것을 깨닫고 그들을 통제하려 하지 않는 일을 얼마나 잘하고 있는가? _____

뒤로 물러나기 한 걸음 뒤로 물러나서, 자기 감정의 렌즈 대신 더 큰 관점에서 상황을 바라보는 일을 얼마나 잘하고 있는가? _____

평정 곤란한 상황에서도 정신적 평온함과 평안함을 유지하는 일을 얼마나 잘하고 있는가? _____

감성지능 자신의 감정적 움직임을 관리하는 일과 다른 사람의 감정적 움직임에서 자신을 분리하는 일을 얼마나 연민을 가지고 효과적으로 해내는가? _____

위험 내성 이 바큇살은 처음에 작성했던 재정 건강의 휠차트와 관련이 있다. 당신은 손실 가능성이 있는 재정적 결정을 내릴 때 불확실성을 얼마나 수용할 수 있는가?(적절한 보험을 갖추는 것이 걱정을 일부 더는 데 도움이 될 수 있다.) _____

결과를 분리의 휠차트에 표시하자. 제일 위에서부터 시작하자. 당신은 내적 부정성이 결핍되었는가 가득한가 아니면 그 사이 어디인가? 답과 일치하는 숫자 옆의 바큇살에 점을 표시한다. 이제 휠차트를 돌면서 모든 바큇살에 점수를 표시한 뒤 점들을 연결하여 원을 만든다.

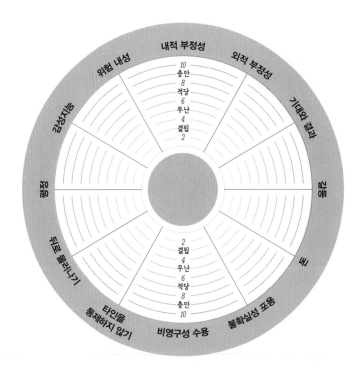

분리의 휠차트

점수에 대해서는 걱정하지 말자. 그냥 솔직하면 된다. 분리의 휠차트를 다시 검토한 뒤 노트에 다음 질문에 대한 답을 적어보자.

- 점수가 낮은 세 영역을 찾아보고, 각 영역을 개선하기 위해 할 수 있는 방법을 두 가지씩 써보자.
- 건강한 분리를 실천함으로써 가장 큰 혜택을 받을 수 있을 만한

당신 삶의 두 가지 측면은 무엇인가? 예를 들어, 파트너 관계인
가, 자녀 양육인가, 돈과의 관계인가?

- 당신이 더 많이 분리할수록 감정적 괴로움이 줄어든다면, 그 괴
로움의 감소는 어떤 식으로 일어날까?

이 연습을 매달 또는 분기마다 실시하여 분리의 기술을 계속 연습
하는 것도 고려해보자. 휠차트에 날짜를 적고 나중에 참고할 수 있
게 해당 파일에 저장해두자.

———— ✦ ————

분리를 연습하면 성공으로 가는 길에서 침착함을 유지하고 갈등
을 해결하는 데 도움이 될 것이다. 분리는 어려움을 헤치고 나아가
게 해주는 능력인 회복탄력성도 키워준다. 다음 장에서는 재정 마
인드셋에서 긍정성이 어떤 차이를 만들어줄 수 있는지 알게 될 것
이다.

(11장)

긍정성

✹

극한 낙천성의 힘을 활용해
성공을 실현하라

THE
FINANCIAL
MINDSET
FIX

우리는 우리 삶을 바꿀 수 있다. 정확히 우리가 소망하는 일을
할 수 있고 소망하는 것을 가질 수 있으며 되고 싶은 존재가 될 수 있다.
당신의 비전과 목적에 따라 당신이 꿈꾸는 삶을 살아갈 수 있을 만큼
충분히 용감해져라.

———**로이 베넷**(저술가, 사상의 지도자)

2년 전쯤, 이웃의 명절 파티에 참석했을 때 내 친구 랜디가 물었
다. "책 작업은 어떻게 되어가고 있어?" 나는 한숨을 쉬며 몇 년 동
안 쓰기를 바랐던 그 책이 아직 완성되지 않았다며 우는소리를 했
다. 랜디 역시 심리치료사였으니 내 안에 있는 개인적 문제가 책의
완성을 막고 있다는 걸 분명 알아차렸을 것이다. 그는 꽤 진지하게
나를 쳐다보면서 이렇게 말했다.

"아이고, 조이스, 너 진짜 우리 스님이랑 이야기 좀 나눠봐야
겠다."

"우리 스님이라고?"

내가 놀라서 말했다.

"그래, 나의 불교 수도승이시지. 그분이 널 도와주실 거야."

랜디가 자신 있게 말했다. 나는 받을 수 있는 도움이라면 가리지 않는 사람이라 랜디의 스님에게 전화를 걸고 상담 약속을 잡았다. 내 예상과 달리 그는 티베트 사람처럼 생기지도, 머리를 밀지도, 승복을 입고 있지도, 절에서 살고 있지도 않았다. 그냥 시카고 노스쇼어의 부유한 교외 지역인 하일랜드 파크의 홈오피스에서 일하고 있는 검정 티셔츠를 입은 평범한 60대 유대인이었다.

그를 처음 만나 몇 마디만 나눠보고도 여태 내가 만나본 이들 중에서도 가장 지적인 축에 든다는 걸 바로 알 수 있었다. 그는 작은 종이 위에 복잡한 도해를 그려가며 과학과 영성의 접면을 열성적으로 설명했다. 그가 실제로 내게 도움을 줄 수 있을 거라는 희망과 들뜬 기대가 차올랐다.

그는 내게 무슨 일로 찾아왔는지 묻고는, 책이 완성되지 않은 데 대해 온갖 구실을 늘어놓는 내 말에 귀를 기울였다. 잠시 후 그가 내 말을 멈추더니 고개를 끄덕이며 말했다.

"당신의 답을 찾았어요."

그는 작은 종이 한 장을 더 집더니 거기에 뭔가를 썼다. 내 심장이 달음질쳤다. 나는 그 답이 아직 실현되지 않은, 책을 출판한다는 내 꿈을 자유롭게 풀어줄 열쇠가 되어주길 바랐다.

이어서 그가 내게 건넨 그 종이에는 "WTF"라고 적혀 있었다.

나는 '으음… 뭐라는 거지?' 하고 생각했다. 약간 화가 나기까지 했다. 나는 믿을 수 없다는 듯 말했다.

"지금 진지하게 얘기하시는 건가요?"

"예, 그래요. WTF는 '픽션에서 힘을 빼라Weaken the Fiction'의 머릿글자예요."

이어서 그는 성공하기 위해서는 변명과 합리화, 나를 전진하지 못하게 막고 있는 부정적인 서사에서 힘을 빼낼 필요가 있다고 설명했다.

이 순간부터 나의 부정적 관점을 긍정적 관점으로 바꾸는 일에 열정을 다해 전념했다. 긍정심리학에서는 우리가 바라는 어떤 일을 마치 이미 이룬 것처럼 행동하는 게 좋다고 권한다. 어떤 옷을 입어보는 것처럼, 이미 이뤄진 상태 속으로 들어가서 어떤 느낌일지 느껴보고, 그 목표가 실현 가능하다고 인식하는 쪽으로 바뀌어가도록 생각을 훈련하기 위함이다.

아직 책을 완성하지 못했음에도, "나는 나의 영웅 브레네 브라운처럼 성공적인 저자이자 강연자야"라고 말하며 집 안을 걸어 다녔다. 내 절친 셰릴린은 처음에는 내게 "정신이 어떻게 된 낙천주의자"가 되었다며 잔소리를 해댔다. 그러더니 잠시 후 셰릴린도 그 게임에 가담했다. 셰릴린은 내 책 계약이 성사된 것을 축하한다고 음성메시지를 남겼다. 또 자기도 뉴욕에서 열리는 내 북 투어에 함께 가도 되냐고 물었다. 실없는 소리처럼 들릴 수도 있지만, 이런 식의 장난스러운 창의성이 내가 세상에 내놓는 에너지를 변화시켰다. 이런 긍정적인 태도가 문들을 열어주었고, 지금 이 글을 읽고 있는 당신에게로 인도해주었다.

치료 세션 11
(20분)

이번 세션에서는 당신의 긍정성 볼륨을 높여볼 것이다. 다음 질문에 대한 답을 노트에 적어보자.

- 당신 머릿속에 부정적인 이야기가 들어 있다면, 어떻게 하면 그 픽션에서 힘을 뺄 수 있을까?
- 부정성은 어떤 식으로 당신의 성공을 가로막고 있는가?
- 긍정성은 당신 삶에서 어떻게 성공으로 가는 문을 열어줄 수 있을까?

———— ✦ ————

이제 더 큰 번영을 위한 긍정성을 좀 키워보자.

장밋빛 안경을 쓰고 번영을 맞이하자
긍정심리학은 우리가 번창하고 성공하게 해주는 건강한 힘들과 기술들에 초점을 맞춘다. 긍정심리학을 포용하는 심리치료사는 내담자가 지닌 강점에 초점을 맞추며, 그들의 문제에 관한 논의에 지나치게 치우치는 것은 피한다. 당신도 좋은 것에 초점을 맞춤으로써 스스로 이 방법을 활용할 수 있다.

낙관주의에는 미래에 대해 희망적이고 자신 있는 태도를 갖는 것, 그리고 좋은 결과를 기대하는 것이 포함된다. 쾌활함은 행복과 좋은 기분, 유머 감각을 품은 긍정적인 분위기를 발산한다. 여러 연구에 따르면, 긍정적인 태도는 우리에게 다음의 일들을 가능하게 한다.[1]

- 성장과 번성.
- 역경, 상실, 실패에 대한 대처.
- 업무 성과 및 팀 구성원들의 관계 개선으로 더욱 큰 재정적 성공으로 이끎.

신경과학에 따르면, 뇌는 우리의 습관과 행동을 기반으로 신경 경로들을 만든다. 부정적인 생각이 전형이 되면, 그것은 우리의 기본 패턴으로 자리 잡는다. 긍정적으로 사고하고 새로운 행동을 더 할수록 새로운 뇌 경로가 만들어진다. 뇌를 훈련하는 셈이다. 뇌의 새 경로들이 강력해짐에 따라 긍정적 사고가 새로운 전형이 될 수 있다.[2]

당신의 생각을 부정에서 긍정적인 것으로 바꿀 수 있는 세 가지 방법은 첫째, 감사를 실천하는 것, 둘째, '마치 ~한 것처럼' 행동하는 것, 셋째, 긍정적인 것에 초점을 맞추어 문제를 해결하는 것이다.

감사 실천하기

내가 모든 걸 가지게 된 이유는
내가 감사하기를 실천했기 때문이다.[3]

──**오프라 윈프리**(미국의 미디어 경영자, 아프리카계 미국인 최초 수십억대 자산가)

브래드는 나의 장기 내담자다. 자동차 사고로 경추가 골절된 후 헤일로 경추 보조기halo brace를 머리에 장착한 채 세션에 나타났다. 처음 브래드를 봤을 때 적잖이 놀랐다. 목이 움직이지 않게끔 착용한 장치가 너무 거대했다. 이마 부근을 고정시키는 둥근 링은 마치 나사로 두개골에 고정해놓은 것처럼 보였고, 어깨 위로 커다란 기둥이 네 개 솟아 있었다.

그가 한 첫 마디는 "정말 감사한 일이에요!"였다. 어떤 운전자가 자기를 치었다는 사실에 화를 내거나 통증에 초점을 맞추는 것이 아니라, 목숨을 잃지 않았다는 사실에 브래드는 깊이 감사를 표했다. 이런 관점은 그가 좋은 것에 초점을 맞춘 채 치유의 과정을 보낼 수 있게 해주었다.

다른 사람들보다 유난히 더 자연스럽게 감사를 느끼는 사람들이 있다. 내 딸 셀레스티가 아홉 살쯤 되었을 때 나는 그 아이가 '반이 빈 잔'의 관점을 취하기 시작하는 것을 알아챘다. "바닷가에 가서 친구들과 놀았던 게 정말 좋아"라고 말하는 게 아니라 "오늘 우리는 공원에 가지 않았어"라고 말하는 식이었다. 나는 셀레스티에게 《고약한 생각은 이제 그만No More Stinking Thinking》이라는, 긍정적 사고를 키워주는 워크북을 사주었다. 그 책에는 어떤 상황에서나 좋은 점을 찾아내도록 아이의 뇌를 재훈련하는 연습들이 들어 있었다. 그 책이 확실히 도움이 되었고, 셀레스티는 동생 클로디어에게도 더 좋은 모범을 보여주었다. 아이들의 아빠와 내가 이혼한 직후 클로디어의 학교에서 감사에 관해 에세이를 쓰는 과제가 있었다. 자기를 사랑하는 부모가 둘이어서 자기한테 필요한 모든 게 갖춰진 집이 두 군데나 있으니 정말 운이 좋다는 내용이었다.

우리는 긍정적인 말을 하거나, 감사 일기를 쓰거나, 식사 시간에 감사 기도를 하거나, 직장에서 회의가 끝날 때 팀이 함께 감사할 일에 관해 이야기하는 습관을 들임으로써 마음을 긍정적으로 재훈련할 수 있다.

나는 잠자리에 들 때 감사한 일들을 돌아보며 마음속으로 그날 일어난 모든 축복에 감사를 전한다. 이러면 잠들 때 더욱 평화로운 기분을 느끼는 데 도움이 된다.

감사는 선택이다. 나는 크나큰 재정적 번영을 이루고도 불행한 사람들과 아주 작은 것에도 감사를 실천하는 행복한 사람들을 보아왔다. 예를 들어, 나의 한 내담자는 중독 때문에 거의 모든 것을 잃었다. 의사였던 남편은 오피오이드 과다 복용으로 사망했고, 본인은 알코올중독으로 간을 잃었다. (그리고 간 이식을 받았다.) 한때는 부유한 사교계의 유명인이었고 드높은 성취를 이룬 기자였지만, 이제는 회복할 수 없는 장애를 지녔고 공공 부조에 의지해 살아가고 있다.

추수감사절이 지난 후 만난 세션에서였다. 그는 초록빛 눈동자를 반짝이며 장성한 자녀 둘이 자신의 아담한 아파트에 와서 함께 소박한 만찬을 든 일에 대해 감사하는 마음을 환하게 표현했다. 나는 그 감사에 감동해 눈물까지 흘렸다. 감사는 부정적인 상황을 긍정적인 틀로 재구성하는 것을 가능하게 한다. 예컨대 나는 절대 나를 승진시키지 않으려 한 나의 상사에게 너무나도 큰 감사를 느낀다. 그 사람이 아니었다면 나는 결코 내 사업을 시작하지 않았을 것이다. 지금은 누가 내게 확신을 갖지 못하면 기분 나빠하기보다 과소평가당하고 있는 거라고, 상황을 긍정적인 틀에 넣어 해석한다. 감사는 숨어 있는 축복을 볼 수 있게 해준다.

여러 연구를 통해 감사에 다음과 같이 추가적 이점들이 있음이 확인되었다.[4]

- 우울증과 부정적 감정 감소.
- 긍정적 감정 증가.
- 삶에서 더 큰 의미를 느끼게 됨.
- 스트레스에 대처하는 더 좋은 방법들을 갖게 됨.
- 더 건강한 사회적 관계.
- 업무 성과 증진 및 그에 따라 찾아오는 재정 건강 향상.

이만하면 당신도 감사의 힘을 믿게 되었을 것이다. 이제 감사하는 연습을 해보자.

긍정적인 틀로 재구성하여 감사하기

(15분, 평생 실천할 일)

긍정적 리프레이밍은 감사를 실천할 수 있는 방향으로 상황을 긍정적인 관점에서 재고하려고 노력하는 방법이다. 이를 통해 우리의 사고는 강력하게 변화할 수 있다.

당신에게 다가오는 몇 가지 도전을 긍정적으로 재구성해보자. 그 시작에 도움이 될 만한 몇 가지 예를 들어보았다.

- 개인 신용 평가기관 상담사와 만나, 지난 만남 이후 훨씬 더 많아진 당신의 신용카드 부채 잔액에 관해 상담하는 것이 다가올 도전일 수도 있다. 이를 긍정적으로 리프레이밍한다면, 당신의 재정 상태 개선을 도와줄 전문가가 전적으로 당신에게만 시간을 내주는 기회가 온 것에 감사할 수 있다.
- 지난달 당신의 저조한 영업 실적에 관해 상사와 면담하는 일이 또 다가올 과제일 수 있다. 긍정적 리프레이밍은 당신에게 멘토가 있다는 사실, 그리고 당신의 새로운 영업 전략 진행에 관해 이야기하고 피드백을 받을 기회가 생긴 것에 감사할 수 있다.

다음 질문에 대한 답을 노트에 적어보자.

- 다가오는 도전 혹은 장애물 세 가지를 꼽아보자. 그중 적어도 하나는 당신의 경력이나 재정과 관련된 것이어야 한다.
- 이 일들이 그렇게 큰 도전으로 느껴지는 이유는 무엇인가?
- 이제 그 상황이 축복이 될 수도 있음을 보여주는 방향으로 그 도전들을 긍정적으로 리프레이밍해보자.

———— ✦ ————

아들러 심리학의 창시자인 알프레드 아들러는 일종의 롤플레잉(역할실연)이나 '시도해보기'의 방식으로, 내담자가 마치 자신이 원하는 것을 이미 성취한 것처럼 행동하게 하는 치료 기법을 개발했다.[5] 사회심리학자 데릴 벰은 '마치 ~인 것처럼' 행동하는 것이 우리의 삶에 관한 긍정적인 이야기를 만들어냄으로써 일어날 수 있는 최선의 결과를 느껴볼 기회를 준다고 말한다.[6] 그런 척 행동하는 것은, 저항을 초래할 수 있는 모든 부정적 생각을 그냥 넘겨버리는 데 도움이 될 수 있다.

최근 한 콘퍼런스를 앞두고 열린 심포지엄에 큰 포부를 지닌 작은 사업체 소유주가 100명 정도 모였다. 나는 그들에게 서로 자신을 소개해보라고 요청했다. 그들은 예의 바르게 인사를 나눈 뒤 직함이나 직장 같은 기본적 정보를 주고받았다.

각자 자기 경력과 사업에 관한 비전을 세우게 했다. 그런 다음, 자신이 꿈꾸는 모든 것을 마치 이미 다 이룬 것처럼 서로에게 자기소개를 다시 해보라고 했다.

처음에는 약간의 저항과 어색한 웃음이 터져 나오더니, 몇 사람이 머뭇거리며 일어서기 시작했다. 몇 사람은 방법을 더 분명히 설명해달라며, 정말로 원하는 것을 다 이루었다고 인정한다면 바보처럼 보일 것 같다고 염려했다. 나는 그들에게 풍요의 사고를 상기시키며 가능한 한 크게 생각하라고, 하늘 아래 한계는 없다며 부추겼다. 같은 마음이었던 그들은 모두 일어서서 그 놀이에 참여하기 시작했다. 몇 분이 지나자 모두 제대로 그 놀이에 몰입하고 있었다.

갑자기 그 방은 세계적으로 유명하며 여러 상을 휩쓴 발명가, 저자, 유명 인사, 기업 지도자들로 가득 찼다. 그들은 몸을 더 쭉 펴고 섰고, 더욱 자신감 있게 걸었으며, 더욱 환하게 미소 짓고 훨씬 더 말이 많아졌다. 20분이 지나자 나는 그들의 주목을 다시 모으기 위해 안간힘을 써야 했다. 그들이 도무지 말을 멈추고 싶어 하지 않았기 때문이다. 마치 조용하고 억제되어 있던 이전 버전의 자신으로 돌아갈 수 없게 된 것 같았다.

그날 일에 관한 의견을 나눌 때 그 사업가들은 '마치 ~인 척하기' 연습이 자신과 자신이 원하던 것 사이에 끼어 있던 불편함을 치워버리는 데 도움이 되었다고 말했다. 그날에 대한 평가에서 그들은 그 연습이 그날 한 일 중 가장 인상적이었다고 평했다.

당신도 이렇게 할 수 있다. 당신 내면의 호구가 처음에는 불편해할 수 있지만, 디바는 아주 좋아할 것이다.

'마치 ~인 척' 행동하기

(10분, 평생 실천할 일)

다음 중 당신에게 가장 효과적인 방식으로 '마치 ~인 척'하는 시도를 해보자.

- 가족이나 사랑하는 사람에게 당신의 재정에 영향을 미친 '최근의 성취' 한 가지에 관해 이야기하는 모습을 녹화나 녹음을 해보자. 길고 자세할수록 더 좋다. 긍정적으로 생각하는 신경 경로를 재훈련하기 위해서는 최소 한두 번 이상은 꼭 들어야/보아야 한다.
- 마음을 털어놓을 수 있는 신뢰하는 한 사람을 골라 그 앞에서 1~5분 동안 마치 당신의 목표가 모두 이루어진 것처럼 행동해보자. 그런 다음 당신이 행복하고 신이 나 보이는지 피드백을 요청한다.

이 과제가 당신에게 어땠는지 글로 써보자. 꿈을 다 이룬 것처럼 말할 때 어떤 느낌이 들었는가? 처음에는 어색했다가 갈수록 더 수월해졌는가?

— ✦ —

긍정적인 것에 초점을 맞추어 문제 해결하기

긍정적인 사람들은 문제 너머를 보며 해결책을 찾고, 잘되고 있는 일에 초점을 맞춘다. 해결책에 초점을 맞춘 해결중심단기치료solu-tion-focused brief therapy(SFBT)에서는 내담자와 치료사가 함께 안되는 일에 함몰되기보다 좋은 효과를 내고 있는 것에 초점을 맞추어 그것을 바탕으로 문제를 해결한다. 해결중심단기치료의 인기 있는 두 방법인 '문제를 뺀 이야기 나누기Problem-free talk'와 '예외 찾기'는 더 긍정적으로 해결책에 초점을 맞추도록 해준다.

'문제를 뺀 이야기 나누기'는 치료사와 내담자가 내담자의 삶에서 문제가 없는 측면들에 관해 이야기를 나누며 시간을 보내는 방법이다. 당신이나 다른 사람이 친구 사이, 파트너 사이, 가족, 업무팀 안에서 분노를 터뜨리거나 불평하고 있는 경우라면 이 접근법이 효과적일 수 있다. 한번 시도해보고 이 방법이 의사소통을 얼마나 더 긍정적이고 생산적으로 만들어줄 수 있는지 알아보자.

'예외 찾기'는 치료사가 내담자에게 자신이 겪고 있는 문제에 대한 예외들을 생각해보라고 요청하는 것이다.[7] 예를 들어, 어느 커플이 돈 문제로 자주 다툰다면, 치료사는 그들에게 싸우지 않고 재정에 관해 의논할 수 있었던 때에 관해 생각해보라고 권한다. 이렇게 하면 문제를 만드는 모든 요인에 초점을 맞추느라 시간과 에너지를 낭비하는 대신, 이미 자신이 해결책을 알고 있을 수도 있다는 걸 깨닫는 데 도움이 된다. 그러면 내담자들은 긍정적 결과를 이끌어내는 행동을 반복하는 작업에 집중할 수 있다.

예외 찾기

(10분, 평생 실천할 일)

다음 질문에 대한 답을 노트에 적어보자.

- 당신이 현재 직면하고 있는 문제가 무엇인가?
- 이 문제가 일어나지 않았던 때를 기억할 수 있는가?
- 그때는 지금과 무엇이 달랐나?
- 그때 당신은 지금과 다른 어떤 행동을 하고 있었나?
- 그때 당신은 지금과 다른 어떤 생각을 하고 있었나?
- 지금 당신이 다르게 할 수 있는 일은 무엇인가?

———— ✦ ————

긍정성으로 안전지대 확장하기

이제 당신은 말을 긍정적으로 하게 되었으니, 이제는 실제 행동으로 당신의 삶에 긍정적 변화를 만들 차례다.

회의에서 자신 있게 의견을 말하는 것이든, 급여 인상을 요구하는 것이든, 꿈꾸던 직장에 지원하는 것이든, 창업을 하는 것이든, 아니면 누군가에게 사랑한다고 말하는 것이든, 더욱 큰 번영을 맞이하는 유일한 방법은 당신이 버겁고 두렵게 느끼지만, 사실은 당신을 성공의 방향으로 가게 해줄 일을 하는 것이다.

여러 해 전, ABC 방송에서 스트레스 관리에 관해 촬영하자고 연락이 왔다. 미국 전역에 방송된다는 이야기에 나는 너무나 두렵기도 했지만, 내 사업을 성장시키고 싶었으므로 열정적으로 좋다고 대답했다. 아이러니하게도 나는 그때 스트레스 관리에 관해 내가 한 조언을 하나도 따르지 못하고 있었다. 촬영 전날 밤엔 거의 한숨도 못 자 아침에 카페인을 잔뜩 들이붓고 아침 명상은 건너뛰었다. PD와 촬영팀이 도착하자마자 제일 먼저 한 일은 내가 완벽하게 배치해둔 가구들을 모두 거실 한구석으로 밀어붙여 조명과 음향 장비를 둘 공간을 확보한 것이었다. 모든 준비를 마치자 PD가 내게 시작할 준비가 되었느냐고 물었다. "물론이죠!" 나는 차분해 보이려 애쓰며 말했다. 그러자 음향 기사가 한마디 했다. "그런데 선생님 심장이 쿵쾅거리는 소리가 마이크로 다 들리는데요."

촬영된 분량에서 나는 PD의 친구가 연기한 내담자와 모의 세션을 진행했다. 의도는 이 '내담자'에게 스트레스를 줄이는 요령을 알려준다는 것이었지만, 이 사람은 사실 더없이 느긋하고 차분한 사람이었다. 그가 내게 자기가 달리 또 할 수 있는 일이 뭐가 있냐고 물었을 때 나는 당황해서 이렇게 말했다.

"음…, 반려견을 쓰다듬어주거나 섹스를 하는 것도 스트레스를 줄일 수 있는…"

"컷!" PD가 소리쳤고, 우리는 다 함께 배꼽이 빠지도록 웃어댔다. 그러면서 PD는 나의 두 제안이 둘 다 장점이 있지만, 그 둘을 함께 조합하는 건 그리 좋은 생각 같지 않다고 했다. 이 말에 다들 또 한 번 웃음보를 터뜨렸다.

이 일은 침착한 척하던 내 가면을 벗김으로써 내가 있는 그대로 표현할 수 있게 해주었다. PD는 내가 마음에 들었는지 앞으로도 함께 프로젝트를 진행하자고 제안했고, 나는 그 프로젝트 중 하나로 MTV의 리얼리티 쇼〈리얼 월드The Real World〉의 참가자들을 상대로 그룹 치료를 하는 기회도 얻었다.

기립 박수

내가 고등학교에 입학하고 나서 첫 주에 있었던 일이다. 나는 그만 과학 숙제를 깜박했다. 스나이더 과학 선생님께 숙제를 내일 제출해도 되겠느냐고 물었다. 선생님께서는 "네가 과학실 앞쪽에 있는 내 실험 테이블에 올라가 〈기쁘다 구주 오셨네Joy to the World〉를 부른다면 그래도 된다"고 하셨다. 나는 선생님의 눈을 쳐다본 다음 미소를 지으면서 의자를 뒤로 밀었다. 조용한 과학실에서 앞으로 걸어가는 동안 25명의 시선이 내 등에 쏠려 있는 걸 느낄 수 있었다. 그중 다수가 내가 아직 한 번도 만나본 적 없는 학생들이었다. 나는 마돈나에게 영감을 받은 옷차림과 상태가 엉망인 파마머리에 망사 리본을 단 채로, 까맣고 높은 실험 테이블 위에 올라가 섰다. 그리고 심호흡을 한 다음, 제목은 같은 'Joy to the World'지만 가사는 "예레미야는 황소개구리였네"로 시작하는 다른 노래를 처음부터 끝까지 큰 소리로 불러젖혔다. 반 친구들은 내게 기립 박수를 보냈다.

이 대담하고도 장난스러운 행동은 내 삶에 예상치 못했던 축복을 가져다주었다. 그날 수업이 끝나고 여학생 둘이 다가와 내가 한 일이 자기들이 본 가장 용감한 일이었다며 내게 친구가 되자고 했다. (오늘날까지도 우리는 여전히 친구다.) 스나이더 선생님은 완전히 당황했던 모양이다. 듣고 싶어 하는 사람도 없는데 20년 동안 계속 그 이야기를 해오셨다는 걸 보면 말이다. 선생님은 내가 낸 숙제에 대해서도 칭찬해주시고, 교직원들 사이에 그 이야기를 퍼뜨렸다. 다른 수업에 들어가면 선생님들이 "네가 스나이더 선생님 수업에서 노래했던 그 학생이니?"라고 묻곤 했다. 이 사건으로 나는 선생님들에게 눈에 띄는 학생이 되었고, 그러자 선생님들은 내게 학생회, 응원단, 아카펠라 합창단 등 여러 활동에 참여하라고 권했다.

어른이 되어서도 나는 계속 이런 유형의 경험들에 나 자신을 밀어붙였다. 그리고 그 각각의 경험은 공포증에 대한 노출 치료와 유사하게 나의 안전지대를 확장하는 데 도움이 되었다. 브레네 브라운이 가르치는 바처럼, 용기를 내어 불완전함을 비롯해 있는 모습 그대로 자신을 내보이고 시선을 받는 것은 여러 가지 좋은 일을 가져다준다. 또한 그러는 과정에서 우리는 자신감과 경험을 쌓고 더 많은 능력을 갖추게 된다.[8]

새로운 경험에 긍정적으로 다가가려면 열정과 용기, 행동이 필요하다. 그냥 바라고 소망하기만 해서는 안 된다. 무언가를 해야만 한다. 여러 연구를 보면, 경력의 목표를 실현하기 위해 의도적으로 행동하는 것이 경력에 대한 더욱 큰 만족감과 더 높은 소득으로 귀결된다는 것을 알 수 있다.[9] 당신의 세계를 더 넓히기 위해 무슨 일을 해야 할지 생각해보자.

$$\boxed{\$}$$

노출 치료

(20분, 평생 실천할 일)

이 연습은 공포증과 불안증을 치료할 때 쓰는 행동치료의 한 기법인 '체계적 탈감작법systematic desensitization'에 기반을 두고 있다. 요점은 자신을 불편하게 만드는 것에 익숙해짐으로써 안전지대를 확장하는 것이다. 다음 일들을 해보자.

- 가까운 미래에 당신의 경력상 성공을 위해 중요한 활동 중 당신의 안전지대 밖에 있는 세 가지 활동을 꼽아보자.
- 그중 특히 관련성이 크고 중요한 것 하나를 골라보자. 그 활동을 성공적으로 이뤄내기 위해 당신에게 필요한 자원과 기술로는 어떤 것들이 있는가?
- 가까운 미래에 이 활동을 실행하기 위한 계획과 의도를 세워보자. 예컨대 만약 당신이 공공 강연을 두려워한다면, 토스트매스터스* 그룹에 가입하거나 즉흥 코미디 수업을 들어볼 수 있다.
- 그 활동을 완료할 목표 날짜를 정하고, 신뢰하는 가까운 사람에게 당신이 그 일을 책임지고 해내도록 독려해달라고, 그리고 이

---

* Toastmasters International은 미국에 본사를 둔 비영리 교육 기관이다. 전 세계에서 커뮤니케이션, 대중 연설 및 리더십 증진을 목적으로 한 단체들을 운영한다.

런 노력을 하는 당신을 응원해달라고 부탁하자.

———— ✦ ————

> ### 재정 건강 증진법
>
> # 협상에서 긍정성 발휘하기
>
> 당신 자신을 믿고 당신 자신을 위해 협상하라.
> 스스로 자기 성공의 주인이 되어라.[10]
>
> ——**셰릴 샌드버그**(전 페이스북 최고운영책임자, 억만장자, leanin.org 창립자)

흔히 사람들은 모든 종류의 협상에서 어떻게 긍정성을 무기로 사용할 수 있는지 들으면 깜짝 놀란다. 나는 내담자들과 멘티들에게 항상 성장의 기회를 좇으라고, 그리고 협상을 통해 자기 자신을 옹호하라고 부추긴다. 그들이 내게 승진이나 새로운 직장에 도전할 거라고 말하면, 나는 "당신이 그 자리를 잡을 수 있을 거라고 생각해요?" 하고 묻는다. 그들의 대답이 "음, 경쟁이 정말 치열해서요. 아마 난 안 될 거예요"라는 식이면, 나는 "그럼 당신은 못 잡아요" 하고 말한다. 그들은 내가 자기를 믿고 있다는 걸 알기 때문에 나의 그런 말에 대개 놀라고 충격을 받는다. 하지만 나는 자기충족적 예언의 힘을 강력히 믿는 사람이다. 부정적 결과를 예상하고 있다면, 그 사람은 자기를 방해하는 행동을 함으로써 실제로 그런 결과를 만들어내고 만다. 당신이 자신을 믿지 않는데 어떻게 다른 사람이 당신을 믿겠는가?

예전에 나는 언젠가 사업체를 매각하겠다는 목표를 세우고, 노스웨스턴대학의 켈로그 경영대학원에서 열린 여성을 위한 비즈니스 협상 세미나에 참석했다. 진행자는 작은 물건을 사는 일부터 자동차를 구매하거나 리스하는 일, 급여와 대규모 사업 계약까지 모든 일에서 두려움을 치워버리고 협상하라고 강력히 권했다.

셰릴 샌드버그의 베스트셀러 《린 인Lean In》에 대해 연구한 사회학자가 강연할 때였다. 강연의 주요 메시지는 여성이 협상을 잘 하지 않는다는 것이었다. 이제는 협상을 해야 한다고 강조했다. 전 경력에 걸쳐 수백 명을 고용해본 사람으로서, 나는 서글픈 일이지만 그 말에 동의한다. 지위와 임금을 제안하면 여자들은 대개 "제안 감사합니다. 그 제안 받아들일게요" 하고 말한다. 그런데 내 경험상 남자들은 종종 "감사합니다. 며칠 더 생각해보면 좋겠습니다. 내가 받기를 바랐던 것보다 보수가 낮아서요"라고 말한다. 대체로 그들은 다음에 다시 와서 더 높은 급여와 더 나은 직함, 추가 연수나 더 나은 혜택을 두고 협상한다.

직장에서 자기주장을 강력히 내세우는 남자들은 흔히 자신감 있고 똑똑하다고 여기지만, 여자들이 똑같이 하면 성깔이 있다거나 공격적이라거나 까다롭다고 본다.[11] 문화적으로 내재된 이런 변수가 급여의 성별 격차를 가져오고 또 강화한다. 그런데 여자가 남자와 똑같은 일을 하고도 보수를 78퍼센트밖에 못 받는 가장 큰 이유는, 차별 때문이다.[12] 회사 전체에서 젠더, 인종, 민족에 따른 보수 차이를 바로잡는 일에 600만 달러를 쏟아부은 세일즈포스의 CEO 마크 베니오프 같은 지도자들이 이 세상에는 더 많이 필요하다.[13]

　이 세미나에 참석한 뒤로 나는 더 이상 파일 캐비닛을 돈 주고 사지 않았다. 어번 밸런스가 확장함에 따라 내게는 파일 캐비닛이 점점 더 많이 필요했는데, 캐비닛 하나를 사려면 1,200달러는 들었다. 그 세미나 후에 나는 사무실 임대 협상을 할 때 상태가 좋고 잠금 기능이 있는 파일 캐비닛들을 준비해줄 것을 요구했다. 수천 달러를 절약한 셈이었다. 더 큰 규모의 구매를 할 때면 나는 항상 판매자에게 그것이 그들이 제시할 수 있는 최선인지 묻는다. 그런 다음 그들의 신체 언어를 읽는다. 안뜰에 둘 가구를 살 때는 협상으로 무료 배송과 덤으로 (250달러짜리) 커버를 얻어냈다. 그리고 나는 모든 학생 인턴에게 협상 전술을 알려주기 시작했고, 자신을 옹호하는 기술을 코치했다.

다부진 협상가

협상 세미나에 참석하기 전, 탁월한 협상가의 맞은편에 앉았던 적이 있다. 상대는 실비아라는 젊은 세르비아계 미국인 치료사로, 실비아가 면허를 획득하는 데 필요한 임상 시간을 채우기 위해 나의 회사에서 일하던 시절이었다. 실비아는 감독과 훈련이 필요한 초보 직위에서 일하고 있었기 때문에 완전히 면허를 획득한 치료사에 비해 시급이 한참 낮았다. 그 때문에 생계를 유지하기가 버거웠다. 이전 1년의 활동을 점검하는 시간에 실비아는 초보 단계의 치료사들에게 지급했던 것보다 급여를 더 많이 지급하도록 나를 설득했다. 나는 이 일을 결코 잊지 못할 것이다. 실비아가 원하는 급여를 얻어내는 데 사용한 협상의 5단계를 소개하려고 한다. 여러분도 똑같이 해보기를 강력히 권한다.

행동을 취한다. 실비아는 예의 바르지만 단호하게, 회사의 소유주인 나에게 자신의 재직 1주년과 임금 인상 가능성에 관해 논의하자고 대면 회의를 요청했다. 신생 회사였던 우리는 정기적인 직무 수행 평가를 아직 시행하지 않고 있었고, 실비아의 부추김이 없었다면 계속 시작하지 않았을 것이다. 이 점에 대해 나는 실비아를 존경한다.

감사를 실천한다. 실비아는 자신을 고용해주고 여러 배울 기회를 준 일에 대해 나에게 감사하는 것으로 대화를 시작했다. 영어가 제2언어인 이민자를 기꺼이 고용한 나에 대한 감사의 말은 진심으로 마음에 와닿았다. 내가 실비아에게 존경받고 가치 있는 사람으로 여겨지는 것이 느껴졌다.

준비를 갖춘다. 실비아의 보수에 대한 대화를 시작할 때, 이미 실비아가 충분한 조사를 했다는 것이 분명히 드러났다. 실비아는 한 해 동안 자신이 얼마나 많은 의뢰를 받았으며, 상담 세션을 몇 회나 진행했는지 보여주고, 자신의 내담자 유지와 생산성이 얼마나 대단한지 상세히 알려주었다. 게다가 실비아는 시카고의 동유럽인 커뮤니티에 자기가 손수 나서서 홍보함으로써 새로운 의뢰를 얼마나 많이 확보해왔는지 보여주었다. 또 자기가 세르비아어, 보스니아어, 크로아티아어가 얼마나 유창한지 상기시켰다. 마지막으로 실비아는 보험사에서 지불받는 평균 수수료에서 자신의 보수를 제하여 그 격차가 얼마나 큰지를 보여주었다. 이렇게 함으로써 실비아는 내가 자신의 렌즈를 통해 자기의 일을 존중하는 마음으로 바라볼 수 있게 해주었다.

인식한다. 실비아는 건강한 자존감과 사실을 중시하는 객관적 방식으로 우리가 자신에게 더 많은 보수를 지급할 수 있다는 걸 증명했다. 실비아가 운영에 들어가는 회사의 비용을 명확히 이해하고 우리 입장에 감정이입하고 있었으므로, 나는 실비아 역시 나의 렌즈로 상황을 볼 수 있음을 알고 있었다. 이런 태도는 슬금슬금 내게 스며들던 방어적인 마음을 녹여버렸다.

현재에 깨어 있는다. 마법의 탄환은 이것이었다. 나는 당시 급여 범위가 그렇게 정해진 이유와 내가 제시한 약간의 인상이 적절한 이유에 관해, 이전에 수십 명의 치료사에게 했던 것과 똑같은 설명을 실비아에게도 했다. 이전에 거의 모든 치료사는 이 시점에 나에게 감사의 말을 전하며 협상을 끝냈지만, 실비아는 그 순간에 나가지 않고 머물러 있었다. 우리가 불편한 상태로 앉아 있는 동안 시간은 더 천천히 흐르는 것 같았다. 실비아가 그 지적이고 커다란 초록빛 눈동자로 나를 바라보는 동안, 내 귀에 사무실의 시계가 째깍거리는 소리가 들렸다.

실비아 자신이 회사에 얼마나 큰 가치를 가져다주었는지 고려해보면 급여를 더 많이 올려줄 수 있음을 내가 알고 있고, 내가 안다는 사실 또한 실비아가 안다는 것을 깨달았다. 실비아는 고개를 높이 들고 프로답게 자신의 입지를 단단히 지키면서 자기 가치의 온전한 주인이 되었다. 결국 나는 그 힘에 굴복해 무너졌고 이전까지 같은 직책의 누구에게 주었던 것보다 더 많은 보수를 실비아에게 제안했다. 실비아는 나에게 넘치는 감사의 인사를 했고, 우리는 둘 다 자신이 운이 좋다고 느끼며 회의실을 떠났다.

7년 뒤 실비아는 어번 밸런스의 한 분점의 임상 관리자의 직위에 올랐고, 수년 전 나와 협상해서 얻어낸 것보다 훨씬 많은 수입을 얻고 있다.

어번 밸런스를 매각할 준비를 하던 당시 나는 실비아에게 배운 모범을 따랐다. 나 역시 기꺼이 타협하려는 영역과 그렇지 않은 영역을 분명히 구분하고 있었다. 이는 내가 일부 책임은 유지하라는 요구를 받던 협상의 후기 단계에서 단호한 태도를 유지하는 데 도움이 되었다. 그 때문에 계약을 놓칠 수도 있는 상황이었지만, 그래도 나는 내 입장을 고수했고 내 바람은 받아들여졌다.

직업 만족도 높이기

다음 연습은 당신의 일에서 개선이나 협상이 필요한 영역을 파악하는 데 도움이 된다. 누군가를 위해 일하고 있든, 자영업자든, 자신의 사업체를 소유하고 있든, 업무 만족의 휠차트는 당신이 일에 만족하는 정도를 평가해주고, 개선이나 협상이 필요한 영역이 어디인지 찾아준다.

당신은 협상이 주로 보수와 관련된 일이라고 생각할지 모르지만, 이 휠차트 연습은 협상으로 당신이 혜택을 얻을 수 있는 모든 방식을 망라하고 있다. 협상은 업무 성과 평가를 준비하고 있거나 새 직장을 구하거나 여러 취업 제안을 비교할 때 유용하다. 현재 무직 상태라면 가장 최근의 직장을 기준으로 이 연습을 하거나, 앞으로 취업 제의를 받을 때 협상의 틀로 사용하면 좋다. 자영업자나 사업 소유주라면 수수료를 인상한다거나 공급업체나 도급업체와 더 나은 거래를 한다거나, 더 좋은 연금 계획을 확보하는 등 협상을 통해 개선할 수 있는, 만족도가 낮은 영역들이 무엇인지 찾아내고 만족도가 얼마나 낮은지 평가해볼 수 있다.

직업 만족의 휠차트

(20분)

날짜: _____

이 휠차트에서는 각 바큇살 끝에 선이 그려져 있다. 이는 각 바큇살과 관련된 당신의 현재 업무 상황의 장단점을 적어둘 공간으로 마련한 것이다. 각 질문에 대한 답을 다음 기준에 따라 숫자로 점수를 매긴다.

결핍(1~3) 무난(4~5) 적당(6~7) 충만(8~10)

	결핍			무난		적당		충만	
1	2	3	4	5	6	7	8	9	10

급여/보수 급여, 수수료나 보너스를 모두 포함해 당신이 받는 보수의 액수를 바큇살 밖 줄 쳐진 부분에 적는다. 현재 당신의 보수는 얼마나 충분한가? _____

의료 혜택 현재 의료보험, 건강저축계좌, 그리고 운동 비용 제공 등의 부수적 혜택을 모두 포함하여 당신의 현재 의료 혜택들을 열거해본다. 당신의 건강 및 의료 혜택은 얼마나 충분한가? _____

은퇴 연금 당신이 영리기업의 퇴직연금이나 비영리 또는 정부기관의 퇴직연금, 자영업자의 개인퇴직연금에 (투자한 액수가 아니라) 투자할 수 있는 능력을 포함해 현재 당신의 은퇴연금을 적어보자. 당신의 연금 급여는 얼마나 충분한가? _____

휴직/휴가 유급으로든 무급으로든, 당신이 일을 쉴 수 있는 융통성은 어느 정도이며, 휴가·병가·기타 휴가로 쓸 수 있는 시간은 얼마나 되는지 적어보자. 쉴 시간을 내는 일과 관련하여 당신의 만족도는 어느 정도인가? _____

소유권/이익 당신이 동업자나 소유주가 되거나, 스톡옵션을 받거나, 직장에서 확정된 재정적 이익을 얻을 수 있는 능력에 관해 써보자. 소유권이나 재정적 이득을 확보하는 일에 얼마나 만족스러운가? _____

즐거움 당신의 직업에서 당신이 즐기며 하는 측면과 그렇지 않은 측면을 적어보자. 일에서 얻는 기쁨과 즐거움의 측면에서 보자면 얼마나 만족스러운가? _____

의미 당신의 일이 심층적인 수준에서 당신에게 의미와 보람을 느끼게 하는 측면들을 꼽아보자. 자신의 일에서 의미를 발견하는 일과 관련해 얼마나 만족스러운가? _____

자신과의 조화 당신의 고유한 재능과 재주, 핵심 가치, 이 세상에서의 사명을 적어보자. 당신이 일에서 자신의 자아와 조화를 이루는 것은 얼마나 만족스러운가? _____

일과 삶의 균형 현재 당신이 일하는 상황에서 탄력적이거나 그렇지 않은 측면들을 써보자. 여기에는 재택 근무 가능 여부, 근무 시간·통근 시간의 유연성, 출장 및 잔업의 필요성 등이 포함된다. 당신의 일과 삶의 균형과 관련해 얼마나 만족스러운가? _____

평가와 인정 당신의 노력과 성취에 대해 인정받는 방식들을 써보자. 여기에는 인정의 말, 적합한 직함, 상 또는 부수적 특전 등이 포함된다. 일에서 얼마나 만족스러운 평가와 인정을 받고 있는가? _____

직업적 성장 멘토링, 지속적인 교육, 기타 배움의 기회를 포함하여 현재 당신에게 주어진 직업적 성장을 위한 기회들을 적어보자. 당신의 직업적 발전을 위한 기회는 얼마나 만족스러운가? _____

동료와의 연결 당신의 일이 협력, 사회적 지지, 소속감을 어떻게 높이는지 또는 높이지 않는지 써보자. 동료와의 연결에서 당신은 얼마나 충만한가? _____

숫자로 표시한 결과를 휠차트에 표시하고 점들을 연결하자. 제일 위에서부터 시작하자. 당신은 급여/보수 협상에서 결핍돼 있는가 충만한가 아니면 그 사이 어디인가? 답과 일치하는 숫자 옆의 바큇살에 점을 표시한다. 이제 휠차트를 돌면서 모든 바큇살에 점수를 표시한 뒤 점들을 연결하여 원을 만든다.

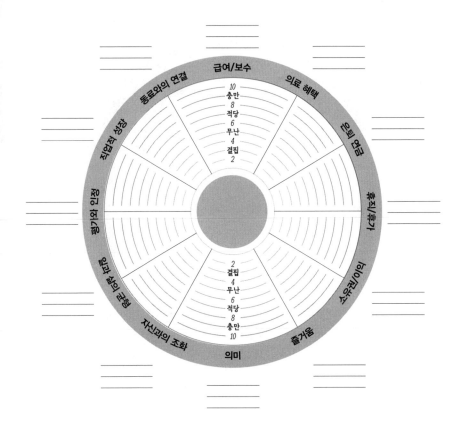

직업 만족의 휠차트

각 바큇살 끝에 범주마다 당신에게 중요한 사항을 적어넣으면 된다. 다음 직업 만족의 휠차트 예시를 참고해 아이디어를 떠올려 보자.

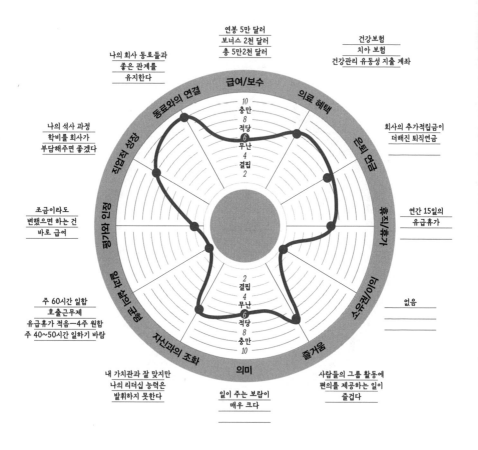

직업 만족의 휠차트 예시

예시를 보면 가장 깊이 들어간 두 영역이 '일-삶 균형'과 '소유권/이익'이다. 이들이 개선이나 협상이 필요한 영역일 것이다.

당신의 휠차트를 다 채운 뒤, 다음 질문에 대한 답을 노트에 적어보자.

- 바큇살 점수를 모두 더해 그 합을 12로 나누어 일에 대한 전반적인 만족도를 알아보자. 당신의 만족도는 결핍 쪽에 더 가까운가, 충만 쪽에 가까운가?
- 휠차트에서 점수가 가장 낮은 영역, 즉 가장 많이 들어간 영역 셋은 무엇인가?
- 현재 일터에서 협상으로 그 영역들을 개선할 수 있는가? 혹은 어떻게든 당신 스스로 개선해낼 수 있는가?
- 당신은 현재의 일에서 더 큰 번영을 이룰 수 있는가, 아니면 어떤 변화를 만들 필요가 있는가? 당신의 생각과 실행 계획을 써보자. 당신이 생각하는 이상적인 상황은 어떤 것인지 상세한 내용을 포함시키자.

자신의 입장과 원하는 바를 계속 밀고 나가도록 이 연습을 적어도 1년에 두 번은 다시 해보는 것이 좋다. 자기 자신을 계속 옹호하고 주장하는 일은 더 많이 할수록 더 잘하게 된다. 휠차트에 날짜를 적고 나중에 참고할 수 있게 해당 파일에 저장해두자!

— ✦ —

아주 훌륭히 잘 해냈다. 이제 긍정적인 분위기로 마무리할 시간이다. 긍정성의 휠차트에서는 이 장에서 배운 모든 기술을 한데 모아 당신이 삶에 긍정성을 얼마나 잘 적용하고 있는지 측정해본다.

긍정성의 휠차트
(20분)

날짜: _____

각 질문에 대한 답을 다음 기준에 따라 숫자로 점수를 매긴다.

결핍(1~3)　무난(4~5)　적당(6~7)　충만(8~10)

결핍			무난		적당		충만		
1	2	3	4	5	6	7	8	9	10

긍정 심리 당신과 타인들을 번창하고 성공하게 해주는 강점과 재능에 초점을 맞추는 것이다. 긍정적인 면을 바라보는 일을 얼마나 잘하고 있는가? _____

픽션에서 힘 빼기 마땅히 누려야 할 성공과 당신 사이를 막고 있는,

자기 자신에게 늘어놓는 핑계나 부정적 이야기를 인지하고 극복하는 것이다. 픽션에서 힘을 빼는 일을 얼마나 잘하고 있는가? ___

감사 시간을 내어 고마운 일들에 관해 깊이 생각해보는 일을 얼마나 잘하고 있는가? _____

긍정적 리프레이밍 어떤 상황에서나 좋은 부분들을 바라보는 일을 얼마나 잘하고 있는가? _____

쾌활함 행복과 기쁨, 유머, 좋은 기분을 표현하는 것이다. 쾌활한 분위기를 발산하는 일을 얼마나 잘하고 있는가? _____

낙관성 미래에 대해 희망과 자신감을 가지고 좋은 결과를 예상하는 것이다. 당신은 미래에 대해 얼마나 낙관적인가? _____

열정 당신이 하는 일에 활기찬 에너지를 불어넣는 것이다. 긍정적인 태도로 사는 일에 얼마나 열정을 느끼는가? _____

용기 두렵다고 느끼는 일에 도전하며 안전지대를 확장하는 것이다. 용기 내는 일을 얼마나 잘하고 있는가? _____

행동 기회를 포착하고 성취에 필요한 행동을 취하는 것이다. 행동에 옮기는 일을 얼마나 잘하고 있는가? _____

창의성 독창적인 아이디어와 혁신을 만들어내는 것이다. 창의성의 측면에서 당신은 어느 정도라고 평가하는가? ＿＿＿

해결에 초점 맞추기 문제만을 이야기하는 것이 아니라 강점을 키우고 해결책을 찾는 데 초점을 맞추는 것이다. 해결에 초점을 맞추는 일을 얼마나 잘하고 있는가? ＿＿＿

협상 일과 재정적 삶에서 쌍방에게 이로운 합의를 이끌어내기 위해 자신을 변호하는 일을 얼마나 잘하고 있는가? ＿＿＿

결과를 긍정성의 휠차트에 표시하자. 제일 위에서부터 시작하자. 당신의 긍정 심리는 결핍되었는가 충만한가 아니면 그 사이 어디인가? 답과 일치하는 숫자 옆의 바큇살에 점을 표시한다. 이제 휠차트를 돌면서 모든 바큇살에 점수를 표시한 뒤 점들을 연결하여 원을 만든다.

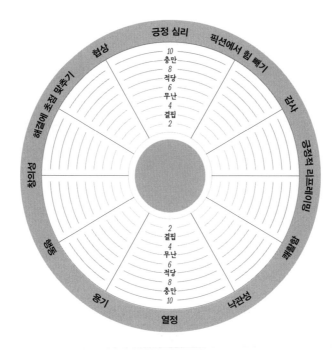

긍정성의 휠차트

누구나 삶에서 긍정성을 좀 더 활용할 수 있다. 긍정성을 계속 높여가기 위해 이 연습을 매달 혹은 분기마다 할 것을 권한다. 휠차트에 날짜를 표시하고 나중에 참고할 수 있도록 해당 파일에 저장해둔다.

다음 질문에 대한 답을 노트에 적어보자.

• 휠차트에서 가장 많이 들어간 부분을 보면서 스스로 가장 낮은

점수를 준 영역이 무엇인지 파악하자. 그 영역들의 점수가 낮다
고 생각하는 이유는 무엇인가?

- 이 영역들을 어떻게 손보면 당신의 개인적·직업적·재정적 삶
  이 개선될 것 같은가?
- 각 영역을 개선하기 위해 당신이 취할 수 있는 행동을 세 가지
  씩 꼽아본다면?

이제 당신은 긍정성을 만끽하고 있다.

— ✦ —

다음에는 어떤 사람 혹은 어떤 일도 당신의 속도를 떨어뜨리는 걸
허용하지 않는 방법을 살펴보고자 한다.

12장

회복탄력성

고난과 역경을
풍성한 기회로 바꿔라

THE
FINANCIAL
MINDSET
FIX

우리의 가장 큰 영광은
넘어지지 않는 것이 아니라
넘어질 때마다 일어나는 데 있다.

———**랠프 월도 에머슨**(19세기 미국의 시인, 철학자)

동업자가 돌연 떠나간 뒤, 나의 옛 상사 빌 헤퍼넌이 내게 해준 말
이 얼마간 마음의 평화를 안겨주었다. "자네는 지금 막 어마어마한
선물을 받은걸세." 나는 빌이 뜻한 바를 정확히 이해하지는 못했지
만, 어쨌든 그 상실과 고난에서 어떤 축복이 찾아올 거라는 희망을
품게 되었다.

　　다음 몇 달은 내 인생에서 가장 힘든 시기였다. 내 어깨에 온
세상의 무게가 얹힌 느낌이었다. 매일 아침이면 간신히 일어나 한
발 한 발 디디며 빚 갚기를 요구하는 사람들과 근심에 싸인 직원들
을 마주했다. 하루하루 지날수록 나는 좀 더 어깨를 펴고 섰고, 내
결정에 더 자신감을 느끼게 되었으며, 직원들에게 힘과 희망을 보

여줄 수 있었다. 그것은 일종의 변태처럼 느껴졌다. 나는 더 작았던 나 자신이라는 허물을 벗고 나의 가장 큰 잠재력을 펼쳐내고 있었다. 그전에는 부조종사라는 안전장치가 있어야만 내가 제대로 작동할 수 있다고 느꼈다면, 이제는 내가 단독 비행을 할 수 있다는 사실을 배워가고 있었고, 그 인식과 함께 새로운 자유와 자신감이 나를 찾아왔다.

겉으로 보면 내 인생은 여전히 이상적이지 않았지만, 내면에서는 내가 훨씬 더 유능하게 느껴졌다. 작가 리타 메이 브라운은 이렇게 말했다. "사람들은 티백 같다. 곤경이라는 뜨거운 물에 잠겨보기 전에는 그들이 얼마나 강한지 결코 알 수 없다."[1] 나는 마침내 내가 선물을 받은 거라던 빌의 말뜻을 이해했다. 빌은 네 번의 서로 다른 암 치료를 이겨냈다. 세 번째 치료가 실패한 후, 이제는 치료 시도를 그만두고 완화 치료로 넘어가야 할 때인지 모른다는 말을 들었음에도 말이다. 이 경험 때문에 그는 인생에서 무엇이 중요하고 무엇이 중요하지 않은지를 놀랍도록 명료하게 인식하고 있었다. 빌은 가족과 소중한 시간을 나누고 다른 사람들에게 도전을 꿋꿋이 이겨내도록 영감을 주는 일에 상당 시간을 쏟았다. 빌은 내가 아는 이들 중 회복탄력성이 가장 강한 사람에 속한다.

나는 마음챙김을 통해 계속 회복탄력성을 키워왔다. 요가 수행은 내게 어떤 자세가 주는 불편함을 느낄 때 호흡하면서 버텨내면 그 불편함이 사라진다는 것을 가르쳐주었다. 그러고 나면 나는 더 유연해지고 더 균형 잡히고 더 강해져서, 다음번에는 그 자세를 더 잘 견딜 수 있게 된다.

하루는 해군 장교가 요가 스튜디오로 들어오더니 말했다. "군대에서도 요가를 하지만, 우리는 그걸 요가라고 부르지 않습니다. 탄력성 훈련이라고 하지요." 이 말을 듣고서 나는 회복탄력성을 키우는 데 요가를 활용하는 법에 대해 더 주의를 기울였다. 자신을 한계 짓는 내 안의 목소리를 밀쳐버리고, 기꺼이 넘어지고 또 넘어지기를 반복하며 마침내 전에는 한 번도 해낸 적 없던 일을 이뤄냈다.

혹시 요가의 까마귀 자세를 아는가? 팔에 체중을 싣고 균형을 잡는 자세로, 먼저 쪼그리고 앉아서 두 손을 어깨넓이로 벌려 매트에 댄다. 그런 다음 무릎으로 삼두근을 누르고, 체중을 손가락 끝으로 옮기고, 엉덩이를 들고, 무릎을 굽히고, 발을 바닥에서 든다.

많은 힘과 균형을 요구하는 어려운 자세다. 처음에 시도했을 때는 도저히 할 수 없을 것 같았다. 그래서 여러 해 동안 요가 수업에서 그 자세가 나올 때마다 "나는 까마귀 자세는 못 해"라고 생각하고는 아기 자세로 돌아갔다. 아기 자세는 한마디로 힘을 빼고 매트에 얼굴을 대고 태아 자세로 휴식하는 자세다.

그러다 어느 날, 나 자신에게 이렇게 물었다. '이건 내가 올라가지 못하도록 스스로 천장을 만드는 격이잖아? 남들한테 설교만 하지 말고 나 스스로 실천을 해야지!'

그래서 나는 까마귀 자세를 시도했다. 한 번에 한 팔에 한 다리를 대는 것부터. 그런 다음에는 발은 여전히 바닥에 댄 채로 무릎을 팔에 대고 앞으로 몸을 기울이면서 그 자세를 흉내만 냈다. 그 후에는 실제 자세를 시도했고, 얼굴이 바닥에 고꾸라지기를 백 번은 반복했다. 두어 달이 지나서 나는 그 자세를 해냈다. 아주 잠시만 자세를 유지하는 수준이지만, 어쨌든 나는 까마귀 자세를 할 수 있다.

이 연습은 나에게 시도하라는 것을, 비록 실패하고 넘어져도 일어서서 또 시도하도록 허용하라는 것을, 결국 그렇게 스스로 부과한 한계를 뚫고 올라가라는 것을 가르쳐주었다. 넘어짐은 배움의 필수적인 부분이며, 마침내 이뤄내는 기분은 정말 끝내준다. 지금 내가 더 강해진 것은 내가 겪어낸 일들 덕분이고, 나는 다음 도전도 맞이할 준비가 되어 있다.

치료 세션 12

(20분)

드디어 우리의 마지막 세션이다. 우리가 함께한 작업에서 배운 모든 기술은 회복탄력성을 키워준다. 다음 질문에 대한 답을 노트에 적어보자.

- 당신이 과거에 극복했던 큰 도전에 관해 생각해보자. 그 도전을 어떻게 헤치고 나왔는가?
- 거기에서 어떤 교훈을 얻었는가?
- 그 교훈들은 당신이 재정적 회복탄력성을 키우는 데 어떤 도움을 줄 수 있을까?

지금 당신은 대단히 중요한 자기성찰을 하고 있다. 마지막까지 훌륭하게 해내자.

— ✦ —

회복탄력성은 성공에 필수적이다

누가 성공하고 누가 실패할지를 결정하는 것은 교육보다, 경험보다,
훈련보다, 한 사람이 지닌 회복탄력성의 수준이다.[2]

———**다이애너 코투**(〈하버드 비즈니스 리뷰〉)

회복탄력성은 삶에 온전히 참여하고, 도전으로부터 회복하며, 미래
에 번영을 이룰 역량을 키우는 능력이다. 어려움을 겪고 난 후 더
강해져서 다시 일어나게 해주는 힘이다.

　회복탄력성이 없는 사람은 패배를 선언하고 앞으로 나아가는
걸 그만둘 수도 있다. 내가 임상에서 만난 이들 중 회복탄력성이
부족한 내담자들은 이렇게 말한다. "난 할 수 있는 게 없습니다."
"그건 한번 시도해봤는데 효과가 없었어요." "난 영원히 혼자일 운
명인가 봐요." "내 사업은 실패했고 그래서 난 내가 싫어하는 직장
에 붙들려 있는 겁니다." 우리가 이런 거짓된 신념 체계를 점검하
고 바꾸지 않는다면, 우리가 하는 노력은 실패로 돌아갈 것이다.

　회복탄력성은 일과 삶에서 성공을 판가름하는 매우 중요한 요
소다. 회복탄력성 훈련 세미나는 내가 기업 트레이닝에서 가장 많
이 의뢰받는 세미나 중 하나다. 연구에 따르면, 회복탄력성은 다음
의 결과들과 양의 상관관계를 갖고 있다.

- 업무 성과(이는 재정 건강에도 영향을 준다)[3]
- 긍정적 정신건강[4]
- 삶에 대한 더 큰 만족[5]

- 수명[6]

나는 임상 경험을 통해 중독에서 벗어나는 사람들이 회복탄력성이 가장 높은 집단 중 하나라는 사실을 발견했다. 나는 그들과 작업하는 걸 정말 좋아하는데, 그들은 회복탄력성으로 끊임없이 경탄과 영감을 안겨주기 때문이다. 중독으로 결혼, 직장, 돈, 건강, 거의 모든 것을 잃었으나, 다시 일어나 건강과 사랑, 번영으로 가득한 인생을 살아가는 내담자들을 나는 보아왔다. 그들이 그럴 수 있었던 것은 이미 여러분이 이 프로그램에서 배운 모든 기술을 활용했기 때문이며, 이 모든 기술이 회복탄력성을 촉진한다는 것은 경험적으로 증명되었다.

풍요

풍요의 사고는 어려운 도전에 맞닥뜨렸을 때 가능성과 해결책을 보도록 우리의 마음을 열어준다. 또한 협동 정신과 팀워크를 소중히 여기게 해주는데, 이는 회복탄력성을 촉진한다.[7] 높은 자기 가치 인식은 자신이 위대함을 누릴 자격이 있다는 사실을 상기시켜 준다.

인식

자신과 다른 사람들에 대한 인식이 더 높다면 스트레스가 심한 상황에 더 잘 적응하고 더 잘 헤쳐나갈 수 있다.[8]

책임

부정적인 삶의 사건을 초래한 데는 자신의 역할도 있음을 인정하고 책임을 지는 것, 용서를 실천하는 것, 그리고 당신이 통제할 수 없는 사건일 때는 놓아버릴 줄 아는 것이 회복탄력성을 갖고 앞으로 나아가는 데 도움이 된다.[9]

현재 의식

마음챙김으로써 현재에 깨어 있는 상태를 유지하면 부정적 생각과 반추가 줄어, 스트레스 요인에서 회복하고 다시 일어나는 능력이 증진된다.[10]

본질

건강한 자존감은 단호한 자신감을 갖고 어려운 도전을 헤치고 나아가게 해준다. 겸손은 부정적 피드백을 받은 뒤에도 당신이 더욱 탄력적으로 회복할 수 있게 한다. 더욱 큰 의미 또는 더욱 깊은 삶의 목적의식 같은 영적인 전망을 갖는 것 역시 회복탄력성을 키워준다.[11]

자기애

자신을 진정으로 사랑하면 실패 앞에서도 수치심을 느끼지 않는다.[12] 자기돌봄에는 올바른 수면, 영양, 운동이 포함되며, 이들은 감정 회복탄력성과 신체 회복탄력성을 모두 키워준다.[13]

비전

계획을 세우는 일은 준비를 잘 갖춰두는 것이다. 따라서 어려운 도전이 닥쳐왔을 때 성공적으로 헤쳐나가는 데 도움이 된다.[14]

지원

사회적 지원은 심리적 건강을 향상시켜 더 탄력적으로 회복할 수 있게 해준다.[15]

자비

자비는 어려운 상황 속에서도 긍정적 감정을 느끼게 해준다.[16]

분리

분리는 필요할 때 쓸 수 있도록 에너지를 보존해준다. 특히 어려운 도전을 헤쳐나가고 있을 때 유효하다.[17] 감성지능을 발휘하면 스트레스 상황에 더 현명하게 반응할 수 있고 건강한 방식으로 감정을 처리할 수 있다.[18]

긍정성

긍정적 감정은 창의적 사고와 돈독한 관계, 유연한 사고방식을 키워주고, 이 셋은 모두 회복탄력성을 증진한다.[19] 또한 감사하는 마음을 갖는 것은 상황에 적응하고 스트레스에 대처하는 데 도움이 되며,[20] 긍정적으로 생각하고 행동에 옮기는 일은 꿋꿋이 인내하며 계속 앞으로 나아가는 힘이 된다.

이제 당신은 탄력적으로 회복할 수 있는 요소들을 다 갖추었다. 자, 회복탄력성이 어떻게 삶에서 펼쳐지는 그 어떤 상황도 뛰어넘을 수 있게 해주는지 알아보자.

회복탄력성으로 두려움을 뚫고 나가자

> 멈춰 서서 공포를 똑바로 직시하는 모든 경험을 통해
> 당신은 힘과 용기와 자신감을 쌓는다. 그리고 자신에게
> 이렇게 말할 수 있게 된다. "난 이 공포를 뚫고 살아냈어.
> 그러니 앞으로 다가올 것도 다 상대할 수 있어."[21]
>
> ── 엘리너 루스벨트(외교관, 활동가, 전 미국 영부인)

몇 년 전 남편 제이슨과 나는 노스다코타주 서부에 있는 시어도어 루스벨트 국립공원으로 캠핑을 떠났다. 화장실을 가려고 한밤중에 일어났는데, 캠프장 화장실은 약 90미터 정도 떨어진, 탁 트인 공간에 있었다. 걷다 보니 근처 관목 덤불이 눈에 들어왔다. 그런데 갑자기 그 덤불이 일어섰다. 알고 보니 그 덤불은 들소였다. 6미터 정도 떨어진 거리에서 들소는 발길질로 먼지를 일으키며 콧바람을 불어댔다.

들소는 몸무게가 450~900킬로그램이나 나가고 시속 60킬로미터의 속도로 달릴 수 있으므로, '들소에게 다가가지 말라'는 경고판이 국립공원 여기저기에 있었다. 그러나 잠이 깨 화가 난 들소가 바로 앞에 있을 때 어떻게 해야 하는지는 경고판에 적혀 있지 않았다.

잠이 덜 깬 상태에서 1초 만에 고도의 경계 상태에 들어갔다. 온몸의 털이란 털은 죄다 곤두섰다. 꼼짝없이 얼어붙었고 호흡도 멈췄다. 계속 가만히 있는 게 좋을지, 아직 15미터는 더 가야 나오는 화장실 건물로 달아나는 게 좋을지 판단이 서지 않았다.

녀석 뒤로 들소 한 마리가 더 있는 게 눈에 들어왔다. 어마어마한 위험에 빠졌음을 직감했다. 나는 계속 가만히 있었다. 내가 달리기 시작하면 들소들이 놀라 내 뒤를 쫓아올까 봐 겁이 났기 때문이다. 그래서 심호흡을 한 번 한 뒤, 현재에 머무는 일에 초점을 맞추고 나의 직관에 귀를 기울였다. 나는 녀석들과 계속 눈을 맞춘 상태를 유지하며 천천히 문워킹하듯 뒤로 물러나 화장실 쪽으로 슬며시 미끄러지듯 다가갔다. 하지만 필요한 경우라면 죽기 살기로 달릴 각오도 하고 있었다. 들소들은 내가 그 자리를 뜬다는 사실에 만족한 낌새로 내가 화장실 안으로 들어갈 때까지 나를 지켜보았다.

일단 안전해지자 큰 안도의 한숨이 나왔다. 화장실을 나서기 전, 밖을 내다보니 들소들이 여전히 달빛 아래 그 자리에 서 있었다. 최대한 들소들과 먼 거리를 유지하며 포장된 길을 따라 텐트 쪽으로 걸어갔다. 도중에 잠자고 있는 들소를 만날 가능성이 없기를 바라며….

텐트로 돌아와 제이슨을 깨워서는 방금 무슨 일이 있었는지 말했다. 나를 바라보는 제이슨의 눈이 휘둥그레졌다. 제이슨의 표정을 보니 자칫 방금 내가 죽을 수도 있었다는 것이 고스란히 나타났다. 하지만 나는 살아남았으니 그건 그대로 멋진 경험이었다. 게

다가 내가 '투쟁, 도피, 또는 경직' 반응에 대해 생각해볼 계기가 된 경험이기도 했다.

우리 인간은 스트레스 요인에 대해 '투쟁, 도피 또는 경직'으로 반응하게끔 되어 있다. 공포를 대할 때 무의식적으로 굳어진 반응이다. 대개는 바람직하지도 않고, 긍정적인 성장이나 진화로 귀결되지도 않는다. 지금 여기에 깨어 있는 의식, 공포와 자기 자신의 분리, 긍정적 사고, 직관 같은 내적 자원을 활용하여, 의식으로써 문제를 해결하고 의사 결정을 할 수 있다. 그러면 스트레스 상황을 헤쳐나갈 때 더 탄력적이고 더 적응에 유리한 반응을 선택할 수 있다.

인지적 유연성은 다른 선택지들을 고려할 수 있는 능력으로, 한두 가지 중에 선택해야 한다는 경직된 사고의 정반대편에 있는 것이다. 이는 스트레스가 매우 심한 상황에서 회복탄력성을 높여 준다.[22] 고층 건물은 바람에 흔들릴 수 있도록 설계된다. 압력에 무너지지 않게끔 유연성을 확보하여 건물을 짓는 것이다. 우리도 삶의 도전들에 적응하고 반응할 때 유연하고 유동적이며 개방적이고 창의적인 쪽을 선택할 수 있다.

회복탄력성을 지닌 채 두려움을 마주하면 긍정적인 결과가 나올 수도 있다. 두려움과 스트레스 요인에 직면했을 때, 문제를 해결하고 성장하려는 동기를 품은 사람들이 더 높은 성과를 올리는 경향이 있음이 여러 연구를 통해 입증되었다.[23] 도전들은 또한 자기 발견과 성장도 촉진한다.

직업 세계의 들소

사업체 소유주로서 가장 큰 두려움을 겪었던 순간에 들소 경험에서 배운 것을 적용했다. 여러 해 동안 어번 밸런스는 큰 보험사 한곳과 자격 검토를 두고 문제를 겪었다. 어번 밸런스는 단체 보험 계약을 신청했는데, 보험사에서 실수로 어번 밸런스 명칭과 납세자 고유번호를 나의 개인 계약과 연결해버렸다. 2년 동안 수차례 전화, 편지, 이메일을 통해 정정해달라고 신청했으나 여전히 그 상태였다. 그 계약 관계가 명확하지 않다는 걸 알면서도 나는 어리석게도 그냥 내버려두고 말았다. 그렇게 흐지부지되도록 포기한 건 그 보험사 직원들이 우리 사업의 20퍼센트를 대리하고 있던 이유도 있었다.

그러던 어느 날, 끝내 그 보험사의 위험관리팀에서 내가 두려워하고 있던 연락을 해왔다. "조이스, 우리 기록에 따르면 당신은 월요일에 48명의 내담자를 보았네요. 우리 통화 좀 해야겠죠?" 두려움으로 피가 차갑게 식었다. 그 48건의 세션은 면허를 갖춘 치료사들이 합법적으로 한 것이었지만, 그들의 시스템에는 모든 내담자가 나와 직접 상담한 것처럼 기록되어 있었다. 사기 쳤다는 비난을 받고, 그 보험사의 의료제공자 목록에서 퇴출되고, 나의 사업이 망하는 걸 지켜보는 내 모습이 머릿속에 그려졌다. 나는 두려움과 수치심으로 마비될 것 같았다. 바로 경직 반응이었다.

나는 그 문제를 그냥 없애버리기 위해 그 보험사와 거래하는 의료제공자 자격을 포기해버릴까도 생각했다. 하지만 그렇게 되면 우리 내담자 수백 명이 자기 치료사를 만나기 위해 자신의 보험으로 처리되지 않는 비용을 지불해야 할 테고, 그렇지 않아도 어렵던 우리 사업은 더욱 큰 타격을 입을 터였다. 그렇게 했다면 이는 도피 반응이었을 것이다.

나는 또 법조인의 힘을 빌려보려고 그 통화에 내 변호사도 함께 참여하게 할까도 생각해보았다. 이는 투쟁 반응이었을 것이고, 큰 보험사를 상대로 싸운다는 건 들소에게 덤비는 일이나 마찬가지일 터였다.

그래서 나는 대신 현재에 깨어 있음을 통해 차분하고 굳건한 태도를 갖추고, 두려움과 나를 분리하며, 실무 관리자와 보험 청구인에게 지원을 구하고, 상황에 직면하는 것을 선택했다.

통화하기 전에 나는 사무실 소파에 태아 자세로 누워 명상을 시도했다. 최악의 상황에 대비하면서도, 내가 방어적 태도를 취하지 않도록 중립적 위치에 나를 두려고 노력했다. 통화하면서 그동안 도대체 무슨 일이 일어났던 것인지 솔직하게 설명했다. 이어진 논의에서 실무 관리자가 엄청나게 도움이 되는 중재 역할을 해주었다. 마침내 보험사가 내놓은 답변에 나는 너무나 놀랐다. "이 심리치료 센터는 우리 보험사 가입자들이 치료받고 싶어 하는 심리치료사를 통해 탁월한 서비스를 제공해왔습니다. 감사드립니다. 어번 밸런스의 자격 검토 문제는 저희가 바로잡겠습니다."

와우! 얼마나 커다란 안도감이 밀려들던지…. 이 경험은 또한 나를 개인적으로도 성장시켰다. 모든 계약 또는 규정을 완벽하게 준수하지 않는 그 어떤 사업도 절대 하지 않을 것이라 다짐했기 때문이다. 또한 그 일은 앞으로 도전적인 상황이 닥쳐올 때마다 대처할 방법의 틀도 갖춰주었다.

- 즉각적인 투쟁/도피/경직 반응에 빠지지 말자.
- 당신의 인맥에서 조언과 지원을 구하자.
- 마음챙김을 활용해 마음을 차분히 가라앉히고, 문제 해결을 위해 느긋하고 협조적인 분위기를 조성하자.

당신도 이렇게 할 수 있다.

지뢰밭에 깃발 꽂기

(10분, 평생 실천할 일)

먼저, 큰 도전에 맞닥뜨렸을 때 미리 그에 대비한 계획이 준비돼 있어서 성공적으로 그 도전을 처리할 수 있었던 때를 떠올려보자. 그때 당신은 해결중심단기치료에서 사용하는 '지뢰밭에 깃발 꽂기'라는 기법을 쓴 것이다.

시도해보고 싶은가? 다음에 스트레스 상황이 다가올 때 그것을 알아차리고 성공적으로 헤쳐나가기 위한 대처 전략을 미리 생각해두면, 이 기법을 실천하는 셈이다.

나는 유난히 스트레스가 심하게 밀려드는 특정 시기들에 깃발을 꽂아두는 식으로 이 기법을 널리 활용한다. 이를테면 난 학령기 자녀를 둔 엄마로서 5월과 9월, 12월은 가장 바쁜 달들이므로, 그 시기에는 업무에 너무 무리하지 않기로 하고 자기돌봄에 들일 시간을 더 마련하는 식으로 계획을 세운다. 재정적 관점에서는 8월과 12월에 심리치료 업무가 가장 적어지기 때문에, 깃발을 꽂고 대비 계획을 세우기 전까지는 그 시기마다 재정적 불안에 사로잡히곤 했다. 어차피 내담자들도 오지 않을 때이니, 이제는 그 시기를 나의 휴가를 위한 시간으로 활용한다.

다음 내용을 노트에 적어보자.

- 앞으로 다가올 주 혹은 달을 내다보면서, 스트레스가 심할 것으로 예상되는 일을 세 가지 써보자. 공과금 납부나 예산 검토 등 재정적인 일을 적어도 하나는 포함시킨다.
- 깃발을 꽂아둔 다가오는 일들에 대해, 과거 그런 유형의 상황에서 성공적으로 대처하는 데 도움이 됐던 전략을 세 가지씩 써본다. 예를 들어, 당신은 내년 예산을 세우기 전에 운동을 했을 수도 있고, 그 후에 친구들을 만나 시간을 보냄으로써 자신에게 보상을 주었을지도 모른다.
- 이제 스트레스를 줄 그 일의 앞 또는 뒤로 대처 전략들을 실행할 시간을 미리 일정에 넣어두자.

탄력적으로 회복할 준비를 갖춘 것을 축하한다.

———— ✦ ————

재정적 회복탄력성 키우기

재정적 회복탄력성이란, 실직, 예상치 못한 지출 발생, 일이나 사업이 줄거나, 경기침체, 팬데믹, 투자 손실 등과 같은 불리한 재정적 사건들에서 다시 일어나 회복할 수 있는 능력을 말한다. 재정 전문가 데이브 램지에 따르면, 건전한 재정을 갖추는 것은 집을 짓는 일과 같다. 탄탄한 토대(예컨대 비상 자금이 있거나, 부채가 적거나 없는 것)를 갖추지 않으면 크고 작은 (불리한 재정적 사건 같은) 폭풍에 무너진다는 것이다.[24]

재정적 후퇴를 초래한 사건에서 다시 일어서는 능력은 그 사건이 일어나기 전의 재정 건강에 정확히 비례한다. 2017년에 나온 한 보고서에 따르면, 미국인의 39퍼센트가 따로 저축해둔 자금이 전혀 없으며, 57퍼센트는 저축액이 1,000달러 미만이라고 한다.[25] 그러니까 미국인의 3분의 2가 재정적 회복탄력성이 없으며, 코로나19 팬데믹 동안 많은 사람에게 일어난 것과 같은 큰 금전적 난관을 버텨낼 수 없다는 뜻이다. 만약 당신이 저축해둔 돈이 적고 빚이 많으며, 예산을 세우고 지키며 살고 있지 않다면, 그런 불리한 재정적 사건에서 회복하기까지 걸리는 시간은 상당히 길어질 수 있다. 재정적 회복탄력성을 갖추려면 다음과 같은 모범 행동 사례를 따라서 실천하자.

- 예산 세우기.
- 총부채상환비율 낮게 유지하기.
- 돈을 저축할 수 있도록 재량 지출에 제한을 두어 자신의 경제적 능력 안에서 생활하기.
- 비상 자금 마련하기.
- 남아 있는 부채 줄여나가기.
- (경기침체가 올 때도) 투자 전략 계속 유지하기.[26]

많은 경우 재무설계사들은 어려운 시기를 성공적으로 버텨내기 위해서는 3~6개월치 지출을 충당할 만큼의 저축은 해두라고 제안한다. 다시 말하지만, 그러려면 필수적이지 않은 변동지출을 줄임으로써 저축을 늘려야 한다. 매달 적금 계좌나 투자 계좌로 자동이체가 되도록 설정해놓을 것을 고려해보자. 데이비드 바크와 존 데이비드 만의 저서 《더 이상 가난한 부자로 살지 않겠다The Latte Factor》나 데이브 램지의 《파이낸셜 피스Financial Peace》 같은 책을 참고하자. 그러면 커피 한 잔 값 같은 작은 액수도 시간이 지나면 대단한 재정적 개선을 창출할 수 있다는 것을 알 수 있다.

저축은 필요한 경우나 시기에 쉽게 찾을 수 있는 예금이나 머니마켓펀드MMF, 단기 양도성예금증서CD에 두어 유동성을 유지하는 것이 좋다. 일단 충분한 금액을 저축해두었다면, 이제 은퇴 연금이나 학자금 저축, 혹은 주택 구입이나 주택담보대출 상환 등을 통해 투자로 눈을 더 돌릴 수 있다. 투자를 다각화함으로써 재정적 회복탄력성을 키우는 것도 고려해보자. 예를 들어, 만약 당신이 저축한 돈이 모두 주택에 투자되어 있다면, 주택 시장이 하락할 경우 재정적 회복탄력성이 떨어질 수 있다. 하지만 주택뿐 아니라 뮤츄얼펀드나 CD에도 투자해두었다면 주택 경기 침체기에도 가용한 재정적 자원을 갖추고 있을 것이다. 당신이 하는 투자가 당신의 가치관과 조화를 이루게 하는 것도 좋은 생각이니 사회적 책임성이 있는 투자도 고려해볼 수 있다. 환경의 지속 가능성을 위해 노력하는 기업에 투자하는 것도 한 예가 될 수 있다. 이런 투자는 우리 지구 공동체의 회복탄력성에도 기여하는 일이다.

재정적 회복탄력성을 증진하는 또 하나의 방법은 당신의 인적 자본과 사회적 자본을 구축하는 것이다.[27] 인적 자본이란, 당신이 잠재적 고용주에게 제공할 수 있는 모든 지식, 기술, 경험, 그리고 그 밖의 자질들이다. 여기에는 건강도 포함되는데, 건강은 일을 하고 생산성을 올리고 높은 업무 성과를 유지하는 당신의 능력에 영향을 주기 때문이다. 사회적 자본에는 어려운 시기에 재정적 지원 또는 정서적·실행적 지원을 제공할 수 있는 지원 네트워크가 포함된다.

재정적 모범 사례 실천과 인적·사회적 자본 증진은 재정적 회복탄력성을 높여준다. 심리치료를 하면서 나는 2008년의 주택시장 붕괴와 코로나19 팬데믹 같은 힘겨운 시기에 재정적 회복탄력성이 높은 사람들과 그렇지 않은 사람들을 모두 상담해보았다. 내가 분명히 말할 수 있는 건, 그들의 차이는 스트레스, 인간관계에 미치는 부담, 재정적 트라우마에서 두드러지게 나타난다는 것이다.

앰버라는 내담자는 내야 할 공과금들을 다 내기가 거의 불가능했고 항상 파산 직전의 상태였다. 우리가 함께 앰버의 자존감과 자기돌봄을 강화하기 위해 점점 더 노력할수록, 앰버는 비상시의 사태를 대비하여 재정적 완충장치를 마련하는 일을 더욱 우선시하게 되었다. 그래픽 디자이너인 앰버는 프리랜서 작업 수수료를 높였고, 마케팅에도 엄청난 노력을 기울여 부업으로 더 많은 일거리를 창출했다. 6개월이 지나자 앰버는 2천 달러를 저축했고, 비상시에만 사용할 용도로 신용카드도 발급받을 수 있게 되었다. 경기침체기에 정규직 일자리에서 해고되었을 때 앰버는 두 달 동안 임대료를 충당할 수 있었고, 그래픽 디자인 일거리를 계속 만들어냈으며, 그러다가 새로운 정규직 일자리를 다시 구했다.

　나는 당신이 예상하지 못한 재정적 난관이 발생했을 때도 안전하기를 바란다.

$

재정적 회복탄력성 계획 세우기

(20분, 평생 실천할 일)

다음 질문에 대한 답을 노트에 적어보자.

- 재정적 회복탄력성은 당신의 상황을 어떻게 개선할 수 있을까?
- 당신은 2장에서 세운 예산을 얼마나 잘 지키고 있는가? 돈을 저축할 수 있도록 당신이 수입보다 적은 지출로 생활하기 위해 필요한 변화로는 어떤 것들이 있을까?
- 당신에게는 비상자금이 있는가? 있다면 3~6개월의 지출을 충당하기에 충분한 액수인가? 그렇지 않다면, 비상자금 확충을 위한 현실적인 목표는 무엇인가? 이 목표를 이루기 위해 당신이 취할 수 있는 두 가지 구체적인 조치는 무엇인가?
- 불리한 재정적 사건이 발생할 경우, 감정적 지원이나 재정적 지원, 또는 실행적 지원을 얻기 위해 의지할 사람은 누구인가? 어

려운 시기에 대비한 사회적 자본을 강화하기 위해 지금 당신이 할 수 있는 일은 무엇인가?

———— ✦ ————

발전은 직선으로 이뤄지지 않는다

> 우리는 숱하게 패배를 마주할지도 모른다.
> 하지만 우린, 패배해서는 안 된다.[28]
>
> ———— **마야 안젤루**(미국의 시인, 인권운동가)

후퇴는 삶의 정상적인 일부다. 우리가 나선상으로 하강할 것인지 정체될 것인지, 아니면 성장하고 발전할 것인지를 판가름하는 것은 우리가 그 도전들에 어떻게 반응하는가다. 우리는 회복탄력성을 지닌 채 앞으로 나아가야 한다.

나의 내담자들이 처음 심리치료를 시작하는 때는 보통 직장을 잃거나 사업에 실패하거나 직업적으로 실망스러운 일이 있거나 이별, 재발, 우울증 삽화가 있을 때, 또는 애쓰던 어떤 일에서 실수나 실패를 했을 때였다. 이런 스트레스 요인이 발생할 때 우리가 퇴보를 경험하는 것은 정상적이다. 자기파괴적인 행동이나 부정적 사고로 후퇴하는 것이다. 이런 후퇴를 자각하고, 원래 가던 길로 다시 돌아가기 위한 회복 전략을 실행하는 것도 회복탄력성의 한 부분이다.

내담자 다수는 처음에 자신의 발전이 직선적으로 이루어지리라 기대한다. 하루하루 똑바른 상승 경로를 따라 점진적으로 기분도 좋아지리라 생각한다. 하지만 개인적 진전도 직업적 진전도 직선처럼 이루어지지 않는다. 아래의 그래프는 우리가 기대하는 바와 진전의 현실적인 모습을 보여준다. 진전을 이루었다가 다시 후퇴하고 거기서 뭔가를 배우고 회복하고 또다시 진전을 이루는 식으로 나아가는 경우가 더 흔하다. 이것이 사람들이 치유하고 발전하는 방식이다. 목표는 회복탄력성을 키우면서 후퇴의 횟수와 빈도와 강도를 점점 줄여가는 것이다.

우리의 기대와 현실의 대비

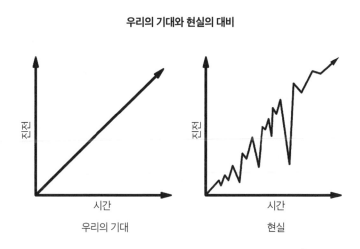

산 정상 증후군

심리치료사로 일하면서, 사람들이 오랫동안 기대했던 목표를 달성하기 직전 심각한 후퇴를 겪는다는 것을 알게 되었다. 나는 이를 '산 정상 증후군'이라고 부른다. 그때까지 한 번도 다다른 적 없는 높은 지점에 도달하기 바로 직전, 자신감에 위기가 닥쳐와 정신적으로 추락하는 것이다. 스포츠 심리학 연구자들은 자기효능감(자신이 성공할 능력이 있다는 신념)과 쌓여가는 노력의 시간 사이에 음의 상관관계가 있다는 것을 발견했다.[29] 이는 사람들이 큰 목표 달성을 앞두고 자기 회의의 위기를 겪는 경우가 많다는 뜻이다. 자기 회의는, 사람들이 목표를 이루기 위해서는 엄청난 노력을 기울여야 한다는 걸 깨닫는 데 도움이 된다. 마지막으로 한 번 힘껏 노력을 쏟아붓는 것은 가장 어려운 장애물을 넘어서 대단한 성취를 이뤄내도록 돕는다.

나는 중독에서 회복하며 막 하나의 이정표에 도달하려는 내담자, 너무나 오랫동안 우울증을 자기 정체성의 일부로 품고 살아서 우울증에서 완전히 벗어나는 것을 두려워하던 내담자, 막 경력에서 중요한 이정표를 달성하기 직전인 내담자에게서 산 정상 증후군을 목격해왔다. 아이러니 같지만 이 책의 마지막 장을 쓰고 있는 지금 나 역시 바로 그 현상을 경험하고 있다. 중국 속담에도 이 현상을 이야기하는 것이 있다. "그만두고 싶은 유혹이 가장 클 때는 성공을 이루기 직전이다."

산 정상 증후군의 원인으로는 다음과 같은 것들이 있다.

- 정말 열심히 노력한 뒤 실패를 할지 모른다는 두려움.
- 오랜 기간 큰 노력을 쏟은 결과 오는 피로 또는 번아웃.
- 성공이 자기가 바라던 느낌과 다를 거라는 두려움.
- 성공 및 성공에 따라오는 모든 기대와 책임에 대한 두려움.

성장 마인드셋

큰 후퇴까지 포함해 후퇴에 대처하는 한 방법은 성장 마인드셋을 갖춰 회복탄력성을 키우는 것이다. 연구 결과가 보여주는 바는 다음과 같다.

- 열심히 일하고 좋은 전략을 따르고 다른 사람들에게 정보와 조언을 얻는 것은 당신이 시간과 노력을 추가로 더 투입하는 데 도움이 되며, 이는 결국 더 높은 성취로 이어진다.[30]
- 성과의 목표보다는 배움의 목표를 세우는 것은 부정적 피드백이나 후퇴에 낙담하지 않게 해준다. 부정적인 난관이나 후퇴를 긍정적인 학습 경험으로 리프레이밍하면 행동의 동기를 잃지 않은 채 경로를 유지하고 하던 일을 계속하면서 탁월함을 추구할 수 있다.[31]
- 일에서 성장 마인드셋을 가지면 업무 성과는 물론 재정적 건강도 향상된다.[32]

지난 몇 년 동안 나는 사설 심리치료를 성공적으로 해온 치료사들의 위원회에 들어오라는 초대를 받아왔다. 우리 모두의 공통점 하나는, 거의 망할 뻔한 실수를 했으면서도 모두 일어나 다시 시도했다는 점이다. 《연금술사》의 저자 파울로 코엘료는 "삶의 비밀은 일곱 번 넘어지고 여덟 번 일어나는 것"이라고 말했다.[33] 당신도 그렇게 할 수 있다.

성장에 초점 맞추기

(15분, 평생 실천할 일)

다음 질문에 대한 답을 노트에 적어보자.

- 경력이나 사업, 재정에서 발전을 이루는 일에 대해 당신은 어떤 기대를 갖고 있는가? 당신은 발전이 직선적일 거라고 예상하는가, 아니면 성공으로 가는 길은 기복이 많을 거라고 상상하는가?
- 산 정상 증후군(큰 성취를 앞두고 나타나는 자기회의)을 경험해본 적 있는가? 그 경험은 당신에게 어떠한 영향을 미쳤는가?
- 크게 후퇴하는 일을 배움의 경험이라고 재해석하는 편인가? 앞으로 당신이 마주할지도 모를 후퇴에 대비해 성장 마인드셋을 키우는 일에는 어떤 가치가 있을까?

———— + ————

회복탄력성을 활용해 최선의 자신으로 변모하자

여러 도전을 맞닥뜨리면 우리 존재에 깊은 지혜가 새겨진다. 탄력적으로 도전을 헤쳐나가는 일에는 우리를 변모시키는 힘이 있다. 스스로 자신에게 덧씌웠던 한계들을 벗어버리고 가장 위대한 자아로, 더 진화되고 더 의식적이며 더 번영하는 자아로 발전할 수 있게 한다.

나는 심리치료를 하면서 내담자들이 회복탄력성으로 도전을 극복하면 이러한 축복들이 찾아온다는 것을 알게 되었다.[34]

- 자기자비와 타인들에 대한 감정이입 능력이 커지고 판단하는 마음은 줄어든다.
- 삶의 가치가 무엇이며 중요한 것이 무엇인지, 모두 서로 연결되어 있다는 사실을 더욱 깊이 인식하고 전체적인 시야에서 조망할 수 있게 된다.
- 자기 가치 의식, 자신감, 자존감이 높아진다.
- 살면서 맞닥뜨리는 도전에 대처하는 일에 대한 자신감이 더 커진다.
- 자잘한 걱정이 줄고, 자기가 통제할 수 없는 것은 있는 그대로 받아들이게 된다.
- 자신이 배운 것을 다른 사람들을 돕고 지원하는 일에 적용하고자 하는 의욕이 생긴다.
- 인격이 함양된다.
- 자신의 진정한 강점을 인식하게 된다.
- 비슷한 역경을 경험한 친구들을 발견하고 관계를 맺으며 사회적 네트워크를 확장한다.

내담자들과 마지막 세션을 할 때, 그들이 이룬 모든 긍정적 변화와 성장을 내가 목격한 대로 그들에게 전해준다. 그리고 그 변화가 영구적임을 알려준다. 내담자들이 심리치료를 받으며 해낸 위대하고 강력한 작업을 축하하는 동시에, 우리의 협업을 끝내는 기쁘면서도 서운한 과정이다.

우리 모두가 더 탄력적으로 회복할 수 있는 자질을 키운다면 세상이 어떻게 달라질지 상상해보자. 그러면 세상에 치유와 긍정적 변화가 물결처럼 퍼져나갈 것이다. 가장 훌륭하고 가장 번영하는 자기 자신이 되는 일에 헌신해준 당신에게 감사를 전한다.

다음은 당신이 나아가는 여정에서 동기를 유지하는 데 도움이 될 방법이다.

- **당신의 진척을 다른 사람과 비교하지 말자.** 사람마다 축복도 도전도 제각기 다르므로 성공으로 가는 당신의 길은 다른 사람들의 길과 달라 보일 수 있음을 알아야 한다. 당신의 성과를 남들의 성과와 비교하는 식으로 성과 목표를 세우는 것은 오히려 동기를 약화할 수 있으므로 피해야 할 일이다.[35] 주위를 둘러보지 말고 오직 자신만을 기준으로 자신의 진척을 측정한다.
- **긍정적 결과에 대한 믿음을 가지자.** 당신이 얻게 될 소중한 가치만을 바라보며 목표 달성에 대한 희망을 유지한다. 지금 하고 있는 일이 거기까지 다다르게 해주는 과정임을 믿자.
- **신성한 타이밍의 힘을 이해하자.**[36] 신성한 타이밍이란, 우주의 계획이 존재하며 모든 일은 일어나야 하는 대로 일어난다는 믿음이다. 성공은 이뤄져야 할 때에 이루어지지만, 실패는 그저 성공이 지연되고 있는 상태일 따름이다.

확언으로 회복탄력성 키우기[37]

(15분, 평생 실천할 일)

긍정 확언을 함으로써 회복탄력성을 계속 키울 수 있다.

- 나는 과거에도 여러 도전을 잘 헤쳐나왔고 앞으로도 그럴 것이라 믿는다.
- 나는 바람을 맞는 갈대처럼 유연하게 구부러질 수 있다.
- 나는 열려 있으며 무엇에든 적응할 수 있다.
- 나는 성장하고 진화하며 번성하고 있다.
- 나는 꾸준히 나아가며 번영할 것이다.
- 나는 나의 개인적인 힘의 주인임을 선언하며, 타인에게 그 힘을 내어주지 않을 것이다.
- 나는 나의 재능과 재주를 개방적이고 유쾌하게 나눈다. 타인을 위협하지 않겠다는 큰 전제 안에서 나 자신을 더 작거나 더 모자란 존재로 만드는 것을 거부한다.
- 나는 찬란하고 아름답게 내 영혼 고유의 빛을 발한다.
- 나는 내 목소리를 사용해 내 마음과 몸이 말하는 바를 정직하고 솔직히 말한다.
- 나는 나 자신을 사랑하므로, 내가 원하고 꿈꾸는 것을 수시로 요청한다.

- 나는 다가오는 모든 일에 대처하고 살아남을 것을 믿는다. 거절이나 실패의 두려움에 굴복하지 않는다.
- 나는 경이로운 취약성과 기쁨을 품은 채 솔직하고 자유롭게 사랑을 표현한다.
- 나는 개인적으로도 직업적으로도 건강한 한계선을 설정하며 필요할 때는 싫다고 말한다.
- 나는 나에게 의미 있고 내 영혼을 풍부하게 하는 일과 취미, 관계를 적극적으로 추구하며, 내 정신을 구속하는 약속들에 얽매이지 않는 자유로운 사람이다.
- 나는 나의 안전지대를 확장해줄 새로운 경험, 관계, 기회를 반가이 맞아들인다.
- 나는 자기자비와 자기수용을 실천하며, 내가 최상이자 최선인 나 자신이 되는 것을 방해하는 수치심과 창피함, 불안함을 사랑으로 녹여 없앤다.
- 나는 두려움과 회의의 힘에 구속되지 않고 자유롭다. 나는 사랑과 믿음, 용기를 나의 안내자로 선택한다.

—— ✦ ——

회복탄력성의 휠차트는 이 장에서 배운 모든 기술을 한데 모아 당신의 향상된 회복탄력성을 측정한다.

회복탄력성의 휠차트

(20분)

날짜: _____

각 질문에 대한 답을 다음 기준에 따라 숫자로 점수를 매긴다.

결핍(1~3)   무난(4~5)   적당(6~7)   충만(8~10)

	결핍			무난		적당			충만	
1	2	3	4	5	6	7	8	9	10	

난관이라는 기회 역경에 따라오는 좋은 면과 축복을 얼마나 잘 알아볼 수 있는가? _____

과정에 대한 신뢰 전체 과정에 걸쳐 도전들과 불가피한 지연을 헤쳐나가는 동안, 긍정적 결과가 나올 거라는 믿음을 얼마나 잘 유지하는가? _____

적응성 계속 번창할 수 있도록, 삶과 일에 나타나는 그 어떤 새로운 조건에도 내적으로 적응하는 일을 얼마나 잘하고 있는가?

_____

유연성 성공으로 향해 가는 길 위에서 열린 마음으로 다른 사람들과 타협할 의지를 얼마나 갖추고 있는가? 계획을 변경할 필요가 생길 때 처음의 계획을 포기하지 않으면서 필요한 변화를 실행할 의지가 얼마나 되는가? ＿＿＿

강함 정신과 신체, 영혼이 얼마나 강하다고 느끼는가? 얼마나 그 릿(용기와 끈기)을 지니고 있는가? ＿＿＿

추동력 목표를 이루려는 사명에 대해 어느 정도의 추진력과 단호함을 갖고 있는가? ＿＿＿

성장 마인드셋 후퇴와 실패를 성장에 따르는 정상적인 면으로 재해석하는 데 얼마나 능한가? ＿＿＿

재정적 회복탄력성 재정적 난관이 닥쳤을 때 헤쳐나가며 계속 번창할 수 있도록, 비상자금을 확보하고 투자를 다각화하며 개인적 자본과 사회적 자본을 축적하는 일을 얼마나 잘하고 있는가? ＿＿＿

비교하지 않기 목표를 추구하는 과정에서 자신과 다른 사람을 비교하는 일을 얼마나 잘 피하고 있는가? ＿＿＿

다시 일어나기 힘든 사건이나 경험 이후 보통 얼마나 수월하게 평소의 활동 수준으로 돌아오는가? 실직이나 이별, 질병 등 삶에 난관

이 닥쳐와 후퇴를 경험했을 때 얼마나 다시 잘 일어서는가? _____

꿋꿋이 계속하기 꾸준함이란, 장애물이 있더라도 무언가를 계속하며 나아가겠다는 단호함이다. 어려움이나 지연이 발생해도 계속 목표를 이루려고 노력할 확률이 얼마나 되는가? _____

변모 회복탄력성을 활용하여 자기 삶의 개인적·직업적·재정적 성장과 진화를 창출하는 일에 얼마나 능한가? _____

결과를 회복탄력성의 휠차트에 표시하자. 제일 위에서부터 시작하자. 난관을 기회로 보는 당신의 능력은 결핍되었는가 충만한가 아니면 그 사이 어디인가? 답과 일치하는 숫자 옆의 바큇살에 점을 표시한다. 이제 휠차트를 돌면서 모든 바큇살에 점수를 표시한 뒤 점들을 연결하여 원을 만든다.

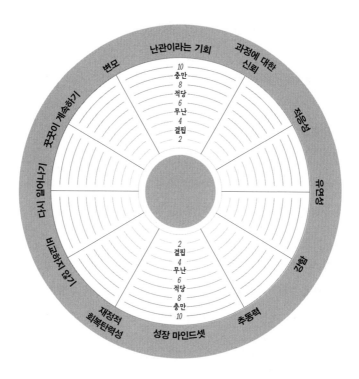

회복탄력성의 휠차트

다음 질문에 대한 답을 노트에 적어보자.

- 휠차트에서 깊이 들어간 부분을 볼 때 회복탄력성과 관련해 가장 개선이 필요한 세 영역은 무엇인가?
- 이 프로그램을 시작한 후로 당신의 회복탄력성은 얼마나 향상되었는가?

• 당신의 삶에서 어떤 방법들로 계속 회복탄력성을 키워갈 계획
  인가?

휠차트에 날짜를 적고 나중에 참고할 수 있게 해당 파일에 저장해
두자. 이 연습을 매달 혹은 분기마다 실시하여 계속 회복탄력성을
키워가는 것도 좋다. 당신이 곧 회복탄력성이라면 누구 못지않은
사람이 될 것이다.

———— + ————

프로그램을 완료한 것을 축하한다. 다음에 오는 최종 점검에서 모
든 내용을 정리하며 당신의 발전을 돌아볼 것이다. 당신의 성취를
살펴보자.

재정 마인드셋의 지혜로
완전한 번영을 누려라

나에게 무언가가 되어간다는 것은, 어딘가에 도달하거나
특정한 목적을 달성하는 것을 뜻하지 않는다. 그보다는 앞으로
나아가는 움직임, 진화의 수단, 계속해서 더 나은 자신이 되고자
하는 방식이다. 이 여정에는 종착지가 없다.

──── 미셸 오바마

재정 마인드셋을 바로잡는 일에 이렇게 전념해온 당신에게 축하를
보낸다. 이 프로그램을 실행함으로써, 당신은 일과 삶에서 성공하
는 데 필요한 모든 것을 갖추었다. 당신은 어떤 것을 배웠는가? 말
만 하는 것이 아니라 실천도 하고 있는가? 이제 당신이 얼마나 발
전했는지 알아볼 시간이다.

마인드셋 개선의 휠차트

(20분)

날짜: _____

각 질문에 대한 답을 다음 기준에 따라 숫자로 점수를 매긴다.

결핍(1~3)　무난(4~5)　적당(6~7)　충만(8~10)

	결핍		무난		적당		충만		
1	2	3	4	5	6	7	8	9	10

이 책 각 장에 담긴 마인드셋 하나하나가 마인드셋 개선의 휠차트를 이루는 각각의 작은 조각이라고 생각하자.

풍요 부족함에서 풍요로움으로 생각을 옮기는 일을 얼마나 성공적으로 해냈는가? _____

인식 의식적으로 습관과 사고 패턴을 깨고 더 큰 번영의 길을 선택하는 일에서 얼마나 성공했는가? 자신의 정신건강을 잘 인식하고 있는가? 방어기제와 부인을 무너뜨리는 일은 얼마나 잘하고 있는가? _____

책임 스스로 책임을 지고 용서를 실천함으로써 원망과 분노에서 자유로워지는 일을 얼마나 성공적으로 해내고 있는가? _____

현재 의식 지금 여기에서 얻을 수 있는 풍성함을 경험할 수 있도록 자신에게 현재를 선물하는 일을 얼마나 잘하고 있는가? _____

본질 자기 내면의 빛, 가장 높은 자신과 얼마나 잘 연결되어 있다고 느끼는가? _____

자기애 자기돌봄, 자기긍정, 자기자비를 실천하는 일을 얼마나 잘하고 있는가? 또한 내면의 방해꾼을 침묵시키는 일은 얼마나 잘하고 있는가? _____

비전 황금으로 포장된 길을 상상함으로써 새롭고 마술적인 방식으로 당신의 삶을 재창조하는 일을 얼마나 성공적으로 해내고 있는가? _____

지원 세상에서 더 많은 선을 행하기 위해 지원을 받아들이고, 해로운 관계는 잘라내며, 당신을 응원하는 사람들을 삶 속으로 반가이 맞아들이는 일을 얼마나 성공적으로 해내고 있는가? _____

자비 관대함으로 마음을 열고, 다른 사람들을 격려하며, 받은 것을 다시 나눠주는 일을 얼마나 잘하고 있는가? _____

분리 극적인 상황과 부정성에서 자신을 분리하여, 나아가던 경로를 계속 따라가는 일을 얼마나 잘하고 있는가? _____

긍정성 마치 지푸라기를 자아내 황금실로 만들 듯, 감사를 실천함으로써 더욱 큰 번영을 끌어들이는 일을 얼마나 잘하고 있는가?

_____

회복탄력성 회복탄력성은 어떤 상태인가? 난관이 닥쳐도 다시 일어나 성공적으로 계속해 나아가는 일을 얼마나 잘하고 있는가? 그 과정에서 최선의 자신으로 변모해가고 있는가? _____

당신의 답을 재정 마인드셋의 휠차트에 표시하자. 제일 위에서부터 시작하자. 풍요와 관련한 당신의 마인드셋은 결핍되었는가 충만한가 아니면 그 사이 어디인가? 답과 일치하는 숫자 옆의 바큇살에 점을 표시한다. 이제 휠차트를 돌면서 모든 바큇살에 점수를 표시한 뒤 점들을 연결하여 원을 만든다.

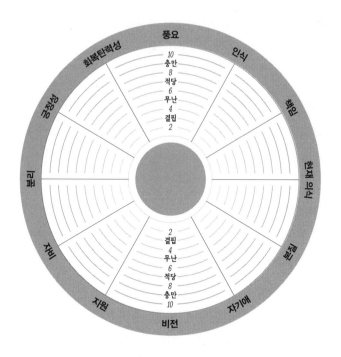

마인드셋 개선의 휠차트

휠차트를 보면서, 당신이 이 프로그램을 시작한 후 각 영역에서 얼마나 많이 개선되었는지 생각해보자. 이 궤도를 계속 유지하려면, 더욱 의식적으로 살아갈 수 있도록 이 연습을 분기마다 한 번씩 실행해보는 것이 좋다.

　　당신의 여정은 여기서 끝나는 게 아니다. 재정 마인드셋 개선은 정해진 끝이 있는 성취가 아니라 인생을 살아가는 한 방식이다. 삶이 당신에게 도전거리들을 던져줄 때는 당신의 휠차트에 움푹 들어가는 부분들이 생길 것이다. 그래도 괜찮다. 그건 자연스러운 일이다. 당신은 균형과 온전성, 더 큰 번영을 추구하는 과정에서 계속 잘 작동하기 위해 필요한 모든 도구를 갖고 있다. 우리는 모두 더욱 건강한 정신과 재정을 추구하는 과정을 진행하고 있는 존재다.

다음 질문에 대한 답을 노트에 적어보자.

- 당신의 가장 강력한 마인드셋 세 가지는 무엇이며, 그 이유는 무엇인가? 그 강점들은 상대적으로 약한 다른 영역들을 어떻게 지원할 수 있을까?
- 가장 점수가 낮은 바큇살들은 무엇인가? 왜 그렇게 점수가 낮다고 생각하는가? 그 마인드셋들을 계속 개선해가기 위해 당신은 어떤 일을 할 생각인가?
- 당신이 이 프로그램을 계속 실행하는 동안 가장 큰 도움이 될 만한 게 있다면 무엇일까? 서로 책임지고 실행하기를 독려할 파트너나 프로그램을 함께 진행할 소그룹이 필요한가?

——— ✦ ———

여정의 어느 지점에 있든, 당신은 정확히 지금 있어야 할 곳에 있다. 나의 내담자 중에 정신건강을 개선하려고 노력했다가 은행 잔고까지 개선된 결과에 깜짝 놀란 이가 얼마나 많았는지 이야기했던 것 기억하는가? 나는 당신에게도 똑같은 일이 일어날 거라고 생각한다. 이 프로그램이 당신의 재정 건강을 얼마나 개선했는지 알아보자.

　이 프로그램을 시작할 때 당신은 재정 건강의 휠차트를 작성했다. 이제 그 휠차트를 꺼내 다시 살펴보자. 재정 건강의 휠차트의 각 바큇살은 이 장의 휠차트에 있는 각 바큇살에 해당한다. 기억을 되새길 수 있도록, 각각의 기술을 키우는 장의 제목을 함께 적어두었다. 프로그램을 시작한 이후로 당신의 재정 건강이 얼마나 개선되었는지 살펴보자.

재정 건강의 휠차트

(20분)

날짜: ＿＿＿＿＿＿＿＿

각 질문에 대한 답을 다음 기준에 따라 숫자로 점수를 매긴다.

결핍(1~3)　무난(4~5)　적당(6~7)　충만(8~10)

	결핍			무난		적당			충만	
1	2	3	4	5	6	7	8	9	10

　자기 가치 인정　재정적 번영을 앞으로 얼마나 더 크게 누리는 것이

마땅하다고 느끼는가? (풍요) _____

예산 예산 대비 지출 상황을 얼마나 잘 파악하고 있는가? 재정적 부인을 피하는 일을 얼마나 성공적으로 하고 있는가? (인식) _____

기한 내 납부 내야 할 돈을 기한 내 납부하는 일을 얼마나 책임 있게 잘하고 있는가? (책임) _____

가진 돈 안에서 지출 자신의 지출 습관에 대해, 부채가 발생하지 않도록 한도 내에서 지출하는 일에 대해 얼마나 유념하여 살피고 있는가? (현재 의식) _____

순자산 파악 어느 때든 그 시점에 자신의 대략적인 순자산을 얼마나 잘 인지하고 있는가? 순자산이란 모든 자산(은행 계좌 잔고, 가치 투자, 부동산 등)에서 부채(신용카드 미납분, 빚, 담보대출 등)를 뺀 값이다. (본질) _____

자기 대접 자신의 능력 안에서 자신을 잘 대접해주는 일을 얼마나 잘하고 있는가? 건강한 식단을 계속 지키고 있다면 이따금 하루쯤은 먹고 싶은 대로 마음껏 먹는 것도 허용하는 것(이는 실제로 만족감을 유지시켜 전체 식생활 계획을 계속 지키게 해준다)처럼, 자신을 잘 대접해주는 것도 좋다. (자기애) _____

재정 계획　학자금 대출이나 신용카드 부채를 갚는 일, 주택 구입이나 자녀의 학자금, 혹은 은퇴자금을 위해 저축하는 일 등 재정 건강을 위한 계획을 세우고 꾸려가는 일을 얼마나 잘하고 있는가? (비전) _____

재정자문가에게 점검받기　계획을 잘 지켜나가기 위해 1년에 한두 번 재정자문가와 만나 점검하는 일을 얼마나 잘하고 있는가? (지원)

_____

자선　실행 가능한 방식으로 당신에게 의미 있는 대의를 후원하는 일을 얼마나 잘하고 있는가? 재정적으로 빠듯하다면 자원봉사로 시간을 들이거나, 불필요한 물건을 기부하거나, 소셜미디어나 기타 다른 형태로 그 대의에 대한 의식을 높이는 등 나눔을 잘 실천하고 있는가? (자비) _____

협상　급여나 수당을 높이기 위해, 규모가 큰 구매를 할 때 혹은 거래를 성사시키기 위한 서비스 흥정을 할 때 협상을 얼마나 잘하고 있는가? (긍정성) _____

위험 내성　건강, 자동차, 집, 사업, 심지어 당신의 생명에 대해 적절한 보험을 얼마나 잘 갖추고 있는가? (분리) _____

저축과 투자　3~6개월 동안 쓸 수 있는 비상자금 확보와 미래를 위한 투자를 얼마나 잘하고 있는가? 저축해둔 돈이 있으면 실직 같은 예기치 못한 난관이 닥쳐도 꿋꿋이 버틸 수 있다는 것을 기억하자. (회복탄력성) _____

당신의 답을 재정 건강의 휠차트에 표시하자. 제일 위에서부터 시작하자. 자기 가치 인정은 결핍되었는가 충만한가 아니면 그 사이 어디인가? 답과 일치하는 숫자 옆의 선에 점을 표시한다. 이제 휠차트를 돌면서 모든 선에 점수를 표시한 뒤 점들을 연결하여 원을 만든다.

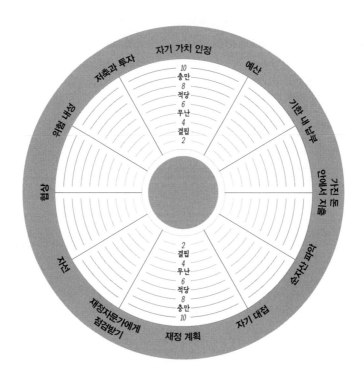

재정 건강의 휠차트

이 책의 도입부에서 작성했던 재정 건강의 휠차트와 이번 휠차트를 비교하여 당신이 얼마나 발전했는지 알아보자. 다음 질문에 대한 답을 노트에 적어보자.

- 가장 많이 향상된 세 영역은 무엇인가? 그렇게 향상된 것을 보니 어떤 느낌이 드는가?
- 계속 더 발전하기 위해 또는 이 향상을 축하하기 위해 무엇을 하고 싶은가?
- 계속 주의를 기울여야 할 세 영역은 무엇인가?
- 향상을 지속하기 위한 당신의 실행 계획은 무엇인가?

휠차트에 날짜를 적고, 나중에 참고할 수 있도록 해당 파일에 저장해두자. 당신은 재정 마인드셋이 재정 건강을 어떻게 증진시키는지 계속 목격하게 될 것이다. 축하한다! 이제 당신은 이 프로그램의 마지막 활동까지 완료했다.

——— ✦ ———

재정 건강의 휠차트를 수시로 작성하면서 자신을 더 발전·진화·확장시켜 삶과 사랑, 번영의 풍요로운 흐름으로 들어가기 바란다. 이제 여러분은 삶과 일의 균형과 개인적 안녕을 유지하면서 번창하기 위한 모든 도구를 갖고 있으니, 삶이 툭툭 던지는 어떤 일에도 대처할 수 있는 채비가 갖춰졌다. 여러분의 발전을 다른 사람들에게도 알리고, 그들도 재정 마인드셋 개선 프로그램에 참여하도록 추천하기를 권한다. 우리는 자신을 바로잡아감으로써 앞으로 올 세대들을 위해 더 좋은 세상을 남겨줄 수 있다.

성공이란, 열린 마음과 진실과 사랑을 품고, 자신과 타인들의 가장 선한 본질과 조화를 이루며, 가능한 한 가장 높은 경지를 추구하면서 인생을 살아가는 것이다. 내가 당신에게 바라는 소망은 이것이다. 깨어 있는 정신과 열린 가슴, 기쁨으로 춤추는 영혼을 지닌 채 함께 번창하고 번영하기를!

감사의 말

나의 출판 에이전트인 조이 투텔라에게, 나와 나의 작업에 대한 당신의 믿음, 이 책을 내고 싶은 나의 꿈을 실현하는 과정에서 당신이 보여준 지혜와 안내와 지지에 무한한 감사를 보냅니다. 당신이 없었다면 이 일은 이루어지지 못했을 거예요. 당신의 근면함, 친절, 인내심에 마음속 깊이 감사합니다.

제니퍼 브라운, 그레텔 하칸슨, 레슬리 브라운을 비롯해 이 책을 가능한 최고의 모습으로 만들어준 사운즈트루의 드림팀에게 크나큰 감사를 보냅니다. 여러분의 전문적인 자문과 조언은 너무나 크나큰 가치가 있었으며 나는 그것을 잘 알고 있습니다. 고마워요. 여러분과 함께 일한 것은 진정한 기쁨이었어요.

이 책의 초기 제안 단계부터 내가 이 책을 써낼 수 있게 도와주고 꼼꼼하게 초고를 다듬어준 데일리하우스의 코린 카사노바 편집자에게 한없는 감사를 보냅니다. 초보 저자였던 나에게 글쓰기 코치이자 응원단장, 명예 심리치료사가 되어주셨지요. 얼마 전만 해도 상당히 어렴풋한 생각들의 덩어리였던 것에 명징성과 구조를

472

부여해준 당신의 재능을 너무나도 잘 알고 감사하고 있답니다. 당신의 긍정성, 자신감, 느긋하고 산뜻한 성격은 당신과 함께 일하는 경험을 더없는 기쁨으로 만들어주었고, 이 책을 만드는 과정을 순조롭고 즐겁게 해주었어요. 당신을 무척 존경하며, 또 당신에게 감탄하고 있답니다.

자료 조사와 콘텐츠에 관해 조언해준 사이먼 골든 박사에게 큰 감사의 인사를 보냅니다. 너무나 귀중한 피드백과 제안으로, 이 책을 내가 바랐던 것보다 더 좋은 책으로 만들며 어마어마하게 큰 역할을 해주었습니다. 당신은 내가 아는 가장 지적이고 친절하며 신뢰할 수 있는 전문가 중 한 명이에요. 나는 동시성과 사람들의 영적인 그물망을 믿으며, 우리를 소개해준 당신의 숙모 게일 골든 박사에게도 진심으로 감사드립니다.

아름다운 일러스트레이션과 디자인 과정 내내 창의성과 유연성, 인내심을 보여준 알렉시스 뉴먼에게도 큰 감사의 마음을 보냅니다. 나의 마케팅을 위해 브랜딩 컨설팅을 해주고 무한한 지원을 보내준 코넥션의 줄리 홀튼도 감사합니다. 두 사람 모두 재능 있고 친절한 전문가들로 나와 함께한 작업에 마음과 영혼을 기울여주었습니다. 감사해요.

책을 만드는 전체 과정에 도움을 준 여타 모든 분께 감사합니다. 특히 나의 출판 제안서를 훨씬 수월하게 이해되도록 만드는 걸 도와준 신디 초시크, 감사해요. 꿈에 그리던 출판 계약을 사운즈트루와 맺도록 당신이 큰 도움을 주었다고 진심으로 믿고 있답니다. 나는 당신과 당신의 유머, 그리고 정신건강 옹호자로서 보여주는 열정을 귀하고 감사하게 여깁니다.

원고를 읽고 솔직함과 통찰이 담긴 피드백으로 이 책을 더 탄탄하게 만드는 데 도움을 준 리뷰어분들에게도 진심으로 감사합니다. 특히 공인임상사회복지사 파라 후세인 베이그, 레슬리 베이커 키몬스 박사, 공인임상전문상담사이자 공인섹스중독치료사인 리사 래키, 공인임상전문상담사인 미셸 케럴리스 박사, 간호학사이자 공중위생석사이자 홀헬스교육자인 앤 페트러스 베이커와 로라 태너, 공인전문상담사인 로라 코너, 공인재무설계사 빌 레이플, 간호학석사이자 공인간호사인 헬렌 매킨. 여러분의 지혜 때문에 리뷰어로 선정드렸지요. 여러분이 나눠준 우정과 시간, 조언에 영광과 감사를 느낍니다.

나의 통합치유자이자 코치인 스테이시 페이지 오인에게 마음 깊은 감사를 드립니다. 당신이 나의 마음과 몸과 영혼을 보살펴준 심오한 방식은 도저히 말로 표현할 길이 없네요. 당신은 내 치유 과정 내내, 그리고 내가 내 영혼의 목적에서 큰 부분을 차지한다고 믿고 있는 이 책을 창조하는 과정 내내 나의 코치가 되어주었지요. 당신을 사랑하며 당신을 보내준 신께 감사합니다.

어번 밸런스를 성공적으로 만들어준 우리의 경영팀, 직원들, 상담사들, 내담자들께 무한한 감사를 드립니다. 특히 셸리 배노버, 공인임상전문상담사이자 공인직원지원전문가인 앨리슨 세이어, 루앤 토이, 존 배노버, 앤드리아 에머릭 브라운, 공인전문상담사 앨리사 여 존스, 공인임상전문상담사 레슬리 홀리, 공인전문상담사이자 보건학 석사 테이자 베무리, 공인임상전문상담사 브리짓 레비를 비롯하여 아주 많은 분께 고마움을 전합니다. 공인회계사 팀 케니, 공인의료행정보조이자 경영학 석사 마이크 아디카리, 그리고 스티브 골드와 리프레시 멘탈 헬스의 직원들에게 큰 감사를 보냅니다. 여러분이 없었다면 지금까지처럼 제 경력을 만들어오지 못했을 겁니다.

공인임상사회복지사인 마크 새뮤얼슨, 공인임상전문상담사인 벨 헤퍼넌, 경험 많은 공인요가지도자 리사 페어마우스 웨버와 캐스린 재니체크 그리고 낸시 보글, 공인임상전문상담사인 닥터 샌디 케이커섹 등 나의 멘토가 되어준 상담가들에게, 나를 믿어주고 더 나은 치료사, 연사, 전문가가 되도록 지원해준 것에 깊은 감사를 드립니다. 여러분은 제 삶의 궤도를 바꿔놓고 나 역시 다른 사람의 멘토이자 지원자가 되도록 영감을 주셨어요. 감사합니다.

여러 해 동안 나의 치료사였던 공인임상사회복지사인 알린 잉글랜더에게 진심으로 감사합니다. 당신이 나에게서 만들어낸 강력한 치유와 긍정적 변화에 대해 깊은 감사를 느끼며, 그 공을 모두 당신에게 돌립니다. 지난 10년 사이 내 인생에서 일어난 급진적 변화들은 모두 당신과 함께한 작업이 있었기에 가능했습니다.

나의 두 언니 테리사 코스탄티니 레빈(과 형부 스티브 레빈)과 폴라 벨랜저(와 형부 리오 벨랜저) 그리고 오빠 로버트 브링크먼에게도 깊은 사랑과 감사를 전합니다.

테리사 언니, 언니는 언제나 나를 믿어주고 최고의 내가 되도록 지원해주었어. 자매이자 친구로서 우리가 함께한 수많은 행복하고 즐거운 시간들이 참 감사해. 폴라 언니, 언니는 신앙부터 엄마 역할까지 모든 일에서 나의 멘토 역할을 해주었지. 나는 우리의 깊은 연결과 언니가 나의 인생에 데려와준 아름다운 세 조카딸(루시아, 매들린, 레이철)을 무척이나 소중히 생각해. 롭 오빠는 일과 삶의 균형이란 어떤 것인지 그 전형을 보여주었고, 그럼으로써 내게 그것이 가능하다는 걸 가르쳐주었지. 언니 오빠들 모두 사랑해. 어머니와 아버지는 아주 다양한 방식으로 우리 하나하나를 자랑스러워하실 거야.

나의 소중한 친구이자 공인임상사회복지사인 셰릴린 빌런드, 너에게 완전한 사랑과 감사를 보내. 넌 나에게 20년 넘도록 굳건한 바위 같은 친구였고, 나를 웃게 해주고 뒤에서 든든한 힘이 되어주었지. 나는 매일같이 우리 우정의 귀중함을 느껴. 넌 내 인생에 주어진 어마어마한 선물이야.

미처 언급하지 못한, 나의 다른 강력한 여성 친구 모두에게도 큰 포옹과 감사를 보냅니다. 셸리 그레코, 니콜 레이플, 샬럿 모리스, 데비 아던, 제니퍼 자크, 제니퍼 프뢰멜, 캐리 스웨어링엔, 그리고 아이들의 엄마로서 만난 모든 친구, 일로 만난 친구, 요가 친구, 어린시절 친구 등 모두를요. 여러분 한 사람 한 사람 모두 내게 영감을 주는 친구들입니다.

나의 남편 제이슨 마로츠키와 나의 아이들에게 모든 사랑을 보냅니다. 제이슨, 당신의 온화한 영혼은 나의 영혼을 차분히 달래주었어요. 달까지 갔다가 되돌아오는 거리만큼 당신을 사랑해요. 당신보다 더 좋은 사람을 바랄 수 없을 만큼 최고의 친구이자 파트너예요. 나는 당신이 얼마나 지혜롭고 다정하며 관대하고 또한 강한 사람인지 잘 알고 있고, 그 점에 감사드립니다. 셀레스티와 클로디어, 너희의 엄마라는 사실은 나에게 가장 높은 영광이자 가장 커다란 기쁨이야. 너희를 내게 보내주신 것에 대해 하루도 빠짐없이 신께 감사한단다. 너희는 나의 빛이고 사랑이란다. 너희의 폭넓은 재능과 근면함, 유머, 열심히 하는 운동, 강한 인격에 늘 감탄을 금치 못한단다. 내 가슴은 너희에 대한 벅찬 사랑과 자랑스러움으로 가득하단다. 케이틀린과 니콜라스, 마치 보너스처럼 나의 아이들이 된 너희는 내게 너무나도 경이로운 선물이란다. 너희 둘은 내가 아는 젊은이들 가운데서도 가장 친절하고 점잖으며 감사할 줄 알고 재미있고 창의적이고 재능 있는 존재란다. 난 우리 가족을 절대적으로 사랑하며, 우리가 서로에게 불어넣은 모든 축복에 감사한단다. 나의 시댁인 제이슨의 가족들에게, 여러분의 유쾌하고 친밀한 가족 안에 나와 딸들을 반갑게 맞아들여준 것에 대해 큰 감사를 보냅니다.

마지막으로, 그러나 결코 중요함에서는 마지막이 아닌 나의 모든 내담자, 수퍼바이지, 학생들, 당신들과 함께 작업할 수 있어서 전 크나큰 특권이자 영광이었어요. 여러분은 나에게 가르침들로 이루어진 삶을 선사했고, 나의 삶을 풍성한 경험들로 짜인 태피스트리로 만들어주었습니다. 나를 성장시켜주고, 다른 많은 이를 도우려는 의도로 여러분에게 배운 것을 이 책으로 써낼 수 있도록 영감을 불어넣어 준 여러분께 감사합니다. 고맙습니다.

나마스테
조이스

$$주$$

소개

1 Suze Orman, *Women & Money: Owning the Power to Control Your Destiny* (New York: Spiegel & Grau, 2010), 16. 수지 오먼,《당당한 여자로 만드는 자산관리법》, 신승미 옮김, 황매, 2010.

2 Pierre-Carl Michaud and Arthur van Soest, "Health and Wealth of Elderly Couples: Causality Tests Using Dynamic Panel Data Models," *Journal of Health Economics* 27, no. 5 (September 2008): 1312-1325, doi.org/10.1016/j.jhealeco.2008.04.002

3 Dave Ramsey, *The Total Money Makeover: A Proven Plan for Financial Fitness* (Nashville, TN: Thomas Nelson, 2009). 데이브 램지,《절박할 때 시작하는 돈 관리 비법》, 백가혜 옮김, 물병자리, 2016.

4 "What is Stress?" American Institute of Stress, last modified December 18, 2019, stress.org/daily-life.

5 "Key Substance Use and Mental Health Indicators in the United States: Results from the 2018 National Survey on Drug Use and Health," Substance Abuse and Mental Health Services Administration, August 2019, samhsa.gov/data/sites/default/files/cbhsq-reports/NSDUHNationalFindingsReport2018/NSDUHNationalFindingsReport2018.pdf.

6 "5 Surprising Mental Health Statistics," Mental Health First Aid, last modi-

fied February 6, 2019, mentalhealthfirstaid.org/2019/02/5-surprising-mental-health-statistics.

7   "Our Mission," Hope for the Day, accessed January 5, 2020, hftd.org/about-hftd.

8   "Mental Health by the Numbers," NAMI: National Alliance on Mental Illness, accessed January 5, 2020, nami.org/learn-more/mental-health-by-the-numbers.

9   "Mental Health by the Numbers" Philip S. Wang et al., "Delays in Initial Treatment Contact After First Onset of a Mental Disorder," *Health Services Research* 39, no. 2 (April 2004): 393-416.

10 "Projected Deaths of Despair from COVID-19," Well Being Trust, May 2020, wellbeingtrust.org/areas-of-focus/policy-and-advocacy/reports/projected-deaths-of-despair-during-covid-19.

11 Mark É. Czeisler et al., "Mental Health, Substance Use, and Suicidal Ideation During the COVID-19 Pandemic—United States, June 24-30, 2020," *Morbidity and Mortality Weekly Report* 69, no. 32 (August 2020): 1049-1057, dx.doi.org/10.15585/mmwr.mm6932a1.

12 Selcuk Özdin and Sükriye Bayrak Özdin, "Levels and Predictors of Anxiety, Depression and Health Anxiety During COVID-19 Pandemic in Turkish Society: The Importance of Gender," *International Journal of Social Psychiatry* (May 2020): 1-8, doi.org/10.1177/0020764020927051.

13 Feten Fekih-Romdhane et al., "Prevalence and Predictors of PTSD During the COVID-19 Pandemic: Findings from a Tunisian Community Sample," *Psychiatry Research* 29 (August 2020): 113131, doi.org/10.1016/j.psychres.2020.113131.

14 Prestia Davide et al., "The Impact of the COVID-19 Pandemic on Patients with OCD: Effects of Contamination Symptoms and Remission State Before the Quarantine in a Preliminary Naturalistic Study," *Psychiatry Research* 291 (September 2020): 113213, doi.org/10.1016/j.psychres.2020.113213.

15 "Impact of the COVID-19 Pandemic on Family Planning and Ending

GenderBased Violence, Female Genital Mutilation and Child Marriage," UNFPA, April 2020, unfpa.org/sites/default/files/resource-pdf/COVID-19_ impact_brief_for_UNFPA_24_April_2020_1.pdf.

16 Louise Brådvik, "Suicide Risk and Mental Disorders," *International Journal of Environmental Research and Public Health* 15, no. 9 (September 2018): 10.3390, doi.org/10.3390/ijerph15092028.

1장. 풍요

1 Amy Morin, "5 Things That Shouldn't Determine Your Self-Worth (but Probably Do)," Inc., February 6, 2020, inc.com/amy-morin/how-do-you-measure-your-self-worth.html.

2 Michelle Obama, *Becoming* (New York: Crown, 2018). 미셸 오바마, 《비커밍》, 김명남 옮김, 웅진지식하우스, 2018.

3 Yilmaz Akgunduz, "The Influence of Self-Esteem and Role Stress on Job Performance in Hotel Businesses," *International Journal of Contemporary Hospitality Management* 27, no. 6 (October 2015): 1082-1099, doi.org/10.1108/ijchm-09-2013-0421.

4 Bryant McGill, *Simple Reminders: Inspiration for Living Your Best Life* (self-pub., 2018).

5 Sara Kafashan et al., "Prosocial Behavior and Social Status," *The Psychology of Social Status*, ed. Joey T. Cheng and Jessica L. Tracy (New York: Springer, 2014), 139-158.

6 Audrey Freshman, "Financial Disaster as a Risk Factor for Posttraumatic Stress Disorder: Internet Survey of Trauma in Victims of the Madoff Ponzi Scheme," *Health & Social Work* 37, no. 1 (February 2012): 39-48, doi.org/10.1093/hsw/hls002.

7 Anthony Canale and Bradley Klontz, "Hoarding Disorder: It's More Than Just an Obsession—Implications for Financial Therapists and Planners," *Journal of Financial Therapy* 4, no. 2 (December 2013): 42-63, doi.org/10.4148/1944-9771.1053.

8   Katalin Takacs Haynes, Matthew Josefy, and Michael A. Hitt, "Tipping Point: Managers' Self-Interest, Greed, and Altruism," *Journal of Leadership & Organizational Studies* 22, no. 3 (May 2015): 265-279, /doi. org/10.1177/1548051815585171.

9   Mahatma K. Gandhi, *Ethical Religion* (Madras: S. Ganesan, 1922), 61.

10 Chris Gardner, *The Pursuit of Happyness* (New York: Amistad, 2006). 크리스 가드너, 《행복을 찾아서》, 이혜선 옮김, 한스미디어, 2007.

2장. 인식

1   Tanya Ghahremani, "Will Smith Feels That He Is, at Heart, a Physicist," Complex, June 1, 2018, complex.com/pop-culture/2013/05/will-smith-feels-that-he-is-at-heart-a-physicist

2   R. Skip Johnson, "Escaping Conflict and the Karpman Drama Triangle," Borderline Personality Disorder, last modified January 4, 2018, www.bpd-family.com/content/karpman-drama-triangle

3   Marguerite Ohrtman and Erika Heitner, "Part IV: Family Systems Theory," *Contemporary Case Studies in School Counseling* (Lanham, MD: Rowman & Littlefield, 2019), 115-142.

4   Jill Zimmerman and Larry Cochran, "Alignment of Family and Work Roles," *Career Development Quarterly* 41, no. 4 (June 1993): 344-349, doi. org/10.1002/j.2161-0045.1993.tb00408.x

5   Rebecca Allison Peeler, "Perceptions of Professional and Financial Worth Among Master of Social Work Students" (master's thesis, University of Texas at Arlington, 2015), rc.library.uta.edu/uta-ir/bitstream/handle/10106/25363/Peeler_uta_2502M_13289.pdf?sequence=1&isAllowed=y.

6   Brennan Manning, *All Is Grace: A Ragamuffin Memoir* (Colorado Springs, CO: David C. Cook, 2015), 30. 브레넌 매닝, 《모든 것이 은혜다》, 양혜원 옮김, 복있는사람, 2012.

7   Kendra Cherry, "20 Common Defense Mechanisms Used for Anxiety," VeryWell Mind, last modified July 18, 2019, www.verywellmind.com/de-

fense-mechanisms-2795960

8 "Addiction Statistics," Drug & Substance Abuse Statistics, last modified January 2, 2020, americanaddictioncenters.org/rehab-guide/addiction-statistics.

9 Nerissa L. Soh et al., "Nutrition, Mood and Behaviour: A Review," Acta Neuropsychiatrica 21, no. 5 (October 2009): 214-227, doi.org/10.1111/j.1601-5215.2009.00413.x; Michael Berk, "Should We Be Targeting Exercise as a Routine Mental Health Intervention?" *Acta Neuropsychiatrica* 19, no. 3 (June 2017): 217-218, doi.org/10.1111/j.1601-5215.2007.00201.x.

10 "Know the Warning Signs," NAMI: National Alliance on Mental Illness, nami.org/About-Mental-Illness/Warning-Signs-and-Symptoms; "Common Warning Signs of Mental Illness," NAMI: National Alliance on Mental Illness, accessed January 7, 2020, nami.org /NAMI/media/NAMI-Media/Infographics/NAMI-Warning-Signs-FINAL.pdf.

11 "The Ripple Effect of Mental Illness," NAMI: National Alliance on Mental Illness, accessed January 7, 2020, nami.org/NAMI/media/NAMI-Media/Infographics/NAMI-Impact-Ripple-Effect-FINAL.pdf.

12 "Daylio: Journal, Diary, and Mood Tracker," Daylio, accessed August 2, 2020, daylio.net.

13 "Self Tests," Psychology Today, accessed August 2, 2020, psychologytoday.com/us/tests; "Psychological Quizzes and Tests," Psych Central, last modified May 6, 2020, psychcentral.com/quizzes.

14 Jeremy Vohwinkle, "How to Make a Budget in 6 Easy Steps," The Balance, last modified March 6, 2020, thebalance.com/how-to-make-a-budget-1289587.

15 Candice Elliott, "What the Ideal Fiscally Responsible Person Looks Like," Listen Money Matters, last modified March 22, 2020, listenmoneymatters.com/fiscally-responsible.

16 "Definition of Addiction," American Society of Addiction Medicine, accessed October 15, 2020, asam.org/Quality-Science/definition-of-addiction.

3장. 책임

1   Daniel L. Kirsch, "Burnout Is Now an Official Medical Condition," American Institute of Stress, date modified May 29, 2019, stress.org/burnout-is-now-an-official-medical-condition.

2   Michael Korda, *Making the List: A Cultural History of the American Bestseller* 1900-1999 (New York: Barnes & Noble, 2001).

3   Donald G. Gardner and Jon L. Pierce, "The Core Self-Evaluation Scale" *Educational and Psychological Measurement 70*, no. 2 (August 2009): 291-304, doi.org/10.1177/0013164409344505.

4   Gardner and Pierce, "Core Self-Evaluation Scale," Ali Zadeh Mohammadi, Alireza Abedi, and Fereshteh Moradi Panah, "Group Narrative Therapy Effect on Self-Esteem and Self-Efficacy of Male Orphan Adolescents," *Practice in Clinical Psychology* 1, no. 1 (January 2013): 55-60, jpcp.uswr.ac.ir/article-1-28-fa.html.

5   Priyanka Bagade, *When Life Makes You Hit a Pause Button* (New Delhi: Educreation Publishing, 2018).

6   David Rakel, *Integrative Medicine*, 4th ed. (Philadelphia: Elsevier, 2018).

7   Manfred F. R. Kets de Vries, "Are You a Victim of the Victim Syndrome," *Organizational Dynamics* 43, no. 2 (June 2014): 130-137, doi.org/10.1057/9781137382337_4.

8   Carrie Fisher, *Wishful Drinking* (New York: Simon & Schuster, 2008).

9   Gary D. Chapman and Jocelyn Green, *The 5 Love Languages: The Secret to Love That Lasts* (Chicago: Northfield Publishing, 2015), 45. 게리 채프먼, 《5가지 사랑의 언어》, 장동숙 옮김, 생명의말씀사, 2010.

10   Laura E. Wagner-Moore, "Gestalt Therapy: Past, Present, Theory, and Research," *Psychotherapy: Theory, Research, Practice, Training* 41, no. 2 (June 2004): 180-189, doi.org/10.1037/0033-3204.41.2.180.

11   Ryan S. Bisel and Amber S. Messersmith, "Organizational and Supervisory Apology Effectiveness: Apology Giving in Work Settings," *Business Communication Quarterly* 75, no. 4 (December 2012): 425-448, doi.

org/10.1177/1080569912461171; Caroline Bologna, "The Biggest Mistakes People Make When Apologizing," HuffPost, Notes 289 last modified July 30, 2018, huffpost.com/entry/biggest-apology-mistakes_n_5b575e3ce4b-0de86f4910f69.

12 Hannes Leroy, Michael E. Palanski, and Tony L. Simons, "Authentic Leadership and Behavioral Integrity as Drivers of Follower Commitment and Performance," *Journal of Business Ethics* 107, no. 3 (May 2012): 255-264, doi.org/10.1007/s10551-011-1036-1.

13 Madeline Farber, "Financial Literacy: Two-Thirds of Americans Can't Pass Basic Test," Fortune, June 27, 2019, fortune.com/2016/07/12/financial-literacy.

14 Mark Manson, "The Responsibility/Fault Fallacy," Mark Manson, last modified January 19, 2019, markmanson.net/responsibility-fault-fallacy.

4장. 현재 의식

1 "KonMari," accessed January 23, 2020, konmari.com.

2 Hiltraut M. Paridon and Marlen Kaufmann, "Multitasking in Work-Related Situations and Its Relevance for Occupational Health and Safety: Effects on Performance, Subjective Strain and Physiological Parameters," *Europe's Journal of Psychology* 6, no. 4 (November 2010): 110-124, doi.org/10.5964/ejop.v6i4.226.

3 Paul Ratner, "An Average Human Lifetime Described in Stunning Statistics," Big Think, last modified October 5, 2018, bigthink.com/paul-ratner/how-many-days-of-your-life-do-you-have-sex-your-lifetime-by-the-numbers.

4 Cherilynn M. Veland, *Stop Giving It Away: How to Stop Self-Sacrificing and Start Claiming Your Space, Power, and Happiness* (Berkeley, CA: She Writes Press, 2015).

5 Samuel Johnson, "No. 48. The Miseries of an Infirm Constitution," *The Rambler*, johnsonessays.com/the-rambler/miseries-infirm-constitution.

6 Jon Kabat-Zinn, "Mindfulness-Based Interventions in Context: Past, Present, and Future," *Clinical Psychology: Science and Practice* 10, no. 2 (June 2003): 144-156, doi.org/10.1093/clipsy.bpg016; Kirk Warren Brown, Richard M. Ryan, and David Creswell, "Mindfulness: Theoretical Foundations and Evidence for Its Salutary Effects," *Psychological Inquiry: An International Journal for the Advancement of Psychological Theory* 18, no. 4 (October 2007): 212, doi.org/10.1080/10478400701598298.

7 Darren J. Good et al., "Contemplating Mindfulness at Work: An Integrative Review," *Journal of Management* 42, no. 1 (January 2016): 114-142, doi. org/10.1177/0149206315617003.

8 Good, "Contemplating Mindfulness at Work," 114-142.

9 "NCHS Data Brief," Centers for Disease Control and Prevention, accessed February 13, 2020, cdc.gov/nchs/data/databriefs/db325-h.pdf.

10 Marissa Levin, "Why Google, Nike, and Apple Love Mindfulness Training, and How You Can Easily Love It Too," Inc., last modified June 21, 2018, inc.com /marissa-levin/why-google-nike-and-apple-love-mindfulness-training-and-how-you-can-easily-love-.html.

11 Lillian T. Eby, "Mindfulness-Based Training Interventions for Employees: A Qualitative Review of the Literature," *Human Resource Management Review* 29, no. 2 (June 2019): 156-178, doi.org/10.1016/j.hrmr.2017.03.004.

12 Tammy D. Allen, Lillian T. Eby, Kate M. Conley, and Rachel L. Williamson, "What Do We Really Know About the Effects of Mindfulness-Based Training in the Workplace?" *Industrial and Organizational Psychology* 8, no. 4 (December 2015): 652-661, doi.org/10.1017/iop.2015.95.

13 Good, "Contemplating Mindfulness at Work," 114-142; Amishi P. Jha et al., "Examining the Protective Effects of Mindfulness Training on Working Memory Capacity and Affective Experience," *Emotion* 10, no. 1 (February 2010): 54-64, doi.org/10.1037/a0018438; Nate Klemp, "5 Reasons Your Company Should Be Investing in Mindfulness Training," Inc., last modified October 27, 2019, inc.com/nate-klemp/5-reasons-your-company-

should-be-investing-in-mindfulness-training.html; Saleh Bajaba et al., "Does Mindfulness Enhance the Beneficial Outcomes that Accrue to Employees with Proactive Personalities?" *Current Psychology* 40 (February 2021): 475–484, doi.org/10.1007/s12144-018-9995-3.

14 Eby, "Mindfulness–Based Training Interventions for Employees," 156–178.

15 Klemp, "5 Reasons Your Company Should Be Investing in Mindfulness Training."

16 Susan Philips, *Mother Teresa* (Gahanna, OH: Prodigy Books, 2017).

17 Matthew A. Killingsworth and Daniel T. Gilbert, "A Wandering Mind Is an Unhappy Mind," *Science* 330, no. 6006 (November 2010): 932, doi. org/10.1126/science.1192439.

18 Fadel K. Matta et al., "Significant Work Events and Counterproductive Work Behavior: The Role of Fairness, Emotions, and Emotion Regulation," *Journal of Organizational Behavior* 35, no. 7 (October 2014): 920–944, doi. org/10.1002/job.1934.

19 Killingsworth and Gilbert, "A Wandering Mind Is an Unhappy Mind."

20 Thomas E. Smith, Kristin V. Richards, and Victoria M. Shelton, "Mindfulness in Financial Literacy," *Journal of Human Behavior in the Social Environment* 26, no. 2 (February 2016): 154–161, dx.doi.org/10.1080/10911359.2015. 1052914.

21 Philip A. Hensler, Antoinette Somers, and Sheri Perelli, "Mindfulness and Money Management: The Post–Crisis Behavior of Financial Advisors," *Academy of Management Proceedings* (Briarcliff Manor, NY: Academy of Management, 2013), 65–81.

22 Hensler, Sommers, and Perelli, "Mindfulness and Money Management."

23 Jean Chatzky, "How to Use Mindfulness to Manage Your Money Better," NBC, last modified January 19, 2018, nbcnews.com/better/business/how-use-mindfulness-manage-your-money-better-ncna839111.

1   Lachlan Brown, "Eckhart Tolle's Pain-Body: How to Deal with Anxiety and Depression," Hack Spirit, last modified April 24, 2020, hackspirit.com/eckhart-tolle-reveals-best-strategy-deal-anxiety-depression.

2   Elisabeth Kübler-Ross and David Kesler, *Life Lessons: Two Experts on Death and Dying Teach Us About the Mysteries of Life and Living* (New York: Scribner, 2014), 118. 엘리자베스 퀴블러 로스, 《죽음과 죽어감》, 이진 옮김, 청미, 2018.

3   Roger Gabriel, "Is the Ego Your Friend or Foe?" The Chopra Center, last modified January 23, 2017, chopra.com/articles/is-the-ego-your-friend-or-foe.

4   Athena Staik, "Ego versus Ego-Strength: The Characteristics of a Healthy Ego and Why It's Essential to Your Happiness," Psych Central, last modified August 5, 2017, blogs.psychcentral.com/relationships/2012/01/ego-versus-ego-strength-the-characteristics-of-healthy-ego.

5   Eckhart Tolle, *A New Earth: Awakening to Your Life's Purpose* (New York: Plume, 2008), 86. 에크하르트 톨레, 《삶으로 다시 떠오르기》, 류시화 옮김, 연금술사, 2013.

6   Ronald Alexander, "What Are the Limitations of Your Ego Mind?," Psychology Today, accessed February 3, 2020, psychologytoday.com/us/blog/the-wise-open-mind/201007/what-are-the-limitations-your-ego-mind.

7   Nicole M. Cain, Aaron L. Pincus, and Emily B. Ansell, "Narcissism at the Crossroads: Phenotypic Description of Pathological Narcissism Across Clinical Theory, Social/Personality Psychology, and Psychiatric Diagnosis," *Clinical Psychology Review* 28, no. 4 (April 2008): 638-656, doi.org/10.1016/j.cpr.2007.09.006.

8   Richard J. Harnish and K. Robert Bridges, "Compulsive Buying: The Role of Irrational Beliefs, Materialism, and Narcissism," *Journal of Rational-Emotive & Cognitive-Behavior Therapy* 33, no. 1 (March 2015): 1-16, doi.org/10.1007/s10942-014-0197-0.

9   Matthew J. Pearsall and Aleksander P. J. Ellis, "The Effects of Critical Team Member Assertiveness on Team Performance and Satisfaction," *Journal of Management* 32, no. 4 (August 2006): 575-594, doi. org/10.1177/0149206306289099.

10 Joshua D. Foster, Jessica W. Shenesey, and Joshua S. Goff, "Why do Narcissists Take More Risks? Testing the Roles of Perceived Risks and Benefits of Risky Behaviors," *Personality and Individual Differences* 47, no. 8 (December 2009): 885-889, doi.org/10.1016/j.paid.2009.07.008; Charles A. O'Reilly III, Bernadette Doerr, and Jennifer A. Chatman, "'See You in Court': How CEO Narcissism Increases Firms' Vulnerability to Lawsuits," *Leadership Quarterly* 29, no. 3 (June 2018): 365-378, doi.org/10.1016/ j.leaqua.2017.08.001; Emily Grijalva and Daniel A. Newman, "Narcissism and Counterproductive Work Behavior (CWB): Meta-Analysis and Consideration of Collectivist Culture, Big Five Personality, and Narcissism's Facet Structure," *Applied Psychology: An International Review* 64, no. 1 (January 2015): 93-126, doi.org/10.1111/apps.12025.

11 Brené Brown, *Daring Greatly: How the Courage to Be Vulnerable Transforms the Way We Live, Love, Parent, and Lead* (New York: Avery, 2015). 브레네 브라운,《마음 가면》, 안진이 옮김, 웅진지식하우스, 2023.

12 Maya Angelou, *Rainbow in the Cloud: The Wisdom and Spirit of Maya Angelou* (Highland City, FL: Rainbow House, 2014), 84.

13 Kristin D. Neff and Susan Harter, "The Role of Power and Authenticity in Relationship Styles Emphasizing Autonomy, Connectedness, or Mutuality Among Adult Couples," *Journal of Social and Personal Relationships* 19, no. 16 (December 2002): 835-857, doi.org/10.1177/0265407502196006; Ralph van den Bosch and Toon W. Taris, "The Authentic Worker's Well-Being and Performance: The Relationship Between Authenticity at Work, Well-Being, and Work Outcomes," *Journal of Psychology* 148, no. 6 (November 2014): 659-681, doi.org/10.1080/00223980.2013.820684; Carol A. Wong and Heather K. S. Laschinger, "Authentic Leadership, Performance,

and Job Satisfaction: The Mediating Role of Empowerment," *Journal of Advanced Nursing* 69, no. 4 (April 2013): 947–959, doi.org/10.1111/j.1365-2648.2012.06089.x.

14 Holly M. Hutchins, "Outing the Imposter: A Study Exploring Imposter Phenomenon Among Higher Education Faculty," *New Horizons in Adult Education and Human Resource Development* 27, no. 2 (April 2015): 3–12, doi.org/10.1002/nha3.20098.

15 Gill Corkindale, "Overcoming Imposter Syndrome," *Harvard Business Review*, last modified December 2, 2019, hbr.org/2008/05/overcoming-imposter-syndrome.

16 Kori A. LaDonna, Shiphra Ginsburg, and Christopher Watling, "'Rising to the Level of Your Incompetence': What Physicians' Self-Assessment of Their Performance Reveals About the Imposter Syndrome in Medicine," *Academic Medicine* 93, no. 5 (May 2018): 763–768, doi.org/10.1097/ACM.0000000000002046; Hutchins, "Outing the Imposter," 3–12.

17 LaDonna, Ginsburg, and Watling, "'Rising to the Level of Your Incompetence,'" 763–768.

18 Elke Rohmann et al., "Grandiose and Vulnerable Narcissism: Self-Construal, Attachment, and Love in Romantic Relationships," *European Psychologist* 17, no. 4 (2012): 279–290, doi.org/10.1027/1016-9040/a000100; Shohreh Ghorbanshirodi, "The Relationship Between Self-Esteem and Emotional Intelligence with Imposter Syndrome Among Medical Students of Guilan and Heratsi Universities," *Journal of Basic and Applied Scientific Research* 2, no. 2 (2012).

19 Hutchins, "Outing the Imposter," 3–12.

20 Corkindale, "Overcoming Imposter Syndrome."

21 Simon B. Sherry et al., "Perfectionism Dimensions and Research Productivity in Psychology Professors: Implications for Understanding the (Mal) Adaptiveness of Perfectionism," *Canadian Journal of Behavioural Science* 42, no. 4 (October 2010): 273–283, doi.org/10.1037/a0020466; Dianna T.

Kenny, Pamela Davis, and Jenni Oates, "Music Performance Anxiety and Occupational Stress Amongst Opera Chorus Artists and Their Relationship with State and Trait Anxiety and Perfectionism," *Journal of Anxiety Disorders* 18, no. 6 (January 2004): 757-777, doi.org/10.1016/j.janxdis.2003.09.004.

22 Sandra Sassaroli et al., "Perfectionism in Depression, Obsessive-Compulsive Disorder and Eating Disorders," *Behaviour Research and Therapy* 46, no. 6 (June 2008): 757-765, doi.org/10.1016/j.brat.2008.02.007; Malissa A. Clark, Ariel M. Lelchook, and Marcie L. Taylor, "Beyond the Big Five: How Narcissism, Perfectionism, and Dispositional Affect Relate to Workaholism," *Personality and Individual Differences* 48, no. 7 (May 2010): 786-791, doi.org/10.1016/j.paid.2010.01.013; Jesse M. Crosby, Scott C. Bates, and Michael P. Twohig, "Examination of the Relationship Between Perfectionism and Religiosity as Mediated by Psychological Inflexibility," *Current Psychology* 30, no. 2 (June 2011): 117-129, doi.org/10.1007/s12144-011-9104-3; Sarah J. Egan et al., "The Role of Dichotomous Thinking and Rigidity in Perfectionism," *Behaviour Research and Therapy* 45, no. 8 (August 2007): 1813-1822, doi.org/10.1016/j.brat.2007.02.002.

23 Martin M. Smith et al., "Perfectionism and Narcissism: A Meta-Analytic Review," *Journal of Research in Personality* 64 (October 2016): 90-101, doi.org/10.1016/j.jrp.2016.07.012.

24 Smith, "Perfectionism and Narcissism," 90-101.

6장. 자기애

1 Darlene Lancer, "How Do Self-Love, Self-Esteem, Self-Acceptance Differ," Darlene Lancer, last modified December 9, 2019, whatiscodependency.com/difference-between-selfesteem-selfacceptance-self-love-self-compassion.

2 Abraham Maslow, "A Theory of Human Motivation," *Psychological Review* 50, no. 4 (1943): 370-396.

3 Robert Holden, *Happiness NOW!* (Carlsbad, CA: Hay House, 2011), 72. 로버트

홀든,《행복을 내일로 미루는 바보》, 오수원 옮김, 지식노마드, 2010.

4 Natalie Sachs-Ericsson et al., "Parental Verbal Abuse and the Mediating Role of SelfCriticism in Adult Internalizing Disorders," *Journal of Affective Disorders* 93, no. 1-3 (July 2006): 71-78, doi.org/10.1016/j.jad.2006.02.014.

5 Mara Cadinu et al., "Why Do Women Underperform Under Stereotype Threat?" *Psychological Science* 16, no. 7 (July 2005): 572-578, doi.org/10.1111/j.0956-7976.2005.01577.x.

6 Annakeara Stinson, "5 Ways To Practice Liking Yourself More Every Day, According To Experts," Bustle, last modified July 17, 2019, bustle.com/p/how-to-have-more-self-confidence-even-when-youre-feeling-down-according-to-experts-18200024; Annakeara Stinson, "I Named My Negative Thoughts "Terry" For A Week, And Believe It Or Not, It Helped," Bustle, last modified August 20, 2019, bustle.com/p/how-do-you-stop-negative-thoughts-i-gave-my-inner-voice-a-name-learned-a-lot-about-my-thinking-patterns-18557463.

7 Stinson, "How Do You Stop Negative Thoughts?"

8 Andy Martens et al., "Combating Stereotype Threat: The Effect of Self-Affirmation on Women's Intellectual Performance," *Journal of Experimental Social Psychology* 42, no. 2 (March 2006): 236-243, doi.org/10.1016/j.jesp.2005.04.010.

9 Travor C. Brown and Gary P. Latham, "The Effect of Training in Verbal Self-Guidance on Performance Effectiveness in a MBA Program," *Canadian Journal of Behavioural Science* 38, no. 1 (January 2006): 1-11, doi.org/10.1037/h0087266.

10 Abira Reizer, "Bringing Self-Kindness Into the Workplace: Exploring the Mediating Role of Self-Compassion in the Associations Between Attachment and Organizational Outcomes," *Frontiers in Psychology* 10 (2019): 1-13, doi.org/10.3389/fpsyg.2019.01148.

11 Reizer, "Bringing Self-Kindness Into the Workplace," 1-13.

12 Lisa M. Yarnell and Kristin D. Neff, "Self-Compassion, Interpersonal Con-

flict Resolutions, and Well-Being," *Self and Identity* 12, no. 2 (March 2013): 146-159, doi.org/10.1080/15298868.2011.649545; Kristin D. Neff and Natasha Beretvas, "The Role of Self-Compassion in Romantic Relationships," *Self and Identity* 12, no. 1 (January 2013): 78-98, doi.org/10.1080/1529886 8.2011.639548; Deborah Grice Conway, "The Role of Internal Resources in Academic Achievement: Exploring the Meaning of Self-Compassion in the Adaptive Functioning of Low-Income College Students" (PhD diss., University of Pittsburgh, 2007), 1-112; Lisa K. Jennings and P. Philip Tan, "Self-Compassion and Life Satisfaction in Gay Men," *Psychological Reports: Relationships & Communications* 115, no. 3 (December 2014): 888-895, doi. org/10.2466/21.07.PR0.115c33z3.

13 S. M. Farrington, "Psychological Well-Being and Perceived Financial Performance: An SME Perspective," *South African Journal of Business Management* 48, no. 4 (December 2017): 47-56.

14 Farrington, "Psychological Well-Being and Perceived Financial Performance," 47-56.

15 George A. Kaplan, Sarah J. Shema, and Maria Claudia A. Leite, "Socioeconomic Determinants of Psychological Well-Being: The Role of Income, Income Change, and Income Sources Over 29 Years," *Annals of Epidemiology* 18, no. 7 (July 2009): 531-537, doi.org/10.1016/j.annepidem.2008.03.006.

16 Zhou Jiang et al., "Open Workplace Climate and LGB Employees' Psychological Experiences: The Roles of Self-Concealment and Self-Acceptance," *Journal of Employment Counseling* 56, no. 1 (March 2019): 2-19, doi. org/10.1002/joec.12099.

17 Rebecca Thompson Lindsey, "The Relation of Nutrition, Exercise, and Self-Efficacy to Job Performance" (PhD diss., Grand Canyon University, 2018), 1-162.

18 Christopher M. Barnes, "Working in Our Sleep: Sleep and Self-Regulation in Organizations," *Organizational Psychology Review* 2, no. 3 (August 2012): 1-24, doi.org/10.1177/2041386612450181.

19 Barry M. Popkin, Kristen E. D'Anci, and Irwin H. Rosenberg, "Water, Hydration, and Health," *Nutrition Reviews* 68, no. 8 (August 2010): 439-458, doi.org/10.1111/j.1753-4887.2010.00304.x.

20 Klodiana Lanaj, Russell E. Johnson, and Christopher M. Barnes, "Beginning the Workday Yet Already Depleted? Consequences of Late-Night Smartphone Use and Sleep," *Organizational Behavior and Human Decision Processes* 124, no. 1 (May 2014): 11-23, doi.org/10.1016/j.obhdp.2014.01.001.

21 Ajary K. Jain and Ana Moreno, "Organizational Learning, Knowledge Management Practices and Firm's Performance: An Empirical Study of a Heavy Engineering Firm Notes 295 in India," *The Learning Organization* 22, no. 1 (January 2015): 14-39, doi.org/10.1108/TLO-05-2013-0024.

22 Gisela Sjogaard et al., "Exercise Is More Than Medicine: The Working Age Population's Well-Being and Productivity," *Journal of Sport and Health Science* 5, no. 2 (June 2016): 159-165, doi.org/10.1016/j.jshs.2016.04.004.

23 Lanaj, Johnson, and Barnes, "Beginning the Workday," 11-23; Orman, *Women & Money*.

7장. 비전

1 Amish Tripathi, *The Oath of the Vayuputras: Shiva Trilogy*, bk. 3 (Chennai, India: Westland, 2013).

2 Simon Grégoire, Thérèse Bouffard, and Carole Vezeau, "Personal Goal Setting as a Mediator of the Relationship Between Mindfulness and Well-being," *International Journal of Wellbeing* 2, no. 3 (August 2012): 236-250, doi.org/10.5502/ijw.v2.i3.5.

3 Marelisa Fabrega, "How to Write a Personal Manifesto," Daring to Live Fully, accessed March 13, 2020, daringtolivefully.com/personal-manifesto.

4 Fabrega, "How to Write a Personal Manifesto."

5 Nora Spinks, "Work-Life Balance: Achievable Goal or Pipe Dream?" *Journal for Quality and Participation* 27, no. 3 (October 2004): 4-11.

6 Jenny Dixon and Debbie S. Daugherty, "A Language Convergence/Mean-

ing Divergence Analysis Exploring How LGBTQ and Single Employees Manage Traditional Family Expectations in the Workplace," *Journal of Applied Communication Research* 42, no. 1 (February 2014): 1-19, doi.org/10.1 080/00909882.2013.847275.

7   Amanda Tarlton, "Stay-at-Home Parents Should Earn Over $160,000 Salary, Survey Finds," Fatherly, last modified January 17, 2019, fatherly.com/ news/stay-at-home-parents-salary.

8   Tarlton, "Stay-at-Home Parents Should Earn Over $160,000 Salary."

9   Fabienne T. Amstad et al., "A Meta-Analysis of Work-Family Conflict and Various Outcomes with a Special Emphasis on Cross-Domain Versus Matching-Domain Relations," *Journal of Occupational Health Psychology* 16, no. 2 (April 2011): 151-169, doi.org/10.1037/a0022170.

10 Amstad et al., "Meta-Analysis of Work-Family Conflict and Various Outcomes," 151-169.

11 Jenet Jacob Erickson, Giuseppe Martinengo, and E. Jeffrey Hill, "Putting Work and Family Experienced in Context: Differences by Family Life Stage," *Human Relations* 63, no. 7 (July 2010): 955-979, doi.org/10.1177/0018726709353138.

12 Epictetus, Discourses, bk. 3 (New York: Thomas Nelson and Sons, 1890).

13 Les MacLeod, "Making SMART Goals Smarter," *Physician Executives* 38, no. 2 (March 2012): 68-72.

14 Wayne Dyer, *The Power of Intention* (Carlsbad, CA: Hay House, 2004). 웨인 다이어,《의도의 힘》, 한정석 옮김, 21세기북스, 2008.

15 "The What & Why of Sadhana," Isha Sadhguru, last modified October 15, 2019, isha.sadhguru.org/us/en/wisdom/article/the-what-why-of-sadhana.

16 Thomas Newmark, "Cases in Visualization for Improved Athletic Performance," Psychiatric Annals 42, no. 10 (October 2012): 385-387, doi.org/10.3928/00485713-20121003-07; Amar Cheema and Rajesh Bagchi, "The Effect of Goal Visualization on Goal Pursuit: Implications for Con-

sumers and Managers," *Journal of Marketing* 75, no. 2 (March 2011): 109-123, doi.org/10.1509/jm.75.2.109.

17 Cheema and Bagchi, "The Effect of Goal Visualization on Goal Pursuit," 109-123.

8장. 지원

1 Fred Rogers, *The World According to Mister Rogers: Important Things to Remember* (New York: Hachette Books, 2019).

2 Liu-Qin Yang et al., "Be Mindful of What You Impose on Your Colleagues: Implications of Social Burden for Burdenees' Well-Being, Attitudes and Counterproductive Work Behaviour," *Stress and Health* 32, no. 1 (February 2016): 70-83, doi.org/10.1002/smi.2581.

3 Brené Brown, *The Gifts of Imperfection: Let Go of Who You Think You're Supposed to Be and Embrace Who You Are* (Center City, MN: Hazelden Publishing, 2010), 20. 브레네 브라운, 《나는 불완전한 나를 사랑한다》, 서현정 옮김, 가나출판사, 2019.

4 Ghulam R. Nabi, "The Relationship Between HRM, Social Support and Subjective Career Success Among Men and Women," *International Journal of Manpower* 22, no. 5 (August 2001): 457-474, doi.org/10.1108/EUM0000000005850.

5 "Dr. Phil's Ten Life Laws," Dr. Phil, last modified February 1, 2018, drphil.com/advice/dr-phils-ten-life-laws.

6 Joyce Marter, "Free Yourself from Toxic Relationships," Psych Central, last modified October 29, 2013, blogs.psychcentral.com/success/2013/10/free-yourself-from-toxic-relationships.

7 Nabi, "The Relationship Between HRM, Social Support and Subjective Career Success Among Men and Women," 457-474.

8 Marian M. Morry, "The Attraction-Similarity Hypothesis Among Cross-Sex Friends: Relationship Saitsfaction, Perceived Similarities, and Self-Serving Perceptions," *Journal of Social and Personal Relationships* 24, no. 1 (Febru-

ary 2007): 117-138, doi.org/10.1177/0265407507072615.

9   Jeffrey Dew, Sonya Britt, and Sandra Huston, "Examining the Relationship Between Financial Issues and Divorce," *Family Relations* 61, no. 4 (October 2012): 615-628, doi.org/10.1111/j.1741-3729.2012.00715.x.

9장. 자비

1   Roger Ebert, "Cannes # 7: A Campaign for Real Movies," Roger Ebert, accessed April 29, 2020, rogerebert.com/roger-ebert/cannes-7-a-campaign-for-real-movies.

2   Enid R. Spitz, "The Three Kinds of Empathy: Emotional, Cognitive, Compassionate," Heartmanity's Blog, accessed March 24, 2020, blog.heartmanity.com/the-three-kinds-of-empathy-emotional-cognitive-compassionate.

3   Li-Chuan Chu, "Impact of Providing Compassion on Job Performance and Mental Health: The Moderating Effect of Interpersonal Relationship Quality," *Journal of Nursing Scholarship* 49, no. 4 (July 2017): 456-465, doi.org/10.1111/jnu.12307.

4   Chu, "Impact of Providing Compassion on Job Performance and Mental Health," 456-465.

5   Maria Ross, "4 Reasons Why Empathy Is Good for Business," Entrepreneur, last modified November 11, 2018, entrepreneur.com/article/322302.

6   Seung-Yoon Rhee, Won-Moo Hur, and Minsung Kim, "The Relationship of Coworker Incivility to Job Performance and the Moderating Role of Self-Efficacy and Compassion at Work: The Job Demands-Resources (JD-R) Approach," *Journal of Business Psychology* 32, no. 6 (December 2017): 711-726, doi.org/10.1007/s10869-016-9469-2.

7   Belinda Parmar, "The Most Empathetic Companies, 2016," Harvard Business Review, last modified December 20, 2016, hbr.org/2016/12/the-most-and-least-empathetic-companies-2016.

8   Mark C. Johlke, "Sales Presentation Skills and Salesperson Job Perfor-

mance," *Journal of Business & Industrial Marketing* 21, no. 5 (August 2006): 311-319, doi.org/10.1108/08858620610681614.

9 Alice Walker, interview by Esther Iverem, *On the Ground: Voices of Resistance from the Nation's Capital*, Pacifica Radio, March 12, 2003.

10 Karyn Hall, "The Importance of Kindness," Psychology Today, accessed March 24, 2020, psychologytoday.com/us/blog/pieces-mind/201712/the-importance-kindness.

11 Martin Luther King, Jr., *Strength to Love* (Minneapolis: Harper & Row, 2010).

12 Tirath Singh, "Role of Spiritual Intelligence, Altruism and Mental Health in Predicting Academic Achievement," *International Journal of Education* 3 (December 2014): 1-8, ijoe.vidyapublications.com/Issues/Vol3/PDF/1.pdf.

13 Tracy D. Hecht and Kathleen Boies, "Structure and Correlates of Spillover from Nonwork to Work: An Examination of Nonwork Activities, Well-Being, and Work Outcomes," *Journal of Occupational Health Psychology* 14, no. 4 (October 2009): 414-426, doi.org/10.1037/a0015981.

14 Will Kenton, "What Is Conscious Capitalism?" Investopedia, last modified April 21, 2018, investopedia.com/terms/c/conscious-capitalism.asp.

15 AJ Willingham, "Patagonia Got $10 Million in GOP Tax Cuts. The Company's Donating It for Climate Change Awareness," CNN, accessed April 29, 2020, cnn.com/2018/11/29/business/patagonia-10-million-tax-climate-change-trnd/index.html.

16 Abraham Carmeli, Alexander S. McKay, and James C. Kaufman, "Emotional Intelligence and Creativity: The Mediating Role of Generosity and Vigor," *Journal of Creative Behavior* (December 2014): 1-21, doi.org/10.1002/jocb.53.

10장. 분리

1 Deepak Chopra, *The Seven Spiritual Laws of Success: A Practical Guide to the Fulfillment of Your Dreams* (Sydney, Australia: Read How You Want, 2009), 51. 디팩 초프라, 《성공을 부르는 일곱 가지 영적 법칙》, 김병채 옮김, 슈리크리슈나다

스아쉬람, 2010.

2   Galen Buckwalter, interview, "Are You Struggling with Financial PTSD?"
    Goop, last modified December 6, 2019, goop.com/wellness/career-mon-
    ey/are-you-struggling-with-financial-ptsd.

3   Buckwalter, "Are You Struggling with Financial PTSD?"

4   John E. Grable, "Financial Risk Tolerance: A Psychometric Review," *Re-
    search Foundation Briefs* 4, no. 1 (June 2017).

5   Wiebke Eberhardt, Wändi Bruine de Bruin, and JoNell Strough, "Age Dif-
    ferences in Financial Decision Making: The Benefits of More Experience
    and Less Negative Emotions," *Journal of Behavioral Decision Making* 32,
    no. 1 (January 2019): 79-93, doi.org/10.1002/bdm.2097.

6   Gaurav Bagga, "Positive Steps to End Negativity in the Workplace: The
    Hidden Costs of an Individual and Organizational Phenomenon," *Human
    Resource Management International Digest* 21, no. 6 (August 2013): 28-29,
    doi.org/10.1108/HRMID-08-2013-0065.

7   Caitlin A. Demsky, Allison M. Ellis, and Charlotte Fritz, "Shrugging It Off:
    Does Psychological Detachment from Work Mediate the Relationship Be-
    tween Workplace Aggression and Work-Family Conflict?" *Journal of Oc-
    cupational Health Psychology* 19, no. 2 (April 2014): 195-205.

8   Wayne W. Dyer, Facebook posts, last accessed April 28, 2020, facebook.
    com/drwaynedyer/posts/how-people-treat-you-is-their-karma-how-
    you-react-is-yours-dr-wayne-dyer/157785317602653.

9   Thich Nhat Hanh, *True Love: A Practice for Awakening the Heart* (Boston:
    Shambhala Publications, 2011), 4. 틱낫한, 《틱낫한의 사랑이란 무엇인가?》, 김종만
    옮김, 열린서원, 2020.

10 Katarina Katja Mihelič and Metka Tekavčič, "Work-Family Conflict: A
    Review of Antecedents and Outcomes," *International Journal of Man-
    agement & Information Systems* 18, no. 1 (2014): 15-26, doi.org/10.19030/
    ijmis.v18i1.8335.

1 Guido Alessandri, et al., "The Utility of Positive Orientation in Predicting Job Performance and Organisational Citizenship Behaviors," *Applied Psychology: An International Review* 61, no. 4 (October 2012): 669-698, doi. org/10.1111/j.1464-0597.2012.00511.x.

2 Fit4D, "The Neuroscience of Behavior Change," Health Transformer, last modified May 27, 2018, healthtransformer.co/the-neuroscience-of-behavior-change-bcb567fa83c1.

3 Zameena Mejia, "How Arianna Huffington, Tony Robbins, and Oprah Use Gratitude to Succeed," CNBC, last modified February 16, 2018, cnbc.com/2018/02/16/how-arianna-huffington-tony-robbins-and-oprah-use-gratitude-to-succeed.html.

4 Michela Cortini et al., "Gratitude at Work Works! A Mix-Method Study on Different Dimensions of Gratitude, Job Satisfaction, and Job Performance," *Sustainability* 11, no. 14 (January 2019): 1-12, doi.org/10.3390/su11143902; Lukasz D. Kaczmarek, "Who Self-Initiates Gratitude Interventions in Daily Life? An Examination of Intentions, Curiosity, Depressive Symptoms, and Life Satisfaction," *Personality and Individual Differences* 55, no. 7 (October 2013): 805-810, doi.org/10.1016/j.paid.2013.06.013.

5 Richard E. Watts, "Reflecting 'As If,'" Counseling Today, last modified September 9, 2013, ct.counseling.org/2013/04/reflecting-as-if.

6 Shannon Polly, "Acting 'As If,'" Positive Psychology News, last modified June 25, 2015, positivepsychologynews.com/news/shannon-polly/2015062531882.

7 David Gooblar, "Looking for the Exceptions," Chronicle Vitae, accessed March 26, 2020, chroniclevitae.com/news/1368-look-for-the-exceptions.

8 Brené Brown, *The Gifts of Imperfection: Let Go of Who You Think You're Supposed to Be and Embrace Who You Are*, (Center City, MN: Hazelden Publishing, 2010). 브레네 브라운, 《나는 불완전한 나를 사랑한다》, 서현정 옮김, 가나출판사, 2019.

9   Ans De Vos, Inge De Clippeleer, and Thomas Dewilde, "Proactive Career Behaviours and Career Success During the Early Career," *Journal of Occupational and Organizational Psychology* 82, no. 4 (September 2009): 761-777, doi.org/10.1348/096317909X471013.

10 Sheryl Sandberg, "Why We Have Too Few Women Leaders" (talk, TedWomen 2010, International Trade Center, Washington, DC, December 7-8, 2010), https://www.ted.com/talks/sheryl_sandberg_why_we_have_too_few_women_leaders?.

11 Emily T. Amanatullah and Michael W. Morris, "Negotiating Gender Roles: Gender Differences in Assertive Negotiating Are Mediated by Women's Fear of Backlash and Attenuated When Negotiating on Behalf of Others," *Journal of Personality and Social Psychology* 98, no. 2 (February 2010): 256-267, doi.org/10.1037/a0017094.

12 Amanatullah and Morris, "Negotiating Gender Roles," 256-267.

13 Marcel Schwantes, "The CEO of Salesforce Found Out His Female Employees Were Paid Less Than Men. His Response Is a Priceless Leadership Lesson," Inc., last modified February 6, 2020, inc.com/marcel-schwantes/the-ceo-of-salesforce-found-out-female-employees-are-paid-less-than-men-his-response-is-a-priceless-leadership-lesson.html.

12장. 회복탄력성

1   Rita Mae Brown, "Untitled Essay," *The Courage of Conviction* (New York: Dodd, Mead & Company, 1985), 23.

2   Diane Coutu, "How Resilience Works," Harvard Business Review, last modified July 11, 2016, hbr.org/2002/05/how-resilience-works.

3   Brian Cooper et al., "Well-Being-Oriented Human Resource Management Practices and Employee Performance in the Chinese Banking Sector: The Role of Social Climate and Resilience," *Human Resource Management* 58, no. 1 (January 2019): 85-97, doi.org/10.1002/hrm.21934.

4   Tianqiang Hu, Dajun Zhang, and Jinliang Wang, "A Meta-Analysis of the

Trait Resilience and Mental Health," *Personality and Individual Differences* 76 (April 2015): 8-27, doi.org/10.1016/j.paid.2014.11.039.

5   "Ramp Up Your Resilience!" Harvard Health Publishing, last modified September 24, 2019, health.harvard.edu/mind-and-mood/ramp-up-your-resilience.

6   "Ramp Up Your Resilience!"

7   Lisa S. Meredith et al., "Promoting Psychological Resilience in the US Military," *Rand Health Quarterly* 1, no. 2 (2011): 2.

8   Zakieh Shooshtarian, Fatemeh Emali, and Mahmood Amine Lori, "The Effect of Labor's Emotional Intelligence on Their Job Satisfaction, Job Performance and Commitment," *Iranian Journal of Management Studies* 6, no. 1 (January 2013), 27-42.

9   Robert D. Enright and Richard P. Fitzgibbons, *Forgiveness Therapy: An Empirical Guide for Resolving Anger and Restoring Hope* (Washington, D.C.: American Psychological Association, 2014). 로버트 엔라이프, 《용서심리학》, 방기연 옮김, 시그마프레스, 2011; Manfred F. R. Kets de Vries, "Are You a Victim of the Victim Syndrome?" *Organizational Dynamics* 43, no. 2 (June 2014): 130-137, doi.org/10.1057/9781137382337_4.

10   Badri Bajaj and Neerja Pande, "Mediating Role of Resilience in the Impact of Mindfulness on Life Satisfaction and Affect as Indices of Subjective Well-Being," Personality and Individual Differences 93 (April 2016): 63-67, doi.org/10.1016/j.paid.2015.09.005.

11   Olivia Goldhill, "Psychologists Have Found That a Spiritual Outlook Makes Humans More Resilient to Trauma," Quartz, last modified January 30, 2016, qz.com/606564/psychologists-have-found-that-a-spiritual-outlook-makes-humans-universally-more-resilient-to-trauma.

12   Kristin D. Neff and Pittman McGehee, "Self-Compassion and Psychological Resilience Among Adolescents and Young Adults," *Self and Identity* 9, no. 3 (July 2010): 225-240, doi.org/10.1080/15298860902979307.

13   Ansley Bender and Rick Ingram, "Connecting Attachment Style to Re-

silience: Contributions of Self-Care and Self-Efficacy," *Personality and Individual Differences* 130 (August 2018): 18–20, doi.org/10.1016/j.paid.2018.03.038.

14 Sam J. Maglio, Peter M. Gollwitzer, and Gabriele Oettingen, "Emotion and Control in the Planning of Goals," *Motivation and Emotions* 38 (2014): 620–634, doi.org/10.1007/s11031-014-9407-4.

15 Fatih Ozbay et al., "Social Support and Resilience to Stress: From Neurobiology to Clinical Practice," *Psychiatry* 4, no. 5 (May 2007): 35–40.

16 Dorian Peters and Rafael Calvo, "Compassion vs. Empathy: Designing for Resilience," *Interactions* 21, no. 5 (September 2014): 48–53, doi.org/10.1145/2647087.

17 David Fletcher and Mustafa Sarkar, "Psychological Resilience: A Review and Critique of Definitions, Concepts, and Theory," *European Psychologist* 18, no. 1 (2013): 12–23, doi.org/10.1027/1016-9040/a000124.

18 Tamera R. Schneider, Joseph B. Lyons, and Steven Khazon, "Emotional Intelligence and Resilience," *Personality and Individual Differences* 55, no. 8 (November 2013): 909–914, doi.org/10.1016/j.paid.2013.07.460.

19 Michael A. Cohn et al., "Happiness Unpacked: Positive Emotions Increase Life Satisfaction by Building Resilience," *Emotion* 9, no. 3 (June 2009): 361–368, doi.org/10.1037/a0015952.

20 Arun Kumar and Vidushi Dixit, "Forgiveness, Gratitude and Resilience Among Indian Youth," *Indian Journal of Health and Wellbeing* 5, no. 12 (December 2014): 1414–1419, i-scholar.in/index.php/ijhw/article/view/88644.

21 Eleanor Roosevelt, *You Learn by Living* (Louisville, KY: Westminister John Knox Press, 1983), 29.

22 Dushad Ram et al., "Correlation of Cognitive Resilience, Cognitive Flexibility and Impulsivity in Attempted Suicide," *Indian Journal of Psychological Medicine* 41, no. 4 (2019): 362–367, doi.org/10.4103/IJPSYM.IJPSYM_189_18.

23 Jeffery A. Lepine, Nathan P. Podsakoff, and Marcia A. Lepine, "A Meta-Analytic Test of the Challenge Stressor-Hindrance Stressor Framework: An Explanation for Inconsistent Relationships Among Stressors and Performance," *Academy of Management Journal* 48, no. 5 (October 2005): 764-775, doi.org/10.5465 /amj.2005.18803921.

24 Dave Ramsey, *The Total Money Makeover: A Proven Plan for Financial Fitness* (Nashville, TN: Thomas Nelson, 2013). 데이브 램지, 《절박할 때 시작하는 돈 관리 비법》, 백가혜 옮김, 물병자리, 2016.

25 GOBankingRates, "57% of Americans Have Less Than $1,000 in Savings," Cision PR Newswire, September 12, 2017, prnewswire.com/news-releases/57-of-americans-have-less-than-1000-in-savings-300516664.html.

26 Denise Hill, "5 Ways to Boost Your Financial Resilience," Wise Bread, accessed April 25, 2020, wisebread.com/5-ways-to-boost-your-financial-resilience; Sarah Foster, "The U.S. Economy is Officially in a Recession. Here are 7 Steps to Recession-Proof Your Finances," Bankrate, last modified April 16, 2020, bankrate.com/personal-finance/smart-money/ways-to-recession-proof-your-finances.

27 Barbara O'Neill, "Steps Toward Financial Resilience," Rutgers NJAES, accessed April 25, 2020, njaes.rutgers.edu/SSHW/message/message.php?p=-Finance&m=194.

28 Maya Angelou, interview by George Plimpton, *Paris Review* 116 (Fall 1990).

29 Leah R. Halper and Jeffrey B. Vancouver, "Self-Efficacy's Influence on Persistence on a Physical Task: Moderating Effect of Performance Feedback Ambiguity," *Psychology of Sport Exercise* 22 (January 2016): 170-177, sciencedirect.com/science/article/pii/S1469029215300042.

30 Carol Dweck, "What Having a 'Growth Mindset' Actually Means," Harvard Business Review, last modified January 13, 2016, hbr.org/2016/01/what-having-a-growth-mindset-actually-means; "Decades of Scientific Research That Started a Growth Mindset Revolution," Mindset Works, accessed April 25, 2020, mindsetworks.com/science.

31 Simon J. Golden, Abdifatah Ali, and Russell E. Johnson, "Goal Orientation," *The SAGE Encyclopedia of Industrial and Organizational Psychology*, ed. Steven G. Rogelberg (Thousand Oaks, CA: Sage Press, 2017).

32 Golden, Ali, and Johnson, "Goal Orientation," *The SAGE Encyclopedia of Industrial and Organizational Psychology*.

33 Paulo Coelho, *The Alchemist* (New York: HarperTorch, 2006). 파울로 코엘료,《연금술사》, 최정수 옮김, 문학동네, 2001.

34 Jim Haudan, "Adversity Is the Fuel of Greatness," Inc., accessed April 29, 2020, inc.com/jim-haudan/adversity-is-the-fuel-of-greatness.html.

35 Laird J. Rawsthorne and Andrew J. Elliot, "Achievement Goals and Intrinsic Motivation: A Meta-Analytic Review," *Personality and Social Psychology Review* 3, no. 4 (November 1999): 326-344, doi.org/10.1207/s15327957p-spr0304_3.

36 Denby Sheather, "The Definition of Divine Timing," Thrive Global, accessed April 29, 2020, thriveglobal.com/stories/the-definition-of-divine-timing.

37 Joyce Marter, "15 Affirmations: Find the Courage to Live the Life You Want," HuffPost, accessed April 29, 2020, huffpost.com/entry/find-the-courage-to-live-the-life-you-want_b_5826674.